Guttentagsche Sammlung
Nr. 137. Deutscher Reichsgesetze Nr. 137
Textausgaben mit Anmerkungen und Sachregister.

Die Verfassung des Deutschen Reichs

vom 11. August 1919

Mit

Einleitung und Kommentar

von

Dr. Adolf Arndt †
Geh. Oberbergrat, o. ö. Professor der Rechte an der Universität Königsberg und ordentl. Hon.-Professor a. d. Universität Marburg

Herausgegeben von

E. M. Arndt
Rechtsanwalt am Kammergericht in Berlin
und
Dr. Adolf Arndt
in Marburg

Dritte, sehr verbesserte und vermehrte Auflage.

Berlin und Leipzig 1927.
Walter de Gruyter & Co.
vormals G. J. Göschen'sche Verlagshandlung — J. Guttentag Verlagsbuchhandlung — Georg Reimer — Karl J. Trübner — Veit & Comp.

Druck von C. Schulze & Co., G. m. b. H., Gräfenhainichen.

Vorwort.

Am 22. April 1926 ist der Verfasser für immer von seinem Werke abberufen worden. Eine größere Ehre konnte der Verlag seinem Andenken nicht erweisen, als daß er auch diese seit Jahren schon in Angriff genommene Neuauflage seines ein Leben lang geförderten Werkes noch unter seinem Namen erscheinen ließ und die Sichtung der Vorarbeiten und ihre Ergänzung in die Hände seiner Söhne legte. Auch an dieser Stelle sagen wir dem Verlag hierfür unsern tiefempfundenen Dank.

Die vorliegende Auflage ist zum 1. April 1927 abgeschlossen. Den zweiten, dritten und siebenten Abschnitt (mit Ausnahme des Art. 102) hat E. M. Arndt, die übrigen Adolf Arndt bearbeitet.

Berlin und Marburg, den 22. April 1927.

Die Herausgeber.

Inhaltsverzeichnis.

Abkürzungen.

a. = alt.
AbgH. = Preußisches Abgeordnetenhaus.
Abs. = Absatz.
AE. = Allerhöchster Erlaß.
ALR. = Allgemeines Landrecht für die Preußischen Staaten.
A. ö. R. oder ArchÖffR. = Archiv des öffentlichen Rechts, herausgegeben von Heinrich Triepel (Tübingen).
Art. = Artikel.
AVBl. = Armeeverordnungsblatt.
AG. = Ausführungsgesetz.
BankG. = Bankgesetz.
BayObLG. = Bayrisches Oberstes Landesgericht.
BayZfR. = Zeitschrift für Rechtspflege in Bayern, herausgegeben von Schiedermair.
Bek. = Bekanntmachung.
BG. = Bundesgesetz.
BGB. = Bürgerliches Gesetzbuch.
BGBl. = Bundesgesetzblatt.
DJZ. = Deutsche Juristen-Zeitung.
DR. = Deutsches Reich.
DrucksRT. = Drucksachen des Reichstags.
E. oder Entsch. = Entscheidung.
EG. = Einführungsgesetz.
EG. z. BGB. = Einführungsgesetz zum Bürgerlichen Gesetzbuch.
Fleischmann = Wörterbuch des Staats- und Verwaltungsrechts.
Fischers Z. = Fischers Zeitschrift für Verwaltungsrecht, herausgegeben von Schelcher (Berlin).
G. = Gesetz.

GS. = Preußische Gesetzsammlung.
GVG. = Gerichtsverfassungsgesetz.
GewO. = Gewerbeordnung für das Deutsche Reich.
HansGZ. = Hanseatische Gerichtszeitung.
HB. = Handbuch.
HWB. = Handwörterbuch.
HerrH. = Preußisches Herrenhaus.
Hirths Ann. oder HA. = Annalen des Deutschen Reichs, begründet von Hirth.
Jahrb. = Jahrbücher des öffentlichen Rechts, herausgegeben von Koellreutter (Tübingen).
Jahrbuch OVG. = Jahrbuch der Entscheidungen des sächsischen Oberverwaltungsgerichts (Leipzig).
JFG. = Jahrbücher der Freiwilligen Gerichtsbarkeit (Entscheidungen des Reichsgerichts, Kammergerichts und der Oberlandesgerichte, herausgegeben von V. Ring) (Berlin).
JFG. Erg. = Jahrbuch der Freiwilligen Gerichtsbarkeit, Ergänzungsbände (Entscheidungen des Kammergerichts in Miet- usw. Sachen), herg. v. V. Ring (Berlin).
JMBl. = Preußisches Justizministerialblatt.
Instr. = Instruktion.
Johow = Jahrbücher der Freiwilligen Gerichtsbarkeit im Bezirke des Kammergerichts, herausg. von Johow und Ring (Berlin).
Jur.Rundsch. = Juristische Rundschau (Berlin).
JW. = Juristische Wochenschrift.
KammGer. oder KG. = Kammergericht.
KonsGG. = Gesetz über die Konsulargerichtsbarkeit.
LZ. = Leipiger Zeitschrift für deutsches Recht (München).
Mot. = Motive.
Min. = Minister.
MünzG. = Münzgesetz.
NV. oder NatV. = Nationalversammlung.
OT. = Oppenhoff, Rechtsprechung des Preußischen Ober-Tribunals in Strafsachen.

OVG. = Oberverwaltungsgericht.

pr. = preußisch.

PreußVerfUrk. oder PrV. = Preußische Verfassungs-Urkunde.

PreußJahrb. = Preußische Jahrbücher.

PrVBl. = Preußisches Verwaltungsbatt, herausgegeben von Jesse, Berlin.

Prot. oder Pr. = Protokoll.

RDiszH. = Schulze-Simons, Entsch. des Reichsdisziplinarhofes.

RRt. = Reichsrat.

RZBl. = Zentralblatt für das Deutsche Reich.

Regl. = Reglement.

RBeamtG., RBG. = Gesetz, betr. die Rechtsverhältnisse der Reichsbeamten.

RFinHof = Reichsfinanzhof.

RG. = Reichsgericht.

RGBl. = Reichs-Gesetzblatt.

RGSt. = Entscheidungen des Reichsgerichts in Strafsachen.

RGZ. = Entscheidungen des Reichsgerichts in Zivilsachen.

RMilG. = Reichs-Militärgesetz vom 2. Mai 1874.

ROHG. = Reichs-Oberhandelsgericht.

Reichsverf., RV. oder RVf. = Reichsverfassung.

RR. = Reichsrat.

Rspr. OLG., OLGE. oder OLG. = Rechtsprechung der Oberlandesgerichte, herausgegeben von Falkmann und Mugdan (Berlin).

RT. = Reichstag.

RVersGer. = Reichsversorgungsgericht.

RWiGer. = Reichswirtschaftsgericht.

StB. oder StenBer. = Stenographische Berichte der verfassunggebenden Nationalversammlung 1919, 14. bis 71. Sitzung.

StGB. = Strafgesetzbuch.

StGer.Hof = Staatsgerichtshof.

StPO. = Strafprozeßordnung.

V. oder VO. = Verordnung.

VA. = Bericht und Protokolle des Verfassungsausschusses der Nationalversammlung über den Entwurf einer Verfassung des Deutschen Reiches, Berlin 1920.

Verf. = Verfügung.

Veröffentlg. der Staatsrechtslehrer = Veröffentlichungen der Vereinigung der Deutschen Staatsrechtslehrer (Berlin).

Vertr. = Vertrag.

VerwA. oder VA. = Verwaltungsarchiv.

VGerH. = Verwaltungsgerichtshof.

Z. f. Rechtspfl. i. Bayern = Zeitschrift für Rechtspflege in Bayern, herausgegeben v. Schiedermair.

ZPO. = Zivilprozeßordnung.

ZStaatsw = Zeitschrift für die gesamten Staatswissenschaften.

Zus. = Zusatz.

Anschütz = Anschütz, Die Verfassung des Deutschen Reichs, 6. Aufl. 1927.

Arndt = Arndt, Reichsstaatsrecht, 1901.

Arndt, Reichsverordnungsr. = Arndt, Verordnungsrecht des Deutschen Reichs, 1884.

Arndt, Preuß. Verf. = Arndt, Die Verfassung des Freistaats Preußen, 1921.

Bredt = Bredt, Der Geist der neuen Reichsverfassung, 1927.

Brunet = René Brunet, La constitution allemande du 11. août 1919 (Paris 1921, Payot & Cie).

Dambitsch = Dambitsch, Die Verfassung des Deutschen Reichs, 1910.

Duguit = Leon Duguit, Traité de droit constitutionnel (Paris, E. de Boccard, succ.), 2. Aufl. 1921/1925.

Finger = Finger, Das Staatsrecht des Deutschen Reiches der Verfassung vom 11. August 1919 (1923).

von Freytagh-Loringhoven = von Freytagh-Loringhoven, Die Weimarer Verfassung in Lehre und Wirklichkeit, 1924.

Giese = F. Giese, Die Verfassung des Deutschen Reichs, 7. Aufl., 1926.

Hänel, Staatsr. = A. Hänel, Deutsches Staatsrecht, 1892.

Hatschek = Hatschek, Deutsches und preußisches Staatsrecht I (1922), II (1923), III (1926).

Hubrich = Hubrich, Das demokratische Verfassungsrecht des Deutschen Reiches, 1921.

Laband, Staatsr. = Laband, Staatsrecht des Deutschen Reichs, 5. Aufl. 1911/14.

Meißner = Meißner, Das neue Staatsrecht des Reiches und der Länder, 2. Aufl. 1923.

Mejer, Einl. = O. Mejer, Einleitung in das Deutsche Staatsrecht, 2. Aufl. 1884.

G. Meyer, Staatsr. = G. Meyer, Lehrbuch des Deutschen Staatsrechts, 8. Aufl. von Anschütz 1919.

Poetzsch = Poetzsch, Die Verfassung des Deutschen Reichs, 2. Aufl. 1920.

Seydel, Komm. = Kommentar zur Verfassungs-Urkunde für das Deutsche Reich von Dr. Max Seydel. 2. Aufl. 1897.

Stier-Somlo, Deutsches Reichs- und Landesstaatsrecht I (1924), II (1925).

Wittmayer = Wittmayer, Die Weimarer Reichsverfassung (1922).

Zorn, Staatsr. = Zorn, Staatsrecht des Deutschen Reichs, 2. Aufl. 1895.

Einleitung.

Literaturauswahl: I. M. Lehmann, Der Freiherr v. Stein III., v. Treitschke, Deutsche Geschichte, v. Zwiedineck, Deutsche Geschichte Bd. I. Laband, I, 4ff., Otto Mejer, Einl. §§ 45ff. Zorn, Reichsstaatsrecht (2) Berlin §§ 1ff. Hänel, Staatsr. §§ 1ff. M. Seydel, Kom. A. Arndt, RStaatsr. §§ 1–3. G. Meyer, Staatsrecht, §§ 38f. G. J. Ebers, Die Lehre vom Staatenbunde, Berlin 1910. Erw. Jacobi, Der Rechtsbestand der deutschen Bundesstaaten. Bergsträßer, Geschichte der Reichsverfassung. R. v. Keudell, Fürst und Fürstin Bismarck.

II. Purlitz, Die deutsche Revolution (1919); W. Jellinek, Jahrb. d. ö. R. 9 (1920) 4ff.; Oeschey, Vom Umsturz zur Verfassung (1920) 53ff.; Graf zu Dohna, Die Revolution als Rechtsbruch und Rechtsschöpfung (1923); Beling, Revolution und Recht (1923); Stier-Somlo I 49ff., 176ff.; Finger 120ff., 566ff.; von Freytagh-Loringhoven 6ff.; Hubrich 5ff.; Bredt, 30ff.; W. Jellinek, Die Verfassung und Verwaltung des Reiches und der Länder (1925) 14ff.; Tatarin-Tarnheyden, Die Berufsstände im Staatsrecht (1922) 144ff.; Triepel in Schmollers Jahrb. 43, 459ff.; Schönfeld, A. ö. R. NF. 12, 161ff.

Der Norddeutsche Bund ist der Rechtsvorgänger des am 1. Januar 1871 gegründeten und heute mit veränderter Verfassung fortbestehenden Deutschen

Reiches[1]), aber nicht der Rechtsnachfolger des Deutschen Bundes, so wenig wie dieser der Rechtsnachfolger des Rheinbundes oder des ehemaligen Deutschen Reiches war, Druckſ. d. BR. 1870, Nr. 30. Gleichwohl ist für das Verständnis der Reichsverfassung die Kenntnis der Verfassung des Deutschen Bundes von Bedeutung[2]).

Der Deutsche Bund, bezeichnet in der Wiener Schlußakte vom 15. Mai 1820 als ein „völkerrechtlicher Verein" der deutschen souveränen Fürsten und Freien Städte[3]) — bestand in seinem Inneren als eine Gemeinschaft unter sich unabhängiger Staaten, in seinen äußeren Verhältnissen als eine in politischer Einheit verbundene Gesamtmacht[4]). Das ständige Zentralorgan des Bundes war der Bundestag zu Frankfurt am Main, der aus den Bevollmächtigten

---

[1]) S. StenBer. der verfassunggebenden Nationalversammlung 1919, S. 1201f. (Haußmann), S. 1211f. (Minister Preuß), 1213. Poetzsch 28 u. w. u.

[2]) v. Bismarck bei v. Keudell, Fürst und Fürstin Bismarck S. 26: „Man wird sich in der Form wieder an den Staatenbund (Deutschen Bund) halten müssen, diesem aber praktisch die Natur eines Bundesstaates geben müssen und elastische, unscheinbare, aber weitgreifende Ausdrücke geben. Je mehr man an die früheren Formen anknüpft, um so leichter wird sich die Sache machen."

[3]) Seine Verfassung fand er in der Bundesakte v. 8. Juni 1815 und der Wiener Schlußakte v. 8. Juni 1820. Erstere wurde der Wiener Kongreßakte v. 9. Juni 1815 einverleibt und in der PreußGesS. 1818 Anhang S. 143ff. publiziert, letztere bei Weil, Quellen und Aktenstücke zur deutschen Verfassungsgeschichte, 1850, 13f.; beide auch bei Binding, Staatsgrundgesetze Heft 3 und bei Zeumer, Rechtsquellen S. 540.

[4]) Wiener Schlußakte Art. 2.

der Bundesmitglieder gebildet wurde[1]) und teils im Plenum, teils im engeren Rate verhandelte. Den Vorsitz führte der österreichische, sog. Präsidialgesandte[2]). Bei 1. Annahme neuer Grundgesetze oder Änderung der bestehenden; 2. Beschlußfassung über organische Bundeseinrichtungen; 3. gemeinnützigen Anordnungen; 4. Aufnahme neuer Mitglieder in den Bund; 5. jura singulorum und 6. Religionsangelegenheiten mußten die Beschlüsse mit Einstimmigkeit im Plenum gefaßt werden[3]). Sonst entschied das Plenum nur bei Kriegserklärungen und Friedensschlüssen. — In allen anderen Fällen faßte die Bundesversammlung die Beschlüsse im „Engeren Rate"[4]). Dieser zählte 17 Stimmen: 11 Viril- und 6 Kuriatstimmen. Im Plenum führten Österreich und die fünf Königreiche je 4, Baden, beide Hessen, Holstein und Luxemburg je 3, Braunschweig, Nassau und Mecklenburg-Schwerin je 2, die übrigen Staaten je eine Stimme[5]). Der Bundestag war ein Gesandtenkongreß, die Gesandten votierten nach Instruktionen[6]).

Der Bund besaß Rechtspersönlichkeit, vertrat als politische Einheit die deutschen Staaten gegenüber anderen Staaten, entsendete und empfing Gesandte, konnte völkerrechtliche Verträge schließen und Kriege

---

[1]) Bundesakte Art. 4, 7. Schlußakte Art. 8.

[2]) Bundesakte Art. 5.

[3]) Bundesakte Art. 6 und 7, Schlußakte Art. 12, 13, 15, vgl. auch Schlußakte Art. 64.

[4]) Bundesakte Art. 4.

[5]) Bundesakte Art. 6.

[6]) Schlußakte Art. 8.

erklären[1]), gab Gesetze[2]), hatte ein Heer[3]) und Festungen[4]).

Der Bund hatte Mitglieder, nicht Untertanen, sein Imperium erstreckte sich nur mittelbar auf die Bürger seiner Gliedstaaten. Dagegen waren die Staaten verpflichtet, jeden innerhalb der Zuständigkeit des Bundes gefaßten Beschluß auszuführen, also auch die Bundesgesetze zu publizieren, wodurch diese für ihre Untertanen rechtsverbindlich wurden[5]). Die Bundesversammlung war innerhalb der Bundeszuständigkeit die höchste Gewalt, gegen deren Entscheidung keine Berufung gegeben war[6]).

---

[1]) Wiener Schlußakte Art. 2, 11, Schlußakte Art. 35, 48, 50.

[2]) Die indes nur durch die Verkündung von Landes wegen für die Untertanen verbindlich wurden.

[3]) Bundesbeschlüsse v. 9. April 1821, 12. April 1821 und 11. Juli 1822 bei v. Meyer II S. 133, 136ff., s. auch Bundesbeschl. v. 4. Januar 1855 ebendort S. 622f.

[4]) Bundesprotokoll v. 20. November 1815 Art. 10.

[5]) Art. 53 der Wiener Schlußakte, Zöpfl, Grundzüge des gemeinen deutschen Staatsrechts (3) I 369, auch Triepel, Reichsaufsicht 49; s. auch a. Sächs. Verf. § 89, Hannover, Staatsgrundges. 16. April 1840 § 2, Württ. V. § 2, Bad. § 2 usw. Den Untertanen gegenüber gingen die Landesgesetze vor.

[6]) Versteht man unter Souveränität (G. Meyer, Staatsr. § 9) Unabhängigkeit von einer höheren Gewalt, so stand solche auch nicht dessen Mitgliedern zu. Der Satz, daß die Souveränität begrifflich unteilbar und unbeschränkbar sei, ist eine den Tatsachen, insbesondere dem Völkerrecht, widersprechende Phrase; s. auch Orban, Le droit constitutionel, 1906, 241; R. Schmidt, Staatslehre II 843; Duguit I (1921) 473ff. und dagegen u. a. Jellinek Staatslehre (3) S. 435 u. a. m.

Nach Vorstehendem war der Bund kein **Bundesstaat**, sondern ein **Staatenbund**[1]). Anderseits war er kein bloßes „Rechtsverhältnis"[2]), sondern ein „Rechtssubjekt" mit eigenem Willen, eigenen Organen, eigener Gesetzgebung (nicht bloß übereinstimmender Landesgesetzgebung), eigenem Vermögen, eigenen Festungen, eigenem (wenn auch nicht unmittelbar eigenem) Heere[3]). Dagegen fehlten jede Volksvertretung und fast alle Grundrechte (Vereins-, Preßfreiheit usw.). Infolge der Pariser Revolution vom 24. Februar 1848 veranlaßte der Bundestag am 10. März die Regierungen, siebzehn Männer des allgemeinen Vertrauens nach Frankfurt zu senden und bestellte zur Verhandlung mit diesen einen

---

[1]) So bezeichnete ihn in der ersten Sitzung am 5. November 1816 der Präsidialgesandte; **Hänel**, Staatsr. 198. Handelsgesetzbuch und Wechselordnung waren in den Einzelstaaten nicht erlassene, sondern nur verkündete Bundesgesetze.

[2]) So bezeichnet ihn **Laband** I 8.

[3]) **Arndt**, Reichsstaatsr. § 1; **Klüber**, Öff. Recht des Deutschen Bundes (3) §§ 144, 186; **Gareis**, Allgemeines Staatsr. (bei Marquardsen) 115; **Rosenberg**, Hirth Ann. 1909 S. 357 und in ZStaatsw. 1909 S. 672; **Rehm**, Allgemeine Staatslehre; **Brie**, Theorie der Staatenverbindungen S. 89; **Zachariä**, Bundes- und Landesrecht II 696; nach **Ebers**, S. 303f. ist der Staatenbund „eine dauernde, aus souveränen Staaten bestehende Gemeinschaft zur gesamten Hand mit ständigen Organen zur Bildung und Ausführung des einheitlichen Gemeinschaftswillens zwecks Wahrnehmung bestimmter gemeinschaftlicher Interessen". Nach **Laband** I S. 5 Anm. 3, S. 8 a. a. O. hatten nicht der Bund, sondern nur die einzelnen Staaten Rechte, Vermögen usw. S. auch **Triepel**, Reichsaufsicht S. 41 und E. **Kaufmann**, Das Wesen des Völkerrechts 1911, S. 180.

„Revisionsausschuß"[1]). Die Vertrauensmänner veröffentlichten am 27. April den sog. „Siebzehnerentwurf" (Dahlmann) mit einem erblichen Kaiser und zwei Kammern (Fürstenrat und Wahlkammer)[2]).

Inzwischen war am 31. März in Frankfurt das sog. „Vorparlament" zusammengetreten, etwa 600 Personen, weit überwiegend süd- und westdeutsche Publizisten und Ständemitglieder. Bereits am Tage zuvor forderte der Bundestag die Bundesregierungen auf, auf Grund gleichen und geheimen Wahlrechts Wahlen von „Nationalvertretern" anzuordnen[3]). Die vom Bundestage und zugleich vom Vorparlament veranlaßten Wahlen wurden herbeigeführt[4]). Am 18. Mai 1848 trat die aus ihnen hervorgegangene „Nationalversammlung" in der Paulskirche in Frankfurt zusammen und erklärte am 27. Mai, auf die Volkssouveränität sich berufend, „als das aus dem Willen und den Wahlen der deutschen Nation hervorgegangene Organ zur Begründung der Einheit und politischen Freiheit": daß alle Bestimmungen einzelner deutschen Verfassungen, welche mit dem von ihr zu gründenden allgemeinen Verfassungswerke nicht übereinstimmen, nur nach Maßgabe der letzteren als gültig zu betrachten

---

[1]) v. Meyer Staatsakten II 465f.

[2]) v. Meyer II 490f., der Entwurf bei Roth-Merck, Quellensammlung zum Deutschen öffentlichen Recht I 370f., ferner bei Weil, Quellen und Aktenstücke zur Deutschen Verfassungsgeschichte, Berlin 1859, 111f.

[3]) v. Meyer II 468, s. auch 479.

[4]) v. Meyer II 489.

sind[1]). Die Versammlung schuf eine „provisorische Zentralgewalt“[2]) und übertrug diese am 29. Juni dem „Reichsverweser“ Erzherzog Johann von Österreich[3]), dem die Bundesversammlung „die Ausübung aller ihr zugestandenen verfassungsmäßigen Befugnisse und Verpflichtungen“ überwies[4]). Die Nationalversammlung beschloß die „Grundrechte“, die am 27. Dezember 1848[5]) vom Erzherzog Johann publiziert wurden[6]). Eine „Verfassung“ wurde am 23. März 1849 beschlossen[7]). Deutschland sollte nach derselben ein Staatenstaat sein, zu dessen Zuständigkeit die Vertretung des Reichs nach außen, das Recht des Krieges und Friedens, die Militärgewalt, das Seewesen, Zollwesen, Handel, Münze, Presse, Heimatsrecht, Gesundheitspolizei gehören sollten[8]), mit dem preußischen Könige als deutschem Erbkaiser umd einem aus Staatenhaus und Volkshaus bestehenden Parlamente. Das Volkshaus sollte auf Grund direkten, allgemeinen,

---

[1]) StenBer. der deutsch. Nat., herausg. von Wigard, S. 155.

[2]) StenBer. 567; RGBl. 1848, 3f.; bei Weil, Quellen usw. 117f.

[3]) StenBer. 627.

[4]) Prot. des Bundestags v. 12. Juli 1848 bei v. Meyer II 512.

[5]) StenBer. 4314f.

[6]) RGBl. 1848, 48f.; Weil 124.

[7]) Die Reichsverfassung ist abgedruckt im RGBl. 1849, 101f.; bei Weil 133. Kurze Inhaltsangabe in Arndt 27f.

[8]) Die Abgrenzung zwischen Zentral- und Landesgewalt war für die Verf. d. Norddt. Bundes und die Verfassung von 1919 vielfach vorbildlich, s. auch Bergsträßer 44.

gleichen und geheimen Wahlrechts (Gesetz vom 12. April 1849) gewählt werden. Der Kaiser sollte nur suspensives Veto haben. Die Krone wurde nur zugleich mit der vorgeschriebenen unveränderten Reichsverfassung dem Könige von Preußen zur Annahme gestellt. Der König lehnte, nachdem nur 29 Regierungen (abgesehen von Württemberg fast nur die kleineren) ihren Beitritt zur Verfassung erklärt hatten, am 28. April wegen Legitimitätsbedenken definitiv ab[1]). Darauf publizierte die Nationalversammlung, ohne Hinzutritt des Reichsverwesers, am 28. April die Verfassung im Bundes-Gesetzblatt als vermeintlich auch ohne Genehmigung der Regierungen gültig. Österreich, Preußen, Hannover, Bayern und Sachsen riefen darauf ihre Abgeordneten aus der Nationalversammlung zurück, die, aus Frankfurt vertrieben, als sog. „Rumpfparlament" nach Stuttgart übersiedelte und am 18. Juni auseinandergesprengt wurde.

Am 26. Mai 1849 schloß Preußen mit Hannover und Sachsen das sog. „Dreikönigsbündnis" und forderte die übrigen deutschen Regierungen außer Österreich auf, sich der mit diesen Staaten vereinbarten Verfassung anzuschließen[2]). Am 25. Februar 1850 trat Hannover, am 25. Mai Sachsen vom Bündnis zurück. Österreich berief zum 16. Mai 1850 die Bundesmitglieder auf Grund seines „Bundespräsidialrechtes" nach Frankfurt[3]). Preußen lehnte ab. Am 7. August wurde

---

[1]) Roth-Merck 456, 484.

[2]) Weil 171f.

[3]) Protokoll v. 10. Mai 1850 bei v. Meyer II 517, s. auch Prot. v. 2. September 1850 l. c. 523.

die Reaktivierung des Deutschen Bundes beschlossen. Preußen gab nach (Konvention zu Olmütz am 29. November 1850)[1]).

Nach dem Scheitern der Triasidee Beusts vom Jahre 1861[2]) legte Österreich den Plan einer Einigung Deutschlands dem am 18. August 1863 zu Frankfurt unter Vorsitz des österreichischen Kaisers zusammengetretenen deutschen Fürstentage vor[3]), an dem sich König Wilhelm von Preußen nicht beteiligte. Österreich sollte das Präsidium führen, das Delegiertenhaus 300 von den Einzellandtagen gewählte Mitglieder haben, davon Österreich und Preußen je 75. Preußen erklärte beitreten zu wollen bei Erfüllung von drei Bedingungen: Gleichberechtigung Preußens mit Österreich, ein Veto gegen jede Kriegserklärung, außer im Falle eines Angriffs auf Bundesgebiet, endlich eine wahre, aus direkten Wahlen der ganzen Nation hervorgehende Nationalvertretung[4]). An der Ablehnung dieser Bedingungen scheiterte der Plan.

Am 15. November 1863 starb Friedrich VII. von Dänemark und mit ihm erlosch der männliche Königsstamm. Die fünf Großmächte hatten sich im Londoner Vertrage vom 8. Mai 1852[5]) verpflichtet, daß, falls dem Prinzen Christian (späteren König) die Nachfolge für die dänische Gesamtmonarchie verschafft würde, sie ihn in derselben anerkennen wollten. Dagegen hatte

---

[1]) Bei v. Meyer II 545.

[2]) Bei Aegidi-Klauhold, Staatsarchiv I Nr. 164, s. auch ebendort II Nr. 175, 176.

[3]) Staatsarchiv Nr. 1760.

[4]) Staatsarchiv Nr. 1768, s. auch Nr. 1767.

[5]) Staatsarchiv VI Nr. 1004.

sich Dänemark gegenüber Preußen und Österreich in Abmachungen vom 6. Dezember 1851 und 29. Januar 1852 verpflichtet, Schleswig nicht zu inkorporieren. Dies verletzte Christian IX. durch die Vollziehung der dänischen Verfassung vom November 1863. Preußen und Österreich forderten die Aufhebung der Inkorporation Schleswigs[1]) und erklärten, da die Aufforderung ohne Erfolg blieb, Dänemark den Krieg. Dieser führte zum Frieden von Wien am 30. Oktober 1864[2]), in dem Schleswig-Holstein und Lauenburg dem Kaiser von Österreich und dem Könige von Preußen abgetreten wurden. Die Herzogtümer wollte Preußen nur unter gewissen Bedingungen vom Februar 1865 dem Prinzen Friedrich von Holstein-Augustenburg abtreten. Der deswegen drohende Krieg wurde durch die Konvention zu Gastein vom 14. August 1865[3]) hinausgeschoben, nach welcher Lauenburg dem Könige von Preußen zufiel, von den Herzogtümern Schleswig und Holstein unter Aufrechterhaltung des Kondominats ersteres unter preußische, letzteres unter österreichische Verwaltung treten sollte. Als Österreich die Schleswig-Holsteinische Frage dem Bunde übergab[4]) und die Holsteinischen Stände zur Proklamierung des Herzogs Friedrich am 5. Juni 1866 einberief, erklärte Preußen die Gasteiner Konvention für verletzt[5]) und ließ am 7. Juni seine Truppen in Holstein einrücken.

---

1) Staatsarchiv VI Nr. 1428.

2) Staatsarchiv VII Nr. 1682 und 1728.

3) Staatsarchiv IX Nr. 2001.

4) Staatsarchiv IX Nr. 2298.

5) Ebenda Nr. 2299.

Am 11. Juni stellte darauf Österreich beim Bunde den Antrag[1]), sämtliche nicht-preußische Bundesarmeekorps zum Kriege gegen Preußen mobil zu machen. Dieser Antrag wurde im Engeren Rate am 14. Juni mit der Maßgabe angenommen, daß die Mobilmachung die nicht-österreichischen und nicht-preußischen Bundesarmeekorps umfassen sollte[2]). Darauf erklärte der preußische Bundestagsgesandte v. Savigny namens seines Souveräns den Bund als gebrochen und den Bundesvertrag als nicht mehr verbindlich[3]). Es folgte der Krieg mit Österreich[4]), der im Prager Frieden vom 23. August 1866[5]) seinen Abschluß fand, dessen Artikel 4 bestimmt: „Der Kaiser von Österreich erkennt die Auflösung des bisherigen Deutschen Bundes an und gibt seine Zustimmung zu einer neuen Gestaltung Deutschlands ohne Beteiligung des österreichischen Kaiserstaates. Ebenso verspricht der Kaiser, das engere Bundesverhältnis anzuerkennen, welches der König von Preußen nördlich von der Linie des Mains begründen wird, und erklärt sich damit einverstanden, daß die südlich von dieser Linie gelegenen deutschen Staaten in einem Vereine zusammentreten, dessen nationale Verbindung mit dem Norddeutschen Bunde der näheren Verständigung zwischen beiden vorbehalten bleibt." Die Auflösung des Bundes wurde von den übrigen Staaten, mit denen Preußen Krieg führte

---

1) Prot. S. 202f.
2) Prot. S. 214f.
3) Prot. S. 214f.; Staatsarchiv Nr. 2313; Hahn 124f.
4) Hahn S. 188f.; Glaser 32; Staatsarchiv Nr. 2364.
5) Staatsarchiv Nr. 2369; Hahn 194f.; Glaser 35f.

(außer Liechtenstein), anerkannt, während seine Bundesgenossen schon früher aus dem Bunde ausgetreten waren. Luxemburg, Limburg (Holland) und sämtliche europäische Großmächte erkannten im Londoner Vertrage vom 11. Mai 1867 diese Auflösung wie die Neugestaltung Deutschlands an. Der Bundestag selbst hatte sich schon am 24. August 1866 aufgelöst. Die Auflösung folgte ebenso wie einst die des ehemaligen Deutschen Reichs und des Rheinbundes ex nunc, nicht ex tunc[1]; selbstredend erhielten die Einzelstaaten nach der Auflösung das Recht, die Bundesgesetze für ihr Gebiet aufzuheben, BRProt. 1873, Nr. 30, StBAbgh. 1872, 1381.

Bereits am 10. Juni 1866 hatte Preußen seinen Verbündeten Grundzüge für eine zukünftige Verfassung eines Deutschen Bundes vorgelegt[2]. Der Bund sollte das Recht der Gesetzgebung mit der Wirkung haben, daß die Bundesgesetze den Landesgesetzen vorgehen. Es sollte ein gemeinsames Indigenat bestehen. Den Oberbefehl über das Heer nördlich des Main sollte Preußen, südlich Bayern führen. Der Bund sollte ein einheitliches Zoll- und Handelsgebiet darstellen. Preußen sollte das Bundespräsidium führen, die Vertretung des Bundes nach außen, Berufung und

---

[1]) Arndt, Reichsstaatsrecht § 2; Thudichium 9; Laband I 19; Mejer, Einleitung § 47. Die Bundesakte ist also nur soweit erloschen, als sie die Bundesorganisation betraf oder zur Voraussetzung hatte, s. auch Triepel, Reichsaufsicht 452, Meyer § 229.

[2]) Staatsarchiv Nr 2332; Hahn 104, 121, 128; Glaser I 129; Binding 67f.

Schließung des Bundesrats und Reichstags, Aufrechterhaltung der Ordnungen des Bundes nötigenfalls im Wege der Exekution. Die Gesetzgebung sollte durch den Bundesrat (die Vertretung der Staaten) und einen Reichstag erfolgen, der nach Maßgabe des Wahlgesetzes vom 12. April 1849 gewählt werden sollte.

Am 18. August 1866 schloß Preußen mit den übrigen norddeutschen Staaten einen Bündnisvertrag ab[1]): Die Kontrahenten schließen ein Offensiv- und Defensivbündnis; sie unterstellen ihre Truppen Preußen und verpflichten sich, die Zwecke des Bündnisses durch eine Bundesverfassung sicherzustellen. Für diese sollten die Grundzüge vom 10. Juni 1866 die Grundlage bilden; die Verfassung sollte unter Mitwirkung eines gemeinschaftlich zu berufenden Parlaments festgestellt werden. Sie versprachen, auf Grund des Reichswahlgesetzes vom 12. April 1849 Wahlen anzuordnen, um nach Maßgabe der Grundzüge den Entwurf der Verfassung festzustellen, welcher dem Parlamente zur Beratung und Vereinbarung vorgelegt werden sollte. Das Bündnis vom 18. August 1866 ist die völkerrechtliche Grundlage für die Errichtung des Norddeutschen Bundes. Aber die völkerrechtliche Übereinkunft enthielt noch keine unmittelbare rechtsverbindliche Anordnung, da die Einführung der Verfassung in das Gebiet der Gesetzgebung (z. B. PreußVerfUrk. Art. 48) eingriff[2]). Gemäß dem Bündnisse legten die Regierungen ihren Landtagen Wahlgesetze

---

[1]) Staatsarchiv Nr. 2378 u. 2417; Glaser 78f.; Hahn 463f.; Binding 75f.

[2]) Ebenso Laband 16.

vor. Fast alle Landtage wollten die Befugnis zur Vereinbarung nicht übertragen, sondern nur die Befugnis zu beraten (Verhdl. preuß. AbgH. 1866 S. 322 a. a. O.)[1]). In diesem Sinne erging das preußische Wahlgesetz vom 15. Oktober 1866. Ähnliche oder gleiche Gesetze wurden in den meisten übrigen norddeutschen Staaten erlassen. Am 12. Februar 1867 fanden die Wahlen statt und am 24. Februar ward von König Wilhelm der Reichstag in Berlin eröffnet. Ihm wurde ein Verfassungsentwurf zur Beratung vorgelegt, der inzwischen nach Maßgabe des Bündnisses vom 18. August 1866 von den Regierungen festgestellt („gemeinschaftlicher Entwurf") war[2]). Am 16. April 1867 nahm der Reichstag den Entwurf nach mannigfachen Abänderungen mit 230 gegen 53 Stimmen an; an demselben Tage beschlossen die verbündeten Regierungen einstimmig, den Entwurf, wie er aus der Schlußberatung des Reichstags hervorgegangen war, anzunehmen.

Verbindlich konnte die Verfassung nach Vorstehendem nur durch Landesgesetze werden. Solche ergingen fast überall als verfassungsändernde und wurden in den Landes-Gesetzsammlungen verkündet. Nur in Braunschweig hat man es als genügend erachtet, daß der Gesetzgeber den Augustvertrag an-

---

[1]) Ebenso G. Meyer § 64; Seydel, Komm. 15; Zorn I 23; Dambitsch 5. Nur in Braunschweig wurde die Vereinbarungsbefugnis erteilt.

[2]) S. die Prot. v. 18. und 28. Januar, 7. Februar 1867 in den Anl. zu den StenBer. des verfassungberatenden Norddeutschen Reichstages 1867 S. 19, 21 ff.

genommen hatte[1]). Diese Landesgesetze bedeuten den Entschluß[2]), daß der Staat vom 1. Juli 1867 zum Norddeutschen Bunde gehört, diesen mitbildet und dessen Verfassung annimmt[3]). Die Verfassung für den Norddeutschen Bund ist in Preußen auf Grund der preußischen Verfassungsurkunde vom 31. Januar 1850, zwar nicht als, wohl aber durch rite beschlossenes und verkündetes Landesgesetz erlassen und deshalb ist ihr Inhalt für Preußen verbindlich geworden[4]). Dieser mit den Absichten der Schöpfer der Norddeutschen Bundesverfassung übereinstimmende Satz[5]) wird in der Theorie meist bestritten[6]), weil die Bundesver-

---

[1]) In Oldenburg und Bremen hielt man einfache Gesetze für ausreichend; Hänel, Staatsr. 28.

[2]) Laband I 18f.; Zorn I 29.

[3]) S. auch Hänel, Vertragsm. Elem. 76 und Staatsr. 29ff. Binding, Die Gründung des Norddeutschen Bundes 1889, u. Thudichum, Verf. des Norddeutschen Bundes 51, sehen in der Nordd. Bundesverfassung eine Vereinbarung zwischen den Regierungen einer- und dem durch den Reichstag vertretenen Volke anderseits; s. dagegen auch Zorn I 22.

[4]) Ähnlich Seydel, Komm. 15ff.; Dambitsch 5.

[5]) S. z. B. Rede Laskers am 5. Dezember 1870 im Reichstage (StenBer. 2. außerord. Session 86): „Es kam (im Jahre 1867) ein konstituierender Reichstag zustande, der diesen Namen führte, aber in Wahrheit nur ein beratendes Votum hatte, denn es mußte die hier vereinbarte Verfassung allen einzelnen Staaten vorgelegt werden, und sie kam so zustande, wie die gewöhnlichen Landesgesetze zustande zu kommen pflegen."

[6]) Z. B. von Hänel, Vertragsm. Elem. 53f.; auch Laband I 26, Zorn I 27, Rehm, Allg. Staatsr. 138, Meyer-Anschütz 504.

fassung einen für ein Landesgesetz **unmöglichen** Inhalt habe, da man nur solche Gegenstände rechtlich regeln könne, welche in das Herrschaftsgebiet dieses Staates fallen. Hiergegen ist zu bemerken, daß die Norddeutsche Bundesverfassung tatsächlich durch Landesgesetz in Preußen erlassen ist[1]), daß sie ferner überall preußische Verhältnisse berührt. Denn auch die Stimmen Mecklenburgs und der Mecklenburger im Bundesrate und im Reichstage gehen Preußen an; sie beschließen mit über Gesetze und Anordnungen, die auch für Preußen verbindlich sind[2]).

Die Verfassung ist durch übereinstimmendes Landesgesetz entstanden, dieses ist ihr Rechtsgrund (causa proxima, causa remota ist der Augustvertrag)[3]); die Verfassung selbst und was demnächst auf Grund der Bundesverfassung geschah, ist Bundesrecht. Das staatsrechtliche Wollen, zu welchem sich die Herrscher und Volksvertretung bei Erlaß der Bundesverfassung

---

[1]) S. auch Publikandum König Wilhelms vom 24. Juni 1867 für Preußen (Staatsanzeiger vom 24. Juni 1867): Herrenhaus und Abgeordnetenhaus haben ihre Zustimmung nicht zu dem den Norddeutschen Bund begründenden Vertrage, sondern zu **der Norddeutschen Bundesverfassung** als **solcher** gegeben. S. auch Thronrede König Wilhelms am 29. April 1867 (StenBerAbgH. S. 1). Der Berichterstatter im Abgeordnetenhause, **Twesten** (StenBer. 104), beantragte, der Nordd. Bundesverf. (als solcher) die Zustimmung zu erteilen. Das Herrenhaus erteilte am 1. Juni seine Zustimmung zur Bundesverfassung.

[2]) Im Ergebnisse übereinstimmend **Seydel**, Komm. 21.

[3]) Im Ergebnis ebenso **Wenzel**, Die Lehre der vertragsmäßigen Elemente der Reichsverfassung, 1909, 2.

entschlossen, schuf einen neuen Staat[1]), welcher mit eigenem, von dem des Schöpfers unabhängigen, Willen und eigener Handlungsfähigkeit ausgestattet ist[2]).

Es ist aber nicht richtig, daß, weil die Verfassung auf Landesgesetz beruht, sie wieder durch Landesgesetz aufgehoben werden konnte. Gesetze z. B., die eine Abtretung von Landesteilen betreffen oder eine Verfassung einführen, können ohne Zustimmung des Dritten bzw. des Landtags nicht aufgehoben werden[3]).

Der Norddeutsche Bund war Staat, und zwar ein Bundesstaat[4]).

---

[1]) S. dagegen Seydel, Schmollers J. 1879, 273ff.

[2]) Daß die Verfassung völkerrechtlicher Vertrag, behaupten u. a. Laband I 33; v. Martitz, Betrachtungen 6, 136; G. Meyer, Staatsrecht § 64; Brie, Theorie der Staatenverbindungen 130ff.; Rehm, Allgemeine Staatslehre 138; Laband in Marquardsens Handbuch 5; Zorn, Staatsrecht I 30; Jellinek, Die Lehre von den Staatenverbindungen 255.

[3]) Arndt, Staatsrecht 2; s. auch O. Mayer im AÖR. 1903, 343; Jacobi 109.

[4]) So auch Laband I 33 und die communis opinio. Die Ansichten Zorns I 30, 35, Jellineks 253 gehen dahin, daß die Entstehung der Norddeutschen Bundesverfassung lediglich etwas Faktisches sei. Schließlich ist die Frage, ob die Verfassung ihre verbindliche Kraft aus einem Vertrage oder einem übereinstimmenden Landesgesetze entnommen hat, fast ohne Bedeutung, da ein von den gesetzgebenden Faktoren genehmigter Vertrag die Kraft und Wirkung eines Gesetzes hat, z. B. RGZ. 22, 181; 43, 120; 85, 374; OVG. 63, 119. Im Völkerrecht wie im Landesrecht erfolgt häufig die Schaffung von Normen durch gemeinsame parallel gerichtete Willenserklärung mehrerer Staaten; s. auch Triepel, Völkerrecht und Landesrecht.

Artikel 79 Absatz 2 der Verfassung des Norddeutschen Bundes bestimmte:

„Der Eintritt der Süddeutschen Staaten oder eines derselben in den Bund erfolgt auf den Vorschlag des Bundespräsidiums im Wege der Bundesgesetzgebung."

Hiernach war dieser Beitritt nichts weiter als eine interne Angelegenheit, die nicht durch Änderung der Verfassung, sondern durch Gesetz zu regeln war.

Die Kriegsereignisse 1870 brachten die Vollendung der Einheit. Am 3. September wiederholte die badische Regierung ihren schon vor dem Kriege gestellten Antrag auf Eintritt in den Norddeutschen Bund und am 12. September begannen Württemberg und Bayern Verhandlungen zum gleichen Zwecke, denen sich später Hessen anschloß. Das Ergebnis dieser Verhandlungen waren: 1. der Vertrag von Versailles zwischen dem Norddeutschen Bunde und Baden und Hessen vom 15. November 1870 (BGBl. 650); 2. der Vertrag zu Berlin vom 25. November 1870 zwischen dem Norddeutschen Bunde, Baden und Hessen einerseits und Württemberg anderseits (BGBl. 654) nebst Schlußprotokoll von dem gleichen Tage (BGBl. 657) und einer Militärkonvention vom 21./25. November 1870 (BGBl. 658); 3. der Vertrag von Versailles zwischen dem Norddeutschen Bunde einer- und Bayern anderseits vom 23. November 1870 (BGBl. 1871, 9) nebst Schlußprotokoll vom gleichen Tage (BGBl. 23). Dem mit Bayern abgeschlossenen Vertrage vom 23. November 1870 traten im Vertrage zu Berlin vom 8. Dezember 1870 Württemberg, Baden und Hessen bei.

Diese Verträge, denen die Verfassung des Norddeutschen Bundes als Anlage beigegeben war, sind vom Gesetzgeber im Norddeutschen Bunde (Dez. 1870) und den Gesetzgebern in Baden, Hessen, Württemberg und Bayern angenommen und als Gesetze des Norddeutschen Bundes, des Badischen, Hessischen, Württembergischen und Bayerischen Staates publiziert worden. Die Annahme und Verkündung dieser Verträge bedeutete die Gründung des Deutschen Reiches, „im Norddeutschen Bunde die Erweiterung desselben durch Aufnahme der süddeutschen Staaten, in den süddeutschen Staaten deren Eintritt in den Bund und Annahme der Bundes-(Reichs-)verfassung."

Diese Gesetze hatten die Errichtung des Reichs als eines selbständigen Rechtssubjektes und Staates zum Inhalt[1]).

Am 9. Dezember 1870 beantragte der Bundesrat des Norddeutschen Bundes im Einverständnisse mit den süddeutschen Regierungen bei dem Reichstage (StenBer. des Reichstages 1870, S. 114), daß der Deutsche Bund den Namen Deutsches Reich und der König von Preußen als Bundespräsident den Namen „Deutscher Kaiser" führen sollte. Der Reichstag genehmigte diesen Antrag am 10. Dezember 1870[2]). Die Proklamierung der Herstellung der Kaiserwürde erfolgte durch den König zu Versailles am 18. Januar 1871[3]).

---

[1]) S. auch RGZ. 48, 195; Gierke, Schmollers Jahrb. 7, 1154 und dagegen Seydel, Kommentar 15.

[2]) StenBerRT. 1870, 1 167ff. und 181ff.

[3]) Preuß. Staatsanzeiger vom 18. Januar 1871 Nr. 19.

Die Zerstreuung der Grundlagen der Verfassung in einem Bundesgesetze und in den Novemberverträgen führte zur Vorlage des Entwurfs eines Gesetzes, betr. die Verfassung des Deutschen Reichs. Nach den bei der Beratung allseitig abgegebenen Erklärungen[1]) war dadurch bzw. durch die Verfassungsurkunde vom 16. April 1871 eine sachliche Änderung[2]) nicht beabsichtigt und nicht herbeigeführt[3]). Diese sollte also in materieller Hinsicht keinen neuen Inhalt erhalten, sondern nur eine berichtigte Beurkundung sein, in formell-juristischer Hinsicht war sie Reichsgesetz und nur Reichsgesetz[4]).

„Durch die Bezeichnungen Kaiser und Reich ist an dem materiellen Inhalt der Bundesverfassung ebensowenig wie an den Rechten des Bundesrats und der Einzelstaaten etwas geändert worden" (Bundesratsprotokolle 1870 § 373).

Das Deutsche Reich ist der Rechtsnachfolger des Norddeutschen Bundes geworden, weil die Südstaaten in den Norddeutschen Bund eingetreten sind und das Deutsche Reich die Bezeichnung für den durch Beitritt

---

[1]) Z. B. Reden v. Bismarcks, Miquels, Delbrücks, Laskers, in den StenBerRT. 1871, 22, 69, 95f.

[2]) Abgesehen von unwesentlichen Modifikationen.

[3]) Ebenso Seydel, Komm. 13; Laband I 49ff.; Meyer-Anschütz 510; Delbrück l. c.

[4]) Auch nicht mehr bloß übereinstimmendes Gesetz des Norddeutschen Bundes und der süddeutschen Staaten. Ebenso Hänel 54; Zorn I 50; Meyer-Anschütz 510.

der süddeutschen Staaten erweiterten Norddeutschen Bund ist[1]).

Die Einzelstaaten waren noch Staaten geblieben, nicht wie mehrfach behauptet ist[2]), Selbstverwaltungskörper, weil sie Personal-, Gebiets- und Verfassungshoheit nebst dem jus foederum et legationum (wenn auch beschränkt durch Reichsrecht) bewahrt hatten[3]). Laband I (§§ 7, 8), Zorn, Reichsstaatsrecht I 50, 54, HirthsAnn. 1884, 478, Jellinek, Lehre von den Staatenverbindungen 291, Rosin in HA. 1883, 265, Hänel, Staatsrecht 802, G. Meyer, Lehrbuch des deutschen Staatsrechts 48, O. Mejer 25, 294, v. Treitschke in den Preuß. Jahrb. 30, 527, Rehm, Staatslehre 105, Brie, Theorie der Staatenverbindungen 112, Anschütz, Z. f. Staatsw. 509 f., Rosenberg, ZStaatsw. 1909, 672, Triepel, Reichsaufsicht 173, Ebers 314 behaupten, daß die Einzelstaaten die

---

[1]) And. Ans. Seydel; Komm. 27 ff.; Riedel, Die Verfassungsurkunde vom 16. April 1871 S. 77, 105; Zorn I 33; Rehm, Staatslehre 132; vgl. dagegen Arndt, Staatsr. 37; Miquel in den StenBerRT., außerordentl. Session 1870, 132 und die allgemeine Ansicht; Laband I 44; R. v. Mohl, Reichsstaatsrecht 51; Hänel 51; Mohl 51; H. Schulze, Deutsches Staatsrecht I 172; Loening 12; Dambitsch 7; G. Meyer 330.

[2]) Jellinek, Die Lehre von den Staatenverbindungen 270 ff., 281 ff.; Zorn I 84.

[3]) Ebenso Laband 98; Anschütz 466, 514; Jakobi 110; G. Meyer §§ 1, 71 a. a. O. Auch der kleinste Bundesstaat als solcher hatte Anteil an der Reichsgesetzgebung, an Kriegserklärungen, Zollverträgen usw. durch seine Mitgliedschaft am Bundesrate, Arndt 39; s. auch Rosenberg, AÖR. 14, 328 f.

Souveränität verloren hatten, weil das Reich sich in der Lage befand, seine Zuständigkeit auf Kosten derjenigen der Bundesstaaten durch eigene Akte zu erweitern, daß es die sog. Kompetenz-Kompetenz besaß. Dieser Umstand traf zunächst für Preußen keineswegs zu. Denn Zuständigkeitserweiterungen sind Verfassungsänderungen (a. Reichsverf. Art. 78 Abs. 1). Verfassungsänderungen waren unmöglich, wenn im Bundesrate 14 Stimmen gegen sie abgegeben wurden (a. Reichsverf. Art. 78 Abs. 2), und Preußen verfügte allein über 17 Stimmen im Bundesrat[1]). Jene Behauptung traf aber selbst für die übrigen deutschen Staaten nicht zu. Denn die Mitgliedschaftsrechte am und im Reiche, wie überhaupt die jura singularia und singulorum konnten keinem einzigen Bundesstaat ohne seinen Willen selbst durch verfassungänderndes Gesetz entzogen werden[2]) und wenn auch einer von ihnen allein — soweit ihm nicht Singularrechte vorbehalten sind — die Ausdehnung der Reichszuständigkeit nicht hindern konnte, so mußte doch jede Ausdehnung der Reichszuständigkeit vom Bundesrate beschlossen und sanktioniert werden — vom Bundesrate, das ist von eben diesen Staaten selbst[3]), welche dort ihren Willen zum Ausdruck bringen. Soweit sie ihre Souveränität nicht mehr als Landes-

---

[1]) Ebenso Bornhak, Preußisches Staatsrecht 71; dagegen Hänel Staatsr. 802 Dabei soll nicht verkannt werden, daß auch Preußen gegenüber das Deutsche Reich die höhere Macht darstellte, deren Gesetzen Preußen gehorchen mußte.

[2]) Laband I 129; Seydel 420; Rauchalles 284; Jacobi 94.

[3]) Und zwar von den Staaten als solchen; anders Meyer-Anschütz, Staatsr. 513.

hoheit ausüben konnten, übten sie diese im Bundesrate aus. In diesem Sinne hatte Fürst Bismarck ausgesprochen[1]), daß die Souveränität eines jeden Bundesstaats ihren unbestrittenen Ausdruck im Bundesrate findet. Auch völkerrechtlich wurden die deutschen Staaten als (beschränkt) souverän angesehen[2]).

Die Mitglieder des Reichs waren nur die Staaten[3]).

Der Kaiser war nicht der alleinige Souverän des Deutschen Reichs; Kaiser war Ehrentitel. Auch hier genügt es, auf die Worte Bismarcks hinzuweisen[4]): „Die Souveränität ruht nicht beim Kaiser,

---

[1]) StenBer. des verfassungsberatenden RT. 1867, 338.

[2]) Auch Laband I 93; v. Sarwey, Württemberg. Staatsr. I 396; Gareis, Allgemeine Staatslehre 31, Völkerrecht (2) 55; Rehm 38; Brie in GrünhutsZ. 11, 129; vgl. auch v. Liszt, Völkerrecht § 6; Waitz, Grundzüge der Politik 43f., 191f. Nach O. Mayer, Deutsches Verwaltungsrecht II S. 467f. hatten weder das Deutsche Reich noch die Einzelstaaten volle Souveränität.

[3]) Daß sowohl das Reich wie die Einzelstaaten souverän waren, nahmen u. a. auch an v. Stengel bei Schmoller 22, 1139f.; Gareis, Völkerrecht (2) § 14; Bismarck bei Rosin in HA. 1896 174; auch die Schweizer Kantone legen sich Souveränität bei; Schollenberger, Das schweizer. öff. Recht, 8, 35; s. auch oben A. 3 auf S. 35; s. dagegen G. Meyer, Staatsr. §§ 6, 7; Jellinek, Staatslehre 404f.; ferner O. Gierke, Genossenschaftsrecht III 638f.; v. Gerber, Staatsrecht 22; Laband I 73 u. a. m., die nur dem Reiche die Souveränität zusprachen; Meyer-Anschütz, 514 und die herrschende Meinung.

[4]) StenBerRT. 1871, I 299.

sie ruht bei der Gesamtheit der verbündeten Regierungen[1])."

Da das Deutsche Reich nur nach Maßgabe des Inhalts „dieser Verfassung das Recht der Gesetzgebung" ausübte, besaß es nur die Befugnisse, welche ihm in der Verfassung übertragen oder auf Grund der Verfassung von ihm erworben wurden. Die Rechtsvermutung spricht für die Zuständigkeit des Landes; diese war nur dann als ausgeschlossen zu erachten, wenn die Zuständigkeit des Reichs durch eine besondere Norm begründet wurde[2]). War jedoch die Zuständigkeit des Reichs anzunehmen, so standen dem Reiche auch alle Befugnisse zu, die ihm zur Ausführung dieser Zuständigkeit erforderlich erscheinen[3]).

---

[1]) Damit war gemeint: „Die Souveränität ruht nicht beim Kaiser allein, sie ruht beim Kaiser und bei der Gesamtheit der verbündeten Regierungen," und zwar hatte „das preußisch-deutsche Kaisertum", das unitarische Element, das Übergewicht; Triepel, Unitarismus und Föderalismus 36, 39.

[2]) S. Thronrede König Wilhelms v. 24. Februar 1867 (StenBer. des verfassungsberatenden NorddRT. 1867, 37); s. Meyer-Anschütz §§ 57, 80; Hänel I 40, 218, 259, 323; Laband §§ 11, 12, 41; Dambitsch 27 und comm. opino.

[3]) Triepel, Unitarismus und Föderalismus 60f.; Arndt, Staatsr. 166, 167, 168, 170, 171 (überall gegen Seydel). Hatte das Reich z. B. das Recht, die Gerichtsverfahren, das Armen-, Militär-, Bankwesen usw. zu regeln, so konnte es auch ohne Verfassungsänderung einen obersten Reichsgerichtshof, ein Bundesamt für das Heimatwesen, ein Reichsmilitärgericht, Normaleichungs-, Patentamt, Reichsversicherungsamt und eine Reichsbank errichten; stand ihm das Versorgungswesen für das Heer zu, konnte es auch über die Beschäftigung der Militäranwärter in staatlichen und kommunalen Verwaltungen Vor-

Subjekt der Reichsgewalt war das Reich selbst[1]).

Die Reichsverfassung vom Jahre 1871 bestimmte, welche Befugnisse die deutschen Einzelstaaten an die Zentralgewalt abgeben[2]). Daher war das Reich nur zuständig, wo seine Zuständigkeit auf eine positive Gesetzesvorschrift gestützt ist[3]).

Das Deutsche Reich war ein Bundesstaat in dem Sinne, wie dieses Wort von Theorie und Praxis verstanden zu werden pflegt[4]). Es hatte wie diese eine

---

schriften treffen; s. auch RGZ. 48, 84; Arndt 578; stand ihm die Gesetzgebung über das Militärwesen zu, so konnte es auch über die Besteuerung bzw. Steuerbefreiung der Militärpersonen verfügen; Arndt 606, 607; Bismarck bei Rosin HA. 1898 § 124. Dies war die oft betätigte und seit langem nicht mehr bestrittene Praxis, s. auch unten zu Art. 14 u. Arndt, JW. 1920, 516.

[1]) S. auch Laband I 96, und die herrschende Lehre; Meyer-Anschütz § 80; v. Gerber, Grundzüge 244; Hänel I 233f., 328.

[2]) Vgl. Arndt, Reichsverordnungsr. 61ff.; a. PreußVerf. (7) 49f.; HA. 1886, 32ff.; Triepel, Reichsaufsicht 177.

[3]) S. oben S. 28; Jellinek, System der subjektiven öffentl. Rechte 281f.; s. auch RGSt. 33, 204; v. Rönne-Zorn I 271; Dambitsch 27; Bismarck in den Verhdl. des verfassungberatenden RT. 1867 S. 135.

[4]) Im Bundesstaat nahm man früher an (Tocqueville-Waitzsche Theorie, vgl. u. a. ZStaatsw. 1872, 185f.), seien sowohl der Bundes- wie der Einzelstaat wirklich Staaten, selbständig und unabhängig von fremder Gewalt — der Bundesstaat auf den ihm zugewiesenen, gemeinsamen, der Einzelstaat auf den ihm verbliebenen Sondergebieten. Bundesstaat wie Einzelstaat besäßen ihre Hoheitsrechte als eigene, nicht als

eigene Rechtspersönlichkeit, eigene Gesetzgebung; vom Willen der Einzelstaaten unabhängige Organe (Kaiser, Reichskanzler, Reichstag), eigene Verwaltungs- und eigene Gerichtsherrlichkeit[1]), unmittelbar eigenes Vermögen, Heer und Flotte, Festungen, Kriegshäfen, einen selbständigen Reichsfiskus[2]). Auch im sog. Staaten-

---

abgeleitete. (Dies alles gilt auch für den Staatenbund.) Das Volk stehe im Bundesstaate (nicht im Staatenbunde) in gleicher unmittelbarer Beziehung zum Einzelstaat wie zum Gesamtstaat; beide hätten ihre selbständige Regierung, ihre selbständige Volksvertretung, ihre selbständigen Gerichte; s. auch unten zu Art. 71 und 77, ferner Gierke bei Schmoller 7, 1157; Brie, Theorie 98; Triepel, Unitarismus und Föderalismus 32; Nawiasky, Der Bundesstaat als Rechtsbegriff.

[1]) Insbesondere leitet das Reichsgericht seine Gerichtsgewalt von der Justizhoheit des Reichs als eines nach der Reichsverfassung den einzelnen Bundesstaaten gegenüber selbständigen, und soweit die Zuständigkeit der Reichsgesetzgebung und Verwaltung reicht, ihnen übergeordneten Staatswesens ab; s. auch RGSt. 28, 433; 33, 211; RGZ. PlenarBeschluß 48, 195; 44, 337; ebenso Hellwig, System d. Prozeßr. I 89; dagegen u. a. Seydel, Komm. 102. Das gleiche gilt von den Konsular-, Schutzgebiets-, Prisen- und Marinegerichten; ebenso Vierhaus in Zeitschr. f. ZP. 14, 208; Stein-Jonas zu § 238 ZPO.; Seuffert 2 zu § 238 ZPO.

[2]) Daher unterlag das Reich der Besteuerung durch die Einzelstaaten und die Kommunen nur, soweit es selbst dies z. B. im G. v. 25. Mai 1873 (Reichsbesteuerungsges. v. 15. April 1911, RGBl. 187) befahl; OVG. 22, 117; 39, 91; Reichssteuergesetzentwurf, DrucksRT. 1910 Nr. 410; Delbrück, RT. 14. November 1874, StenBer. 10, 2421 f.; s. dagegen Laband (4) IV 434; Seydel 384; s. auch RGZ. 82, 233; Triepel, Reichsaufsicht S. 338. Die Militärhoheit war Reichshoheit, nicht

bunde, wenigstens im Deutschen Bunde, finden sich die Anfänge aller dieser Eigenschaften[1]).

In der Erklärung Preußens vom 5. April 1885, welcher der Bundesrat sich einstimmig anschloß, ist gesagt (HA. 1886, 350), daß die verbündeten Regierungen entschlossen sind, „die Verträge, auf welchen unsere Reichsinstitutionen beruhen, in unverbrüchlicher Treue aufrecht zu erhalten und — zu handhaben.“ Demgegenüber ist zu beachten, daß die Verträge vom 18. August 1866 nur auf ein Jahr geschlossen, also erledigt sind, daß es sich somit nur noch um die Novemberverträge handeln konnte; letztere galten allerdings, soweit sie bei der Verfassung des Deutschen Reichs aufrechterhalten sind. Die Verträge vom August 1866 ebenso wie die Novemberverträge legten nur den Regierungen untereinander Pflichten auf und sind im übrigen „Aufklärungsmaterial“, nicht positives Recht an sich. Nur die in § 3 des Gesetzes vom 16. April 1871 (RGBl. 62) erwähnten Verträge waren als solche in Kraft geblieben. Die

Landeskontingentshoheit, RGZ. 97, 263, a. M. OVG. 173, 255; s. auch weiter unten.

[1]) In diesem Sinne ist der Satz Buschnell-Harts „Federal Government“ 1881 § 12 richtig: „The difference is only one of degree . . . is not one of kind; it is a difference of point of view, of expectation of means to carry out the national will.“ Mit Recht sagt Spahn (Art. „Staatsverbindungen“) in Bachems Staatslexikon, daß die Übergänge zwischen Bundesstaat und Staatenbund flüssig und die Unterschiede nur quantitative seien; s. ferner Bismarck bei v. Keudell 326; endlich Hausmann, AÖR. 33, 82.

staatsrechtliche Verbindlichkeit der Verfassung beruhte auf gesetzlicher Grundlage[1]).

Durchgreifend wurde die Verfassung im parlamentarischen Sinne (sog. Neuorientierung und Parlamentarisierung) geändert durch die Gesetze vom 29. Oktober 1918 (RGBl. 1273, 1279) zu den Artikeln 11, 15, 17, 21 Abs. 3, 53, 64 und 66 insbesondere dahin, daß zu Kriegs- und Friedenserklärungen Zustimmung von Bundesrat und Reichstag erforderlich sein müssen, daß der Reichskanzler das Vertrauen des Reichstags haben müsse und daß alle Ernennungen von Offizieren in Heer und Marine der ministeriellen Gegenzeichnung bedürfen.

Am 9. November 1918 wurde der Verzicht Kaiser Wilhelms II. auf die Krone im Reichsanzeiger Nr. 267 mitgeteilt[2]). In aller Form erklärten am 28. November und bzw. 1. Dezember 1918 der Kaiser und der Kronprinz ihren Verzicht auf ihre Rechte an der Krone Preußens und die damit verbundenen Rechte an der Kaiserkrone (ohne Gegenzeichnung und nur für ihre Person); ArmVBl. 745.

Am 9. November 1918 fand die Revolution statt und wandelte das Reich tatsächlich in eine Republik um. Die Revolution war nicht nur Rechtsbruch, sondern auch zugleich Rechtsschaffung. Die Anordnungen der

---

[1]) Ebenso G. Meyer 87; Hänel 54; Zorn I 50; Seydel, Komm. 22; Anschütz, Staatsr. 510; Triepel.

[2]) Der Verzicht hatte nur erklärende, nicht rechtsbegründende Wirkung. Die Gewalt war schon am 9. November auf die revolutionären Gewalten übergegangen.

Revolutionsmachthaber waren rechtswirksam, da sich jene im dauernden, tatsächlichen Besitz der alleinigen Staatsgewalt befanden und diese Anordnungen sich als Normen darstellten, die in allgemein verbindlicher Weise die Rechtsverhältnisse der Volksgemeinschaft regeln wollten (Dohna 10, RGZ. 99, 287; 100, 27; 102, 423; 104, 258; RGSt. 53, 52, 65f.; 54, 149, 152, 157, 264; 56, 266; 57, 92; pr. OVG. 77, 496f.; Giese 4; Anschütz 4ff.; Paul LZ. 1919, 346ff.; Rosenberg, LZ. 1919, 121; Stier-Somlo I 213ff.; dagegen von Freytagh-Loringhoven 14 ff. und W. Jellinek, Verf. u. Verw. 15ff.). Denn eine solche Tatsache gewährt den „Rechtstitel" zur Ausübung der Staatsgewalt.

Am 12. November 1918 erfolgte der Aufruf der Volksbeauftragten, die tatsächlich die höchste Gewalt inne hatten, und zwar hatten sie die exekutive und legislative, sogar die Kompetenz-Kompetenz (Arndt, DJZ. 1919, 78f.). Darin erklärte die „aus der Revolution hervorgegangene Regierung, daß sie sich die Verwirklichung des sozialistischen Prinzips zur Aufgabe macht und verkündet mit Gesetzeskraft" die Aufhebung des Belagerungszustandes, aller Beschränkungen des Vereins- und Versammlungsrechts, die Aufhebung jeder (auch der Theater-) Zensur, die Freiheit der Meinungsäußerung in Wort und Schrift, der Religionsübung, die Außerkraftsetzung der Gesindeordnungen, ebenso aller Ausnahmegesetze gegen die Landarbeiter, einen achtstündigen Maximalarbeitstag und daß alle Wahlen zu allen öffentlichen Körperschaften fortan nach dem gleichen, geheimen, direkten, allgemeinen Wahlrecht auf Grund des Verhältniswahlsystems für alle Männer und Frauen über 20 Jahre stattfinden sollen (RGBl. S. 1303).

In letzterem Sinne erging von den Volksbeauftragten (mit Gesetzeskraft) unterm 30. November 1918 (RGBl. S. 1345) die Verordnung über die Wahlen zu einer verfassunggebenden deutschen Nationalversammlung. Die Einberufung des Reichstags war vom Rat der Volksbeauftragten „infolge der politischen Umwälzung" verweigert und dem Bundesrat (s. RGBl. 1918, 1311) nur noch die ihm nach bisherigem Recht zustehenden Verwaltungsbefugnisse belassen worden. Die Wahlen erfolgten am 19. Januar, der Zusammentritt am 6. Februar 1919 in Weimar.

Unterm 10. Februar 1919 erging von der verfassunggebenden im Allein- und Vollbesitz der Souveränität stehenden Nationalversammlung das Gesetz über die vorläufige Reichsgewalt (RGBl. 169) s. dazu Schmitt, Die Diktatur (1921) 130ff. und Veröffentlichungen der Vereinigung der deutschen Staatsrechtslehrer I (1924) 85ff.; Büttner, Sächsisches Archiv 1919, 78. Dieses bestimmte in § 1, daß die Versammlung die Aufgabe (und alleinige Befugnis) hat, die künftige Reichsverfassung, sowie auch sonstige dringende Reichsgesetze zu beschließen, in § 2, daß die Einbringung von Regierungsvorlagen an die Versammlung — unbeschadet des § 2 Abs. 4 — der Zustimmung des Staatenausschusses bedarf, der aus den Vertretern der deutschen Frei-(Bundes-)staaten gebildet wird und in dem jeder Freistaat mindestens eine Stimme, die größeren auf je eine Million eine Stimme führen, in § 4, daß die Reichsverfassung von der Versammlung allein verabschiedet wird, während im übrigen die Gesetze durch Übereinstimmung zwischen Nationalversammlung und Staatenausschuß zustande kommen mit der Maßgabe, daß der Reichspräsident bei Nichtübereinstimmung eine Volksabstimmung herbeiführen kann, in § 6, daß ein von der Nationalversammlung (§ 7) gewählter Reichspräsident die Geschäfte des Reichs verwaltet, das Reich völkerrechtlich vertritt mit der Maßgabe, daß Kriegserklärung und Friedensschluß durch Reichsgesetz erfolgen, in § 9, daß alle zivilen und militärischen Anordnungen und Verfügungen des Präsidenten der Gegenzeichnung durch einen verantwortlichen Reichsminister bedürfen.

Im Übergangsgesetz vom 4. März 1919 (RGBl. S. 285) bestimmte die Nationalversammlung:

§ 1. Die bisherigen Gesetze und Verordnungen des Reichs bleiben bis auf weiteres in Kraft, soweit ihnen nicht dieses Gesetz oder das Gesetz über die vorläufige Reichsgewalt — entgegensteht. In Kraft bleiben auch alle von dem Rate der Volksbeauftragten oder der Reichsregierung bisher erlassenen oder verkündeten Verordnungen —

§ 2. Soweit in Gesetzen oder Verordnungen des Reichs auf den Reichstag verwiesen wird, tritt an seine Stelle die Nationalversammlung.

§ 3. Soweit in Gesetzen oder Verordnungen des Reichs auf den Bundesstaat verwiesen wird, tritt an seine Stelle der Staatenausschuß —

§ 4. Die Befugnisse, die nach den Gesetzen oder Verordnungen des Reichs dem Kaiser zustehen, gehen auf den Reichspräsidenten über.

§ 5. Die Befugnisse, die nach den Gesetzen oder Verordnungen des Reichs dem Reichskanzler zustehen, gehen auf das Reichsministerium über. Soweit das Reichsministerium nicht ein anderes bestimmt, werden sie von jedem Reichsminister für seinen Geschäftsbereich selbständig ausgeübt.

Die Reichsverfassung von 1871 war zwar größtenteils durch die Revolution aufgehoben worden, sie wurde aber — besonders durch § 5 dieses Gesetzes — teils ausdrücklich teils stillschweigend „rezepiert" (Stier-Somlo 198f.; Giese 5), so daß sie also grundsätzlich fortgalt, soweit sie nicht mit den durch die Revolution geschaffenen Zuständen unvereinbar war (RGSt. 53, 303; 55, 217), vgl. auch VO. über die Ermächtigung des Bundesrates zur Ausübung von Verwaltungsbefugnissen vom 14. November 1918 (RGBl. 1311) und die VO. über die Fortdauer kriegswirtschaftlicher Verordnungen vom 28. Dezember 1918 (RGBl. 1919, 16). Insbesondere galt auch die Vorschrift in Art. 2 der RV. vom 16. April 1871, wonach die Verkündigung von Gesetzen im Reichsgesetzblatt erfolgen muß, fort, mit der Maßgabe, daß an Stelle des Kaisers der Reichspräsident die Gesetze ausfertigt, unter Gegenzeichnung des nach dem Geschäftsbereich zuständigen Ministers. Aus Art. 1 des Übergangsgesetzes folgt ferner die Fortgeltung der von der Versammlung oder den Volksbeauftragten bis dahin erlassenen Gesetze und Verordnungen (RGZ. 100, 28; Jacobi, AöR. 39, 273f; Wenzel, Grundprobleme 309; RAnz. 1919 Nr. 79; Arndt, LZ. 14, 617; RGSt. 56, 259).

Am 21. Februar 1919 legte die Regierung der Nationalversammlung den vom Staatenausschuß mit einigen Ausnahmen zu Art. 15, 19 und 40 genehmigten Entwurf der Reichsverfassung vor (Anlage Nr. 59 der

Verhandlungen der Nationalversammlung). Vorher hatte am 20. Januar 1919 der Reichsanzeiger den Entwurf nur des Allgemeinen Teils einer künftigen Reichsverfassung nebst Denkschrift des Staatssekretärs Dr. Preuß veröffentlicht. Von der Reichsregierung war dem Staatenausschuß ein aus Verhandlungen mit den Landesregierungen hervorgegangener Entwurf vorgelegt[1]).

Die Nationalversammlung überwies den Entwurf, dessen Ziel „die demokratische Selbstorganisation der deutschen Volkseinheit zu gestalten" war, einer (Verfassungs-) Kommission, deren Verhandlungen in zwei Bänden Protokollen niedergeschrieben sind, und deren Ergebnis ein Entwurf „nach den Beschlüssen des 8. Ausschusses" in Nr. 391 der Drucksachen ist. Über den Entwurf in Nr. 59 der Drucks. wurde am 24. und 25. Februar und 3. und 4. März in erster Lesung und am 2. Juli und folgende Tage in zweiter Lesung verhandelt (StenBer. 1200f.)[1]). Die Berichterstattung war mündlich. In dritter Lesung wurde der Entwurf am 29. und folgende Tage StenBer. 2071f. beraten und mit den dabei getroffenen Änderungen am 31. Juli mit 262 gegen 75 Stimmen (der Deutschnationalen, Volkspartei und Unabhängigen) angenommen und unterm 11. August 1919 im RGBl. S. 1383 verkündet

---

[1]) Literatur zum folgenden bei W. Jellinek, Jahrb. 1920, 1123f. Die Entwürfe sind abgedruckt bei Triepel, Quellensamml. z. Dtsch. RStaatsR.

[2]) Bericht und Protokolle dieses VA. bei C. Heymann 1920 und auszugsweise bei Purlitz 140f., 229f.; s. auch Nr. 391 und 656 der Drucks. d. NatVers.

als „Verfassung des Deutschen Reichs". Dieses ist ein Bundesstaat geblieben, rechtlich dasselbe wie das mit der Verfassung vom 16. April 1871 (ebenso Poetzsch 28; Finger 188; Hatschek I 11f.; Anschütz 2, 8ff.; O. Mayer, A. ö. R. 39, 102; Thoma, Arch. f. Sozialpol. 50, 281f.; 52, 248; Wenzel, Grundprobleme 294ff., 306ff.; Wolgast, A. ö. R. NF. 7, 245ff.; Bühler 29; Bilfinger, Einfluß der Einzelstaaten 40f.; Triepel i. Schmoller Jahrb. 43, 475f.; Beling, Revolution u. Recht; R. Schmidt, Einf. i. d. Rechtsw. 105; Hubrich 26, 287; a. A. Giese 4, 14; ders. A. ö. R. 42, 370f.; Stier-Somlo, StR. I 50ff., 295f.; Waldecker, Abgeltg. von Ansprüchen an das Reich 18; Rauschenberger, Staatsstreich u. Revolution 13ff.; Nawiasky, Bayer. Verf. R. 23, 66; Wittmayer 4ff., 16ff.; Kahl in Liebmann-Festgabe [1920] 79ff.; von Freytagh-Loringhoven 35)[1]). Indes ist sein Charakter geändert aus einem monarchistisch-konstitutionellen Staat in eine demokratisch-parlamentarische Republik, unter Verstärkung des unitarischen und Zurückdrängung des föderativen Elements. An die Stelle des Kaisers tritt ein Reichspräsident, an die des Bundesrats ein Reichsrat, beide mit sehr verminderten Befugnissen. Die Hegemonialrechte Preußens und die Sonderrechte der Südstaaten sind

[1]) Nach der Gegenansicht besteht keine rechtliche Identität des alten und neuen Reiches, sondern nur eine Kontinuität im Sinne der Staatensukzession, da die neue Reichsgewalt aus dem einheitlichen Reichsvolk, nicht aber — wie früher — genossenschaftlich aus den Gliedstaaten erwachsen sei. Nach Ansicht dieser Lehre ist das Reich kein Bundesstaat, sondern ein Staatenstaat.

beseitigt, die Kompetenz der Reichsgewalt ist in dem Maße ausgedehnt, daß ihr am letzten Ende auch jede Verfügung über die Gliedstaaten (nunmehr Länder genannt) zusteht. Die Staatsgewalt ruht im Volke, im ganzen Volke, nicht bei einer Klasse, auch nicht der Arbeiterklasse. Ausgeübt wird sie (außerordentlich) durch den unmittelbaren Volksentscheid und (regelmäßig) durch den Reichstag. Der Reichspräsident und Reichsrat haben an der Gesetzgebung im wesentlichen nur aufschiebenden Anteil und der Präsident ist insoweit vom Reichstage abhängig, als er fast nur durch Minister handelt, die der Reichstag jederzeit durch Nichtbewilligung des Vertrauens entfernen kann[1]).

Die Verfassung vom 11. August 1919[2]) ist gemäß Art. 181 mit dem 14. August, dem Tage der Verkündung, in Kraft getreten. Die verfassunggebende Nationalversammlung galt seitdem, ohne diese Bezeichnung zu führen, als Deutscher Reichstag (Art. 180). Die bisherige Vertretung der Landesregierungen beim Reiche, der Staatenausschuß, hörte auf zu bestehen. An seine Stelle ist der „Reichsrat" getreten. Der Präsident des Reichsministeriums ist zum Reichskanzler ernannt. Auf Grund Art. 176 der Reichsverfassung haben alle öffentlichen Beamten und Angehörigen der Wehrmacht die Reichsverfassung beschworen. Die Verfassung vom 16. April 1871 und das Gesetz über die

[1]) Vgl. jedoch auch Anm. 1 zu Art. 53.

[2]) Entwürfe der Verfassung waren u. a. von Bredt, E. Kaufmann und H. Triepel aufgestellt; s. auch zum Regierungsentwurf Triepel in Schmollers Jahrb. 1919, 459, Stier-Somlo I 236ff., Finger 174ff.

vorläufige Reichsgewalt sind aufgehoben, Art. 176, nicht aber die auf Grund derselben ergangenen Gesetze, Ver- und Anordnungen, soweit ihnen die Verfassung vom 11. August 1919 nicht entgegensteht, Art. 179. Der auf Grund des Gesetzes über die vorläufige Reichsgewalt gewählte Reichspräsident führte sein Amt bis zum Amtsantritt des auf Grund der Verfassung vom 11. August 1919 gewählten Reichspräsidenten fort (Art. 180). Die Reichsverfassungsurkunde ist geändert zu Art. 168 (preuß. Stimmen im Reichsrat) durch Ges. v. 6. Aug. 1920 (RGBl. 1565), durch Ges. v. 6. Aug. 1920 (RGBl. 1566) zu Art. 178 (Helgoland), Ges. v. 27. Nov. 1920 (RGBl. 1987) zu Art. 167 (Oberschlesien), Ges. v. 4. März 1921 (RGBl. 440) zu Art. 61 Abs. 1; Ges. v. 27. Okt. 1922 (RGBl. I 801) zu Art. 180; Ges. v. 15. Dez. 1923 (RGBl. I 1185) zu Art. 35 Abs. 2; Ges. v. 18. März 1924 (RGBl. I 287) zu Art. 88; Reichsbahngesetz v. 30. August 1924 (RGBl. I 272) zu Art. 89ff. Durch Ges. v. 22. Mai 1926 (RGBl. I 243) ist Art. 40a eingefügt worden.

Die Verfassung des Deutschen Reichs.

Vom 11. August 1919 (RGBl. S. 1383).

[1]) Das Deutsche Volk[2]), einig in seinen Stämmen und von dem Willen beseelt, sein Reich in Freiheit und Gerechtigkeit zu erneuen und zu festigen, dem inneren und dem äußeren Frieden zu dienen und den gesellschaftlichen Fortschritt zu fördern, hat sich diese Verfassung[3]) gegeben.

StenBer. 284, 371, 379, 1208ff.; VA. 23ff., 490ff.

Stier-Somlo I 25ff., 295ff.; Hubrich 13ff.; Wittmayer 39ff., 102f.; Lukas, Organisatorische Grundgedanken der Reichsverfassung (1920) 1ff.; Kahl in Liebmann-Festgabe (1920); Nawiasky, Bayrisches Verfassungsrecht (1923) 25f., 66f.; R. Schmidt, Einführung in die Rechtswissenschaft[2] (1923) 70ff.; Bühler, Reichsverfassung 28ff.

[1]) Der nur enuntiativ, nicht dispositiv Bedeutung (s. VA. 490) tragende Vorspruch entspricht dem, was für die belgische Verfassung gilt. J. J. Thonissen, La Constitution belge annotée nr. 155: „Quand l'Assemblée Constituante de 1830 reçut la mission de fixer l'organisation politique du pays, le trône était vide et le peuple rentré dans la plénitude de ses droits, pouvait librement disposer de ses destins. Le congrès national n'hésita pas à soumettre et à proclamer que la souveraineté réside dans la nation."

²) Also nicht, wie bei der Verfassung von 1871, auch die Länder, s. auch Art. 181, Giese 42, 434. Eine Ratifikation der Verfassung durch die Länder wurde ausdrücklich abgelehnt (VA. 25). Das Deutsche Reich ist desungeachtet ein Bundesstaat geblieben (s. Einleitung).

³) Verfassung bedeutet hier soviel wie Verfassungsurkunde, a. A. Hubrich 15. Die Verfassung enthält eine sehr große tiefgreifende, aber doch nur — eine Verfassungsänderung; Preuß, StenBer. 1211. „Die Kontinuität des Staatsgebildes" bleibt bestehen (Ablaß, StenBer. 1213).

Erster Hauptteil.

Aufbau und Aufgaben des Reichs.

Erster Abschnitt.

Reich und Länder.

Artikel 1.

Das Deutsche Reich[1]) ist eine Republik[2]).

Die Staatsgewalt[3]) geht vom Volke[4]) aus[5]).

StenBer. 285, 372, 378, 389, 454ff., 464ff., 1203ff., 1215ff.; VA. 23ff., 28ff., 401.

Preuß, Deutschlands republikanische Reichsverfassung (1923) 41ff., 62ff. und Um die Verfassung von Weimar (1924); Hatschek I 32ff., 45ff., 53ff., 67; Stier-Somlo I 63ff., 103ff., 268, 349ff. und A. ö. R. NF. 7, 97ff.; Wenzel, Juristische Grundprobleme I (1920) 248ff., 290ff., 312ff., 335ff.; Wittmayer 39ff., 127ff., 154ff., A. ö. R. 39, 386ff., Z. f. ö. R. 3, 503ff.; Z. f. Staatsw. 1925, 16ff. und Fischers Ztschr. 57, 145ff.; Lukas, Organisatorische Grundgedanken 6ff., 18ff., 40ff.; Finger, 12ff., 189ff.; Bredt, 78ff.; Nawiasky, Grundgedanken der Reichsverfassung (1920) 21ff., Der föderative Gedanke in und nach der Reichsverfassung (1921), Bayrisches Verfassungsrecht (1923) 45ff. und DJZ. 1923, 701ff.; Anschütz, Drei Leitgedanken der Weimarer Verfassung (1923) 21ff., Das preußisch-deutsche Problem (1922); ders. und Bilfinger in Veröffentlichung der Staatsrechtslehrer I (1924) 11ff., 35ff.; Bilfinger, Der Einfluß der Einzelstaaten auf die Bildung des Reichswillens (1923) 72ff.; E. Jacobi, Einheitsstaat oder Bundesstaat (1919) 16ff.; Hübner, Die Staatsform der Republik (1920); Beyerle in Festschrift für F. Porsch (1923) 128ff.; Hubrich 16ff., 287ff.; E. Cohn, Stellung Preußens im Reich (1922); Thoma, Begriff der modernen Demokratie (1923); in Erinnerungsgabe für Max Weber II 39ff.; von Freytagh-Loringhoven 36ff.; Piloty, Bayrische Verfassung (1919) 44 und A. ö. R. 43, 343f.; Venator, Unitarismus u. Föderalismus (1921); R. Schmidt, Einführung 78ff.; G. Leibholz, Gleichheit vor dem Gesetz (1925) 16ff., 133ff.; von Schmettow, Demokratie und Verfassungsreform (1925); W. Jellinek, Verfassung u. Verwaltung 19ff. und Jahrb. 9 (1920), 69ff., 80f.; Fick, Rechtseinheit oder Föderalismus (1925); Schelcher, Fischers Ztschr. 53, 153ff., 55, 105ff.; Genzmer, HWB. d. Politik I 290ff.; Arndt, Recht 1921, 81f.; Poetzsch, Jahrb. XIII (1925), 33ff., 65ff.; Triepel, Z. f. Politik 14, 193ff.; Lammers, Staats- u. Selbstverwaltung 6, 308ff.; K. Behnke, Die Gleichheit der Länder im deutschen Bundesstaatsrecht (1926); Most, Wirtschaftl. Nachr. f. Rhein u. Ruhr 1926, 777ff.; Brünet 98ff., 122ff.

[1]) Dies ist die amtliche Bezeichnung, auch völkerrechtlich, Giese 48. Da die heutige Republik das alte Reich geblieben ist, sind die Republik wie ihre Organe völker- und staatsrechtlich an alle Regierungsakte des (Kaiser-)Reichs und seiner Organe gebunden, soweit diese nicht in völker- bzw. staatsrechtlich gültiger Weise geändert sind.

[2]) Das Wort Republik ist gleichbedeutend mit Freistaat. Eine Änderung der Staatsform, die hierdurch vorgeschrieben wird (a. A. Finger 192), ist nur durch verfassungsänderndes Gesetz möglich. Sie wird geschützt durch die allgemeinen Strafgesetze und insbesondere durch die RGesetze zum Schutz der Republik v. 21. Juli 1922 (RGBl. I 585, 590, 596), RGSt. 56, 261, Kommentare von Mangold, Kiesow-Zweigert u.

Weiß-Goehrke, ferner Lobe, Gesetzgebung zum Schutz der Republik (1923) u. Luetgebrune, JW. 1924, 265f.

[3]) Das Reich ist — ungeachtet der Bestimmungen des Versailler Vertrages und der Verpflichtungen aus dem Londoner Protokoll 1924 — souverän, Stier-Somlo I 301f.; Giese 45; a. A. von Freytagh-Loringhoven 28ff.; Lassar, Jahrb. (1926) XIV, 9f.; Hans Gerber, Geld und Staat (1926) 149ff. u. Die Beschränkung der deutschen Souveränität nach dem Versailler Vertrage (1927).

[4]) Jedoch in Wirklichkeit nur vom Wahlvolk, s. Art. 22.

[5]) Satz 2 entspricht dem Satze der const. belge art. 25: „La souveraineté réside essentiellement dans la nation." Träger der Souveränität für das Reich ist das deutsche (Wahl-) Volk; für die Länder ist deren Volk der Souverän, jedoch nach Maßgabe des Art. 17. Durch Satz 2 ist der Grundsatz der Volkssouveränität ausdrücklich verfassungsrechtlich verankert, RG.St 56, 174, 260f., insbesondere zum Ausschluß der während der Revolution angestrebten Rätediktatur nach Art der Sowjetrepublik, und zwar erstreckt er sich auch auf die Länder, da er nur vom Volk schlechthin spricht, Giese 50. Das Volk (d. h. alle ansässigen Reichsangehörigen, s. Art. 17) jeden Landes hat eigenes, nicht vom Reich übertragenes Recht, doch ist es dem Deutschen Reich und Volk untergeordnet, s. auch Anschütz 37.

Artikel 2.

Das Reichsgebiet[1]) besteht aus den Gebieten der deutschen Länder[2]). Andere Gebiete können durch Reichsgesetz in das Reich aufgenommen werden[3–6]), wenn es ihre Bevölkerung kraft des Selbstbestimmungsrechts begehrt[7]).

StenBer. 1205; VA. 26ff., 401.

Stier-Somlo I 404ff.; Hatschek I 139ff., II 487ff.; Finger 181ff.; von Freytagh-Loringhoven 61ff.;

Hubrich 178f.; Lukas, Grundgedanken 8ff.; Nawiasky, Bundesstaat als Rechtsbegriff (1920) 176ff. u. Bayrisches Verfassungsrecht 36, 59ff. u. Hirths Ann. 1919, 1ff.; von Calker in Liebmann-Festgabe (1920) 22ff.; Giese, Z. f. Völkerrecht 11, 461ff.; W. Jellinek, Verfassung u. Verwaltung 31ff. u. Jahrb. 9, 86f.; Arndt, Recht 1921, 82; Genzmer im HWB. der Politik II 436f.; Merk, A. ö. R. NF. 8, 305ff.; Wenzel, Grundprobleme I (1920) 248ff., 294ff., 312ff.; Wittmayer 128ff. u. A. ö. R. 39, 386ff.; E. Jacobi, Einheitsstaat 16ff.; Brunet 90ff.

[1]) Die Verfassung vom 16. April 1871 braucht die Bezeichnung „Bundesgebiet", um auszudrücken, daß die „Souveränität, die Landes- und Territorialhoheit" den einzelnen Bundesstaaten zustand (Bismarck, StenBerRT. 1871, 94).

[2]) Die Länder sind Staaten — keine bloßen Selbstverwaltungskörper, weil sie einen Rest von Gebietshoheit bewahrt haben, völkerrechtliche Persönlichkeit und Geschäftsfähigkeit besitzen sowie von der Reichsverfassung selbst als Staaten bezeichnet und anerkannt werden (Art. 5, 109, 119, 131, 133, 135, 137, 142—144, 146—150, 153, 154) und dies insbesondere aus dem bisherigen geschäftlichen Verkehr zwischen Reich und Ländern hervorgeht (s. Anschütz 38ff.; Bredt 118ff.); doch können sie auch in dem Sinne wie die ehemaligen Bundesstaaten nur als beschränkt souverän gelten, vgl. Reichsinnenminister von Keudell in StenBerRT. vom 17./18. März 1927 (288./289. Sitzung): „Es ist nicht sehr lange her, etwa zwei Jahrzehnte, da war es ... eigentlich nur Arndt, der unter m. E. allerdings begründeter Berufung auf Bismarck die Theorie der Souveränität der verbündeten Regierungen und damit auch der einzelnen Bundesstaaten aufrecht erhielt ... Heute stehen wir vor der bemerkenswerten Tatsache, daß die Regierung des größten Landes, welchem Anhänger des Einheitsstaates in diesem hohen Hause doch recht nahe stehen, bereits angesichts irgendwelcher finanzieller oder sonstiger Initiative des Reiches geneigt ist, einen Eingriff in die Souveränität des Landes zu erblicken ... Ich selbst stehe auf dem

Standpunkt der Souveränität der Länder ... Im übrigen kann ich denen nicht beitreten, welche der Meinung sind, daß nach der Reichsverfassung die Länder ihre Eigenstaatlichkeit verloren hätten, daß sie keine Staaten mehr seien, daß sie damit ihre Souveränität aufgegeben hätten ..."; vgl. auch RGSt. 59, 196. Sein, Aufhören und Anderssein der Länder hängt am letzten Ende von der Verfügung des Reichs ab. Die Reichsverfassung bezeichnet sie als Freistaaten; s. Art. 18 und 78. Für die Eigenschaft als Staaten jetzt auch Giese, der sie aber nur im Sinne des „besonderen, äußerst weiten Staatsbegriff" der Reichsverfassung (S. 46) bejaht, dagegen Poetzsch, Wittmayer, Jacobi, Wenzel (s. Einleitung). Welches Gebiet ein „Land" ist, bestimmt sich danach, ob es vor Erlaß der Reichsverfassung ein Einzel- oder Bundesstaat war und durch diese als solcher anerkannt wurde, StGerH. in RGZ. 113, Anhang 1ff.

[3]) Alles Landesgebiet ist auch Reichsgebiet, alles Reichsgebiet Landesgebiet. Unmittelbare Reichsländer gibt es nicht mehr. Doch enthält dieser Satz keinen föderativen Gedanken (Giese 51), da er nicht bedeuten soll, daß die Gebietshoheit des Reiches aus den Landesgebietshoheiten entstehe. Zum Eintritt eines neuen Staates ist grundsätzlich kein verfassungsänderndes Gesetz nötig (Jacobi 92f., Anschütz 40), nur eine Vergrößerung des Reichsgebietes gegen den Willen der Bevölkerung des neuen Gebietes oder auch nur ohne ihn muß im Wege des verfassungsändernden Gesetzes erfolgen (Giese 53). Der Ausschluß eines Landes oder des Teiles eines solchen aus dem Reiche kann, von Friedensschlüssen abgesehen, nur mit dessen Zustimmung durch verfassungsänderndes Gesetz erfolgen, dies folgt aus Art. 2 und Art. 78. Alle im „Reich" (hier im weitesten Sinn, auch z. B. die Schutzgebiete und deutschen Handelsschiffe mit umfassend) sich aufhaltenden Personen und Sachen sind der Gebiets-(Staats-)hoheit des Reiches unterworfen, soweit sie nicht das Recht der Exterritorialität haben, wie fremde Staaten (auch deren Vermögen), fremde Souveräne, fremde Gesandte und, soweit

dies die Verträge bestimmen, ausländische Konsuln; ferner fremde Truppenkörper im ganzen wie, so lange sie nicht gefangen sind, die einzelnen Militärpersonen (streitig); Arndt in Z. f. Politik 1915, 513; vgl. v. Liszt-Fleischmann, Völkerrecht[12] (1925), 135.

[4]) Austritt eines Staates ist unstatthaft. Einseitiger Austritt ist nicht bloß „ein Vertragsbruch", sondern ein Verfassungsbruch. Das Deutsche Reich kann auch nicht allein durch den erklärten Austritt aller Länder, auch nicht durch übereinstimmendes Landesgesetz aufgelöst werden, vielmehr würde ein verfassungsänderndes Reichsg. notwendig sein.

[5]) Gebietshoheit ist nichts anderes als Staatsgewalt (Fricker, Vom Staatsgebiet; Jellinek, Allgemeine Staatslehre; Laband I 190). Also steht die Gebietshoheit im ganzen Reichsgebiet dem Reiche zu, während im ehemaligen Reiche diese grundsätzlich den einzelnen Staaten vorbehalten war (Bismarck, StenBerRT. 1871, 94). Änderungen im Gebiete eines der Länder, welche die Reichsgrenzen verändern, bedürfen (unter Zustimmung des betr. Landes) eines Reichsgesetzes, s. Art. 78 Abs. 3. Das Reichs- (bzw. Staats-) Gebiet umfaßt das zusammenhängende, von den Reichs-(Landes-)Grenzen umzogene Stück der Erdoberfläche, den Luftraum unbeschränkt nd jedenfalls bis in die Höhe, welche mit menschlichen Mitteln noch zu erreichen ist, den Raum unter der Oberfläche, den Streifen angrenzender Seen (Bodensee), der bei der Seegrenzziehung in die Gebietshoheit des an den See anstoßenden Staates fällt und das Küstenmeer (3 Seemeilen); vgl. RGStr. 56, 136; Gareis, Völkerr. (2) 72; v. Liszt-Fleischmann Völkerr.[12] (1925), 136. Das Küstenmeer gehört jedoch nicht zum Reichszollgebiet. Binnenseen und Haffe gehören zum Reichsgebiet, wenn der Uferstaat die Verbindung mit dem Meere vollständig beherrscht, so z. B. das Frische und (früher) Kurische Haff. Bei schiffbaren Flüssen entscheidet im Zweifel der Talweg, d. i. die fahrbare Wasserrinne. Bei nicht schiffbaren ist die Flußmitte die Grenze, vgl. aber Art. 30 des Versailler Vertrages, s. dazu Lederer, Das Recht der internat.

Gewässer (1920). Bei Gebirgsrücken ist im Zweifel die Wasserscheide, bei einzelnen Bergen die höchste Spitze meist die Grenze. Die Zollgrenze fällt mit Art. 1 nicht stets zusammen; s. Art. 82.

[6]) Nur das Reich als Staat allein kann Reichsgebiet erwerben, für heutiges Recht s. auch Art. 82 (Zollgrenze). Wegen der Friedensverträge s. Art. 45. Nach Art. 18 Abs. 2 erfordert jetzt jede Änderung des Gebiets von Ländern und jede Neubildung von Ländern ein Reichsgesetz. Zur Aufnahme deutsch-österreichischer Länder würde außer der Zustimmung der aufzunehmenden Bevölkerung einfaches Reichsgesetz genügen; s. indes zu Art. 61 (auch Altenberg, A. ö. R. 40, 173).

[7]) Wachsen Gebiete dem Reiche zu, so gelten die Reichsgesetze dort nur, wenn sie besonders eingeführt werden; RGZ. 28, 306; OVG. 48, 21; RGZ. in JW. 1907, 374; GRZ. 71, 230; JW. 1906, 427 Nr. 13; ferner JW. 1899, 467; Arndt in DJZ. 22, 282. Deshalb ist im G., betr. die Verlegung der Grenze usw. v. 31. Juli 1908 (RGBl. 497) in § 3 ausdrücklich und besonders bestimmt, daß in den dem Deutschen Reiche zugefallenen Gebietsteilen bei ihrer Vereinigung die Vorschriften in Kraft treten, die in den vom Deutschen Reich (Baden) abgetretenen Gebietsteilen bei ihrem Ausscheiden aus dem Reichsgebiet in Geltung waren. Der Bodensee ist unter die angrenzenden Staaten verteilt, gehört also teilweise zum Reichsgebiet im Sinne des Art. 2; vgl. v. Martitz in HA. 278; v. Liszt-Fleischmann a. a. O. 139; Rehm, Der Bodensee, im Handwörterbuch der Staatswissenschaften; G. Meyer § 74 Anm. 6; s. auch Laband I 198 A. 1. Nach anderer Ansicht (Rettich, Die völkerrechtlichen und staatsrechtlichen Verhältnisse des Bodensees) steht er im ungeteilten Miteigentum der Uferstaaten.

Artikel 3.

Die Reichsfarben sind schwarz-rot-gold. Die Handelsflagge ist schwarz-weiß-rot mit den Reichsfarben in der oberen inneren Ecke.

StenBer. 1224ff., 1244ff.; BA. 28, 401ff., 413.

R. Schmidt, Einführung in die Rechtswissenschaft[2] 101f.; W. Jellinek, Verfassung 19f. und Jahrb. (1920) VIII, 82ff.; Poetzsch, das. (1925) XIII, 29ff.; Meißner 25ff.; von Freytagh-Loringhoven 33ff., 155ff.; Nawiasky, Grundgedanken 11ff.; Kaisenberg und Kékulé von Stradonitz im HB. der Politik[3] II, 453ff.; Mittelstein, HansRZ. 1925, 922ff.; Kaisenberg, DJZ. 1926, 74; Abegg, Staats- u. Selbstverw. 1926, 526ff.

Art. 55 der früheren Verfassung lautet: „Die Flagge der Kriegs- und Handelsmarine ist schwarz-weiß-rot."

Zur Ausführung des Art. 55 erging die Rechtsnormen aufstellende Präsidial-V. v. 25. Oktober 1867, betr. die Bundesflagge für Kauffahrteischiffe (BGBl. 39); s. auch v. Roon 2. April 1867 StenBerRT. 526. Diese Verordnung enthält einen Rechtsbefehl an alle, welche an ihren zum Erwerb durch die Seeschiffahrt bestimmten Schiffen (Kauffahrteischiffen) die Nationalflagge führen und die damit verbundenen Vorteile genießen wollen. Nur die mit einer dieser Verordnung entsprechenden Flagge versehenen Schiffe können auf den Schutz rechnen, den deutsche Kauffahrteischiffe genießen; s. A. Erl. v. 27. Januar 1893 (RGBl. 259). Über die Voraussetzungen für das Recht zur Führung der Reichsflagge erging das Gesetz, betr. das Flaggenrecht der Kauffahrteischiffe v. 22. Juni 1899 (RGBl. 319), dessen § 26 durch G. v. 29. Mai 1901 (RGBl. 183) verändert (erweitert) ist, welches Gesetz die Bestimmungen über die Form der Flagge und die Art ihrer Führung dem Kaiser vorbehält. Zur Ausführung des Art. 55 erging Kaiserl. Verordnung über die Führung der Reichsflagge v. 8. November 1892 (RGBl 1050). Vgl. auch Erlaß v. 1. Juli 1896, betr. Abzeichen auf der Handelsflagge für die als Offiziere des Beurlaubtenstandes usw. der Marine angehörigen Schiffsführer (RGBl. 181), und die Verordnungen v. 1. März 1900, betr. das Flaggenrecht deutscher Binnenschiffe, die ausschließlich auf ausländischen

Gewässern verkehren, und v. 21. August 1900, betr. Zeigen der Nationalflagge durch Kauffahrteischiffe (RGBl. 807). S. auch noch § 22 Flaggengesetz. Vgl. Laband III 265.

Jetzt erläßt der Reichspräsident gemäß § 4 des Übergangsges. v. 4. März 1919 und Art. 179 I die zur Ausführung des Art. 3 erforderlichen Verordnungen, s. Anschütz 43, a. A. von Freytagh-Loringhoven 155f. Selbstredend gilt das Flottenflaggesetz v. 22. Juni 1899 (RGBl. 319) bis zur Änderung durch Reichsgesetz fort. Danach dürfen nur im Register eingetragene Schiffe, welche im ausschließlichen Eigentum von Reichsangehörigen stehen, die deutsche Flagge führen; diese aber sind sogar zur Führung der verfassungsmäßigen Handelsflagge verpflichtet. Ein sonstiges Gebot an Private jedoch, die Reichsfahne und keine andere zu führen, würde gegen Art. 114 verstoßen, s. auch Anschütz 42, Giese 54, Meißner 28, pr. OVG. 78, 261ff. Für Reichsbehörden und -anstalten jedoch kann durch Anordnung der Reichsregierung eine solche Pflicht begründet werden; nach Landesrecht richtet es sich, ob auch die Gemeinden zum Gebrauch der Reichsflagge verpflichtet und angehalten werden können, pr. OVG. in PrVBl. 46, 488. Gemäß § 8² des Republikschutzges. v. 21. Juli 1921 (RGBl. 585) wird mit Gefängnis bis zu 5 Jahren, neben dem auf Geldstrafe erkannt werden kann, bestraft, wer die Reichs- oder Landesfarben öffentlich oder in einer Versammlung beschimpft. — Zur Ausführung erging die VO. des Reichspräsidenten über deutsche Flaggen v. 11. April 1921 (RGBl. 483), dazu Novelle v. 5. Mai 1926 (RGBl. I 217), seit der die gesandtschaftlichen und konsularischen Behörden an außereuropäischen Plätzen und an solchen europäischen, die von Seehandelsschiffen angelaufen werden, neben der Reichsflagge auch die Handelsflagge zu führen haben. S. ferner über Reichswappen und Reichsadler RGBl. 1919, 1877; über Reichssiegel RGBl. 1922, 329; ferner RGBl. 1924 I 762; 1925 I 16. Auch das neue Reichswappen genießt den strafrechtlichen Schutz des § 360⁷ StGB., Kaisenberg.

Artikel 4[1]).

Die allgemein anerkannten[2]) Regeln des Völkerrechts gelten als bindende Bestandteile des deutschen Reichsrechts[3]).

StenBer. 286, 400, 1207f.; VA. 31ff., 405ff.

Grundlegend: Triepel, Völkerrecht und Landesrecht (1899); G. A. Walz, Die Abänderung völkerrechtsgemäßen Landesrechts (Berlin 1927), ders. auch in Z. f. Völkerrecht (1925) XIII, 165ff.; Stier-Somlo I 45, 340ff.; Hatschek I 14ff., 18ff. und Völkerrecht als System rechtlich bedeutsamer Staatsakte (Leipzig 1923) 13ff.; Wittmayer 20 und Z. f. Völkerrecht (1925) XIII, 1ff.; v. Freytagh-Loringhoven 254ff.; Meißner 34; J. V. Bredt, Geist der Reichsverfassung 449f.; Verdroß, Völkerrechtswidrige Kriegshandlung (1920) 34ff., DJZ. 1919, 291, Schweizer Juristen-Ztg. 17, 246f.; Die Einheit des rechtlichen Weltbildes als Grundlage der Völkerrechtsverfassung (Tübingen 1923) 83, 115 und Verfassung der Völkerrechtsgemeinschaft(1926); Wenzel, Grundprobleme I 468ff.; Hubrich 32; Jerusalem, Welche Bedeutung haben zwischenstaatliche Verträge für die innerstaatliche Gesetzgebung? (Gutachtenband des 2. deutschen Juristentages in der Tschechoslowakei) (Prag 1925) 133ff., 157ff.; Pohl, Reichsverfassung u. Völkerversöhnung (1924); Fleischmann, Die Einwirkung auswärtiger Gewalten auf die deutsche Reichsverfassung (Halle 1925) 21ff.; von Waldkirch, Völkerrecht (1926) 34f.; R. Schmidt, Einführung[2] 104; Emde, Art. 4 der RV. (Kieler Diss. 1920); Salomon, Bedeutung des Art. 4 RV. (Diss. Heidelberg 1920); Thoma, Ann. f. soz. Politik u. Gesetzgebung (1919) VI, 437f. und A. ö. R. NF. 7, 114; Arndt, Z. f. Politik 1915, 513; Mettgenberg, LZ. 1919, 953ff.; Q. Wright in American Journal of Internat. Law (1923) 17, 238; J. Schmitt i. Ztschr. f. bad. Verwaltung u. Verwaltungsrechtspflege 1921, 199ff.; 1922, 1ff.; Doehl, A. ö. R. NF. 12, 85; von Lißt-Fleischmann, Völkerrecht[12] (Berlin 1925) 14f.; Anschütz, Z. f. öffentl. Recht 5, 145ff.

[1]) Art. 4 bedeutet ein „Bekenntnis zum Wert und zur Geltung des Völkerrechts" (von Simson in VA. 406) mit dem Ziel, eine möglichst weitgehende Übereinstimmung des nationalen Rechts mit dem Völkerrecht zu gewährleisten. Er sanktionierte endgültig eine vom Reichsgericht in zahlreichen Entscheidungen angebahnte Rechtsentwicklung (vgl. RGZ. 62, 165), zugleich auch unter Verwendung ähnlicher anglo-amerikanischer Rechtsgedanken, führt jedoch über diese weit hinaus (s. zur Entstehungsgeschichte Wenzel 468ff., Walz 137f. u. Z. f. Völkerrecht 13, 172ff.). Zurückgewiesen muß aber die Behauptung werden, er sei eine Nachbildung des Satzes „international Law is a part of the law of the land"; denn dieser Satz besagt, als geltendes internationales Recht dürfe nur angesehen werden, was auch vom Staat als Recht anerkannt werde, also ganz etwas anderes als Art. 4, so zutreffend Fleischmann 22f., Walz 142, Koellreutter A. ö. R. 40, 255 u. NF. 12, 156.

Art. 4 befaßt sich weder mit der völkerrechtlichen Bindung des Reiches an seine Staatsverträge, noch hat er lediglich deklaratorische Bedeutung (so aber Verdroß a. a. O. und J. L. Kunz in Hirths Ann. 1921/22 S. 295ff., gegen diese mit Recht Walz 93ff.), sondern er ist der „Transformator" (Giese 56) des gemeinen Völkerrechts in auch für den einzelnen geltendes Reichsrecht und bindet zugleich das Reich an das vom Reich und den großen Kulturstaaten anerkannte Völkergewohnheits- und Völkervertragsrecht:

a) Art. 4 formt also die allgemein anerkannten Völkerrechtsregeln in innerstaatliches, „völkerrechtsgemäßes" Recht um, Anschütz 49, Giese 56f., Walz 95. Er bezieht sich jedoch insoweit nur auf Völkergewohnheitsrecht, insbesondere nicht auf Vertragsrecht (a. A. Anschütz und Stier-Somlo, nach deren Anschauung alle Staatsverträge, soweit sie „allgemein anerkannte" Regeln enthalten, und Schmitt, nach dessen Meinung alle Staatsverträge ausnahmslos von Art. 4 ergriffen werden). Denn nur aus jahrelanger Übung entstandenes Gewohnheitsrecht verträgt eine derartige generelle Überführung in innerstaatliches Recht, nicht aber gewillkürtes und durch einmaligen Akt geschaffenes Vertragsrecht. Verträge also, die nicht der Form des Art. 45 III bedürfen, werden erst durch Ausfertigung und Verkündung im RGBl. innerstaatlich gültig, s. RGZ. 26, 123; 36, 184; 57, 144; 71, 293; 72, 245; 78, 193; 85, 375; RGSt. 12, 385; 13, 415; 27, 415; 32, 426; 34, 191; 38, 119; 41, 275; 53, 41, vgl. auch RG. in JW. 1926, 814[14] und Walz 127ff. Im Fall des Art. 45 III können Verträge nur durch Gesetz innerstaatlich wirksam werden, s. Wenzel, Pohl, Giese, vgl. auch aus der Praxis RGBl. 1926 II 1, 161, 173. Auch das Völkergewohnheitsrecht wird nur insoweit umgeformt, als es sich um verpflichtende Normen handelt, Walz 136f. — Wird auf Auslandsrecht nur im Reichsrecht verwiesen, so wird dieses ausländische Recht dadurch noch nicht Reichsrecht, z. B. die Friedensverträge von St. Germain, Trianon usw. nicht durch Art. 434 Versailler Vertrag, RG. in JW. 1926, 1336[1] und dazu Werner ebenda.

b) Die Bedeutung des Art. 4 beschränkt sich jedoch nicht auf Gewohnheitsrecht, a. A. Wenzel, Pohl, Giese, Hatschek u. a., es formt auch dieses nicht lediglich in Reichsrecht um, sondern Art. 4 bindet darüber hinaus den Gesetzgeber an das allgemein anerkannte Völkergewohnheits- und -vertragsrecht, Schmitt, Walz 145ff. Zwar kann der Gesetzgeber grundsätzlich — auch entgegen bestehenden völkerrechtlichen Verpflichtungen — älteres völkerrechtsgemäßes Staatsrecht außer Kraft setzen, doch muß ein solches Gesetz als verfassungsänderndes Gesetz unter Beachtung des Art. 76 ergehen. Nicht zwar die Anerkennung von Völkerrecht oder die Verweigerung dieser Anerkennung bedürfen dieser Form, aber die Zurücknahme der Anerkennung, jedoch nicht auf Grund Völkerrechtes, auch nicht, weil anerkanntes Völkerrecht Verfassungsrecht geworden wäre (so aber Schmitt), sondern weil aus dem in der ganzen Verfassung zum Ausdruck gebrachten Grundgedanken des Rechtsstaates (s. zu Art. 109) heraus sich der Gesetzgeber durch Art. 4 selbst an seine Anerkennung und damit an das völkerrechtsgemäße Reichsrecht gebunden hat und nach dem ausdrücklichen Willen der Verfassung allgemein anerkanntes Völkerrecht als Reichsrecht gelten soll, ein nicht mehr als Reichsrecht Gelten für den Einzelfall oder generell also nur im Wege der Verfassungsänderung bestimmt werden kann. Da ferner im Zweifelsfalle Gesetze so auszulegen sind, daß Widersprüche zwischen Völker- und Staatsrecht zugunsten des Völkerrechts vermieden werden sollen, so muß ein völkerrechtsgemäßes Innerstaatsrecht derogierendes Gesetz ausdrücklich diesen Willen kundtun, Heilborn, A. ö. R. 12, 175f.; G. Jellinek, Gesetz u. Verordnung (1887) 364f.; Hatschek I 18ff. und Völkerrecht 16f.; Walz 69ff., 154. Nur, wo das Völkerrecht dem Einzelstaat eine Sphäre zum freien Ermessen einräumt, wäre eine verfassungsmäßige Bindung des Gesetzgebers zur Ausfüllung derselben unverständlich, s. Triepel 392f.; Jerusalem 165f.; es ist hier sogar grundsätzlich ein konkretisierendes Gesetz nötig, um von solchen Befugnissen Gebrauch zu machen, Walz 152.

[2]) Ob Völkerrecht „allgemein anerkannt" ist, ist Tatfrage, RGZ. 103, 276. „Allgemein" anerkannt ist nur, was auch im Deutschen Reich anerkannt ist, a. A. Thoma und Stier-Somlo, doch bedeutet eine Anerkennung durch das Reich noch keine allgemeine Anerkennung. Ob eine Norm allgemein anerkannt ist, wird weniger von der Zahl der Anerkennenden abhängen, auch nicht von der in ihnen verkörperten Macht, sondern es wird darauf Gewicht zu legen sein, ob diejenigen Nationen, mit denen Deutschland durch einheitliche Kultur- und Rechtsauffassung verbunden ist, über eine Norm einmütig sind, s. auch Walz 98 Anm. 4 und Z. f. Völkerrecht 13, 184.

Anerkannt sind namentlich die im RGBl. abgedruckten Genfer und Haager Abmachungen sowie die Pariser Seerechtsdeklaration; ferner der Satz, daß der Umfang der zulässigen Strafverfolgung durch den Umfang der Auslieferungsbewilligung bestimmt ist, sofern nicht besondere Vereinbarungen getroffen sind, RGSt. 60, 202ff. Der Satz E. Kaufmanns (Wesen des Völkerrechts, 1911), daß alle völkerrechtlichen Verträge unter der clausula rebus sic stantibus stehen, ist in dieser Allgemeinheit nicht anzuerkennen. Auch der Satz pacta sunt servanda ist keinesfalls allgemein anerkannte Regel des Völkerrechts, s. Walz 98ff., 135f., a. A. Schmitt und pr. KompKonflGerH. in JW. 1926, 899f. Schon dieses Nebeneinanderbestehen beider Lehren bezeugt dies. Allgemein anerkannt ist ferner nicht, daß jede Auslieferung unter der stillschweigenden Voraussetzung erfolge, die Tat, wegen der die Auslieferung bewilligt wird, sei kein politisches Vergehen, RG. im Recht 1926, 371f.

[3]) Soweit also Völkergewohnheitsrecht allgemein anerkannt ist, geht es gemäß Art. 13 I dem Länderrecht vor. Völkerrechtsgemäßes Recht der Länder kann nicht durch Landesrecht, sondern nur durch verfassungänderndes Reichsgesetz geändert werden. Betreffen allgemein anerkannte Regeln des Völkerrechts Gebiete, die bisher zur Zuständigkeit der Länder gehörten, so geht die Zuständigkeit auf das Reich über, Doehl.

Artikel 5.

Die Staatsgewalt wird in Reichsangelegenheiten durch die Organe des Reichs auf Grund der Reichsverfassung, in Landesangelegenheiten durch die Organe der Länder auf Grund der Landesverfassungen ausgeübt.

VA. 28ff.; Stier-Somlo I 69f., 355ff., 524; Finger 214f.; Nawiasky, Bayr. Verf.Recht 49ff.; Wittmayer 54ff., 160ff., 425ff.; von Freytagh-Loringhoven 66ff., 276ff.; Haußmann, RVerfassung (1919), 14; Lassar, „Reichseigene Verwaltung" in Jahrb. (1926) XIV.

Dieser Artikel bringt zum Ausdruck, daß alle Befugnisse im Reich wie in den Ländern auf die Verfassung sich stützen sollen, und daß außer der Gesetzgebung kein Organ aus eigener Berechtigung handeln darf. Damit ist jedes selbständige Verordnungsrecht ausgeschlossen. Dies entspricht dem belgisch-französischen Recht (Errera, Belgisches Staatsrecht, S. 4, 8;

Batbie, Traité théorique et pratique du droit public et administratif (2) III p. 127) es galt auch für die Verfassung vom 16. April 1871. Insbesondere bestand kein selbständiges Verordnungsrecht des Bundesrats; s. Arndt, Reichsverordnungsrecht S. 16f.; Arndt in HA. 1885 S. 701; G. Meyer-Anschütz § 165; Hänel, Staatsrecht S. 276; Seydel, Komm. S. 140; Dambitsch, S. 227; Laband, Reichsstaatsrecht II S. 90; and. Ans. fast nur Zorn I S. 486. Noch gab es ein Notverordnungsrecht. Es ist also für das Reichsrecht keine Änderung eingetreten; s. auch Art. 77. Anders war es mit dem Landesrecht, insbesondere dem preußischen. Nach diesem hatte das Staatsoberhaupt nicht bloß abgeleitete Rechte und auf einzelnen Gebieten noch ein Verordnungsrecht aus eigener Macht. Die Exekutive erließ auf mehreren Gebieten, z. B. Militär-, Strafvollstreckungs- und Unterrichtswesen noch im Unterschiede vom belgischen Recht ohne verfassungsmäßige Ermächtigung Rechtsnormen. Dies steht mit dem Prinzip des Art. 5 in Widerspruch, ist jedoch durch diesen noch nicht aufgehoben, da der Artikel insoweit nur eine Direktive an die Gesetzgebung und keine Rückwirkung vorschreibt. Jedenfalls sind die Ermächtigungen in vorkonstitutionellen Gesetzen an die Exekutive zum Erlasse von Rechtsnormen in Gültigkeit geblieben. Dies ist unstreitig; s. Arndt zu Art. 82 der PrV.; Arndt, Selbst. VR. S. 148; Anschütz, Staatsrecht S. 604; Jellinek, Gesetz und Verordnung S. 373; v. Martitz, Festgabe für Gierke S. 192; pr. OVG. 1, 174, 192; 26, 182, 146; Bornhak, Preuß. Staatsr. I S. 485, Hubrich u. a. m. Die Landeshoheit ist keine vom Reich abgeleitete, sondern eine selbsteigene, doch dem Reich untergeordnete. Anschütz 52, Haußmann, a. A. Giese 59, Wittmayer 160ff. Künftig soll als Normalfall die Reichsverwaltung durch eigene Behörden ausgeübt werden, doch ist solche reichseigene Verwaltung nicht in allen Fällen geboten, StGerHof in RGZ. 112, Anh. 43. Über die Praxis s. Lassar, Jahrb. (1926) XIV, 1ff. Reichsorgan ist auch der Reichsrat (s. Vorbem. zu Art. 61).

Artikel 6.

Das Reich hat die ausschließliche Gesetzgebung[1]) über:

1. die Beziehungen zum Ausland[2]);
2. das Kolonialwesen[3]);
3. die Staatsangehörigkeit[4]), die Freizügigkeit[5]), die Ein- und Auswanderung und die Auslieferung[6]);
4. die Wehrverfassung[7]);
5. das Münzwesen[8]);
6. das Zollwesen sowie die Einheit des Zoll- und Handelsgebiets und die Freizügigkeit des Warenverkehrs[9]);
7. das Post- und Telegraphenwesen[10]) einschließlich des Fernsprechwesens.

StenBer. 286f., 1206; VA. 33ff., 61ff., 408, 422.

Stier-Somlo I 384ff.; Hatschek I 67ff., 75ff., 85ff.; Meißner 28ff.; Finger 199ff.; Wittmayer 178ff.; Lukas, Organisat. Grundgedanken 12ff.; Jacobi, Einheitsstaat 6ff.; W. Jellinek, Verf. u. Verw. 22f.; Graf zu Dohna VArch. 30, 233ff.; Wolgast, A. ö. R. NF. 5, 1ff.; A. Friedmann, Fürstenabfindung und Zuständigkeitsfrage, Berlin 1926, 8ff.; Poetzsch, Jahrb. 13, 34ff.; Rosenberg, DJZ. 1919, 137; Doehl, A. ö. R. NF. 12, 82, Brunet 81ff.

[1]) Die Gesetzgebung des Reichs ist teils eine ausschließliche (Art. 6 und Art. 165 IV), teils eine konkurrierende (Art. 7), teils eine sog. Bedarfsgesetzgebung (Art. 8 und 9), teils eine nur normative (Richtlinien-, Grundsatz- (Art. 10 und 11)). Grundsatz bleibt, daß wie nach dem früheren Recht die Rechtsvermutung gegen die Zuständigkeit des Reichs spricht und daß auch jetzt noch das sog. Enumerationsprinzip gilt; jedoch mit der Einschränkung, daß, wenn die Zuständigkeit der Reichsgesetzgebung aus der Natur der Sache folgt, dieses Gebiet

nicht ausdrücklich der Reichsgesetzgebung zugewiesen zu sein braucht, Giese 61, Anschütz 52, sog. „natürliche Gesetzgebungskompetenz“. Hierhin gehören insbesondere alle Reichsangelegenheiten (Art. 5) wie der Reichshaushalt und das Reichsbehörden- und -beamtenwesen. Im übrigen ist also die Zuständigkeit des Reiches zur Gesetzgebung katalogartig (Dohna) begrenzt und bedarf zu ihrer Ausdehnung eines verfassungändernden Gesetzes.

Soweit die Reichsgesetzgebung ausschließlich ist, können die Länder weder neues Recht schaffen (älteres Landesrecht bleibt allerdings nach Maßgabe des Art. 13 bestehen) noch zu Reichsgesetzen Ausführungsverordnungen geben. Jedoch ist (s. Haußmann VA. 422) die Reichsgesetzgebung ermächtigt, Verordnungsbefugnisse an die Länder zu delegieren; s. auch Arndt, Reichsverordnungsrecht S. 92, auch können einzelne Seiten der ausschließlichen Reichskompetenz durch einfaches Gesetz der Landesgesetzgebung delegiert werden, Giese 61, Anschütz 53. Es ist selbstredend, daß über Gegenstände, die das Reich unmittelbar betreffen, insbesondere Gegenstände der Reichsverwaltung, Reichspost, Reichseisenbahn, Reichswasserstraßen, jede Gesetzeszuständigkeit der Länder ausgeschlossen ist; ebenso Poetzsch 44.

*) Nach früherem Recht hatten die Länder die auswärtigen Angelegenheiten nur soweit verloren, als sie das Reich wahrnahm. Die Kompetenz zwischen Reich und Länder war geteilt; s. E. Meier, Staatsverträge S. 271; Meyer-Anschütz § 80; Zorn II S. 502; Hänel S. 537. Allerdings gingen völkerrechtliche Verträge des Reichs denen der Einzelstaaten vor und gehörte die hohe Politik nicht zur Zuständigkeit der einzelnen Länder. Jedoch konnten diese z. B. Eisenbahn- und Auslieferungsverträge ohne Reichsgenehmigung abschließen, mit Genehmigung des Reichs konnten sie Grenz-Austauschverträge schließen. Dies hat nun im wesentlichen ein Ende, Art. 88 letzter Absatz, s. auch Art. 78. Doch bezieht sich Art. 6 Z. 1 nur auf auswärtige Länder, also Staaten, somit insbesondere nicht auf den Vatikan, Wolgast, Hatschek II 441ff.,

jedoch auch auf den Völkerbund, da dieser eine Vereinigung von Staaten ist.

[3]) Kolonien hat das Reich zurzeit nicht, vgl. Art. 22, 119—127 des Versailler Vertrages (RGBl. 739ff., 895ff.). Das Kolonialwesen war und bleibt geregelt durch das Schutzgebietsgesetz vom 10. September 1900 (RGBl. 813) und das Konsulargerichtsbarkeitsgesetz i. d. Fassung v. 7. April 1900 (RGBl. 213; 1912, 493), Kolonialbeamtengesetz vom 8. April 1910 (RGBl. 50); Ges. über Konsulargerichtsbarkeit in Ägypten v. 24. Juli 1925 (RGBl. II 735), dazu VO. v. 31. Juli 1925 (RGBl. II 735); ferner Ges. über Freundschafts- u. Konsularvertrag mit den Vereinigten Staaten v. 17. August 1925 (RGBl. II 795) Art. 23.

[4]) Sie ist erschöpfend geregelt durch Gesetz vom 22. Juli 1913 (RGBl. 583); s. Wolgast, Arch. ö. R. NF. 5, 103ff.; Mettgenberg, LZ. 1924, 217f.

[5]) Das als Reichsgesetz geltende Freizügigkeitsgesetz vom 1. November 1867 (BGBl. 1867 S. 55). Die Freizügigkeit bezieht sich jedoch nur auf physische, nicht auf juristische Personen. Dies ist weitüberwiegende Meinung (Seydel, Kom. S. 55; Laband I S. 184; Zorn I S. 349; Arndt, Staatsrecht S. 52; Meyer-Anschütz § 214; Dambitsch S. 72 und neuerdings auch unter Aufgebung seiner früheren Ansicht RG. in JW. 1918, 264). S. auch Art. 111.

[6]) Die Auslieferungsverträge, auch der Länder, sind bestehen geblieben, soweit sie nicht durch den Krieg aufgehoben sind, ebenso Poetzsch 48; doch können neue derartige Verträge nur noch vom Reiche geschlossen werden. S. auch zu Art. 78. Über die Auslieferung der Reichsangehörigen s. Strafgesetzbuch § 9 und Art. 112 Abs. 3.

[7]) S. G. über die Bildung einer vorläufigen Reichswehr v. 12. März 1919 (RGBl. 295), G. über Bildung einer vorläufigen Reichsmarine v. 16. April 1919 (RGBl. 451). Wehrges. v. 23. März 1921 (RGBl. 329, 787). S. auch Art. 133.

[8]) S. Münzgesetz vom 30. August 1924 und Verordnungen v. 10. Oktober 1924, 4. November 1924, 12. Dezember 1924

(RGBl. II 254); vgl. dazu v. Dungern, JW. 1923, 98; Hans Gerber, Geld und Staat (Jena 1926).

[9]) Die Gesetzgebung war schon früher ausschließlich Reichssache. Das Deutsche Reich bildete gemäß Art. 33 der früheren Verfassung ein einheitliches Zoll- und Handelsgebiet. Dies bedeutet, daß die Waren eines Landes in jedem anderen bezüglich der Verzollung und gemeinschaftlichen Besteuerung wie einheimische gelten, daß Binnenzölle, sowohl eines Landes wie der Gemeinden ausgeschlossen sind, daß aus dem Zollauslande kommende Waren in allen Ländern der nämlichen Reichsabgabe unterliegen und daß umgekehrt die Bedingungen für die Ausfuhr zollinländischer Waren, aus welchem Lande sie auch sein mögen, die gleichen sind. Diese Zoll- und Handelseinheit hat für den größten Teil des Deutschen Reichs bereits seit dem 1. Januar 1834 bestanden, an welchem Tage der Deutsche Zollverein ins Leben trat. Nur wegen der geographischen Lage waren Ausnahmen von der Zoll- und Handelseinheit zugelassen, sog. Zollausschlüsse. Der Zollverein erließ auch Gesetze, z. B. das noch heute gültige Zollvereinsgesetz vom 1. Juli 1869 (BGBl. S. 81). Die Zollvereinsgesetze haben die Kraft von Reichsgesetzen und können nur durch solche geändert werden; s. hierzu Art. 82 und Reichsgoldzollgesetz v. 21. Juli 1919 (RGBl. 1361, 1959, 2187). Der Zollvereinigungsvertrag v. 8. Juli 1867 (BGBl. 81) ist, soweit er verfassungsrechtliche Bestimmungen, z. B. über die Steuerhoheit, enthält, durch Art. 178 I aufgehoben, RFinH. 9, 124.

[10]) S. hierzu Art. 88, 170.

Artikel 7.

Das Reich hat die Gesetzgebung über:

1. das bürgerliche Recht[1]);
2. das Strafrecht[2]);
3. das gerichtliche Verfahren einschließlich des Strafvollzugs sowie die Amtshilfe zwischen Behörden[3]);

4. das Paßwesen und die Fremdenpolizei[4]);
5. das Armenwesen und die Wandererfürsorge[5]);
6. das Presse-, Vereins- und Versammlungswesen[6]);
7. die Bevölkerungspolitik, die Mutterschafts-, Säuglings-, Kinder- und Jugendfürsorge[7]);
8. das Gesundheitswesen, das Veterinärwesen und den Schutz der Pflanzen gegen Krankheiten und Schädlinge[8]);
9. das Arbeitsrecht, die Versicherung und den Schutz der Arbeiter und Angestellten sowie den Arbeitsnachweis[9]);
10. die Einrichtung beruflicher Vertretungen für das Reichsgebiet[10]);
11. die Fürsorge für die Kriegsteilnehmer und ihre Hinterbliebenen[11]);
12. das Enteignungsrecht[12]);
13. die Vergesellschaftung von Naturschätzen und wirtschaftlichen Unternehmungen sowie die Erzeugung, Herstellung, Verteilung und Preisgestaltung wirtschaftlicher Güter für die Gemeinwirtschaft[13]);
14. den Handel, das Maß- und Gewichtswesen, die Ausgabe von Papiergeld, das Bankwesen sowie das Börsenwesen[14]);
15. den Verkehr mit Nahrungs- und Genußmitteln sowie mit Gegenständen des täglichen Bedarfs[15]);
16. das Gewerbe und den Bergbau[16]);
17. das Versicherungswesen[17]);
18. die Seeschiffahrt, die Hochsee- und die Küstenfischerei[18]);

19. die Eisenbahnen, die Binnenschiffahrt, den Verkehr mit Kraftfahrzeugen zu Lande, zu Wasser und in der Luft, sowie den Bau von Landstraßen, soweit es sich um den allgemeinen Verkehr und die Landesverteidigung handelt[19]);

20. das Theater- und Lichtspielwesen[20]).

StenBer. 287, 1206, 1246ff., 2104; BA. 50ff., 61ff., 413ff.

Stier-Somlo I 385f.; Hatschek I 86f.; Finger 200ff.; Hubrich 33ff.; A. Friedmann, Fürstenabfindung und Zuständigkeitsfrage (Berlin 1926) 9ff.

[1]) Die bisherigen Reichsgesetze bleiben in Kraft, s. Art. 178 II. Das bürgerliche Recht ist geregelt durch das BGB. und seine Nebengesetze, doch erstreckt sich jetzt die Zuständigkeit des Reiches auch auf das partikuläre bürgerliche Recht, s. Hedemann, DJZ. 1919, 769; Götte, Recht 1922, 97ff.; Oertmann, Z. f. Handelswissenschaft 1918/19, 193ff., 1919/20, 117ff.; Liedke, Deutsche Richterzeitung 1919, 337 und Bovensiepen das. 357.

[2]) StGB. und Nebengesetze. Das Reich darf jedoch nicht auf dem Umwege über den Erlaß von Strafandrohungen jede beliebige Materie inhaltlich ordnen. Strafrecht ist hier vielmehr nur das „echte" Kriminalrecht, d. h. Normen, die sich auf das sittliche Bewußtsein gründen und dem Schutz der Daseinsbedingungen der Gesellschaft dienen, Graf zu Dohna, VerwArch. 30, 232ff. und Thoma, Grundrecht und Polizeigewalt in Festgabe für das preuß. OVG., Berlin 1925, 202ff. Vgl. auch Art. 116.

[3]) GVG., ZPO., StPO, ArbeitsgerichtsGes. v. 23. Dezember 1926 (RGBl. I 507) und Jugendgerichtsgesetz v. 16. Februar 1923 (RGBl. I 135) sowie zahlreiche Novellen zu diesen, s. auch Art. 102ff. Für den Strafvollzug ergingen bisher nur Reichsgrundsätze v. 7. Juni 1923 (RGBl. II 263). Amtshilfe ist die gegenseitige Unterstützung der Justiz- und Ver-

waltungsbehörden zu- und untereinander, KG. in OLG. 40, 171, greift also weiter als die Rechtshilfe (Beistand der Justizbehörden untereinander).

[4]) Paßgesetz vom 12. Oktober 1867 (BGBl. 33), dazu Vb. vom 21. Mai 1919 (RGBl. 417) und Novellen v. 12. Mai 1920 (RGBl. 464) und v. 6. April 1923 (RGBl. I 249), ferner Bek. v. 4. Juni 1924 (RGBl. I 613). S. dazu Bayr. ObLG. in JW. 1921, 248f.; E. Isay, Das deutsche Fremdenrecht (1923); Krause, Deutsches Paßrecht (1925).

[5]) VO. über die Fürsorgepflicht v. 13. Februar 1924 (RGBl. I 100; 1926 I 255), dazu Kommentar von Sandré (Berlin 1925) und Baath[4] (1925); VO. über Erwerbslosenfürsorge v. 16. Februar 1924 (RGBl. I 127; 1926 I 89, 493, 531) u. Ges. über Krisenfürsorge für Erwerbslose v. 19. November 1926 (RGBl. I 489, 1927 I 129), jetzt RGes. über Arbeitsvermittlung und Arbeitslosenversicherung vom 16. 7. 1927 (RGBl. I 187). Wandererfürsorge ist die für arme Wanderer im Inland, Poetzsch 50. S. auch Art. 161, 163 II.

[6]) Preßgesetz v. 7. Mai 1874 (RGBl. 65); Reichsvereinsgesetz v. 19. April 1908 (RGBl. 151). S. im übrigen zu Art. 118, 123f., 159. Die Kompetenz umfaßt auch die zugehörige Polizei pr. OVG. 80, 203.

[7]) Ges. über Wochenhilfe v. 9. Juni 1922 (RGBl. I 499), Jugendwohlfahrtsges. v. 9. Juli 1922 (RGBl. I 633) in der Fassung vom 14. Februar 1924 (RGBl. I 110) und Ges. gegen Schund und Schmutz vom 18. Dezember 1926 (RGBl. I 505). Die Bevölkerungspolitik umfaßt auch die Sittlichkeitsgesetzgebung, Poetzsch 50. S. ferner Art. 119—122.

[8]) Reichsviehseuchenges. v. 26. Juni 1909 (RGBl. 519) Kommentar von Ostertag (1926), dazu VO. v. 25. Dezember 1911, Reichsseuchenges. v. 30. Juni 1900 (RGBl. 306), dazu VO. v. 20. November 1918 (RGBl. 1317); jetzt Ges. zur Bekämpfung der Geschlechtskrankheiten v. 18. Februar 1927 (RGBl. I 61), s. Anm. 1 zu Art. 114.

[9]) Betriebsrätegeş. v. 4. Februar 1920 (RGBl. 147) und VO. über Tarifverträge v. 23. Dezember 1918 (RGBl.

1456), s. ferner Art. 157ff. und dazu Giese, Neue Z. f. Arbeitsrecht 3, 209ff., Kaskel, Z. f. Arbeitsrecht 6, 102ff. Auch das Arbeitsrecht der geistigen Arbeiter gehört hierzu, Poetzsch 51.

[10]) Auf wirtschaftlichem, nicht politischem Gebiet, Tatarin-Tarnheyden, Die Berufsstände im Staatsrecht (1922) 62ff. S. Art. 165.

[11]) Reichsversorgungsges. v. 31. Juli 1925 (RGBl. I 165; 1926 I 398; 1927 I 106), dazu Kommentar von Arendts (1926), ferner VO. v. 8. Februar 1919 (RGBl. 187) u. Ges. v. 15. Juli 1922 (RGBl. 620; 1923 I 545). S. Art. 155.

[12]) Objektives Enteignungsrecht und zwar sowohl materielles wie formelles, StGHof in RGZ. 107 Anh. 1ff. Das Reich muß also erst ein Reichsenteignungsgesetz erlassen, auf Grund dessen es das subjektive Recht zur Enteignung erhält. Damit ist aber nicht gesagt, daß sich dann diese Enteignungsbefugnis nicht auf beliebige Gegenstände und Rechte erstrecken kann, a. A. Friedmann, und daß sie auch lediglich — im Rahmen des Art. 109! — für einzelne Sachen und Fälle verliehen werden darf, a. A. C. Schmitt, Unabhängigkeit der Richter usw., Berlin 1926, 16. Über den Begriff der Enteignung s. Art. 153. Bisher ergingen nur Einzelbestimmungen, so im Sozialisierungsges. v. 23. März 1919 (RGBl. 341), Reichssiedlungsges. v. 11. August 1919 (RGBl. 1429; 1923 I 364, 805; 1926 I 398); Ges. über Enteignung u. Entschädigung aus Anlaß des Friedensvertrages v. 31. August 1919 (RGBl. 1527), s. dazu Dochow, PrVBl. 44, 389f. u. Schlegelberger, Ausführungsgesetze zum Friedensvertrag (1920) 2. Aufl. S. 2, Reichsheimstättenges. v. 10. Mai 1920 (RGBl. 962), G. über Enteignungsrecht der Gemeinden bei Aufhebung der Rayonbeschränkung v. 7. April 1920 (RGBl. 697) u. VO. über Notstandsversorgung v. 13. Juli 1923 (RGBl. I 718).

[13]) Sozialisierungsges. v. 23. März 1919 (RGBl. 341), Kohlenwirtschaftsges. v. 23. März 1919 (RGBl. 342), Kaliwirtschaftsges. v. 24. April 1919 (RGBl. 413, 661), EisenwirtschaftsVO. v. 1. April 1920 (RGBl. 435; 1921, 1588), Elek-

trizitätssozialisierungsges. v. 31. Dezember 1919 (RGBl. 1920, 19) und VO. gegen Mißbrauch wirtschaftlicher Machtstellung v. 2. November 1923 (RGBl. I 1067). S. hierzu Art. 155f., 12 II. Auch die Wasserkräfte sind Naturschätze, Poetzsch 52.

[14]) HGB., dazu VO. über Handelsbeschränkungen v. 13. Juli 1923 (RGBl. I 706) u. VO. über Goldbilanzen v. 28. Dezember 1923 (RGBl. I 1253), dazu Triepel (1924). Auch das öffentliche Handelsrecht gehört hierher, Giese 67. — Maß- u. GewichtsO. v. 30. Mai 1908 (RGBl 349), EichungsGebührenO. v. 24. Mai 1924 (RGBl. I 607) und G. über Temperaturskala v. 7. August 1924 (RGBl. I 679) nebst zahlreichen Ausführungsverordnungen. — VO. über Errichtung der Deutschen Rentenbank v. 15. Oktober 1923 (RGBl I 963), G. über die Deutsche Golddiskontbank v. 19. März 1924 (RGBl. II 71), ReichsbankGes. v. 30. August 1924 (RGBl. II 235), Privatnotenbankges. v. 30. August 1924 (RGBl. II 246) und RGes. über Errichtung der deutschen Rentenbank-Kreditanstalt v. 18. Juli u. 28. November 1925 (RGBl. I 145), dazu Hans Gerber, Geld und Staat, Jena 1926, Hüfner, LZ. 1926, 249ff., 505ff. und BankArchiv 1925/26, 328ff., Köppel, Bank-Archiv 1925/26, 251ff., 232, Berthold-Seelmann-Eggebert, Die Deutsche Rentenbank (Berlin 1926); v. Glasenapp, BankArch. 1925/26, 361ff., Scheffler, Jahrb. f. Nationalökonomie 1926, 193ff. Schacht, Münz- und Bankgesetzgebung, Lassar, Jahrb. (1926) XIV, 109ff. Eine befristete Delegation des Notenhoheitsrechtes, z. B. für 50 Jahre an die Reichsbank (§ 2 I Bankges.), ist zulässig, da sie kein — nur durch Verfassungsänderung mögliches — Aufgeben der Währungshoheit bedeutet, RG. in JW. 1926, 192 °, RG. in JW. 1926, 2070, vgl. auch das die Gültigkeit des Privatnotenbankges. v. 30. August 1924 bejahende U. des Bayr. OLG. i. Z. f. Rechtspfl. i. Bayern 1926, 144ff.; ebenso Köppel, abw. Spohr, Neugestaltung der Deutschen Reichsbank (1925) S. 8, dagegen Hüfner. Die neue Reichsbank ist eine nach den Grundsätzen der Selbstverwaltung aufgebaute öffent-

liche Anstalt, Gerber 151, mithin eine juristische Person des öffentlichen Rechts, RG. in JW. 1926, 192, Lassar, vgl. auch de Vor, Die deutsche Rentenbank (1924), ebenso Neufeld, Anm. 2 zu § 1 Bankges. Ihre privatwirtschaftliche Struktur und ihre Bezeichnung im Dawes-Gutachten (Anlage I Abs. 1) als „Privatgesellschaft" spricht nicht dagegen, da allein entscheidend ist, daß ihr Staatshoheitsrechte zur Ausübung übertragen worden sind. Die Reichsbank wird geleitet von einem Generalrat und dem von diesem je auf 4 Jahre gewählten Präsidenten, der mit seiner Zustimmung das Reichsbankdirektorium auf 12 Jahre ernennt. Das Direktorium, das einschließlich des Präsidenten nur aus Deutschen bestehen darf, verwaltet die Bank und leitet die Diskont-, Kredit- und Währungspolitik. Der Generalrat besteht aus 14 Mitgliedern, von denen je 7 deutsche, je 7 ausländische (je 1 belgische, britische französische, italienische, holländische, nordamerikanische, schweizerische) Staatsangehörigkeit besitzen müssen; durch einstimmigen Beschluß kann die Zahl der deutschen Mitglieder vermehrt werden. Die deutschen Mitglieder werden von den deutschen Anteilseignern — das Grundkapital der Reichsbank beträgt 400 Millionen Reichsmark und wird durch eine Generalversammlung und einen ständigen Zentralausschuß vertreten — gewählt, die ausländischen von den zur Zeit der Wahl im Amt befindlichen ausländischen Mitgliedern des Generalrats nach Anhörung der zugehörigen ausländischen Zentralnotenbank. Der Generalrat hat in einigen wichtigen Fällen auch ein Recht der Mitentscheidung, insbesondere darüber, wann die Verpflichtung der Reichsbank, ihre Noten einzulösen, gemäß § 31 Bankges. in Kraft tritt, und auch, wenn die Notendeckung herabgesetzt werden soll. Ferner bestellt der Generalrat einen „Kommissar für die Notenausgabe", und zwar auf 4 Jahre mit einer Mehrheit von 9 Stimmen, unter denen mindestens 6 ausländische sein müssen. Der Kommissar muß Ausländer sein. Seine Aufgabe besteht darin, die Durchführung derjenigen Bestimmungen des Bankges. und der Reichsbanksatzung zu gewährleisten, die sich auf die Notenausgabe und die Erhaltung der Golddeckung beziehen. Er hat daher die Aufsicht über die An- und Ausfertigung, Ausgabe, Einziehung und Vernichtung der Banknoten. Ungeachtet dieser Kontrollbefugnisse des Kommissars, so daß diese also mit Art. 15 RV. nicht im Widerspruch stehen, a. A. Hüfner, unterliegt die Reichsbank der Reichsaufsicht, s. Art. 15, insbesondere hat das Direktorium der Reichsregierung fortlaufend Bericht über alle finanz- und währungspolitischen Angelegenheiten zu erstatten. Daß die Reichsbank eine „von der Reichsregierung unabhängige Bank" ist, besagt nur, daß sie eine selbständige, mit Autonomie ausgestattete juristische Person ist, deren Verwaltung also keiner Dienstaufsicht unterliegt. — Die Beamten der Reichsbank sind mittelbare Reichsbeamte. Sie werden vom Reichsbankpräsidenten ernannt. Ihre Rechte und Pflichten regelt ein vom Direktorium erlassenes Statut, das dem Reichsbeamtenrecht entsprechen muß, soweit nicht wesentliche Erfordernisse eines geordneten und leistungsfähigen Bankbetriebes entgegenstehen.

[15]) Ges. über Verkehr mit Vieh und Fleisch vom 10. August 1925 (RGBl. I 186).

[16]) Gewerbeordnung. Bergbau umfaßt hier nicht nur die verleihbaren, sog. regalen, sondern auch die zum Grundeigentum gehörigen, bergmännisch verwertbaren Mineralien. S. Art. 151 III, 155 IV.

[17]) S. Art. 158.

[18]) Also nicht die Binnenfischerei.

[19]) Luftverkehrsges. v. 1. August 1922 (RGBl. I 681; 1924 I 43) und Kraftfahrliniengeſ. v. 26. August 1925 (RGBl. I 319), dazu Kommentar von Hencke (1925) und Fritz Müller, Automobilgesetz (Berlin 1927). S. zu Eisenbahnen Art. 89ff. Die Zuständigkeit des Reiches erstreckt sich nur auf diejenigen Angelegenheiten, welche den allgemeinen (im Gegensatz zum lokalen) Verkehr oder die Landesverteidigung betreffen, also nicht auf die sog. Kleinbahnen, soweit sie nur dem — auch öffentlichen — Lokalverkehr dienen, s. StenBerRT. 1867 S. 277

und Arndt, A. ö. R. 11, 358. Sie bezieht sich auch nicht auf nicht schiffbare Flüsse, außer soweit es etwa die Landesverteidigung oder Talsperren angehen sollte, s. auch Art. 97—100.

[20]) Lichtspielges. v. 12. Mai 1920 (RGBl. 953; 1923 I 26), s. Art. 118 II.

Artikel 8.

Das Reich hat ferner die Gesetzgebung über die Abgaben und sonstigen Einnahmen[1]), soweit sie ganz oder teilweise für seine Zwecke in Anspruch genommen werden[2]). Nimmt das Reich Abgaben oder sonstige Einnahmen in Anspruch, die bisher den Ländern zustanden, so hat es auf die Erhaltung der Lebensfähigkeit der Länder Rücksicht zu nehmen[3]).

StenBer. 287, 1239ff.; VA. 125ff., 466ff.

Stier-Somlo I 387f.; Hatschek II 378ff.; Finger 203f., 441ff; Wittmayer 180ff.; Hensel, Steuerrecht² (1927), „Der Finanzausgleich im Bundesstaat (1922) 174ff., A. ö. R. NF 6, 311ff. und Jahrb. (1922) XI, 38ff.; Fischer, Steuerwesen (1924); Strutz, Handbuch des Reichssteuerrechts³ (1927); Merk, Steuerschuldrecht (1926); Schiffer, Finanz- und Steuergesetze (Kommentare zur Reichsabgabenordnung von Enno Becker, zum Finanzausgleichsges. von Markull (1923), Umsatzsteuerges. von Popitz² (1921), Körperschaftssteuerges. von Kloß, Einkommensteuerges. von Strutz, Erbschaftssteuerges. von Kipp (1927) usw.). Friedrichs, Grundzüge des Steuerrechts (1925); O. Bühler, Lehrb. d. Steuerrechts I (1927); Anschütz, Veröffentlichung der Staatsrechtslehrer (1924) I, 18; Hirschfeld LZ. 1919, 955; Arndt, PrVBl. 41, 337 und JW. 1920, 516; Poetzsch, Jahrb. (1925) 13, 231ff; Lassar, das. (1926) 14, 135.

[1]) Das Recht des Reiches, für seine Zwecke sich Mittel zu verschaffen, erstreckt sich auf alle Abgaben, d. h. Leistungen zur Erfüllung des öffentlich-rechtlichen Schuldverhältnisses,

welches dem Zweck dient, dem Staat oder einem sonstigen Gemeinwesen Mittel zu verschaffen. Die Reichsabgaben sind 1. Reichssteuern, d. h. einmalige oder laufende Geldleistungen ohne Gegenleistung (vgl. § 1 RAO.), die generell auferlegt werden, 2. Reichsbeiträge oder Vorzugslasten, d. h. individuell auferlegte Lasten ohne Gegenleistung, 3. Gebühren, d. h. Entgelt für besondere Inanspruchnahme der Reichsverwaltung. Der Begriff der „sonstigen Einnahmen" umfaßt auch die privatrechtlichen Einkünfte aus Vermögen und werbenden Anlagen des Reiches, Giese 69.

[2]) Das Reich kann auch Steuern einführen, die nur zum Teil in die Reichskasse fließen. Abgaben nur für Zwecke der Länder oder Gemeinden unterstehen nach Art. 8 nicht der Reichsgesetzgebung. Doch kann das Reich auch Steuerquellen, die es nicht vollständig für sich in Anspruch nimmt, den Ländern entziehen, Giese 68, a. A. Poetzsch 54, 62 und Hatschek II 400; es kann auch eine bestimmte Art der Erhebung gewisser Abgaben durch die Länder verbieten, vgl. § 2 Landessteuerges. v. 31. März 1920 (RGBl. 402; 1924 I 74; 1926 I 203; 1927 I 91), Arndt, PrVBl. 41, 337, Markull, Finanzausgleichsges. (1923) 120ff., Unterstaatssekretär Moesle, StenBer. 4710f., s. auch 4718, a. A. Poetzsch 54.

Das Reich kann ohne Verfassungsänderung auch die Verwaltung aller (auch nur der teilweise ihm zufließenden) Abgaben übernehmen, s. E. Kaufmann, Recht u. Wirtschaft 1919, 212; Hatschek II 399; Anschütz 57; Giese 59; a. A. Poetzsch 54 und Düringer, Recht und Wirtschaft 1920, 2ff.; diese Verwaltungskompetenz des Reiches folgt für Gebrauchssteuern und Zölle aus Art. 83, im übrigen aus Art. 14 in Verbindung mit § 8 I RAO., s. auch StenBer. 3805, 4709.

Alle Entwürfe von Gesetzen und Verordnungen, die sich auf die für die Reparationen verpfändeten Einnahmen aus den Zöllen und Abgaben auf Branntwein, Bier, Tabak und Zucker beziehen, müssen dem Kontrollkommissar der Reparations-Kommission vorgelegt werden, s. Schlußprotokoll der Londoner Konferenz v. 16. August 1924 Anlage I Unteranlage I Kap. III Nr. 6 zu b (RGBl. II 304).

Zur Ausführung des Art. 8 ergingen unter dem 10. August 1925 Einkommensteuerges. (RGBl. I 189); Körperschaftssteuerges. (RGBl. I 208); Vermögenssteuerges. (RGBl. I 233); Reichsbewertungsges. (RGBl. I 214); Ges. zur Änderung von Verbrauchsteuern (RGBl. I 248); Bier- und Tabaksteuerges. (RGBl. I 244; 1926 I 151); Verkehrssteuerges. (RGBl. I 241); Ges. über gegenseitige Besteuerungsrechte des Reiches, der Länder und der Gemeinden (RGBl. I 252); Finanzausgleichsges. (RGBl. I 254; 1926 I 203; 1927 I 91); das Erbschaftssteuerges. v. 22. August 1925 (RGBl. I 320); Kraftfahrzeugsteuerges. v. 15. April 1926 (RGBl. I 223) und Beförderungssteuerges. v. 29. Juni 1926 (RGBl. I 357).

[3]) Satz 2 ist eine Sollvorschrift für den Gesetzgeber. S. auch Art. 11.

Artikel 9.

Soweit ein Bedürfnis[1]) für den Erlaß einheitlicher[2]) Vorschriften vorhanden ist, hat das Reich die Gesetzgebung über:

1. die Wohlfahrtspflege[3]);
2. den Schutz der öffentlichen Ordnung und Sicherheit[4]).

StenBer. 1206, 1246ff.; VA. 51f. 70, 415f., 425f.

Hatschek I 70f.; Finger 204, 438ff.; Wittmayer 178ff., 189, 199ff.

[1]) Ob ein Bedürfnis im Sinne des Art. 9 vorliegt, hat allein die Reichsgesetzgebung zu entscheiden. Eine Nachprüfung findet weder durch die ordentlichen Gerichte (Wittmayer 203, Anschütz 58) noch insbesondere durch den Staatsgerichtshof statt, da dieser nur zur Entscheidung von Rechtsfragen zuständig ist, hier aber eine Ermessensfrage vorliegt, s. Triepel, Streitigkeiten zwischen Reich und Ländern S. 100, a. A. Poetzsch 46, 56, Giese 72.

[2]) Einheitliche Vorschriften sind solche, die für das ganze Reichsgebiet gelten, a. A. Anschütz 58. Andernfalls würde das Reich in die Gesetzgebungszuständigkeit der Länder eingreifen.

[3]) Durch § 42 der III. SteuerNotVO. vom 14. Februar 1924 (RGBl. I 74) wurden die Aufgaben der Wohlfahrtspflege den Ländern nach Maßgabe näherer reichsgesetzlicher Vorschriften überlassen. Diese sind enthalten in der VO. über die Fürsorgepflicht v. 13. Februar 1924 (RGBl. I 100; 1926 I 255), dazu für Preußen AusfVO. v. 17. April 1924 (GS. 210). Die Fürsorge ist zu gewähren nach den Reichsgrundsätzen v. 4. Dezember 1924 (RGBl. I 765), dazu preuß. VO. v. 20. Dezember 1924 (GS. 764), vgl. auch RGes. für Jugendwohlfahrt v. 9. Juli 1922 (RGBl. 633) i. d. Fassung v. 14. Februar 1924 (RGBl. I 110).

Zur Wohlfahrtspflege gehören die Fürsorge für hilfsbedürftige Minderjährige, Kleinrentner, Kriegsbeschädigte und -hinterbliebene, Wöchnerinnen, Flüchtlinge und die Rentenempfänger öffentlicher Versicherungsanstalten, ferner die Leistungen nach dem Tumultschädengeſ. v. 12. Mai 1920, Giese 72.

[4]) Auf Grund des Art. 9 können — wenn seine Voraussetzungen wirklich vorliegen — auch Reichsgesetze über Gegenstände erlassen werden, die sonst nicht zur Zuständigkeit des Reiches gehören. Der Schutz der öffentlichen Ordnung beschränkt sich nicht nur auf die „innere" Verwaltung, a. A. Hatschek I 71; auch kann das Reich ein Gebiet, das sonst nur zu seiner Grundsatzkompetenz (Art. 10) gehört, auf Grund des Art. 9 völlig kodifizieren, a. A. Hatschek I 88f., Anschütz 59. Denn wenn es der Schutz der öffentlichen Sicherheit verlangt, so muß man — dies ist ja auch nur für den äußersten Notfall vorgesehen — dem Reiche diese weitgehenden Befugnisse einräumen. Insbesondere kann das Reich nunmehr Polizeigesetze jeder Art erlassen, auch Einzelvorschriften (in Gesetzesform), abw. Giese 73, vgl. Kriminalpolizeigeſ. v. 21. Juli 1922 (RGBl. I 593), Geſ. über Schutzpolizei der Länder v. 17. Juli

1922 (RGBl. I 597), aufgehoben durch Ges. v. 10. Juli 1926 (RGBl. I 402). Polizeiliche Maßnahmen gehören nach wie vor zur Landeskompetenz, RGZ. in JW. 1921, 579, Giese 73.

Artikel 10.

Das Reich kann im Wege der Gesetzgebung[1]) Grundsätze aufstellen für:

1. die Rechte und Pflichten der Religionsgesellschaften[2]);
2. das Schulwesen einschließlich des Hochschulwesens und das wissenschaftliche Büchereiwesen;
3. das Recht der Beamten aller öffentlichen Körperschaften[3]);
4. das Bodenrecht, die Bodenverteilung, das Ansiedlungs- und Heimstättenwesen, die Bindung des Grundbesitzes, das Wohnungswesen und die Bevölkerungsverteilung;
5. das Bestattungswesen[4]).

StenBer. 1206, 1246ff.; VA. 70f., 75ff., 415ff.

Stier-Somlo I 387; Hatschek I 87ff.; Wittmayer 27, 178ff.; Finger 205; Poetzsch, Jahrb. 13, 35f.; Bornhak DJZ. 1922 219ff.; Meiser Ztsch. f. Rechtspflege in Bayern 1924, 313ff.; Hüfner LZ. 1920, 777; Triepel, Streitigkeiten zwischen Reich und Ländern in Kahl-Festgabe II, 94ff.; Doehl, A. ö. R. NF. 12, 87, 89.

[1]) Art. 10 enthält die Kompetenz zur sog. „Grundsatzgesetzgebung". Wie überall ist Gesetzgebung ein formeller Begriff und bedeutet hier, wie unstreitig, Poetzsch 56 und Schoen, A. ö. R. NF. 6, 152f., Ausschluß des Verordnungsrechts. Es ist alleiniger Entscheidung des Reichsgesetzgebers überlassen, wie weit er die Grundsatzgesetzgebung erstrecken will; eine Nachprüfung dieser Ermessensfrage findet also durch den Richter nicht, auch nicht gemäß Art. 13 II

durch das RG. oder gemäß Art. 19 durch den Staatsgerichtshof statt (a. M. Poetzsch 46, Wittmayer 190). Die „Grundsätze" brauchen sich nicht auf Direktiven für den Landesgesetzgeber zu beschränken, sondern können unmittelbar wirksames Recht schaffen, pr. OVG. in JW. 1926, 892f., ebenso Bornhak, Stier-Somlo, Finger u. a.

[2]) Doch nur für das Verhältnis der Kirche zum Staat, Giese, A. ö. R. NF. 7, 32f., Koeniger-Giese, Kirchenrecht (1924) 200ff.; Israel, Geschichte des Reichskirchenrechts (1923) 13ff.

[3]) Z. B. Besoldungssperrges. v. 21. Dezember 1920 (RGBl. 2117; 1923 I 215, 419, 1004; 1925 I 30); Personal-Abbau-VO. v. 27. Oktober 1923 (RGBl. I 999; 1925 I 181; 1926 I 185, 398, 411), dazu Entsch. des Reichsschiedsgerichts im RBesoldgBl. 1924, 73. Hierhin gehören aber nicht die Religionsgesellschaften, die gemäß Z. 1 und Art. 137 I hier eine Sonderstellung einnehmen, Hüfner, Giese 75; anscheinend a. A. jedoch RGZ. 112, 337.

[4]) Z. T. sind diese Gegenstände bereits in Art. 128—155 verfassungsmäßig geregelt.

Artikel 11.

Das Reich kann im Wege der Gesetzgebung[1]) Grundsätze über die Zulässigkeit und Erhebungsart von Landesabgaben aufstellen[2]), soweit sie erforderlich sind, um

1. Schädigung der Einnahmen oder der Handelsbeziehungen des Reichs,
2. Doppelbesteuerungen[3]),
3. übermäßige oder verkehrshindernde Belastung der Benutzung öffentlicher Verkehrswege und Einrichtungen mit Gebühren,
4. steuerliche Benachteiligungen eingeführter Waren gegenüber den eigenen Erzeugnissen

im Verkehre zwischen den einzelnen Ländern und Landesteilen oder

5. Ausfuhrprämien

auszuschließen oder wichtige Gesellschaftsinteressen zu wahren.

StenBer. 1206. 4707f., 4871; BA. 137ff., 466. Hatschek I 87ff., II 400; Wittmayer 182ff.

[1]) S. Anm. 1 zu Art. 10.

[2]) Der Reichsgesetzgeber entscheidet souverän darüber, ob die diesbezüglichen Vorschriften erforderlich sind, s. jedoch Finanzausgleichsges., wonach bei Meinungsverschiedenheit zwischen Reich und Land der Reichsrat bzw. der Reichsfinanzhof entscheiden, s. Arndt, PrV. zu Art. 63 u. Anm. 4 zu Art. 13, s. z. B. Entsch. des großen Senats des RFinHofs v. 15. Februar 1921 in RGBl. 1922, 215 über Unvereinbarkeit des braunschweig. Ges. v. 15. April 1867 mit § 6 Landessteuerges. v. 30. März 1920, s. auch Anm. 5 zu Art. 15.

[3]) Zur Ausführung erging das Finanzausgleichsges. v. 23. Juni 1923, jetzt gültig in der Fassung vom 27. April 1926 (RGBl I 203). Soweit darin den Ländern und Gemeinden die Erhebung bestimmter Steuern vorgeschrieben wird, sind diese Bestimmungen nur dann gültig, wenn sie sich zugleich auch auf Art. 9 stützen können, vgl. Poetzsch 58, Giese 76; s. auch StenBer. 4707f., 4871; a. A. Anschütz 61. Denn das Reich kann nur in gewissen Grenzen bestimmen, ob und in welcher Weise die Länder Abgaben erheben können, nicht aber, daß sie sie erheben sollen. Verbietet jedoch das Reich die Erhebung oder die Art der Erhebung bestimmter Abgaben durch die Länder, so ist eine solche Vorschrift gemäß Art. 11 verfassungsmäßig, a. A. Hatschek II 400, s. auch Anm. 2 zu Art. 8.

Artikel 12.

Solange und soweit das Reich von seinem Gesetzgebungsrechte keinen Gebrauch macht, behalten die

Länder das Recht der Gesetzgebung[1]). Dies gilt nicht für die ausschließliche Gesetzgebung des Reichs[2]).

Gegen Landesgesetze, die sich auf Gegenstände des Art. 7 Ziff. 13 beziehen, steht der Reichsregierung, sofern dadurch das Wohl der Gesamtheit im Reiche berührt wird, ein Einspruchsrecht zu[3]).

StenBer. 1207, 1252ff.; BA. 69, 415ff., 427.

Hatschek I 85ff.; Stier-Somlo I 392; Hubrich 33ff.; Finger 199, 206; Wittmayer 204ff., 214ff.; von Freytagh-Loringhoven 208f.; Triepel, Streitigkeiten 71ff., 86ff., 94ff.; R. Cohn, Die Reichsaufsicht über die Länder (1921); Doehl, A. ö. R. NF. 12, 81, 92f., 104ff.

[1]) Diese Vorschrift entspricht dem bisherigen Recht. S. Schlußprotokoll mit Bayern v. 23. November 1870 (BGBl. 1871 S. 23). Im Zweifel ist anzunehmen, daß ein Reichsgesetz die von ihm behandelten Gegenstände abschließend regelt, vgl. RGSt. 10, 220; Preuß, StenBer. 52. Ein bloßes Verbot der Landesgesetzgebung durch ein Reichsgesetz, welches nicht zugleich die Materie regelt, ist — außer im Fall des Abs. 2 — verfassungswidrig, Giese 78, doch kann durch Reichsgesetz auch lediglich ein Landesgesetz aufgehoben werden, s. auch Anm. 3. Das Reich ist in allen Fällen zum „Gebrauchmachen" von seiner Zuständigkeit, d. h. zur Durchführung des Gewaltenwechsels (s. Art. 13), nur befugt, auch wirkt die Kompetenzzuweisung grundsätzlich — anders z. B. im Fall des Art. 6 — nur als Ermächtigung. Macht das Reich von seiner Zuständigkeit Gebrauch, so geht damit die Zuständigkeit der Länder ein für allemal unter, Doehl 104ff., a. A. Giese 78, s. auch Anm. 1 zu Art. 13.

[2]) Auch dieser Satz wiederholt bestehendes Recht, Arndt, RStR. 172f., 334f.; s. auch oben (A. 1 zu Art. 6, besonders Kahl, StenBer. 1207).

[3]) Dieses Einspruchsrecht ist ein vollständiges Veto. Darüber entscheidet kein Gerichtshof, sondern allein die dem

Reichstage verantwortliche Reichsregierung (s. Preuß, StenBer. 1253, Katzenstein 1254), die als Kollegialbehörde zuständig ist, a. A. Poetzsch 59, der den Reichswirtschaftsminister für zuständig hält. Insbesondere kann der Staatsgerichtshof nicht zu der Ermessensfrage, ob das Wohl der Gesamtheit berührt wird, angerufen werden, Triepel 100, wohl aber mit der Behauptung, daß Landesgesetz beziehe sich nicht auf einen Gegenstand des Art. 7 Z. 13, oder daß das Gesetz schon in Kraft getreten sei, Stier-Somlo. Denn Art. 12 II bezieht sich nur auf werdende Gesetze, Poetzsch 59, Anschütz 64, dagegen Giese 78f., Hubrich. Denn zwar spricht Art. 12 II von Gesetzen schlechthin, somit scheinbar auch von bereits gültigen Gesetzen, aber aus dem Wesen des Einspruchsrechtes (s. auch Art. 74 I) folgt, daß Einspruch stets nur gegen ein noch nicht in Kraft getretenes Gesetz erfolgen kann. Ist das Gesetz schon gültig, so kann das Reich auch seinerseits eben nur im Wege der Gesetzgebung vorgehen, so daß ihm also auch in diesem Falle ein völlig ausreichendes Mittel zu Gebote steht. Der Einspruch ist der Landesregierung gegenüber zu erklären und begründet die Pflicht des Landes, das Gesetzgebungsverfahren einzustellen, a. A. Giese. Läßt das Land den Einspruch unberücksichtigt, so ist das Gesetz nicht ipso jure ungültig, sondern das Land kann nur im Aufsichtswege (Art. 48) angehalten werden, seine Pflicht zu erfüllen, übereinstimmend Anschütz 65. Andere Fälle einer solchen selbständigen Reichsaufsicht über die Landesgesetzgebung kennt die Verfassung nicht.

Artikel 13[1]).

Reichsrecht[2]) bricht Landrecht[3]).

Bestehen Zweifel oder Meinungsverschiedenheiten darüber, ob eine landesrechtliche Vorschrift mit dem Reichsrecht vereinbar ist, so kann die zuständige Reichs- oder Landeszentralbehörde nach näherer Vorschrift eines Reichsgesetzes die Entscheidung eines obersten Gerichtshofs des Reichs anrufen[4]).

StenBer. 1207, 1254f.; BA. 37ff., 408ff.

Hatschek I 16ff., 85ff., 98f.; Stier-Somlo I 379ff.; Triepel, Streitigkeiten zwischen Reich und Länder in Festschrift für Kahl 1923 II 65f., 91, 109ff.; von Freytagh-Loringhoven 211ff.; Hubrich 44ff.; Finger 206ff., 563f.; W. Jellinek, Verfassg. u. Verwaltg. 26f. und Veröffentlichg. der Staatsrechtslehrer 1925, 43; Wittmayer 207ff.; Poetzsch, DJZ. 1921, 125 u. Jahrb. (1925) 13, 52ff.; Nawiasky, Bayr. Verfassgsrecht 345ff.; Giese, JW. 1924, 1045f.; Lammers, Gesetz über den Staatsgerichtshof (1921) 79f.; Lassar, A. ö. R. 40, 98ff.; Kahl, das. 43, 117f.; Thoma, das. 43, 285; Morstein Marx, das. NF. 6, 218ff., ders. PrVBl. 43, 500ff.; 44, 137f.; M. Rümelin, Rechtssicherheit (1924) 31; Doehl, A. ö. R. NF. 12, 37ff.; C. Heyland, Staatsrechtl. Stellung der Reichsratmitglieder (1927) 200ff.; Mende, A. ö. R. NF. 10, 247ff.; Ad. Arndt, Jur. Rundsch. 1927.

[1]) Art. 13 ist kein Satz der sog. Normenkonkurrenz, da er seinen Geltungsgrund nicht in einer Oberherrschaft des Reiches hat (a. A. Hatschek I 16, Giese 80), das als Bundesstaat den Ländern gleichgeordnet ist, deren Rechtsquellen unabhängig vom Reiche sind; er ist vielmehr ein Satz der Rechtsquellenkonkurrenz, der Staatensukzession, Doehl 39ff., 48ff., 121. Dasselbe Volk und Gebiet sind im Reiche zugleich sowohl mit der Staatsgewalt des Reiches als auch der der Länder verbunden (Giese, A. ö. R. 37, 180), die beide unbeschränkt sind, jedoch z. T. infolge rechtlicher Bindung ruhen, Doehl 51, 55. Art. 13 spricht dem Reiche, und zwar nur diesem, die Befugnis zur Ausdehnung seiner Staatsgewalt zu, legt also die Richtung fest, in der sich im Reiche ein Gewaltenwechsel vollziehen kann, Doehl 105, 115. Eine Erstreckung der Staatsgewalt des Reiches auf neue Sachgebiete, über welche bisher die Staatsgewalt der Länder herrschte, ist jedoch im Wege der Sukzession nur dann rechtswirksam, wenn ihr eine Zuständigkeitszuweisung als Titel zur Seite steht. Diese wirkt grundsätzlich (anders Art. 6) nur als Ermächtigung zur Sukzession, welche erst durch Aus-

übung vollzogen wird, s. Art. 12, Doehl 81. Ergreift die Reichsgewalt befugt ein bisher von der Landesgewalt beherrschtes Gebiet mit der Absicht dauernder Regelung, so geht damit, da die Sukzession sich nur in der von Art. 13 festgelegten Richtung vollziehen darf, die Zuständigkeit zur Gesetzgebung auf diesem Gebiete endgültig an das Reich über und kann nur im Wege des verfassungsändernden Gesetzes auf die Länder zurückübertragen werden, Doehl 104ff., a. A. Anschütz 67, Giese 80.

[2]) Zum Reichsrecht gehören auch die auf Grund der Reichsgesetze erlassenen Reichsverordnungen (RGZ. 40, 76; 48, 88; RGSt. 56, 180; Arndt, RVerordnungsrecht 148) sowie das Reichsvertrags- und Gewohnheitsrecht. Jede geltende (RGZ. 105, 26) Reichsrechtsnorm vernichtet die entgegenstehende oder auch übereinstimmende Norm des Landesrechts, welcher Art diese auch sei, und zwar völlig und endgültig (RGZ. 19, 181; Stier-Somlo I 380, Hatschek I 17, Anschütz 67, Giese 80, a. A. Wittmayer 461, Frank, StGB. [1925] 384f.). Landesgesetze, auf die im Reichsgesetze verwiesen oder deren Geltung dort vorbehalten wird, haben diesen Vorrang nicht. Verweist Landesrecht auf Reichsrecht, so ist dieses insoweit materiell Landesrecht, Doehl 99, abw. RGZ. 55, 251; 59, 27, vgl. aber Triepel, Völkerrecht u. Landesrecht 157.

[3]) Mit Einschluß der Landesverfassungen und des Landesgewohnheitsrechts. Dem Landesgewohnheitsrecht kommt gegenüber Reichsrecht keine derogatorische Kraft zu.

Das Reichsrecht geht ipso jure vor, und zwar nicht bloß materiell, sondern auch formell, also auch soweit das Landesrecht mit ihm übereinstimmt (RGZ. 19, 176). Auch eine authentische Interpretation der Reichsgesetze, namentlich über Umfang und Inhalt und die dadurch etwa aufgehobenen Landesgesetze sowie die Wiederholung reichsgesetzlicher Vorschriften in einem Landesgesetze ist unstatthaft, a. A. Wittmayer 208 und Stier-Somlo I 380. Dispensationen von Reichsgesetzen sind im Wege der Landesgesetzgebung unstatthaft, desgleichen

Landesausführungsverordnungen zu Reichsgesetzen, außer wenn solches das Reichsgesetz für statthaft erklärt.

[4]) In erster Linie entscheiden die ordentlichen Gerichte, wo sie zur Entscheidung eines Rechtsstreites berufen sind (RGZ. 103, 201) und zwar diese Frage von Amts wegen, pr. OVG. 80, 341. Sie können die Frage der Vereinbarkeit von Landesrecht mit Reichsrecht jedoch nur inzidenter prüfen, ihre Entscheidung erwächst also insoweit nicht in Rechtskraft und bedeutet mithin eine gleichsam nur mittelbare Rechtskontrolle (Rosin, Polizeiverordnungsrecht 281ff.). Dieses richterliche Prüfungsrecht erstreckt sich aber auch nicht auf die Frage, ob das anzuwendende Reichsgesetz verfassungsmäßig ist, s. zu Art. 102, ebenso Anschütz 71, Wittmayer 210, 457, Thoma, A. ö. R. 43, 285; a. A. Triepel 91, Poetzsch 61, Morstein-Marx 218ff.; Lassar 105.

Demgegenüber schafft Art. 13 II die Möglichkeit, die Frage der Vereinbarkeit von Landesrecht mit Reichsrecht (nicht nur: Reichsverfassungsrecht, abw. Poetzsch 61) unabhängig von einem konkreten Rechtsstreit, aber auch trotz eines solchen, da dies ja kein Eingriff in ein schwebendes Verfahren ist (Triepel 70, a. A. Giese 82, Hubrich) richterlich mit Gesetzeskraft prüfen zu lassen, s. § 3 II des AusfGes. v. 8. April 1920 (RGBl. 510). Immerhin muß Streit bestehen in dieser Frage, aber einerlei zwischen welchen Stellen, RGZ. 111, 136; 106, 34. Der Tenor des Beschlusses hat Gesetzeskraft und zwar rückwirkend und bindet auch das Reichsgericht selbst, Triepel 112f., Lassar 107ff., Giese 83, Morstein-Marx, PrVBl. 43, 500f., abw. Poetzsch 60. Antragsberechtigt ist nur ein Ministerium, RGZ. 107, 369; dieses muß den Antrag schriftlich beim Reichsgerichtspräsidenten einreichen, welcher dann den erkennenden Senat bestimmt (§§ 1, 2 l. c.). Der Beschluß trifft die Feststellung des Bestehens oder Nichtbestehens objektiven Rechts, d. h. der Vereinbarkeit von Landesrecht oder seiner Handhabung (RGZ. 107, 287ff., dazu Giese, JW. 1924, 1045f.) mit Reichsrecht. Der Klagantrag muß abstrakt gefaßt sein, d. h. er darf nicht auf Feststellung des Bestehens oder Nichtbestehens eines subjektiven Rechts gerichtet sein, Triepel 68. Daher ist auch die Leistungsklage ausgeschlossen. Die Entscheidung kann auch zunächst durch einstweilige Verfügung ergehen, Heyland 202, s. Anm. 5 zu Art. 19. Sie ist ein Akt der Justiz, nicht der Gesetzgebung, da sie nicht neues Recht bildet, sondern bereits bestehendes nur authentisch auslegt, abw. RFinHof. 4, 11. Die Klage kann eingereicht und über sie alsbald durch Beschluß entschieden werden, sobald Meinungsverschiedenheiten bestehen (abw. Finger 207, der die Klage gegen den Wortlaut des Art. 13 II auch zur Vermeidung von Zweifeln für zulässig hält) und ein Verstoß der rechtsetzenden Landesgewalt gegen Art. 13 ernsthaft droht, Ad. Arndt, Jur. Rundschau 1927, 462ff.; daß das reichsrechtswidrige Landesgesetz schon verkündet sein muß, ist also nicht erforderlich, a. A. RGZ. 103, 93, Walther, DJZ. 1927, 743f.

Zuständig ist das Reichsgericht (§ 1 l.c.), jedoch bei Meinungsverschiedenheiten zwischen dem Reichsfinanzminister und einer Landesregierung über die Frage der Vereinbarkeit einer landesrechtlichen Steuervorschrift mit Reichsrecht der Reichsfinanzhof (§ 6 I Finanzausgleichsges. i. Fassg. der Bek. v. 27. April 1926, RGBl. I 203), bei Streitigkeiten über die Frage, ob Landes- oder Gemeindesteuern geeignet sind, Steuereinnahmen des Reiches zu schädigen, oder ob überwiegende Interessen der Reichsfinanzen der Erhebung entgegenstehen, der Reichsrat (§ 6 II Finanzausgleichsges.), s. Anm. 5 zu Art. 15 und Anm. 4 zu Art. 19, bei Einspruch des Reichsfinanzministers gegen eine dem Besoldungssperrges. v. 21. Dezember 1920 (RGBl. 2117; 1923 I 215, 419, 1004; 1925 I 30) widersprechende Beamtenbesoldung durch ein Land oder eine Gemeinde ein Reichsschiedsgericht (§§ 6f. Besoldungssperrges.).

Die Entscheidungen des Reichsgerichts und des Reichsfinanzhofs sind im RGBl. I bekanntzumachen; s. dort die Judikatur ab 1921. Die Bekanntmachung hat keine konstitutive Bedeutung, da die Art. 70f. nur für Gesetze, nicht Justizakte gelten, hier vielmehr die Gesetzeskraft mit der Verkündung (Rechtskraft) eintritt.

Artikel 14.

Die Reichsgesetze werden durch die Landesbehörden ausgeführt, soweit nicht die Reichsgesetze etwas anderes bestimmen.

StenBer. 1207; VA. 51ff., 79, 416f.

Triepel, Reichsaufsicht (1917) 372ff.; Stier-Somlo I 357, 389ff.; Hatschek I 90, 93; Finger 210f.; Wittmayer 221ff.; Hubrich 37f.; Arndt, JW. 1920, 516ff.; Poetzsch, Jahrb. (1925) XIII, 39ff.; Lassar, das. (1926) XIV, 17, 125ff.

Im Zweifel begnügt sich das Reich wie früher mit der Gesetzgebung und überläßt die Ausführung (die Verwaltung) den Ländern. Die Rechtsvermutung spricht für die Zuständigkeit der Landesverwaltung. Die Reichsverwaltung tritt nur ein, wo der Reichsgesetzgeber sie ausdrücklich vorschreibt, was keine Verfassungsänderung darstellt, a. A. nur Hubrich, nur jetzt allerdings in viel weiterem Umfang geschieht als früher, so z. B. bei den Reichsabgaben, Regelung der Ein- und Ausfuhr und Heerwesen; s. Art. 83 und 79. Art. 14 enthält altes Recht; so die Praxis, s. oben S. 39 und dagegen Anschütz 72; über Verwaltungsbefugnisse der Arbeiter- und Wirtschaftsräte s. Art. 163.

Art. 14 bezieht sich nur auf die Verwaltung, a. A. Poetzsch 62, nicht auf die Justiz; für diese gilt Art. 103. Er gibt den Landesregierungen kein Verordnungsrecht, Giese 84.

Soweit die Reichsgesetze durch Landesbehörden ausgeführt werden, werden diese mittelbare Reichsbehörden und unterliegen insoweit der Reichsaufsicht gemäß Art. 15 II, soweit sie durch die Länder als solche auszuführen sind, werden diese Organe des Reiches, a. A. RGSt. 59, 196. Das Reich kann sich auch bestehender Landesbehörden als unmittelbarer Reichsbehörden bedienen und diese somit seiner Dienstaufsicht unterwerfen.

Artikel 15.

Die Reichsregierung übt die Aufsicht in den Angelegenheiten aus, in denen dem Reiche das Recht der Gesetzgebung zusteht[1]).

Soweit die Reichsgesetze von den Landesbehörden auszuführen sind, kann die Reichsregierung allgemeine Anweisungen erlassen[2]). Sie ist ermächtigt, zur Überwachung der Ausführung der Reichsgesetze zu den Landeszentralbehörden und mit ihrer Zustimmung zu den unteren Behörden Beauftragte zu entsenden[3]).

Die Landesregierungen sind verpflichtet, auf Ersuchen der Reichsregierung Mängel, die bei der Ausführung der Reichsgesetze hervorgetreten sind, zu beseitigen[4]). Bei Meinungsverschiedenheiten kann sowohl die Reichsregierung als die Landesregierung die Entscheidung des Staatsgerichtshofs anrufen, falls nicht durch Reichsgesetz ein anderes Gericht bestimmt ist[5]).

StenBer. 1208, 1256; VA. 29, 80ff., 168f., 428f.

Triepel, Reichsaufsicht (1917) und: Streitigkeiten zwischen Reich und Ländern in Festgabe für Kahl (1923) II, 56ff., 81ff. Hatschek I 91ff.; Stier-Somlo I 389ff.; Bredt, 109ff.; Wittmayer 231ff.; Cohn, Reichsaufsicht (1921); W. Jellinek, Verf. u. Verw. 24f.; Nawiasky, Bayr. Verfassungsrecht 195ff.; Hubrich 38ff.; von Freytagh-Loringhoven 243ff.; Lammers, Ges. über StGerHof (1921) 64ff.; Preuß, PrVerwBl. 43, 525; Anschütz, VerwArch. 14, 329; Thoma, A. ö. R. 43, 284f.; Lewald, das. NF. 5, 293ff.; Schoen, das. 6, 176ff.; Poetzsch, Jahrb. (1925) XIII 43ff.; Lassar, das. (1926) XIV, 22.

[1]) Auch soweit das Reich von seiner Gesetzgebungsbefugnis noch keinen Gebrauch gemacht hat, hatte es schon früher und hat es jetzt die sog. „selbständige" Beaufsichtigungsbefugnis, Triepel, Reichsaufsicht 133 und 411f.; v. Schwartze, Sten.-

BerRT. 1867 S. 315; Arndt, RVerordnungsr. 91, Staatsr. S. 108; Zorn I 426; Hänel 305; Laband I 107f.; siehe dagegen Posadowsky, StenBerRT. 1906 S. 2867, Poetzsch 63; Inhalt dieser selbständigen Reichsaufsicht ist die Wahrnehmung aller vom Reich zu schützenden Interessen, insbesondere auch der Schutz der Reichsverfassung, Triepel, Reichsaufsicht 437ff., Streitigkeiten 72f., vgl. BA. 80, 82; a. A. Hatschek I 94. Hat das Reich bereits Gesetze erlassen, so ist seine Aufsicht eine sog. „abhängige" und richtet sich auf die Gewährleistung richtiger Ausführung des Landesrechts. Einziges Organ der Reichsaufsicht ist jetzt die Reichsregierung, während früher die selbständige dem Bundesrat, die abhängige dem Kaiser zustand. Nur im Falle des Art. 48 steht gegen Diktaturmaßnahmen der Länder allein dem Reichspräsidenten mit dem Reichstag die Kontrolle zu, RGSt. 59, 192. Der Aufsicht unterliegt auch die gesetzgeberische und die richterliche Tätigkeit (Triepel, Reichsaufsicht 495ff., Streitigkeiten 65, a. A. Stier-Somlo I 389) der Länder. Das Recht der Beaufsichtigung wendet sich nicht gegen die Untertanen, sondern gegen die Länder und deren Behörden, unmittelbar jedoch nur gegen Zentralbehörden (Regierungen, Präsidenten), nicht die diesen nachgeordneten Behörden (Triepel, Streitigkeiten 85, Hatschek I 53f., Anschütz 76), soweit das Gesetz nichts anderes bestimmt. Es wird geltend gemacht gemäß Abs. 2 und 3.

[2]) Solche allgemeinen Anweisungen müssen nicht nur generelle Befehle zum Inhalt haben, sondern sich auch allgemein an die Länder richten, Triepel, Streitigkeiten 82ff., abw. Schoen, Anschütz 76; sie dürfen also weder sich nur auf konkrete Fälle beziehen, noch sich nur an einzelne Länder richten. Sie geben keine neuen Rechte und Pflichten den Untertanen; sind also das, was die Theorie unter Verwaltungsverordnungen versteht und verschieden von den Verwaltungsvorschriften i. S. Art. 77; s. dagegen Anschütz 77. Jedenfalls bedarf es für solche Anweisungen nicht der Zustimmung des Reichsrats, Triepel, Streitigkeiten 84, Preuß, Schoen, Wittmayer 238ff., Anschütz 77, Giese 87, a. A. Poetzsch 65,

Cohn 56f., Stier-Somlo, von Freytagh-Loringhoven, Jellinek.; s. auch BA. 168f. Die Gerichte sind bei Auslegung der Gesetze daran nicht gebunden. Die Verletzungen solcher Anweisungen geben keinen Revisionsgrund, s. auch BA. 83. Die Anweisungen sind jedoch nicht nur für die Landesregierungen, sondern auch alle nachgeordneten Behörden unmittelbar verbindlich, Triepel, Streitigkeiten 85, Giese 87, und können auch unmittelbar an diese gerichtet werden, a. A. nur Hubrich 40.

[3]) Aber nur in Einzelfällen. Diese Reichskommissare können nicht ohne weiteres die Akten der Landesbehörden einsehen (von Kriege, BA. 29), doch haben sie das Recht, Auskunft und Akteneinsicht zu verlangen, Triepel, Reichsaufsicht 183ff., 300ff., 598ff., Giese 88.

[4]) Die Mängelabhilfe stand früher beim Bundesrat, der auch bei Meinungsverschiedenheiten zu entscheiden hatte, soweit nicht die ordentlichen Gerichte zuständig waren. Die Landesregierung ist auch dann zur Beseitigung des gerügten Mangels verpflichtet, wenn sie sein Dasein bestreitet; die Anrufung des Gerichtes wirkt also nicht aufschiebend, Anschütz 78, a. A. Triepel, Streitigkeiten 61, 82, Nawiasky.

[5]) Aufgabe des Staatsgerichtshofes ist nur Feststellung des Mangels, Thoma. Zuständig darf nur ein Gericht sein, z. B. nicht der Reichsrat, s. aber § 6 II Finanzausgleichsges. (RGBl. 1926 I 203), Triepel, Streitigkeiten 106ff. und Anm. 4 zu Art. 19. Grundsätzlich ist der „Staatsgerichtshof für das Deutsche Reich" zuständig, s. Ges. v. 9. Juli 1921 (RGBl. I 905), s. auch Art. 108. Zur Anrufung des Gerichts ist das Bestehen einer (abstrakten) Zweifelsfrage ausreichend, einer konkreten Meinungsverschiedenheit also nicht erforderlich, Triepel, Streitigkeiten 82, a. A. Poetzsch 66. Es kommen jedoch nur solche Streitigkeiten in Frage, die sich auf Mängel beziehen. Der Entscheidung des Staatsgerichtshofes haben sich die Länder bei Vermeidung der Reichsexekution zu unterwerfen (Art. 48 Abs. 1).

Artikel 16[1]).

Die mit der unmittelbaren[2]) Reichsverwaltung in den Ländern betrauten Beamten sollen in der Regel Landesangehörige sein. Die Beamten, Angestellten und Arbeiter der Reichsverwaltung sind auf ihren Wunsch in ihren Heimatgebieten[3]) zu verwenden, soweit dies möglich ist und nicht Rücksichten auf ihre Ausbildung oder Erfordernisse des Dienstes entgegenstehen[4]).

StenBer. 1202, 1207; BA. 333f., 429.

Stier-Somlo I 419; Finger 212ff.; Hubrich 42f., Wittmayer 165f.; Triepel, Streitigkeiten in Berliner Festschrift für Kahl (1923) II, 80, 105; W. Jellinek, Verfassung und Verwaltung 37; Anschütz, Der deutsche Föderalismus (1924) 20f.; E. Jacobi, DJZ. 1924, 430ff.; Lassar, Jahrb. (1926) XIV, 58, 221.

[1]) Art. 16 begründet keine subjektiven öffentlichen Rechte. Daher können Streitigkeiten über seine Anwendung nicht vor den Staatsgerichtshof gebracht werden, a. A. Anschütz 83, Giese 90; s. auch zu Art. 19. Für die Postverwaltung ist jedoch in Bayern und Württemberg für die leitenden Stellen ein Indigenatsrecht geschaffen worden, s. Staatsverträge v. 29. und 31. März 1920 (RGBl. 643, 659), Lassar.

[2]) D. s. nur die Unter- und Mittelbehörden, welche eigentliche Vollzugstätigkeit ausüben, Jacobi, auf keinen Fall richterliche Beamte.

[3]) Heimat ist nicht gleichbedeutend mit Heimatstaat, Anschütz 82, a. A. Jellinek, maßgebend ist die landsmannschaftliche und nachbarliche Zusammengehörigkeit, Jacobi, Finger 213, Giese 90.

[4]) Mußvorschrift; auch gültig für Arbeiter und Angestellte, die nur im Privatdienstverhältnis zum Reiche stehen, Giese 90. Für die Reichsbahn s. § 21 Reichsbahnges. v. 30. August 1924 (RGBl. II 272). Nach § 37 des Staatsvertrages betr. Übergang der Staatseisenbahnen auf das Reich (RGes. v. 30. April

1920, RGBl. 773) entscheidet bei Meinungsverschiedenheiten zwischen Reich und Ländern über die Wahrung des Art. 16 der Reichsrat, s. Sarter, Die Reichseisenbahnen 110; Art. 16 steht nicht entgegen, da er den Ländern keine subjektiven Rechte verleiht, a. A. Triepel, so daß Art. 19 nicht anwendbar ist. Über die Anwendbarkeit entscheiden sonst die zuständigen Reichsstellen nach freiem Ermessen endgültig.

Artikel 17[1]).

Jedes Land muß eine freistaatliche Verfassung haben[2]). Die Volksvertretung[3]) muß in allgemeiner, gleicher, unmittelbarer und geheimer Wahl[4]) von allen reichsdeutschen[5]) Männern und Frauen nach den Grundsätzen der Verhältniswahl gewählt werden[6]). Die Landesregierung bedarf des Vertrauens der Volksvertretung[7]).

Die Grundsätze für die Wahlen zur Volksvertretung gelten auch für die Gemeindewahlen[8]). Jedoch kann durch Landesgesetz die Wahlberechtigung von der Dauer des Aufenthalts in der Gemeinde bis zu einem Jahre abhängig gemacht werden[9]).

StenBer. 286, 398, 1255ff., 2105; BA. 110ff., 437ff.

Meißner 37ff.; Finger 192f., Brunet 79ff.; Hubrich 21f.; Wittmayer 72f., 164ff.; Wenzel, Grundprobleme I 326ff.; Koellreutter, Das parlamentarische System in den deutschen Landesverfassungen (1921); Meuschel, A. ö. R. 41, 32ff.; Schanze, das. 42, 257ff.; Nawiasky, Bayr. Verfassungsrecht 55ff., 95ff., 140; R. Schmidt, Einführung[2] 98ff., 160ff.; Anschütz in Veröffentlichg. d. Staatsrechtslehrer (1924) I 26f.; Gebhard, Bayr. GemeindeVerwaltungsG. 1923, 449, 469; Doehl, A. ö. R. NF. 12, 89; C. Heyland, Staatsrechtl. Stellung der Reichsratsmitglieder (1927) 79ff.

[1]) Durch diesen Artikel ist die Unabhängigkeit der Länder vom Reich tatsächlich aufgehoben, was auch bei den Verhand-

lungen der Nationalversammlung, StenBer. 1260f. hervorgehoben wurde; s. auch VA. 110, 437.

²) Abweichende Landesgesetze sind nach Art. 13 I nichtig; ein fehlendes Landesgesetz kann nur durch Rüge und Klage aus Art. 15 erzwungen werden, Triepel, Streitigkeiten 69. Das Reich hat das Aufsichts- und Mängelabhilferecht, s. Art. 15, 48.

³) Eine zweite Kammer ist zulässig, s. Beyerle, VA. 110, Preuß 111, v. Delbrück 112, doch darf sie weder Organ der Gesetzgebung sein noch kann die Landesregierung von ihrem Vertrauen abhängig gemacht werden, Nawiasky 95f., Anschütz 87f. Einer Immunität ihrer Mitglieder steht nichts im Wege, a. A. Anschütz.

⁴) Also ist Wahl durch eine einzelne Klasse (Rätediktatur) verfassungswidrig, Haas, StenBer. NV. 1258. Ein bestimmtes Alter für aktives und passives Wahlrecht ist im Art. 17 nicht vorgeschrieben.

⁵) Früher konnte nur der Angehörige eines bestimmten Landes in diesem Lande an den Staats- und Kommunalwahlen teilnehmen; Laband I 157; Seydel 51; Meyer-Anschütz § 214; Arndt, Vorbemerkung zu Tit. 2 a. PreußVerf. Schlußprotokoll v. 23. November 1870 in StenBer. des außerord. Reichst. 1870 S. 147, 163.

⁶) Die einzige Beschränkung besteht darin, daß die Gemeindewahlberechtigung an einen längstens einjährigen Aufenthalt in der Gemeinde geknüpft werden kann. Die einzige Schranke bildet also jetzt der letzte Satz in Art. 17.

⁷) Das Vertrauen kann auch durch die Wahl ausgesprochen werden, PreußVA. 111. Auch kann die Landesregierung auf bestimmte Zeit gewählt werden und dann von der Volksvertretung unabhängig sein, s. Art. 7 der Verf. von Lübeck v. 23. Mai 1920 in Jahrb. 1921, 401; (seit der Novelle v. 4. April 1925 wird jedoch auch der Lübecker Senat „auf unbestimmte Zeit" gewählt und ist während dieser Zeit stets als Kollegium der Bürgerschaft verantwortlich). Art. 17 enthält also kein unbedingtes

Gebot der parlamentarischen Regierungsform, Koellreutter, Wittmayer, Anschütz 88, Giese 93, a. A. Heyland. Die „Regierung" besteht stets nur aus den Ministern.

[8]) Gemeint sind nur die Ortsgemeindewahlen im Gegensatz zu den Wahlen der kommunalen Verbände (Stadtrat-, Bürgermeister-, Kreiswahlen usw.), s. VA. 112, 487; StGerHof in RGZ. 112 Anhang S. 7. Zwangsläufig gelten für die Gemeindewahlen nur die in Abs. 1 Satz 2 selbst erwähnten Grundsätze, nicht die sonst im Reiche und in Preußen für politische Wahlen geltenden oder demnächst weiter zu entwickelnden Regeln, pr. OVG. 80, 54f.

[9]) Art. 17 II ist keine Delegation, sondern eine sachliche Beschränkung der eigenständigen Landesgewalt, Doehl. In Helgoland kann die Gemeindewahlberechtigung auch von einem längeren als einjährigem Aufenthalt abhängig gemacht werden, s. Art. 178 und dazu RGes. v. 6. August 1920 (RGBl. 1566), preuß. AusfGes. v. 11. Dezember 1920 (GS. 541). Aufenthalt ist nichts anderes als Wohnsitz, pr. OVG. 80, 54f.

Artikel 18.

Die Gliederung des Reichs in Länder soll unter möglichster Berücksichtigung des Willens der beteiligten Bevölkerung der wirtschaftlichen und kulturellen Höchstleistung des Volkes dienen[1]). Die Änderung des Gebiets von Ländern und die Neubildung von Ländern innerhalb des Reichs erfolgen durch verfassungsänderndes Reichsgesetz[2]).

Stimmen die unmittelbar beteiligten[3]) Länder zu, so bedarf es nur eines einfachen Reichsgesetzes.

Ein einfaches Reichsgesetz genügt ferner, wenn eines der beteiligten Länder nicht zustimmt, die Gebietsänderung oder Neubildung aber durch den Willen der Bevölkerung gefordert wird und ein überwiegendes Reichsinteresse sie erheischt[4]).

Der Wille der Bevölkerung ist durch Abstimmung festzustellen[5]). Die Reichsregierung ordnet die Abstimmung an, wenn ein Drittel der zum Reichstag wahlberechtigten Einwohner des abzutrennenden Gebiets es verlangt.

Zum Beschluß einer Gebietsänderung oder Neubildung sind drei Fünftel der abgegebenen Stimmen, mindestens aber die Stimmenmehrheit der Wahlberechtigten erforderlich. Auch wenn es sich nur um Abtrennung eines Teiles eines preußischen Regierungsbezirkes, eines bayerischen Kreises oder in anderen Ländern eines entsprechenden Verwaltungsbezirkes[6]) handelt, ist der Wille der Bevölkerung des ganzen in Betracht kommenden Bezirkes festzustellen. Wenn ein räumlicher Zusammenhang des abzutrennenden Gebiets mit dem Gesamtbezirke nicht besteht, kann auf Grund eines besonderen Reichsgesetzes der Wille der Bevölkerung des abzutrennenden Gebiets als ausreichend erklärt werden[7]).

Nach Feststellung der Zustimmung der Bevölkerung hat die Reichsregierung dem Reichstag ein entsprechendes Gesetz zur Beschlußfassung vorzulegen.

Entsteht bei der Vereinigung oder Abtrennung Streit über die Vermögensauseinandersetzung, so entscheidet hierüber auf Antrag einer Partei der Staatsgerichtshof für das Deutsche Reich[8])[9]).

StenProt. 287ff., 377ff., 466ff., 1205f., 1800ff., 2142ff.; VA. 87ff., 423ff.

Stier-Somlo I 397, 412ff.; Hatschek I 144ff., II 605ff.; Finger 184ff., 391ff.; Wittmayer 263ff.; Hubrich 48ff., 293ff.; von Freytagh-Loringhoven 40ff.; Meißner 38ff.; Bredt 100ff.; Morstein-Marx, Das Problem des parlamentarischen Minderheitenschutzes (1924) 37f.; Preuß, Art. 18 der Reichsverfassung, seine Entstehung und Bedeutung (1922); Anschütz, Das preußisch-deutsche Problem (1922) 12ff., Staatsrechtslehrer Veröffentlichg. (1924) I 18f. und VerwArch. 29, 404ff.; 30, 344ff.; Jacobi, Einheitsstaat oder Bundesstaat 13ff.; Kitz, Reichsland Preußen (1926); Nawiasky, Bundesstaat als Rechtsbegriff (1920), 186ff.; ders., Grundgedanken 60ff., Bayr. Verfassungsrecht 32ff. u. Hirths Ann. 1919, 5ff.; Lukas, Organisator. Grundgedanken 8ff.; ders., A. ö. R. 42, 50ff.; 43, 200ff. und DJZ. 1922, 539ff.; W. Jellinek, Verfassung u. Verwaltung 31ff.; Rosenthal, DJZ. 1920, 609 u. Jahrb. 10, 366ff.; Bilfinger, Veröffentlichg. der Staatsrechtslehrer (1924) I 49ff.; Hübner, Die Mediatisierungsfrage (1923); Altenberg, A. ö. R. 40, 173ff.; R. Schmidt, Einführung² 153ff. u. Z. f. Politik 1926, 201ff.; Poetzsch, Jahrb. 13, 54ff.; Kaisenberg, PrVBl. 43, 363ff.; Merk, A. ö. R. NF. 8, 305ff., Brunet 73ff.

[1]) Abs. 1 Satz 1 ist bloßes Räsonnement, Koch, VA. 434; a. A. Anschütz 96, Giese 95. Welches Gebiet ein Land ist, bestimmt sich danach, ob es zur Zeit des Erlasses der Reichsverfassung ein Bundes- oder Einzelstaat war und von dieser als solcher anerkannt worden ist, E. des StGerH. in RGZ. 113, Anh. 1ff.

[2]) Die Länder können also weder durch Vertrag noch sonst irgendwie über ihr Gebiet verfügen. Art. 18 regelt alle Gebietsveränderungen erschöpfend, a. A. Nawiasky, Bay. VerfR. 36. Das erforderliche Reichsgesetz muß nur der Bestimmung des Art. 76 entsprechen, ist aber seinem Inhalte nach keine Verfassungsänderung und verleiht auch der Gebietsveränderung keine Verfassungsgesetzeskraft, Preuß 31.

[3]) Das sind nur die Länder, deren Gebiet, nicht deren sonstige, z. B. wirtschaftliche Interessen betroffen werden, Anschütz 98. Wie die Zustimmung erteilt wird, bestimmt sich nach Landesrecht, in Preußen durch Gesetz, s. Art. 1 II preuß. Verfassung.

Auf Grund des Abs. 2 ergingen Ges., betr. das Land Thüringen v. 30. April 1920 (RGBl. 841), Ges., betr. Vereinigung Koburgs mit Bayern v. 30. April 1920 (RGBl. 842) u. Ges. über die Vereinigung von Pyrmont mit Preußen v. 24. März 1922 (RGBl. 281).

[4]) Ob ein überwiegendes Reichsinteresse vorliegt, entscheidet souverän der Reichsgesetzgeber. Der Staatsgerichtshof ist zur Entscheidung dieser Frage nicht zuständig, da es sich um keine Rechtsfrage handelt, Triepel, Streitigkeiten 95, 100. Den Willen der Bevölkerung festzustellen, ist Sache der Reichsregierung, s. Abs. 4, 6, Giese 98. Die Länder haben im Fall des Abs. 3 keine Initiative.

[5]) S. Ausführungsgesetz v. 8. Juli 1922 (RGBl. I 545) u. Reichsstimmordnung v. 14. März 1924 (RGBl. I 173). Die Grenzen des Abstimmungsgebietes bestimmt der Reichsinnenminister, wenn die Regierung die Abstimmung von Amts wegen angeordnet hat, auf Grund dieser Verfügung, wenn die Abstimmung auf Volksbegehren beruht, nach Maßgabe des diesem zugrundeliegenden Zulassungsantrages; nachträgliche Änderungen sind unzulässig. Steht die Vereinigung mehrerer Länder oder Landesteile zu einem neuen Lande in Frage, so sind die Stimmen für jedes an der Abstimmung beteiligte Land einzeln zu zählen, d. h. in jedem in Betracht kommenden Teilgebiet muß die Dreifünftelmehrheit erreicht sein, s. Lukas a. a. O., Giese 99, a. A. Preuß 44f., Anschütz 101. Denn nicht auf den Willen des zu bildenden Landes kommt es an, sondern auf den aller derjenigen Landesteile, deren staatliche Zugehörigkeit mit ihrem Willen verändert werden soll. Andernfalls könnte sich jedes große Land beliebig viel kleine Gebietsteilchen anderer Länder einverleiben. — Die Reichsregierung kann informatorisch stets eine Abstimmung herbeiführen, wie der Wille der Bevölkerung ist. Der Weg des Volksbegehrens ist bei allen Gebietsveränderungen zulässig. Abstimmungsberechtigt ist nur die wahlfähige (Art. 22) Bevölkerung des Gebietes, dessen Staatszugehörigkeit geändert werden soll, aber nur innerhalb

dieses Gebietes und an dem vom Reichsinnenminister festgesetzten Abstimmungstage. Das neue Land entsteht als Staat nicht durch das Reichsgesetz, sondern erst durch „Betätigung" seiner Landesstaatsgewalt, Giese 97, Doehl, A. ö. R. NF. 12, 69.

Im Falle des Volksbegehrens ist ein formgerechter Zulassungsantrag einzureichen und eine Hauptabstimmung findet nur statt, wenn bei einer Vorabstimmung ein Drittel aller Stimmberechtigten diese verlangt; die Reichsregierung kann dagegen die Hauptabstimmung sogleich ohne Zulassungsantrag und Vorabstimmung anordnen. Wird bei der Vor- oder bei der Hauptabstimmung die erforderliche Mehrheit nicht erreicht, so kann die Reichsregierung innerhalb von 10 Jahren für einen neuen Zulassungsantrag die Unterschriften eines Viertels der Stimmberechtigten fordern, sofern der neue Zulassungsantrag nicht eine wesentlich andere Gliederung vorsieht. Das VolksentscheidGes. v. 27. Juni 1921 (RGBl. 790) und die VO. v. 14. Februar 1924 (RGBl. I 110) gelten entsprechend.

[6]) Die hessischen Provinzen, sächsischen Kreishauptmannschaften, württembergischen Kreise, dagegen nicht die badischen Kreise, die nur Kommunalverbände sind, Anschütz 105, a. A. Preuß 35f. Denn die Vorschrift bezieht sich auf Bezirke von Mittelbehörden der (allgemeinen) Staatsverwaltung.

[7]) Abs. 5 S. 2 und 3 betreffen nur den Fall der Abtrennung, Giese 99.

[8]) Auch Gemeinden, bei Auflösung eines Landes der diesem entsprechende Gemeindeverband, Lammers, Gesetz über den Staatsgerichtshof (1921) 70ff. Für andere Streitigkeiten kommt Art. 19 in Betracht.

[9]) Die Gebietsänderung auf Grund des Art. 18 kann nicht als Verwandlung ein und derselben juristischen Person angesehen werden (so aber KG. in Rspr. OLG. 45 (1926), 227f.), da ja nicht das Reich, sondern der Gebietsbestand zweier, selbständige juristische Personen darstellender Länder betroffen wird; sie ist vielmehr als Staatensukzession anzusehen. Die

Staatspersönlichkeit des abtretenden Landes erlischt insoweit, und zugleich werden seine zugehörigen einseitigen Hoheitsakte, Rechte und Pflichten wirkungslos, s. M. Huber, Die Staatensukzession (1898) 22, 61, 173, nur seine zweiseitigen Verbindlichkeiten werden durch pflichtmäßigen Eintritt des Nachfolgelandes aufrechterhalten, von Liszt-Fleischmann, Völkerrecht[12] (1925) 277. Das bisherige Landesrecht gilt nur weiter, wenn es rezipiert wird, was in der Regel stillschweigend erfolgt. Das Landesrecht des Nachfolgestaates erlangt erst durch Gesetz auch für das neuerworbene Gebiet Geltung.

Artikel 19.

Über Verfassungsstreitigkeiten[1]) innerhalb eines Landes, in dem kein Gericht zu ihrer Erledigung besteht[2]), sowie über Streitigkeiten nichtprivatrechtlicher Art zwischen verschiedenen Ländern oder zwischen dem Reiche und einem Lande entscheidet auf Antrag[3]) eines der streitenden Teile der Staatsgerichtshof für das Deutsche Reich, soweit nicht ein anderer Gerichtshof des Reichs zuständig ist[4]).

Der Reichspräsident vollstreckt das Urteil des Staatsgerichtshofs[5])[6]).

StenBer. 1208, 1262f.; VA. 113ff., 408ff.

S. zu Art. 76 aRVerf.: Laband I 250ff.; Seydel 408; Arndt 112 und DJZ. 3, 497ff., preuß. VU. 63; Zorn I 172; Dambitsch 673; Hans Luther, Thronstreitigkeiten und Bundesrat (Berlin 1904); RT. v. 12. Mai 1896 StenBer. 940; Posadowsky, 24. Januar 1905, StenBer. RT. 4001; s. auch StenBer. RT. 1901, 3083; 1902, 3831; 1906, 4170; 1907, 617; 1909/10, 1325.

Stier-Somlo I 399ff.; Hatschek I 100ff.; Triepel, Streitigkeiten zwischen Reich u. Ländern in Kahl-Festgabe (1923) II; Lammers, Das Gesetz über den Staatsgerichtshof (1921) 73ff., JW. 1924, 1885 und DJZ. 1924, 806; Finger

209f.; Meißner 42f.; von Freytagh-Loringhoven 284ff.; Hubrich 46ff.; Wittmayer 249ff.; Poetzsch, A. ö. R. 42, 90ff.; 43, 210ff., 218ff., 236ff.; A. Friedmann, Fürstenabfindung und Zuständigkeitsfrage (1926) 36ff.; C. Heyland, Staatsrechtl. Stellung der Reichsratsmitglieder (1927) 195ff.

[1]) Während nach herrschender Lehre und Staatspraxis unter der aRVerf. nur Streitigkeiten zwischen Regierung und Volksvertretung als Verfassungsstreitigkeiten galten und die Regierung bei Beratung des Art. 19 auch noch an diesem Standpunkt festhielt (s. Zweigert, VA. 114, 411, dagegen Kahl, VA. 409), hat sich der Staatsgerichtshof in ständiger Rechtsprechung auf den Standpunkt gestellt, daß der Begriff der Verfassungsstreitigkeit nach dem Streitgegenstand, nicht nach den Streitenden zu bestimmen sei (E. des StGerHofs in RGZ. 102, 415ff.; 104, 423ff.; 107 Anhg. 19; 111, 1ff.; 112, Anhg. 39ff., JW. 1927, 456f., zustimmend Giese 101, Anschütz 106, a. A. Lammers. In Betracht kommen jedoch bloß Rechtsstreitigkeiten (so Triepel 19ff., dagegen E. des StGer.-Hofs in RGZ. 112, Anhg. 8, durch welche der StGerHof für sich im Gegensatz zu den ordentlichen Gerichten — s. RGSt. 55, 90, RGZ. 107, 397 — das Recht in Anspruch nimmt, auch Ermessensfragen, z. B. Notwendigkeit oder Dringlichkeit einer Notverordnung, nachzuprüfen) und zwar entweder über „materielles", d. h. geschriebenes und ungeschriebenes (s. Smend, Ungeschriebenes Verfassungsrecht in Festgabe für Kahl (1916) 254, Friedmann 44ff., StGerHof. in RGZ. 111, Anhg. 1ff.) Verfassungsrecht eines Landes oder öffentlichrechtliche Streitigkeiten zwischen den Ländern oder zwischen Reich und Ländern. Auch Streitigkeiten um die Behördenorganisation sind Verfassungsstreitigkeiten; denn die Verfassung (s. Art. 79, 83, 88, 92) hat nicht nur die grundsätzliche Vorschrift, wer eine Staatsangelegenheit zu verwalten hat, sondern auch Form und Art, insbesondere die Behördenorganisation als Sache der verfassungsmäßigen Regelung angesehen, StGerH. in RGZ. 112, Anh. 39f. Nur insoweit, als die Länder mit dem Reiche streiten, hat sich das Reich in Art. 19 zum Rechtsstaatsgedanken bekannt (vgl.

Triepel 47, 118), dagegen ist der Staatsgerichtshof nicht für Verfassungsstreitigkeiten zwischen Reichsorganen innerhalb des Reiches zuständig. Die Streitigkeit kann nicht nur die Auslegung, sondern auch die Ausführung (a. A. Anschütz) der Verfassung zum Gegenstande haben, insbesondere auch ihre Rechtmäßigkeit, s. BA. 113, 408, StenBer. 1208, 1262, Giese 101, sie muß jedoch in einer konkreten Frage herrschen. — Zur Ausführung erging Ges. v. 9. Juli 1921 (RGBl. 905), dazu Geschäftsordnung des Staatsgerichtshofs v. 20. September 1921 (RGBl. 1535).

²) In Bundesstaaten, in denen für Fälle von Verfassungsstreitigkeiten gesetzliche Vorkehrung darüber getroffen ist, wie solche durch Richterspruch zu entscheiden sind, z. B. in Sachsen, Oldenburg, Braunschweig, Altenburg, Bremen und Lübeck, kommt Art. 19 also nicht zur Anwendung; s. Meißner 46. Der andere Gerichtshof braucht jedoch nicht räumlich innerhalb des Landes zu bestehen, z. B. ist nach RGes. v. 14. März 1881 (RGBl. 37) für Streitigkeiten zwischen dem Senat und der Bürgerschaft von Hamburg das Reichsgericht zuständig. S. ferner Zuständigkeit des RFinHofs gemäß § 6 FinanzausgleichsGes. v. 27. April 1926 (RGBl. I 203; 1927 I 91), des RSchiedsGer. gemäß BesoldungssperrGes. v. 21. Dezember 1920 (RGBl. 2117; 1923 I 1004), Anm. 4 zu Art. 13. Streitigkeiten wegen Armenlasten usw. werden, wenn zwei Bundesstaaten in Betracht kommen, vom Bundesamt für das Heimatwesen entschieden (Ges. über den Unterstützungswohnsitz v. 30. Mai 1908, RGBl. 380, §§ 37ff.) insoweit auch aufrechterhalten von § 42 der 3. SteuerNotVO. v. 14. Februar 1924 (RGBl. I 74) in Verb. mit VO. über Fürsorgepflicht v. 13. Februar 1924 (RGBl. I 100; 1926 I 255).

³) Antragsberechtigt, also parteifähig, ist jeder durch die Verfassung selbst unmittelbar subjektiv-öffentlich Berechtigte (abw. Anschütz 107), z. B. Landesregierungen, Landtage, Landtags- oder Wählerschaftsminderheiten, Landtagsfraktionen (RGZ. 102, 415ff.; 104, 423ff., 107 Anhg. 17), Abgeordnete, Minister, juristische Personen des öffentlichen Rechts wie Ge-

meinden und Kirchen, schließlich auch Einzelne (Poetzsch, A. d. R. 42, 91). Die Partei muß Verletzung eines ihr zustehenden subjektiven öffentlichen Rechtes behaupten. Daß die meisten Staatsorgane, z. B. die Volksvertretungen, keine Privatrechtspersönlichkeit, d. h. generelle Rechtsfähigkeit im Zivilrecht, besitzen, schließt ja nicht aus, daß ihnen subjektive öffentliche Rechte zustehen.

[4]) S. Art. 13 II und 15 III, die gegenüber Art. 19 leges speciales sind. — Gerichtshof muß ein Gericht im formellen Sinne sein, s. Art. 102ff. Die Vorschrift in § 6 II des Finanzausgleichsges. v. 27. April 1926 (RGBl. I 203; 1927 I 91), daß über die Frage, ob Landes- oder Gemeindesteuern geeignet sind, die Steuereinnahmen des Reichs zu schädigen und ob ihrer Erhebung überwiegende Interessen der Reichsfinanzen entgegenstehen, der Reichsrat entscheiden solle, ist also verfassungswidrig, da der Reichsrat kein Gerichtshof ist, Triepel 107f., Heyland, Markull, Finanzausgleichsges. (1923) 174ff., s. auch Bericht des 10. Aussch. der NatVers. I 12f., 28 u. Sten.-BerNatVers. 1919/20 S. 4725 B.

[5]) Der Staatsgerichtshof muß in der Sache selbst entscheiden, und zwar antragsgemäß durch Feststellungs- oder Leistungsbeschluß. Für den Feststellungsbeschluß gilt das in Anm. 4 zu Art. 13 Gesagte. Der Entscheid hat nicht bloß Rechts-, sondern Gesetzeskraft, sofern nicht nur eine ganz bestimmte Leistung begehrt wird, s. zu Art. 76 a. RVerf., Triepel, Reichsaufsicht 130, jetzt Triepel, Streitigkeiten 113ff., a. A. Giese 103; denn § 3 III des Ges. v. 8. April 1920 (RGBl. 510) ist analog anzuwenden, da er einen allgemeinen Rechtsgedanken enthält, s. Anm. 4 zu Art. 13. Die Entscheidung kann auch zunächst durch einstweilige Verfügung ergehen, aber nur, wenn die Hauptsache schon anhängig ist und unter den übrigen Voraussetzungen des § 940 ZPO.; denn wenn es auch an einer ausdrücklichen Ermächtigung im Gesetze hierzu fehlt, so folgt diese Befugnis doch aus der Stellung des Gerichts als Rechtsschutzorgan und seinem Zweck, der (schnellen) Sicherung des Rechts-

friedens, StGerH. in RGZ. 112, Anh. 1, Lammers, JW. 1926, 376ff., Heinsheimer, das. 379, Heyland 202f. Der Erlaß einer einstweiligen Verfügung ist analog den Grundsätzen des Zivilprozeßrechts auch möglich, wenn die Klage nur auf Feststellung gerichtet ist, Heinsheimer. Die Vollstreckung geschieht durch den Reichspräsidenten und zwar den Ländern gegenüber gemäß Art. 48, Triepel 110, dem Reich gegenüber durch Außerkraftsetzen des wirksam angefochtenen Gesetzes, Triepel 111, a. A. Giese 104, Anschütz 109f.; andernfalls wäre Art. 19 II sinnlos, da er dem Präsidenten den Ländern gegenüber ja keine neuen Rechte gibt (Art. 48). Gegen Einzelne aber und nichtrechtsfähige Personenmehrheiten, Behörden und Körperschaften, ist der Reichspräsident auf die Rechtshilfe der Behörden angewiesen (StGerH. in RGZ. 104, 427). In jedem Falle ist der Präsident zur Vollstreckung verpflichtet, doch bedürfen seine Vollzugsmaßnahmen auch hier der Gegenzeichnung.

[6]) S. auch Art. 170, 171, bes. Anm. 2 zu Art. 170.

Zweiter Abschnitt.

Der Reichstag.

Artikel 20.

Der Reichstag besteht aus den Abgeordneten des deutschen Volkes.

VA. 240f. Laband I § 35; Meyer-Anschütz § 102f., 128f.; Hatschek I 292f.; ders. Parl. Recht I 395f., 568f.; Wittmayer 68ff.; 318f.; Stier-Somlo I 536, Stier-Somlo, Parlament u. Parlamentsrecht i. HandwB. d. RWiss. Bd. 4, 364f.; Koellreutter, ebenda Bd. 4, 384f. Hubrich 55f.; Bredt, Der Geist der deutschen RV. 189f.; Brunet 158, Finger, StR. 214f., Meißner 53ff.; W. Jellinek, Verfassung und Verwaltung 46f.; Anschütz DJZ. 1919, 118ff.; Schelcher in ArchöffR. 41, 323f., Tönnies, Demokratie und Parlamentarismus, Schmollers Jahrb. 51, 173, Carl Schmitt,

Die geistesgeschichtliche Lage des heut. Parlamentarismus (2. Aufl. 1926), Koellreuter, Die polit. Parteien im modernen Staate, 1926, Poetzsch, Jahrb. d. R. 13, 101, Tartarin-Tarnheyden, Z. f. Pol. 15, 97.

Der Reichstag ist die einheitliche Vertretung des ganzen einheitlichen (Preuß, VA. 241) deutschen Volks, nicht der Bevölkerung der verschiedenen Länder. Seine Mitglieder sind nicht bloß Vertreter ihrer Wahlkreise, die durch Wahlges. v. 6. und 13. März 1924 (RGBl. I 159, 173) nicht mehr an Landesgrenzen gebunden sind. Der Reichstag besaß weder Rechtspersönlichkeit noch Vermögen, und es stand das Hausrecht und die Vertretung des Reichstagsgebäudes früher dem Reichsamt des Innern zu, OVG. 51, 121, s. auch Hatschek, Parlamentsrecht 213f. Auch jetzt besitzt der Reichstag weder Rechtspersönlichkeit noch Vermögen, s. auch VA. 247, doch übt der Präsident nunmehr das Hausrecht und die Polizeigewalt im Reichstagsgebäude aus und vertritt das Reich als Eigentümer des Reichstagsgebäudes in allen Rechtsgeschäften und Rechtsstreitigkeiten, die sich auf das Reichstagsgebäude beziehen, Art. 28. Der frühere Reichstag stand weder über noch unter Kaiser und Bundesrat; der jetzige als hauptsächlicher Repräsentant des souveränen deutschen Volkes ist die höchste Gewalt im Reich.

Artikel 21.

Die Abgeordneten[1]) sind Vertreter des ganzen Volkes[2]). Sie sind nur ihrem Gewissen unterworfen und an Aufträge nicht gebunden[3]).

VA. 248.

Stier-Somlo I 563, Bredt 190, Hatschek I 359, ders. Parlam. R. I 395, 568, Finger 216, v. Freytagh-Loringhoven 85, Nawiasky, Bayr. VerfR. 177, Wittmayer 68, Morstein-Marx, A. ö. R. 50, Heft 3.

[1]) Die Abgeordneten sind als solche nicht Beamte; denn sie stehen in keinem öffentlich-rechtlichen Dienstverhältnis

zum Staat, Giese 108, vgl. auch Anschütz 115. Ein Abgeordneter kann daneben selbstverständlich Beamter des Reiches, der Länder oder einer Kommune sein, vgl. Art. 39.

[2]) Art. 21 entspricht Art. 29 der früheren Verfassung. Vertreter sind die Abgeordneten nur im politischen, nicht im rechtlichen Sinne. Sie stehen im Gegensatz zu den ehemaligen Bundesratsmitgliedern, die nach Aufträgen und nach Instruktionen stimmen mußten.

[3]) Es ist nicht verboten, daß die Abgeordneten von ihren Wählern Aufträge und Instruktionen erhalten, VA. 248f., nur sollen die Abgeordneten nicht daran gebunden sein, d. h. sie sollen ihre Abstimmung stets so treffen, wie sie das als Vertreter des gesamten Volks vor ihrem Gewissen vertreten können; s. auch Dambitsch, alte RV. 455; Anschütz 114; Giese 108. Die Annahme von Geschenken oder Geld für Vertretung von Interessen ist unsittlich, aber nicht strafbar, Art. 116 RV.; BGB. § 817 Satz 1 kann dabei nicht zur Anwendung kommen, da beide Teile unsittlich handeln, ebenso Giese 109, Anschütz 115.

Artikel 22.

Die Abgeordneten werden in allgemeiner, gleicher, unmittelbarer und geheimer Wahl von den über zwanzig Jahre alten Männern und Frauen nach den Grundsätzen der Verhältniswahl gewählt. Der Wahltag muß ein Sonntag oder öffentlicher Ruhetag sein.

Das Nähere bestimmt das Reichswahlgesetz.

VA. 240ff., StenBer. 381, 1266f.

Kaisenberg-v. Welser, RWahlges. 1920, Hatschek I 305f.; Stier-Somlo I 540f.; v. Freytagh-Loringhoven 81f.; W. Jellinek, Verf. u. Verw. 48f.; Kaisenberg, Die Wahl zum RT. (1924); Kahl, DJZ. 1923, 67f.; Bredt, 190, 218; Kloecker, Die Reichstagswahl 1924; Poetzsch, Jahrb. ö. R. 13, 102; Thoma, Germania 1925 Nr. 200, 202 und DtschAllgZt. 1925 Nr. 1.

Früher galt das Wahlgesetz v. 31. Mai 1869 (BGBl. 145). Danach hatten Frauen kein Wahlrecht, das aktive und passive Wahlrecht war an das 25. Lebensjahr geknüpft und bestand nicht die Verhältniswahl. Die Wahlen zur Nationalversammlung fanden auf Grund der Wahlordnung v. 30. November 1918 (RGBl. 1345) nach gleichen Grundsätzen wie in Art. 22 statt. Jetzt gilt Reichswahlges. v. 27. April 1920 (RGBl. 627) in FassG. v. 6./13. März 1924 (RGBl. I 159, 173) nebst Stimmordnung v. 14. März 1924 (RGBl. I 173). Es entfällt auf je 60000 Stimmen ein Abgeordneter. Eine festbestimmte Zahl von Abgeordneten ist also nicht vorhanden.

Das deutsche Recht kennt nur ein Wahlrecht, keine Wahlpflicht, vgl. Giese 111, Kahl, DJZ. 1923, 67f.; Stier-Somlo I 546. Die Ausübung des Wahlrechts durch den einzelnen Staatsbürger ist trotzdem eine öffentliche Funktion, vgl. Giese 111, Jellinek, Staatslehre 422, O. Mayer, VerwR. I 113, Hatschek I 323; Stier-Somlo I 544f.

Den Tag der Wahl bestimmt gemäß § 6 WahlG. der Reichspräsident. Der Wahltag kann übrigens auch ad hoc zum Ruhetag erklärt werden, Anschütz 116, Giese 112.

Auf Grund Art. 22 Abs. 2 ist das RWahlG. v. 27. April 1920 (RGBl. 627), abgeändert durch Ges. v. 24. Oktober 1922 (RGBl. 801) und 31. Dezember 1923 (RGBl. 1924, 40), später neugefaßt durch das RWahlG. v. 6./13. März 1924 (RGBl. I 159, 173), als einfaches Reichsgesetz ergangen. Da es nicht Bestandteil der Verfassung ist, konnte es und kann es durch einfaches Ges. geändert werden, Giese 112.

Artikel 23.

Der Reichstag wird auf vier Jahre gewählt[1]). Spätestens am sechzigsten Tage nach ihrem Ablauf muß die Neuwahl stattfinden[2]).

Der Reichstag tritt zum ersten Male spätestens am dreißigsten Tage nach der Wahl zusammen[3]).

StenBer. 291, 1263ff.; 2105f.; BA. 246f., 449f. Stier-Somlo I 581, Hatschek I 399f.; v. Freytagh-Loringhoven 99, Bredt 190.

¹) Nach Art. 24 der früheren Reichsverfassung in Fass. Ges. v. 19. März 1888 (RGBl. 110) dauerte die Legislaturperiode des Reichstages fünf Jahre. Es war streitig, wie diese zu berechnen war, ob nach dem Wahltage oder wie in England und Österreich nach dem Zusammentritt. Nunmehr steht fest, daß die Dauer des Reichstages vom Wahltage zu berechnen ist, ebenso Anschütz 118, Giese 113, BA. 246, a. A. Hatschek I, 414f. Fraglich ist, ob die Neuwahl ohne Auflösung vor Ablauf der vier Jahre zulässig ist. Diese Frage dürfte zu bejahen sein, weil dies mit der früheren konstitutionellen Theorie übereinstimmt, die in der Dauer nur einen längstzulässigen Zeitraum (utmost extent) sah; s. Arndt, HA. 1903, 721f. Nach der Ansicht des Berichterstatters Katzenstein StenBer. S. 1263 muß sogar der neue Reichstag während des Bestehens des alten gewählt werden.

²) Die Reichsverfassung sagt nicht, daß die Wähler spätestens am sechzigsten Tage zur Wahl von selbst zusammentreten können. Dies ist nicht zulässig.

³) Nach der konstitutionellen Theorie (Montesquieu) konnte das Parlament nicht von selbst zusammentreten. Jedenfalls konnte der frühere deutsche Reichstag nur durch den Kaiser berufen werden. Das englische Parlament kann nur beim Todesfall des Monarchen von selbst zusammentreten. In Übereinstimmung mit der belgischen und französischen Verfassung tritt der Reichstag in den Fällen des Art. 23 und Art. 24 Satz 1 von selbst zusammen, sonst nur auf (jederzeit zulässige, Poetzsch 75) Berufung durch den Reichstagspräsidenten; s. auch Art. 24 Geschäftsordn. d. RT. zu Art. 26.

Artikel 24.

Der Reichstag tritt in jedem Jahre am ersten Mittwoch des November¹) am Sitze der Reichsregierung[2]) zusammen. Der Präsident des Reichstags muß ihn früher berufen, wenn es der Reichspräsident oder mindestens ein Drittel der Reichstagsmitglieder[3]) verlangt.

Der Reichstag bestimmt[4]) den Schluß der Tagung[5]) und den Tag des Wiederzusammentritts.

VA. 249ff., 450, StenBer. 2107.

Stier-Somlo I 582, Meyer-Anschütz 360, Bredt 191, RGSt. 58, 264, Hatschek I, 399f., 409f., v. Freytagh-Loringhoven 100, Jellinek, Verf. u. Verw. 64, Finger 264, Poetzsch, 76.

[1]) Der Zusammentritt im November ist deshalb erforderlich, weil der Etat (Art. 85) festgestellt werden muß, Giese 114.

[2]) Die Berufung des Reichstags an einen anderen Ort widerspricht Art. 24 und ist daher nur durch verfassungänderndes Gesetz zulässig.

[3]) Hier ist die gesetzliche Sollzahl gemeint.

[4]) Nach der früheren Reichsverfassung konnte der Reichstag nur durch den Kaiser berufen, vertagt, geschlossen und aufgelöst werden. Nur das Sichvertagen, sog. adjournement, stand dem Reichstag selbst zu, siehe hierzu Arndt, HA. 1903, 721, und zu Art. 12 der früheren Verfassung; s. ferner Meyer-Anschütz § 124; ferner Seydel zu Art. 12 a. RV. Die Unterscheidungen zwischen Vertagung und Schluß bzw. Auflösung sind bestehen geblieben. Die Vertagung hindert nicht die sog. Kontinuität, d. h. die Geschäfte werden nach Wiederbeginn der Verhandlungen in der früheren Lage wieder aufgenommen, und es bedarf keiner Wiedereinbringung der Vorlagen noch einer Neukonstituierung des Reichstages. Im Falle der Schließung oder Auflösung gilt die neue Tagung nicht als Kontinuation der alten, das Präsidium und die Ausschüsse müssen von neuem gebildet, alle nicht erledigten Geschäfte müssen ganz von neuem in Antrag gebracht und wieder von Anfang behandelt werden, § 70 der Geschäftsordnung für den Deutschen

Reichstag. Dies entspricht nicht nur der englischen Parlamentspraxis und dem parlamentarischen Gewohnheitsrecht, sondern folgt aus den Worten und Begriffen Vertagung, Schließung, Auflösung. Ausnahmen von vorstehenden Regeln, d. h. die Kontinuität nach dem Schluß, können nur durch Gesetz geschehen, wie solche am 23. Dezember 1874 (RGBl. 194) und 20. Februar 1875 (RGBl. 15, 23) stattgefunden haben. Siehe hierzu noch Arndt l. c.; ferner Meyer-Anschütz, Lehrb. § 131; Zorn I 423; Laband I 317; Perels, Reichstagsrecht 105f., StenBerRT. 1882, 511; 1890, 654; Poetzsch 54; Anschütz 120. Während der Vertagung dauern die Immunitäten des Abgeordneten fort, ebenso Anschütz 121, indes (streitig) nicht sein Urlaub, siehe auch unten zu Art. 37.

[5]) Tagung ist gleichbedeutend mit „Sitzungsperiode" Preuß, StenBer. 2107.

Artikel 25.

Der Reichspräsident kann den Reichstag auflösen[1]), jedoch nur einmal aus dem gleichen Anlaß[2]).

Die Neuwahl findet spätestens am sechzigsten Tage nach der Auflösung statt[3]).

StenBer. 450, 1281, 1302, VA. 233, 251f.

Bredt 145, Stier-Somlo I 583, Hatschek I 402ff., 417f., Wittmayer, 359f., ders. in A. ö. R. NF. 7, 86f., Pohl, Die Auflösung des RT., Finger 267, v. Freytagh-Loringhoven 102, Koellreutter, Das parlamentarische System der deutschen Landesverfassungen 5f., Schelcher, DJZ. 1924, 887, C. Schmitt, A. ö. R., NF. 8, 162f., Wittmayer, A. ö. R. NF. 9, 87f., Poetzsch, Jahrb. 13, 102, Hoffmann, A. ö. R. NF. 7, 263, Doertenbach, A. ö. R. NF. 9, 90, Lammers, KreuzZt. 1924, Nr. 523, Thoma, Arch. f. Soz. Wiss. 50, 279 u. DJZ. 1924, 659, Lukas, Organis. Grundgedanken 33, Hoffmann, A. ö. R. NF. 7, 263.

[1]) Die Auflösung hat ipso jure die Schließung des Reichstags, das Ende der Tagung, zur Folge, s. indes Art. 27. Ein nach der Auflösung zusammenbleibender oder zusammentretender Reichstag ist kein Reichstag. Der einmal aufgelöste Reichstag kann nicht wieder zusammenberufen werden; Zorn I 221; Laband I 344; Meyer-Anschütz § 130; Dambitsch 455. Auflösen heißt (Seydel 205) ihm seine Eigenschaft als Reichstag nehmen. Nach der Ansicht von Laband I 340; G. Meyer § 102; Seydel 204; Perels, A. ö. R. 19, 1; v. Jagemann, Vorträge 130; Anschütz 122f. und RStR. 568, Giese 115, nach der der Reichstag schon mit dem Wahltage existent wird, kann er schon von da ab aufgelöst werden. Dagegen nimmt das belgisch-französische Recht an, daß ein Parlament vor der Konstituierung noch nicht existiert (il y a des éléments d'un corps, pas un corps lui-même) und also nicht vorher aufgelöst werden kann; so J. J. Thonissen, Const. belg. nr. 323; Beltgens, Const. belg. art. 71. Die gegenteilige Ansicht kostete Karl X. von Frankreich den Thron. Für Deutschland muß gelten, daß eine Auflösung vor der Konstituierung unzulässig ist (s. Arndt, PreußJahrb. 1903, 442; HA. 1903, 721), weil ein Reichstag vorher nicht besteht und weil ferner zur Auflösung ein „Anlaß" vorhanden sein muß, s. Abs. 1. Die Auflösung bedarf wie jede andere Verfügung des Reichspräsidenten der Gegenzeichnung, Art. 50, vgl. auch hierzu die Anm. zu Art. 50 und 53.

[2]) Früher war die Zahl der Auflösungen in das Belieben des Bundesrats und Kaisers gesetzt. Ob bei einer zweiten Auflösung der „gleiche Anlaß" vorhanden ist, ist Tatfrage, Giese 116. Liegt der gleiche Anlaß vor, so ist die Auflösung nicht nichtig, ebenso Anschütz 125, Schelcher, DJZ. 1924, 890, Poetzsch, Art. 25 Anm. 3, a. M. Giese 116, Pohl, Die Auflösung des RT. 28, vgl. auch Stier-Somlo I 583. Auf Grund einer derartigen Auflösung kann vielmehr nur eine Anklage nach Art. 59 gegen den Reichspräsidenten und den Reichskanzler, der die zweite Auflösung gegengezeichnet hat (Art. 50), erhoben werden. Die Auflösung kann auch erfolgen,

wenn der Reichstag nicht versammelt ist. Kraft Gesetzes tritt Auflösung ein im Falle des Art. 43; ebenso Anschütz 122; s. auch VA. 251 und Poetzsch 77.

[3]) Von selbst dürfen die Wähler zur Neuwahl nicht zusammentreten. Der Reichspräsident muß vielmehr die Neuwahl anordnen. Auch auf den neugewählten Reichstag findet Art. 23 Anwendung.

Artikel 26.

Der Reichstag wählt seinen Präsidenten, dessen Stellvertreter und seine Schriftführer. Er gibt sich seine Geschäftsordnung.

StenBer. 1282f., VA. 254f.

Hatschek I 420f.; Stier-Somlo I 584f., Poetzsch, Jahrb. 13, 161, Morstein-Marx, Beiträge zum Problem der parl. Minderheiten (1924) 15f., W. Jellinek, Verf. u. Verw. 65f., Lewald, A. ö. R. NF. 5, 269, Bredt 191, Hubrich 63, Finger 236, Nawiasky, DJZ. 1923, 235.

Art. 26 entspricht Art. 27 der früheren Verfassung.

Die Verfassung überläßt es dem Reichstage, selbständig und ohne Einschränkung sich eine Geschäftsordnung zu geben. Daraus muß gefolgert werden, daß dem Reichstage auch das Recht zustehen muß, in seiner Geschäftsordnung vorzuschreiben, ob, wie lange und in welchen Fällen ein Mitglied von der Teilnahme an den Sitzungen ausgeschlossen werden soll. Anderenfalls, zumal andere Staaten (Frankreich, England) ihren gesetzgebenden Körperschaften ähnliche Befugnisse einräumen, hätte die Verfassung keine allgemeinen Befugnisse zum Erlasse der Geschäftsordnung aufstellen dürfen noch aufzustellen nötig gehabt. Ein rechtmäßig ausgeschlossenes Mitglied muß auf Aufforderung den Saal verlassen und darf ihn nicht während der Zeit seines Ausschlusses wieder betreten, widrigenfalls es sich des Hausfriedensbruchs schuldig macht (StrGB. § 123), vgl. RGSt. 47, 270), s. auch Goldschmidt,

JW. 1912, 562; Binding, Handb. II, 281. Der Ausschluß von Mitgliedern bei unparlamentarischem Verhalten in der Sitzung verstößt nicht gegen § 113 StGB.

Der Reichstag hatte zunächst die Geschäftsordnung des alten Reichstags vom 12. Juni 1868 bzw. 10. Februar 1876 übernommen. Die neue Geschäftsordnung ist am 17. Dezember 1922 (RGBl. 1923 II 101) erlassen.

Die Stellung und die Befugnisse des Reichstagspräsidenten ergeben sich aus Art. 27, 28, 24, vgl. auch Art. 40a über seine Immunität. Der RT. kann auch beliebig viel Vizepräsidenten wählen.

Artikel 27.

Zwischen zwei Tagungen oder Wahlperioden führen Präsident und Stellvertreter der letzten Tagung ihre Geschäfte fort.

VA. 257.

Nawiasky, DJZ. 1923, 235; RGSt. 58, 263, 235, v. **Freytagh-Loringhoven** 101, **Poetzsch** 78, **Bredt** 191.

Aus dem Wortlaut dieser Vorschrift folgt noch nicht, daß für jede neue Tagung ein neuer Reichstagspräsident zu wählen ist, da sonst die Verfassung dies bestimmter zum Ausdruck gebracht hätte. Art. 27 will vielmehr nur bestimmen, daß die Geschäfte nach Abschluß der Tagung oder der Wahlperiode von dem bisherigen Präsidenten oder, falls dieser (durch Tod oder Mandatsniederlegung) weggefallen oder sonstwie an der Ausübung seines Amtes verhindert ist, seinem Stellvertreter fortgeführt werden. § 14 der GeschOrd., nach dem der Präsident und seine Stellvertreter nicht für die Tagung, sondern für die ganze Wahlperiode gewählt werden, verstößt daher nicht gegen Art. 27 (a. M. Giese 118, 119; Anschütz 127, **Nawiasky**, DJZ. 1923, 235, v. **Freytagh-Loringhoven** 101), zumal auch Art. 26 dem Reichstag für den Inhalt der Geschäftsordnung völlig freie Hand gelassen hat. Diese darf allerdings nicht gegen ausdrückliche Bestimmungen der Verfassung oder der Reichsgesetze verstoßen.

Artikel 28.

Der Präsident übt das Hausrecht und die Polizeigewalt im Reichstagsgebäude aus[1]). Ihm untersteht die Hausverwaltung; er verfügt über die Einnahmen und Ausgaben des Hauses nach Maßgabe des Reichshaushalts[2]) und vertritt das Reich in allen Rechtsgeschäften und Rechtsstreitigkeiten seiner Verwaltung[3]).

VA. 256, 451.

Bredt 191, Hatschek I 516, Stier-Somlo I 586, Finger 238, Hatschek, Parlam. R. I 210f., Poetzsch 78, Hoche, DJZ. 1920, 519, W. Jellinek, Verf. u. Verw. 72.

[1]) Auch diese Vorschrift enthält im wesentlichen neues Recht und gibt dem Präsidenten die ausschließliche Polizeigewalt, Anschütz 127. Vgl. auch G. zur Befriedung des Reichstagsgebäudes v. 8. Mai 1920 (RGBl. 909). Durch Art. 28 ist das Reichstagsgebäude von der Zuständigkeit der Ortspolizeibehörde eximiert, Anschütz 128. Allerdings kann der Präsident, da er kein eigenes Vollzugspersonal hat, die Ortspolizeibehörde um Vollstreckungshilfe ersuchen. Diese hat dem Ersuchen Folge zu leisten, Anschütz a. a. O.

[2]) Sie sind in den Reichshaushaltsplan (Art. 85) einzustellen.

[3]) Der Reichstag selbst ist keine juristische Person, sondern nur ein Organ des Reiches. Seine Einnahmen und Ausgaben sind daher die des Reichsfiskus. Der Reichstagspräsident vertritt hierbei den Fiskus in allen den Reichstag betreffenden vermögensrechtlichen Angelegenheiten, Giese 122, s. auch oben zu Art. 20.

Artikel 29.

Der Reichstag verhandelt öffentlich[1]). Auf Antrag von fünfzig Mitgliedern kann mit Zweidrittelmehrheit[2]) die Öffentlichkeit ausgeschlossen werden[3]).

Hatschek I 490, Bredt 192.

[1]) Die Kommissions-Ausschußsitzungen des früheren Reichstages waren nur für die Reichstagsmitglieder öffentlich, Perels, A. ö. R. 15, 548; Arndt, RStR 137; Seydel, Komm. 198; s. jetzt Art. 34.

[2]) Hier ist die Istzahl der Anwesenden, nicht die gesetzliche Zahl gemeint; sonst wäre letzteres wie in Art. 76 ausdrücklich vorgeschrieben.

[3]) Die geheimen Verhandlungen haben dieselbe Rechtswirkung wie die öffentlichen, nur nicht den Schutz des Art. 30. Den Vertretern der Reichsregierung und der Länderregierung ist jedoch der Zutritt zu den nichtöffentlichen gemäß Art. 33 zu gestatten, Giese 123.

Artikel 30.

Wahrheitsgetreue Berichte[1]) über die Verhandlungen in den öffentlichen Sitzungen des Reichstags, eines Landtags oder ihrer Ausschüsse[2]) bleiben von jeder Verantwortlichkeit frei[3]).

Ebermayer, StGB. § 12, Olshausen, StGB. § 12, Frank, StGB. § 12, Hubrich, Die parlam. Redefreiheit 1899, 469f., ders. Verfassungsrecht 69f., Hatschek I 496, 508, Finger 240, Meißner 55, Bredt 194.

[1]) Gleichviel ob von einem Reichstagsabgeordneten oder einem anderen, ob schriftlich oder mündlich erstattet; s. Arndt 137; E. Hubrich, Die parlamentarische Redefreiheit 46f.; Binding, Handbuch des deutschen Strafrechts 683; Olshausen und Oppenhoff, Komm. zum StrGB. § 12. Was ein wahrheitsgetreuer Bericht, ist quaestio facti; nicht unter Art. 30 fallen Berichte über einzelne Stellen oder Bemerkungen über dieselben; RGSt. 15, 32 und 18, 207; vgl. auch v. Liszt, Reichspreßrecht § 45; Seydel 199f.; Olshausen l. c.: Binding, Handbuch I § 142. Wortgetreu brauchen sie nicht zu sein, sondern nur wahrheitsgetreu, ebenso Hubrich 70, Giese 124,

Anschütz 130. Es muß ein objektives Referat über die Verhandlungen oder einen abgeschlossenen Teil derselben vorliegen. Die Wiedergabe einer einzelnen Rede fällt, wenn diese Rede nicht allein an dem fraglichen Tage oder zu dem betr. Gegenstande gehalten wurde, nicht unter Art. 30, Arndt 138; Seydel 201; Dambitsch 426. Im allgemeinen deckt sich Art. 30 mit StrGB. § 12; auch schützt Art. 30 nur Berichte öffentlicher Reichstags- und Ausschußsitzungen, Giese 124, a. M. Meißner 55, vgl. Olshausen l. c.; Binding, Handbuch 680; s. auch Hubrich, HA. 1897, 1f.; Laband I 346.

²) Berichte über Stadtverordnetenversammlungen usw. sind dagegen nicht geschützt.

³) Straf- und zivilrechtlichen wie dienstlichen (disziplinarischen); s. auch Laband I 321; Olshausen und Oppenhoff, Anm. zu § 12 RStrGB., ferner BA. 269, 456, Giese 124, Anschütz 130. Art. 30 stellt kein Preß-, sondern ähnlich wie Art. 36 ein Parlamentsprivileg dar, Hubrich 70, Giese l. c., Anschütz l. c.

Artikel 31.

Bei dem Reichstag wird ein Wahlprüfungsgericht gebildet. Es entscheidet auch über die Frage, ob ein Abgeordneter die Mitgliedschaft verloren hat¹).

Das Wahlprüfungsgericht besteht aus Mitgliedern des Reichstags, die dieser für die Wahlperiode wählt, und aus Mitgliedern des Reichsverwaltungsgerichts²), die der Reichspräsident auf Vorschlag des Präsidiums dieses Gerichts bestellt.

Das Wahlprüfungsgericht erkennt³) auf Grund öffentlicher mündlicher Verhandlung durch drei Mitglieder des Reichstags und zwei richterliche Mitglieder.

Außerhalb der Verhandlungen vor dem Wahlprüfungsgerichte wird das Verfahren von einem Reichsbeauftragten geführt, den der Reichspräsident ernennt.

Im übrigen wird das Verfahren von dem Wahlprüfungsgerichte geregelt[4]).

StenBer. 291, 1265, 1285f. BA. 258f.

Hatschek I 377f., ders. Parl. Recht I 395, 491; Kaisenberg, Die Rechtsprechung des WahlprüfGer. 1921, ders. in PrVBl. 42, 205, 337; 43, 599; 46, 223; Finger 218, 231; Stier-Somlo I 557; Kaisenberg-v. Welser, ReichswahlG. (1920) S. 47f.

[1]) Früher stand dem Reichstage, da er nur die Legitimation des Gewählten zu prüfen hatte, nicht das Recht zu, den Gegenkandidaten einzuberufen. Auch konnte er nur die Wahl im ganzen, nicht Teile für gültig oder ungültig erklären, Arndt 126; Laband I 338; Seydel, HA. 1880 393; Leser, Unters. über das Wahlprüfungsr. des D. Rt. 1908; Perels, Auton. Reichstagsrecht 70, vgl. auch Hatschek I 379f. Das gleiche ist für das Wahlprüfungsgericht anzunehmen, da ihm eine Ermächtigung nur zur Entscheidung über die in Abs. 1 beregte Frage gegeben ist, ebenso Anschütz 131f.

[2]) Siehe Art. 166.

[3]) Es liegt ein Akt der Rechtsprechung vor, durch den res judicata geschaffen wird. Das Urteil des Wahlprüfungsgerichts wirkt in der Regel hierbei rechtsgestaltend (konstitutiv), nicht feststellend (deklaratorisch), Hatschek I 391, a. M. Giese 126; denn erst durch das Urteil des Wahlprüfungsgerichts verliert der Abgeordnete gemäß § 5 WahlG. v. 6./13. März 1924 (RGBl. I 159, 173) sein Mandat, vgl. auch Kaisenberg-v. Welser, ReichswahlG. (1920) S. 48f. Nur im Falle des Abs. 1 Satz 2 wirkt sein Urteil deklaratorisch. Über das Verfahren in der mündlichen Verhandlung vgl. §§ 5, 7f der Wahlprüfungsordnung vom 8. Oktober 1920 (RGBl. 1773).

[4]) Während früher der Reichstag nur durch den Reichskanzler Erhebungen und Vernehmungen herbeiführen lassen konnte, kann das Wahlprüfungsgericht wie der vom Reichspräsidenten ernannte Reichsbeauftragte unmittelbar Gerichts- und Verwaltungsbehörden um Rechtshilfe ersuchen. Mit-

glieder, deren Wahl beanstandet ist, haben bis zur Ungültigkeitserklärung ihrer Wahl Sitz und Stimme, Geschäftsordnung § 4.

Die Bestimmung des Reichsbeauftragten erfolgte durch den Erlaß des Reichpräsidenten vom 10. Juli 1920 (RGBl. 1439).

Artikel 32.

Zu einem Beschlusse des Reichstags ist einfache Stimmenmehrheit[1]) erforderlich, sofern die Verfassung kein anderes Stimmenverhältnis vorschreibt[2]). Für die vom Reichstag vorzunehmenden Wahlen kann die Geschäftsordnung Ausnahmen zulassen[3]).

Die Beschlußfähigkeit wird durch die Geschäftsordnung geregelt[4]).

StenBer. 1289, VA. 261.

Hubrich 70; Hatschek II 63f.; Finger 385; v. Freytagh-Loringhoven 114; Morstein-Marx, Beiträge zum Problem des parlam. Minderheitenschutzes (1924) 27f.; Bredt 193.

[1]) Das ist die Mehrheit der Abstimmenden, nicht der Anwesenden. Anwesende, die sich der Stimme enthalten, werden bei Prüfung der Beschlußfähigkeit mitgezählt, Seydel 209.

[2]) S. Art. 18, 29, 34, 43, 59, 72, 74 Abs. 3, 76 Abs. 1.

[3]) Dies geschieht z. B. für Schriftführer, Geschäftsordnung § 17, s. auch Art. 26, 31, 34, 35, VA. 261, Reichsschuldenordnung v. 13. Februar 1924 § 32.

[4]) Früher gehörte zur Beschlußfähigkeit die Anwesenheit der Mehrheit der gesetzlichen Zahl der Mitglieder, indes nicht zur Beratung. Nach Art. 32 ist dies in das Ermessen der Geschäftsordnung gestellt; s. StenBer. 1289. Nach § 98 GeschOrdn. (Art. 26) ist der Reichstag beschlußfähig, wenn mehr als die Hälfte der Mitglieder anwesend ist. Sondervorschriften sind jedoch die Art. 76 Abs. 1 und 59 (Verfassungsänderung und Ministeranklage), bei ihnen müssen zwei Drittel der gesetzlichen Mitgliederzahl anwesend sein.

Artikel 33.

Der Reichstag und seine Ausschüsse können die Anwesenheit des Reichskanzlers und jedes Reichsministers verlangen.

Der Reichskanzler, die Reichsminister und die von ihnen bestellten Beauftragten haben zu den Sitzungen des Reichstags und seiner Ausschüsse Zutritt. Die Länder sind berechtigt, in diese Sitzungen Bevollmächtigte zu entsenden, die den Standpunkt ihrer Regierung zu dem Gegenstande der Verhandlung darlegen.

Auf ihr Verlangen müssen die Regierungsvertreter während der Beratung, die Vertreter der Reichsregierung auch außerhalb der Tagesordnung gehört werden.

Sie unterstehen der Ordnungsgewalt des Vorsitzenden.

StenBer. 1264f., 1289f., BA. 160f.

Hatschek I 664, 727; Stier-Somlo I 597f., 651; Wittmayer 379; Finger 260; Hubrich 87;

Art. 33 entspricht im wesentlichen dem bisherigen Rechtszustande. Jedoch ist anzuführen, daß die Vertreter der Länder und des Reichsrats im Gegensatz zu denen der Reichsregierung nicht außerhalb der Tagesordnung gehört zu werden brauchen, während sie früher jederzeit gehört werden mußten (Art. 9 der früheren Verfassung), GeschOrd. §§ 96, 97, vgl. auch Anschütz 135; Stier-Somlo I 597; Wittmayer 379. Nach Art. 165 hat auch der Reichswirtschaftsrat das Recht, eine von ihm eingebrachte Gesetzesvorlage durch eines seiner Mitglieder vor dem Reichstag vertreten zu lassen. Früher war unstreitig, daß Bundesratsmitglieder weder der Disziplin noch der Ordnungsgewalt des Reichstagspräsidenten unterlagen, daß sie sich aber Unterbrechungen und Verweisungen auf den parlamentarischen Gebrauch gefallen ließen, oder sogar gefallen lassen mußten, vgl. Arndt zu Art. 12a RVf.; Dambitsch 261; Arndt, RStR. 151; Zorn I 237, StBRT. 1873, 655; 1882, 2535; Bismarck, StBRT. 1879, 270; s. ferner StBRT. 1904, 2712 und 1906, 2261. Nunmehr unterstehen sie der Ordnungsgewalt des Reichstagspräsidenten und sind dessen Ordnungsrufen unterworfen. Immunität für die von ihnen getanen Äußerungen wie die Reichstagsmitglieder haben sie nicht; sie unterstehen dem gemeinen Rechte und können z. B. für Beleidigungen im Wege der öffentlichen wie privaten Klage vor den ordentlichen Gerichten belangt werden, wobei ihnen die Vorschrift des § 193 StGB. zur Seite stehen kann. § 11 StGB. bezieht sich nicht auf Regierungsvertreter; s. Olshausen, Frank, Ebermayer und Oppenhoff zu § 11 StGB.; Hubrich, Redefreiheit S. 356.

Artikel 34.

Der Reichstag hat das Recht und auf Antrag von einem Fünftel seiner Mitglieder die Pflicht, Untersuchungsausschüsse einzusetzen[1]). Diese Ausschüsse erheben in öffentlicher Verhandlung die Beweise, die sie oder die Antragsteller für erforderlich erachten. Die Öffentlichkeit kann vom Untersuchungsausschuß mit Zweidrittelmehrheit ausgeschlossen werden. Die Geschäftsordnung[2]) regelt das Verfahren des Ausschusses und bestimmt die Zahl seiner Mitglieder.

Die Gerichte und Verwaltungsbehörden sind verpflichtet, dem Ersuchen dieser Ausschüsse um Beweiserhebungen Folge zu leisten; die Akten der Behörden sind ihnen auf Verlangen vorzulegen[3]).

Auf die Erhebungen der Ausschüsse und der von ihnen ersuchten Behörden finden die Vorschriften der Strafprozeßordnung sinngemäße Anwendung, doch bleibt das Brief-, Post-, Telegraphen- und Fernsprechgeheimnis unberührt[4]).

BA. 264, StenBer. 1264, 2098, GeschOrdn. § 53.

Kaufmann, Untersuchungsausschuß und Staatsgerichtshof (1920); Poetzsch, Jahrb. 13, 120; Rosenberg, DJZ. 1925, 635; Heck, Tübinger Abhandl. Bd. 7; Bredt 217; Oetker, Gerichtssaal 91 Heft 5/6; Warmuth, Staatsgerichtshof (1920); Jellinek, Jahrb. d. R. 1920, 89; Lewald, A. d. R. NF. 5, 269f.; Schütze, A. d. R. NF. 7, 358; Lucas, A. d. R. NF. 7, 341f.; Koellreutter, DJZ. 1926, 857; Chrzescinski, DJZ. 1925, 1074; Kahl, DJZ. 1920, 1f.; Poetzsch 82; Poetzsch A. d. R. 43, 210f., 230f.; Stier-Somlo I 590; Hatschek I 604; Grau, A. d. R. NF. 12, 123f; Wittmayer 321; Finger 261; v. Freytagh-Loringhoven 119; Morstein-Marx, Problem des parl. Minderheitenschutzes 30f.

[1]) Die Untersuchungsausschüsse werden aus Abgeordneten des Reichstags gebildet, die in ihrer Tätigkeit als Mitglieder des Ausschusses zwar ein öffentliches Amt bekleiden, aber dennoch keine Beamten sind, Giese 132, vgl. auch oben Anm. 1 zu Art. 21. Ebenso ist der Untersuchungsausschuß keine Behörde, (Stier-Somlo I 591; Poetzsch, A. d. R. 43, 234; a. M. Anschütz 136; Giese 132) und auch kein Gericht (Kaufmann, 21f.; Lewald, 310f.; Giese 132). Seine Befugnisse stehen ihm daher nicht in seiner Eigenschaft als Behörde zu, sie beruhen vielmehr lediglich auf der staatsrechtlichen Stellung des Parlaments, dessen Bestandteil und gewissermaßen Delegatar der Ausschuß ist. Die Untersuchungsausschüsse können für alle Fragen, die zur Kompetenz des Reichstags gehören, eingesetzt werden. In Betracht kommen namentlich Kontrolle und Kritik der Regierung und Verwaltung (Art. 54, 56, 59), sowie Untersuchungen zur Vorbereitung von Gesetzesreformen.

Ob sich ihre Zuständigkeit auf die Feststellung von Tatsachen und die Zusammenstellung von Beweismaterial begrenzt, oder ob sie selbst das Material würdigen, sowie Feststellungen treffen, Urteile und Werturteile abgeben können, ist streitig. Für die Begrenzung der Kompetenz: Giese 132; Kaufmann, a. a. O. S. 19, dagegen mit Recht Hatschek I 612f. unter Berufung auf die Entstehungsgeschichte. Wahrscheinlich wird sich über diese Frage im Laufe der Zeit ein Parlamentsgewohnheitsrecht bilden.

Trotzdem ist daran festzuhalten, daß die Untersuchung lediglich auf einen verfassungsmäßigen Akt des Reichstags hinauslaufen (z. B. Erlaß eines Gesetzes, Abstimmung über ein Vertrauens- oder Mißtrauensvotum, Erhebung der Ministeranklage), und die Untersuchung als solche nie Selbstzweck werden darf, RGZ. 104, 428; Kaufmann 17f.; Giese 132, vgl. auch Lewald 285f., 293f. Über die heute nicht mehr aktuelle Frage, ob der am 20. August 1919 (Drucksachen der NatVers. 1187) eingesetzte Untersuchungsausschuß zur Ermittlung von Kriegstatsachen verfassungsmäßig war, vgl. Kaufmann 22f., 56f., Jellinek, Jahrb. 1920, 89f.

[2]) Der Arbeitsplan des 15. Ausschusses ist am 16. Oktober 1919 (StenBer. 3163) von der Nationalversammlung genehmigt und von ihr zum Bestandteil der GeschOrdn. des Reichstags gemacht worden, vgl. auch Jellinek a. a. O. 90; Giese 133.

[3]) Dem Ersuchen haben nicht nur alle Behörden und Gerichte des Reiches sondern auch die der Länder Folge zu leisten, Lewald 302; Giese 133. Es handelt sich jedoch hierbei um keine Rechtshilfe i. S. des § 156 GVG., sondern um Amtshilfe (Art. 7 Ziff. 3), über Beschwerden entscheidet daher nicht gemäß § 159 GVG. das Oberlandesgericht, sondern nach §§ 20ff. RFGG. das Landgericht, vgl. OLG. 40, 171; Giese 133.

[4]) Nunmehr können also die Untersuchungsausschüsse nicht bloß die ihnen vom RTag übertragenen Befugnisse ausüben, sondern in dem Rahmen des Art. 34 Abs. 3 auch die, die nach der StPO. sonst nur den Gerichten zustehen, vgl.

hierzu noch Kahl, DJZ. 1920, 3; Kaufmann 29f., StenBer. 2098, BA. 266; Anschütz 136; Hatschek I 614f.; Giese 134.

Da nach Art. 34 Abs. 3 lediglich §§ 99f., 110 StPO. (Aufhebung der Postgeheimnisse) keine Anwendung finden, muß angenommen werden, daß dem Untersuchungsausschuß auch das Recht auf Beschlagnahme, Verhaftung und Durchsuchung zur Erreichung des Untersuchungszwecks zusteht, Hatschek I 614f; a. M. Anschütz 136.

Artikel 35.

Der Reichstag bestellt einen ständigen Ausschuß für auswärtige Angelegenheiten, der auch außerhalb der Tagung des Reichstags und nach der Beendigung der Wahlperiode oder der Auflösung des Reichstags bis zum Zusammentritte des neuen Reichstags tätig werden kann. Die Sitzungen dieses Ausschusses sind nicht öffentlich, wenn nicht der Ausschuß mit Zweidrittelmehrheit die Öffentlichkeit beschließt.

Der Reichstag bestellt ferner zur Wahrung der Rechte der Volksvertretung gegenüber der Reichsregierung für die Zeit außerhalb der Tagung und nach Beendigung einer Wahlperiode oder der Auflösung des Reichstags bis zum Zusammentritt des neuen Reichstags einen ständigen Ausschuß.

Diese Ausschüsse haben die Rechte von Untersuchungsausschüssen.

StenBer. 1264, 1291; BA. 267, 453.

Stier-Somlo I 592; Hatschek I 620; Wittmayer 320; Hubrich 76f.; Finger 263f.; v. Freitagh-Loringhoven 116; Nawiasky, DJZ. 1923, 235, Lammers, DJZ. 1924, 973; ders., Polizei 21, 411; Poetzsch, Jahrb. 13, 123.

Art. 35 ist durch Ges. v. 15. Dezember 1923 (RGBl. I 1185) abgeändert worden.

Auch diese Vorschrift ist neu, doch wurde tatsächlich ein solcher Ausschuß schon früher während des Krieges bestellt (StenBer. 2698), ohne daß diesem die Rechte eines Untersuchungsausschusses, insbesondere für Ermittlungen oder Beweiserhebungen, zustanden. „Tagung bedeutet soviel wie Sitzungsperiode", Haußmann und Preuß, StenBer. 2107. Die anderen Ausschüsse außer den in Art. 35 enden mit Schluß der Tagung von selbst. S. auch BA. 267 f., 453 f., StenBer. 1291.

Der durch Art. 35 eingesetzte Ausschuß für auswärtige Angelegenheiten hat jedoch nicht nur die auswärtige Politik der Reichsregierung zu kontrollieren, sondern auch alle vom Reichstag zu entscheidenden Fragen der Außenpolitik vorzubereiten und zu beraten, v. Freytagh-Loringhoven 117; Wolgast, A. ö. R. NF. 5, 40 ff. Dagegen hat er kein Recht, selbständig außenpolitisch tätig zu werden, Anschütz 143. Ebensowenig hat der nach Abs. 2 einzusetzende Überwachungsausschuß das Recht selbständig Anordnungen an Behörden zu erlassen, Anschütz 143, vgl. auch RG. in Jur. Rundschau 1927, 169. Über die Immunität s. Art. 40a.

Artikel 36.

Kein Mitglied[1]) des Reichstags oder eines Landtags darf zu irgendeiner Zeit wegen seiner Abstimmung oder wegen der in Ausübung seines Berufs getanen Äußerungen[2]) gerichtlich[3]) oder dienstlich[4]) verfolgt[5]) oder sonst außerhalb der Versammlung[6]) zur Verantwortung gezogen werden.

Stier-Somlo I 574; Hatschek I 441, 448; Giese 137; Anschütz 144; Poetzsch 87; Finger 222; v. Freytagh-Loringhoven 90; Hubrich, Redefreiheit 1899; Hubrich 82, 294; Kaeckell, Z. f. StrWiss. 41, 680; Nawiasky, Bayr. VR. 106, 181; Frank, StGB. 15. Aufl. 40; Binding, Zum Werden und Leben der Staaten 1920, 319 f.; Meiser, Z. f. Rechtspfl. in Bayr. 1923, 157; Bredt 193.

[1]) Das Recht des Art. 36 wie das Vorrecht der Immunität überhaupt ist unverzichtbar, da es seiner Natur nach kein (verzichtbares) Vorrecht des Abgeordneten, sondern des Parlamentes ist, Hatschek I 448; vgl. auch Giese 137; Kleinfeller, Strafrecht (1908) I, S. 331; v. Freytagh-Loringhoven 90. Regierungsvertreter genießen das Recht der Immunität nicht, s. oben zu Art. 33.

[2]) Äußerung, gleichviel, ob dieselbe durch Worte, Schrift oder konkludente Handlungen, z. B. demonstratives Nichtaufstehen beim Hoch, erfolgt (Oppenhoff, Komm. zu § 11 StrGB. Anm. 4; Olshausen l. c.), auch gleichviel, ob sie sich auf ausgesprochene Meinungen als Resultat des Denkvermögens oder auf die Behauptung und Verbreitung von Tatsachen bezieht, ebenso Reincke 184; nicht aber würde sich die Immunität auf Tätlichkeiten, Schießen erstrecken, da diese über den Begriff „Äußerungen" hinausgehen; Arndt, RStR. 140; Binding, Strafrecht I, 675; Seydel 212; Dambitsch 460. Die Äußerung muß jedoch „in Ausübung seines Berufs", d. h. seines Abgeordnetenamts erfolgen, also während seiner Tätigkeit in Voll- und Ausschußsitzungen des Parlaments, im Ältestenausschuß oder einer Fraktionssitzung sowie auf amtlichen Reisen; Anschütz 145; Hatschek I 450; Stier-Somlo I 574; Giese 137, BA. 256. Eine Äußerung fällt jedoch nicht unter Art. 36, wenn sie in einer Privatunterredung während einer dieser Sitzungen erfolgt, ebensowenig erstreckt sich die Immunität auf die übrige Tätigkeit als Parlamentarier, namentlich nicht auf Wahlreden, Reden auf Parteitagen und Aufsätze in der Presse, vgl. Finger 222; Giese 137; Anschütz 145; Meyer-Anschütz 373, s. auch Nawiasky, Bayr. VR. 183.

[3]) An sich bleibt die Handlung unerlaubt, wenn sie auch nicht verfolgbar ist, vgl. auch Anschütz 146. Deshalb ist auch eine Kompensation gegen Beleidigungen, die ein Abgeordneter im Berufe getan hat, unstatthaft (RGSt. 4, 14), wohl aber kann die Tatsache, daß ein Abgeordneter in seinem Berufe eine

beleidigende Äußerung getan hat, bei der Anwendung des § 193 StrGB. auf eine als Erwiderung dienende beleidigende Äußerung eines anderen berücksichtigt werden; Erk. des RG. v. 23. Februar 1882 in der Rechtsprech. in Strafs. 4, 183; Binding, Strafr. 676; v. Liszt, Lehrb. d. Strafr. § 21; Olshausen l. c.; s. dagegen Hubrich, Redefreiheit 349, 346f.; Fuld, Gerichtssaal 35, 532f.; Sonntag, Der besondere Schutz der Mitglieder des Deutschen Reichstags (1895), 16. Die Zurdispositionsstellung der politischen Beamten fällt nicht unter das Verbot des Art. 30; Arndt, DJZ. 1900, 112, Reichsstaatsr. 651, DJZ. 1899, 445; ebenso Meyer-Anschütz, § 105 Anm. 15; Rehm, DJZ. 1900, 112; Geigel, AÖR. 17, 446 (and. Ans. Hubrich, Redefreiheit 317, 393), weil der Grund der Zurdispositionsstellung nicht angegeben zu werden braucht. Auch zivilrechtlich kann der Abgeordnete nicht zur Verantwortung gezogen werden; Hubrich a. a. O. 383; Dambitsch 462; and. Ans. Laband I 357.

Wegen Durchsuchung s. Art. 38.

[4]) Gleich disziplinarisch.

[5]) Art. 36 entspricht dem § 11 StrGB.

[6]) Durch Art. 36 wird mithin die Ordnungsgewalt des Reichstagspräsidenten oder seines Stellvertreters in der Sitzung (GeschOrdn. §§ 89f.) nicht berührt. Ebenso wird durch Art. 36 der Ausschluß aus einer Partei, ein Boykott oder Entlassung seitens eines privaten Arbeitsgebers nicht verboten; Anschütz 146; Giese 138.

Artikel 37[1]).

Kein Mitglied des Reichstags oder eines Landtags kann ohne Genehmigung des Hauses[2]), dem der Abgeordnete angehört, während der Sitzungsperiode[3]) wegen einer mit Strafe bedrohten Handlung zur Untersuchung[4]) gezogen oder verhaftet werden, es sei denn, daß das Mitglied bei Ausübung der Tat oder spätestens im Laufe des folgenden Tages festgenommen ist[5]).

Die gleiche Genehmigung ist bei jeder anderen Beschränkung der persönlichen Freiheit erforderlich, die die Ausübung des Abgeordnetenberufs beeinträchtigt[6]).

Jedes Strafverfahren[7]) gegen ein Mitglied des Reichstags oder eines Landtags und jede Haft[8]) oder sonstige Beschränkung seiner persönlichen Freiheit wird auf Verlangen des Hauses, dem der Abgeordnete angehört, für die Dauer der Sitzungsperiode aufgehoben[9]).

StenBer. 2107f., VA. 270f., 456.

Hatschek I 441, 453; Stier-Somlo I 577; Hubrich 83; Giese 140; Anschütz 146; Poetzsch 88; Bredt 194; Finger 220, 224; v. Freytagh-Loringhoven 92; Kaeckell in Z. f. StrafRWiss. 41, 687; Bertram, Recht 1922, 81; Loening, PrVerwBl. 47 Heft 19; ders., Hanseat. RZ. 8 Nr. 23, Gutachten d. preuß. Justizmin. v. 26. Juni 1925 in Drucks. d. preuß. Landtags 1925 Nr. 840.

[1]) Art. 37 gibt die Immunität anders wie Art. 31 a. RV. auch den — und zwar allen — Landtagsabgeordneten, Anschütz 146, VA. 272. Über die Immunität der Parlamentspräsidenten und der Ausschußmitglieder vgl. Art. 40a.

[2]) Die Genehmigung des Hauses ist Vorbedingung dafür, daß die Untersuchung oder Verhaftung vorgenommen werden darf. Der Verzicht des Reichstagsmitgliedes auf seine Immunität genügt nicht, s. oben Anm. 1 zu Art. 36. Die Genehmigung braucht nicht eingeholt zu werden zur Fortsetzung eines vor Beginn der Sitzungsperiode begonnenen Strafverfahrens, RGSt. 27, 385; 38, 179; Reincke 184, s. indes Abs. 3 und zu Art. 36 Anm. 3.

[3]) Also auch nicht während der Vertagung (VA. 273, 456), sondern erst nach Schluß der Tagung oder nach Auflösung des Reichstags, vgl. hierüber oben Anm. 4 u. 5 zu Art. 24,

vgl. ferner KG. 10. Juni 1907, DJZ. 1262; RGZ. 22, 379; Arndt, Staatsrecht 133; Seydel in HA. 1882, 352 Anm. 11; Laband I 357; Meyer-Anschütz, Staatsr. § 133 Anm. 14; RGSt. 22, 379; s. auch StenBerRT. 1890/91 S. 1041; 1883 S. 1387 und 1885 S. 1041f.

[4]) D. i. auch eine Haussuchung, Voruntersuchung sowie eine Recherche nach dem Aufenthalt, Dambitsch 466, ebenso die Zustellung einer Privatklage, StenBer. RT. 5523 D. Die Vorschrift betrifft dagegen nicht das sog. Vorbereitungsverfahren, wenigstens soweit dieses nicht speziell gegen die Person des Abgeordneten gerichtet ist. Ordnungsstrafen und administrative Zwangsmaßregeln fallen gleichfalls nicht hierunter, sondern unter Umständen unter Abs. 2; Arndt 142; Dambitsch 469; s. indes Anm. 5, wohl aber Disziplinaruntersuchungen, vgl. auch Seydel in HA. 1880, 352 Anm. 3. Was „Untersuchung" ist, beantwortet sich nicht nach der StrPO., sondern dem älteren, namentlich preußischem Recht (V. v. 3. Januar 1849), RGSt. 24, 306.

[5]) Ist das Mitglied bei Ausübung der Tat (Löwe-Rosenberg zu § 104 StrPO. Anm. 2) oder im Laufe des nächstfolgenden Tages ergriffen, was den Versuch voraussetzt, sich der Haft zu entziehen, StenBerRT. 9. LegPer. 4. Sess. 2096, so ist die Verhaftung eine definitive und bedarf nicht der in Abs. 2 vorgeschriebenen Genehmigung des Reichstags; Seydel in HA. 1880, 353 Anm. 2; Sonntag 63f.; Meyer-Anschütz § 133 Anm. 13; Zorn I 233; Giese 140; BA. 270f; Hatschek I 462f.; Stier-Somlo I 578.

[6]) Der zwangsweisen Vorführung eines Reichstagsabgeordneten nach StrPO. § 229 Abs. 2 steht Art. 34 RV. nicht entgegen (RGSt. 38, 179; StenBerRT. 1904, 1452; v. Rönne I 276; DJZ. 1904, 358), soweit sie nicht die Ausübung des Abegordnetenberufs ausschließt.

[7]) D. i. an sich nicht das Strafvollstreckungsverfahren. Ein solches konnte früher auf Verlangen des Reichstags nicht aufgehoben werden; Laband I 359; Seydel, Komm. zu

Art. 31 Anm. 3 und in HA. 1880, 353; Meyer-Anschütz §§ 105, 133; Fuld, Gerichtssaal 35, 544f., 552f.; v. Rönne-Zorn I 386; Sonntag 59; s. auch StenBerRT. 1873, 39f.; 1874, 244f., 725f., 550; 1875, 76, 471f.; v. Savigny in Fleischmanns Staatswörterbuch 19; Hatschek I 458. Nach Art. 37 Abs. 3 ist jedoch heute jede Haft, also auch jede Strafhaft (Zuchthaus, Gefängnis, Festungshaft, Haftstrafe), auf Verlangen des Parlaments zu unterbrechen.

[8]) Auch im Unterschied vom früheren Recht Strafhaft; s. auch Anm. 7; diese Vorschrift bezieht sich auch auf Schutzhaft und Zivilhaft, s. ZPO. § 905, Hatschek I 459, 463. Über das Verfahren des Parlaments in solchen Fällen vgl. Hatschek I 468f.

[9]) Andererseits ruht die Verjährung, solange wegen der Vorschrift des Art. 37 die Strafverfolgung nicht begonnen oder nicht fortgesetzt werden kann, und ist sie nicht davon abhängig, daß die Genehmigung des Reichstags zur Strafverfolgung nachgesucht, aber abgelehnt worden ist; RGSt. 33, 410f., § 69 Abs. 1 StGB.; s. auch Käckell, Z. f. ges. Strafrechtsw. 41, 689, 710.

Artikel 38.

Die Mitglieder des Reichstags und der Landtage sind berechtigt, über Personen, die ihnen in ihrer Eigenschaft als Abgeordneten Tatsachen anvertrauen, oder denen sie in Ausübung ihres Abgeordnetenberufs solche anvertraut haben, sowie über diese Tatsachen selbst das Zeugnis zu verweigern[1]). Auch in Beziehung auf Beschlagnahme von Schriftstücken stehen sie den Personen gleich, die ein gesetzliches Zeugnisverweigerungsrecht haben[2]).

Eine Durchsuchung oder Beschlagnahme darf in den Räumen des Reichstags oder eines Landtags nur mit Zustimmung des Präsidenten vorgenommen werden[3]).

StenBer. 1299, 1327, 2108; BA. 274, 456.

Stier-Somlo I 579; Hatschek I 478, 488; Finger 225; v. Freytagh-Loringhoven 94; v. d. Pfordten in LeipzZ. 1923, 208; Käckell, Z. f. StrafRWiss. 41, 710f.; Dambitsch, RVerf. v. 1871, 463f.; Hubrich, 85f.

[1]) Die Vorschrift ist neu; s. auch Anschütz 148; Giese 142; Hatschek I 488f.; Poetzsch 89. Ein Zeugnisverweigerungsrecht war den Reichstagsabgeordneten weder in Artikel 31 der früheren Verfassung, noch in StPO. §§ 51—55 verliehen worden, vgl. Hatschek, ParlR. I 213, ders., Staatsrecht I 488f.; Anschütz 148. Zur Vernehmung eines Reichtagsabgeordneten während der Sitzungsperiode oder seines Aufenthalts in Berlin in einem Zivil- oder Strafverfahren außerhalb Berlins ist die Genehmigung des Reichstags erforderlich; StPO. §§ 49, 72; ZPO. §§ 381, 402. Das Zeugnisverweigerungsrecht besteht jedoch auch nach Verlust des Abgeordnetenamtes fort; Giese 143.

[2]) S. StPO. §§ 95, 97.

[3]) Eine Durchsuchung in der Wohnung eines Abgeordneten, z. B. nach einem Dritten, der sich dort versteckt hält, oder nach von einem Dritten dort verborgenen Diebesgut ist zulässig; s. Kahl und Zweigert, StenBer. 2109, BA. 457; Giese 143; Hatschek I 489.

Eine Durchsuchung oder Beschlagnahme in den Räumen des Palaments ist auch dann nur mit Genehmigung zulässig, wenn es nicht versammelt ist, Giese 143.

Artikel 39.

Beamte und Angehörige der Wehrmacht bedürfen zur Ausübung ihres Amtes als Mitglieder des Reichstags oder eines Landtags keines Urlaubs.

Bewerben sie sich um einen Sitz in diesen Körperschaften, so ist ihnen der zur Vorbereitung ihrer Wahl erforderliche Urlaub zu gewähren.

StenBer. 1265, 2109; VA. 244.

Stier-Somlo I 567; Hatschek I 365; Finger 219; v. Freytagh-Loringhoven 94, Hubrich 80f.

Art. 39 entspricht Art. 21 der früheren Verfassung, er erweitert diesen, insofern die Berechtigung auch den Angehörigen der Wehrmacht erteilt wird. Beamte in diesem Sinne sind alle unmittelbaren und mittelbaren Reichs- und Staatsbeamten, also auch Kommunalbeamte, nicht aber sogenannte Privatbeamte oder Hofbeamte (StenBerRT. 1873, 210; 1880, 479; 1893, 1323). Auch Geistliche der öffentlich aufgenommenen Religionsgesellschaften (Art. 137), obgleich sie als solche keine Staatsbeamten sind, fallen unter die Vorschrift des Art. 39; ebenso Stier-Somlo I 567; Anschütz 150; a. M. Giese 144; Hatschek I 365; Schön, VerwArch. 29, S. 23, 24 Anm. 48, vgl. auch StenBer. der PreußNatVers. 1920, S. 13330 und für das frühere Recht Anschütz 149; Seydel, Komm. 197; v. Rönne, RStR. I 247; Bismarck in StenBer. 1867, 430; Arndt, alte PrVerf. Anm. 3 zu Art 11, Hatschek, Parlamentsrecht I 598. Die Beamten bedürfen zwar nicht im Falle des Abs. 1, wohl aber in dem des Abs. 2 (s. StenBer. 2109) der Erlaubnis ihrer vorgesetzten Behörde, doch haben sie im ersteren Falle den Urlaubsantritt mizuteilen.

Fraglich ist, ob sie, wenn sie in den Reichstag eintreten, die dadurch verursachten Stellvertretungskosten zu tragen haben. Der Antrag Gumbrecht im verfassungberatenden Reichstage 1867 (StenBer. 704, 711), daß sie von den Stellvertretungskosten befreit sein sollen, wurde abgelehnt. Danach verbleibt es bei dem Landesrecht (Arndt, RStR. 159, 662; Meyer-Anschütz § 150; Brockhaus, „Stellvertretungskosten" bei v. Holtzendorff III 782; Seydel a. VR. 197; Laband I 336). In Preußen nahm das OTr. Entsch. 52, 320 in Übereinstimmung mit Staatsministerialbeschluß v. 22. September 1863 (JMBl. 234) an, daß die in den Preußischen Landtag gewählten Abgeordneten die durch ihre Stellvertretung dem Staate oder den Gemeinden entstehenden Kosten zu tragen haben (and. Ans. v. Rönne, Preuß. Staatsr. I § 59; Meyer-Anschütz, Lehrb. § 150; H. Schulze, Lehrb. I 593). Das Staatsministerium hat darauf am 24. Oktober 1869 beschlossen, daß die Stellvertretungskosten unmittelbarer Staatsbeamten bis auf weiteres auf Staatsfonds zu übernehmen sind, BMBl. 276 und JMBl. 234.

Für Reichsbeamte trägt die Reichskasse die Stellvertretungskosten, RBG. § 14 Abs. 2. Für Kommunalbeamte s. Kautz und Appelius, Preuß. Kommunalbeamtenrecht 12, 320; Reincke 177; Posadowsky, StenBerRT. 77, 1907, 1598 BC. Die Frage ist von der NatVers. offen gelassen worden, sie soll im neuen Beamtengesetz geregelt werden; s. Haußmann 2110. Keinesfalls kann die Aufwandentschädigung des Abgeordneten auf das Gehalt angerechnet oder zu den Stellvertretungskosten herangezogen werden, Poetzsch 90.

Zur Ausübung des Abgeordnetenamts gehört auch die Vorbereitung auf die einzelnen Parlamentssitzungen, die Arbeit innerhalb der Fraktion und der Verkehr mit den Wählern, daher läuft der Urlaub auch zwischen den einzelnen Tagungen, ebenso Stier-Somlo I 568, Giese 144 a. M. Hubrich 80, vgl. auch Poetzsch 89, v. Freytagh-Loringhoven 95.

Eine analoge Anwendung der Vorschrift in Art. 39 auf die Mitglieder von Kommunalvertretungen erscheint nicht möglich, da Art. 39 nicht von Volksvertretungen schlechthin, sondern ebenso wie Art. 37 nur enumerativ vom Reichstag und den Landtagen spricht, StenBer. 2109, a. M. Giese 145, Poetzsch 90. Art. 160 kann hierbei nicht zur Anwendung kommen, da er sich nur auf Angestellte und Arbeiter, nicht aber auf Beamte bezieht, Giese 409. Allerdings wird die vorgesetzte Behörde den für die Tätigkeit in der Kommunalvertretung nachgesuchten Urlaub aus Loyalität stets bewilligen.

Artikel 40.

Die Mitglieder des Reichstags erhalten das Recht zur freien Fahrt[1]) auf allen deutschen Eisenbahnen sowie Entschädigung[2]) nach Maßgabe eines Reichsgesetzes.

StenBer. 2110, BA. 274.

Stier-Somlo I 569; Hatschek I 366; Finger 228; Bredt 197; Hubrich 81; v. Freytagh-Loringhoven 95.

[1]) Die sich nur auf die Person beschränkende Befreiung bezieht sich nach der in der NatVers. gegebenen authentischen Interpretation auf „alle dem allgemeinen Verkehr dienenden Eisenbahnen, Nebenbahnen und Kleinbahnen," (Haußmann und Preuß, StenBer. 2110, Stier-Somlo 571), nicht auf Straßenbahnen, noch auf Wasser- oder Luftfahrt; bei Schlafwagen- und Luxuszugbenutzung ist tarifmäßiger Zuschlag erforderlich.

[2]) Die nicht abtret-, pfänd-, noch verzichtbare Entschädigung (Ges. v. 25. April 1927 [RGBl. II 323] § 7) hat rechtlich nicht den Charakter einer Alimentation, sondern einer Aufwandentschädigung, vgl. Giese 147; Hatschek I 368; Stier Somlo I, 571; Anschütz 151, a. M. v. Freytagh-Loringhoven 98. Sie unterliegt hiernach nicht der Einkommensteuer; s. auch Hatschek, ParlR. 615; Posadowsky, StenBerRT. 1906, S. 3128.

Artikel 40a[1]).

Die Vorschriften der Art. 36, 37, 38 Abs. 1 und 39 Abs. 1 gelten für den Präsidenten des Reichstags, seine Stellvertreter und die ständigen und ersten stellvertretenden Mitglieder der im Art. 35 bezeichneten Ausschüsse[2]) auch für die Zeit zwischen zwei Tagungen (Sitzungsperioden)[3]) oder Wahlperioden[4]) des Reichstags.

Das gleiche gilt für den Präsidenten eines Landtags, seine Stellvertreter und die ständigen und ersten stellvertretenden Mitglieder von Ausschüssen eines Landtags, wenn sie nach der Landesverfassung[5]) außerhalb der Tagung (Sitzungsperiode) oder Wahlperiode tätig werden können.

Soweit Art. 37 eine Mitwirkung des Reichstags oder eines Landtags vorsieht, tritt der Ausschuß zur Wahrung der Rechte der Volksvertretung an die Stelle des Reichstags und, falls Ausschüsse des Landtags fortbestehen, der vom Landtag bestimmte Ausschuß an die Stelle des Landtags[6]).

Die im Abs. 1 bezeichneten Personen haben zwischen zwei Wahlperioden die im Art. 40 bezeichneten Rechte.

Lammers, DJZ. 1924, 973; Hausmann in VA. 456.

[1]) Art. 40a ist eingefügt durch Ges. v. 22. Mai 1926 (RGBl. I 243), das als verfassungsänderndes Gesetz ergangen ist. Er hat die bisher bestehende Gesetzeslücke ausgefüllt.

[2]) Die Frage der Immunität der Ausschußmitglieder wurde jedoch auch bisher in der Wissenschaft allgemein bejaht, vgl. Giese 136; Anschütz 143; Lammers. Die in Art. 37 vorgesehene Genehmigung wird nach Abs. 3 nicht vom Parlament, sondern von dem Ausschuß, dem der Abgeordnete angehört, erteilt; vgl. auch Anschütz 144 für das bisherige Recht.

[3]) S. oben Anm. 4 und 5 zu Art. 24 und Anm. 3 zu Art. 37.

[4]) S. oben Anm. 1 zu Art. 23.

[5]) Ein solcher Ausschuß ist in Preußen durch Art. 26 Preuß. Verf. vorgesehen.

[6]) Für das bisherige Recht vgl. Anschütz 144; Lammers, Giese 136, VA. 456.

Dritter Abschnitt.

Der Reichspräsident und die Reichsregierung.

Literatur: Anschütz 151; Giese 148; Triepel, Schmollers Jahrb. 43, 503; Preuß, Entw. der RV. 20f.; Kaufmann, Grundfragen der zukünftigen RV., ders. in „Die Westmark" v. 1. März 1921, ders. in H. f. Pol. 3, 44ff.; Meißner, Das neue Staatsr. 76, ders. H. B. f. Pol. 3, 41; Finger 309, 416; Stier-Somlo I 598, 621; Hatschek I 533, 551; Wittmayer 333; Hubrich 92, 112, v. Freytagh-Loringhoven 68, 121, 156; R. Schmidt, Einführ. 106, 114; Wittmayer, Schmollers Jahrb. 42, 835 und A. ö. R. 39, 399, 418; Lukas, Organ. Grundgeb. 24ff.; Nawiasky, Grundgedanken der neuen RV. 76, 87 und Bayr. VRecht 188; Meuschel A. ö. R. 41, 1; Schelcher, A. ö. R. 41, 335; Poetzsch 90; Lammers, Staats- u. Selbstverw. 1922, 24, 41, 57; Neuwiem, H. der Pol. 1923, Bd. 2, 124; Poetzsch, Jahrb. ö. R. 13, 132, 162; Hoffmann, A. ö. R. NF. 7, 257; Gmelin, Das. 8, 192; Bredt 137, 176; Jellinek, Verf. u. Verw. 77; v. d. Nahmer, Pr. Verw. Bl. 48 Nr. 13; Nawiasky, Stellung d. Reg. i. modern. St. (1925); Koellreutter, DJZ. 1925, 551; Bell, das. 837; Giese, Wille u. Weg I, 347; Herrfahrdt, Die Kabinettsbildung in öffentl. rechtl. Abhandl., 9. Heft (1927).

Artikel 41.

Der Reichspräsident wird vom ganzen deutschen Volke gewählt.

Wählbar ist jeder Deutsche, der das fünfunddreißigste Lebensjahr vollendet hat.

Das Nähere bestimmt ein Reichsgesetz.

StenBer. 1304, 1326, VA. 234, 274, 285, 458, 541.

Kaisenberg-v. Welser, RWahlGes. 1920, 164, Kaisenberg, Die Wahl d. RPräs. 1921 u. Pr. VBl. 1920, 33; Lenel, über die RV. 9; W. Jellinek, Verf. u. Verw. 77; Brunet 179; Stier-Somlo I 600; Hatschek I 539; Finger 314, 330; Meuschel, A. ö. R. 41, 9; v. Freytagh-Loringhoven 52, 124; Hubrich 92.

Der Reichspräsident wird nicht wie in Frankreich vom Parlament, sondern wie in den Vereinigten Staaten vom ganzen Volk gewählt. Beschränkungen der Wählbarkeit in bezug auf den Geburtsort oder die Dauer des Aufenthalts im Deutschen Reich oder die Nichtzugehörigkeit zu einem ehemals regierenden Hause sind nicht aufgenommen. In zweiter Lesung war entsprechend dem RegEntwurf im Art. 164 bestimmt, daß kein Mitglied der Familien, die in einem der zum Deutschen Reich gehörigen Länder regiert haben, zum Reichspräsidenten gewählt werden könne, s. StenBer. 2119. Die Wahl erfolgt nach Ges. v. 4. Mai 1920 (RGBl. 849), in Fass. v. 6. und 13. März 1924 (RGBl. I 159, 168), vgl. auch Ges. v. 31. Dezember 1923 (RGBl. 1924 I 1, Reichsstimmordnung v. 14. März 1924 (RGBl. I 173) und VO. v. 9. März 1925 (RGBl. I 17). Wahlberechtigt ist jeder RTWähler, die Wahl ist unmittelbar und geheim. Gewählt ist im ersten Gang, wer die absolute Mehrheit, im zweiten, wer die relative Mehrheit hat. Frauen sind von der Wählbarkeit nicht ausgeschlossen, Art. 109, Abs. 2; Anschütz 155; Hubrich 92; Hatschek I 540, Lammers, Staats- u. Selbstverw. 1922; Giese 152; Kaisenberg-Welser 171; s. indes auch Spahn, StenBer. 382; Finger 314; Poetzsch 94.

Der Reichspräsident ist der höchste Beamte des Reiches, aber trotz der Fassung des Art. 46 („durch andere Behörden") keine Behörde, Giese 161.

Artikel 42.

Der Reichspräsident leistet bei der Übernahme seines Amtes vor dem Reichstag folgenden Eid:

Ich schwöre, daß ich meine Kraft dem Wohle des deutschen Volkes widmen, seinen Nutzen mehren,

Schaden von ihm wenden, die Verfassung und die Gesetze des Reichs wahren, meine Pflichten gewissenhaft erfüllen und Gerechtigkeit gegen jedermann üben werde.

Die Beifügung einer religiösen Beteuerung ist zulässig.

StenBer. 1318, 2111; VA. 280, 459.

Finger 314; Hubrich 94; Stier-Somlo I 602; v. Freytagh-Loringhoven 128; Hatschek I 539.

Diesen Eid hat der Präsident Ebert am 21. August 1919 vor der verfassunggebenden Nationalversammlung, später Simons, als stellvertretender Präsident, und sodann Hindenburg vor dem Reichstag geleistet. Schon vor Ableistung des Eides, der nur eine schon vorhandene Pflicht bekräftigt, hat der Reichspräsident die Verfassung und die Gesetze zu wahren, ebenso Giese 153. Weigerung des Eides gilt als Verzicht auf die Wahl, anders wie beim Monarchen nach deutschem Staatsrecht; s. hierzu Arndt zur a. PreußVerf. Art. 54. Vor der Eidesleistung kann der Präsident keine Staatsakte vornehmen, ebenso Giese 153, a. A. Anschütz 157.

Den Eid muß auch ein auf Grund Art. 51 ernannter stellvertretender Reichspräsident leisten, Anschütz 158.

Artikel 43.

Das Amt des Reichspräsidenten dauert sieben Jahre[1]). Wiederwahl ist zulässig.

Vor Ablauf der Frist kann der Reichspräsident auf Antrag des Reichstags durch Volksabstimmung[2]) abgesetzt werden. Der Beschluß des Reichstags erfordert Zweidrittelmehrheit[3]). Durch den Beschluß ist der Reichspräsident an der ferneren Ausübung des Amtes verhindert. Die Ablehnung der Absetzung durch die Volksabstimmung gilt als neue Wahl und hat die Auflösung des Reichstags zur Folge[4]).

Der Reichspräsident kann ohne Zustimmung des Reichstags nicht strafrechtlich verfolgt werden[5]).

StenBer. 450, BA. 292.

Finger 315, 326; Wittmayer, A. ö. R. 39, 410; ders. Weimarer Verf. 362; Kaeckell, Z. f. StrafrWissenschaft 41, 707; Venator, A. ö. R. 43, 46; Fetzer, Das Referendum (1923) 62; Pohl, Die Auflösung des Reichstags 7; Hubrich 94; Stier-Somlo I 603, 608; Hatschek I 550; v. Freytagh-Loringhoven 132; Kaisenberg, Volksentsch. u. Volksbegehren 1922, 15.

[1]) Die Frist rechnet von der Annahme der Wahl, sie beginnt jedoch nicht vor Ablauf der Amtsdauer des alten RPräsidenten, Anschütz 158; Giese 155; a. M. Hatschek I 545.

[2]) Und zwar einfache Mehrheit der abstimmenden RTWähler, § 2 Ges. v. 27. Juni 1921 (RGBl. 790).

[3]) Der abstimmenden Mitglieder, nicht der gesetzlichen Zahl.

[4]) Und zwar ipso iure. S. auch H. Pohl, Die Auflösung des Reichstags 1921 S. 7.

[5]) Er ist also nicht unverletzlich wie der Monarch, a. PrV. Art. 43. Die Strafverfolgung ist jedoch anders als bei den Abgeordneten auch bei Festnahme auf frischer Tat ausgeschlossen, die Verjährung der Straftat bleibt andererseits bis zum Ablauf seiner Amtsperiode gehemmt, Kaeckell, Z. f. StrafrWiss. 41, 707 f.; Giese 156. Wird der Präsident in einem von dem Reichstag zugelassenen Strafverfahren verurteilt, so verliert er dadurch noch nicht sein Amt (Anschütz 160; a. M. Finger 318; Giese 156), da dies nirgends in der Verfassung oder einem Reichsgesetz bestimmt ist. Der Amtsverlust tritt vielmehr nur im Falle der §§ 31, 33, 35 StGB. kraft Gesetzes wie bei jedem anderen Beamten ein, Anschütz l. c.

Artikel 44.

Der Reichspräsident kann nicht zugleich Mitglied des Reichstags sein.

Finger 271; Wittmayer 359; v. Freytagh-Loringhoven 129.

Eine solche Unvereinbarkeit galt früher für alle Bundesratsmitglieder: Art. 9 der früheren Verfassung; s. auch unten S. 184. Die Annahme der Wahl zum Präsidenten hat ipso iure den Verlust der RTMitgliedschaft zur Folge, s. Anschütz 160; Giese 156.

Dagegen ist der Reichspräsident nicht verpflichtet, aus seiner Partei auszutreten, da sich eine Verpflichtung hierzu nicht mit den Grundrechten vereinbaren ließe, Anschütz 160; a. M. v. Freytagh-Loringhoven 129.

Artikel 45.

Der Reichspräsident vertritt das Reich völkerrechtlich[1]). Er schließt im Namen des Reichs Bündnisse und andere Verträge mit auswärtigen Mächten[2]). Er beglaubigt und empfängt die Gesandten.

Kriegserklärung und Friedensschluß erfolgen durch Reichsgesetz[3]).

Bündnisse und Verträge mit fremden Staaten, die sich auf Gegenstände der Reichsgesetzgebung beziehen, bedürfen der Zustimmung des Reichstags[4]).

StenBer. 1319; VA. 238, 280.

Stier-Somlo I 610; Hatschek II 441, 485; Anschütz 161; Giese 157; Finger 256, 319; v. Freytagh-Loringhoven 137; Schiller, A. ö. R. NF. 11, 63; Wolgast, A. ö. R. NF. 5, 12; Wenzel, Jur. Grundprobleme I 379, 484, 489; Hubrich 97; Poetzsch 96; Triepel, A. ö. R. 39, 505; Heckel, A. ö. R. NF. 7, 209; Jellinek in Voss. Zeitung v. 11. September 1924; Bittner, Die Lehre von den völkerlichrechtl. Vertragsurkunden

1924; Walz, Die Abänderung völkerrechtsgemäßen Landesrechts (1927) 127; Heckel, A. ö. R. NF. 7, 209; Nawiasky, Bayr. VerfR. 30.

[1]) Der Reichspräsident hat das ausschließliche Recht zur völkerrechtlichen Vertretung des Reichs, insbesondere auch zur Ratifikation der völkerrechtlichen Verträge. Auch in dem Falle, daß die Verträge der Zustimmung des Reichstages bedürfen, vollzieht nur der Reichspräsident, allerdings mit Gegenzeichnung, Art. 51, die Urkunden. Früher war die Kompetenz zu Vertragschlüssen mit dem Ausland zwischen Reich und Einzelstaaten in derselben Weise verteilt wie die Gesetzgebungs- und Verwaltungskompetenz (Arndt § 62; Meyer-Anschütz § 80; Triepel, Völkerrecht und Landesrecht (1899) 244; Zorn 502). Jetzt haben die Länder das Recht, völkerrechtliche Verträge ohne Genehmigung des Reichs abzuschließen, verloren, Art. 78.

[2]) Ob ein Vertrag in das Gebiet der Gesetzgebung eingreift, Abs. 3, hängt davon ab, ob der Gegenstand der Verordnung entzogen und dem Gesetz zusteht; s. hierüber zu Art. 68f.

Auf dem Gebiet des Post- und Telegraphenwesens gab es Gegenstände, die nach der alten Reichsverfassung vom Kaiser, nach der Nordd. Bundesverfassung vom Präsidium und nach der PreußVerf. vom Könige allein (ohne Gesetz) geregelt werden konnten, obwohl diese Regelungen Rechtssätze enthielten, z. B. die Gebühren für Postanweisungen, Vorschußsendungen, Drucksachen, Warenproben, Muster, eingeschriebene Sendungen usw., Telegraphengebühren. Die a. Verf. in Art. 11 Abs. 3 und die neue in Art. 45 Abs. 3 besagen, daß, wenn der Kaiser bzw. der RPräsident über solche Gegenstände, die er allein regeln kann, z. B. Telegraphenverträge (s. Fischer-König, Die Deutsche Post- und Telegraphengesetzgebung (6) 13c; Aschenborn, Postges. 7) einen Vertrag abschließt, dieser auch ohne Zustimmung des Reichstags gültig ist, nicht aber, wenn über solche Gegenstände, welche in das Gebiet der Gesetzgebung gehören, z. B. über die Maß- oder Gewichtsordnung, oder die Haftpflicht der Eisenbahnen unter Abänderung der

Handelsgesetzbuchsregeln, oder der Berner Konvention über den Eisenbahnverkehr (RGZ. 22, 181), oder z. B. über das Porto von einfachen Briefen oder die Garantiepflicht der Reichspost für Handlungen fremder Postverwaltungen (jetzt überhaupt Postverträge), über das Strafverfahren (im Grenzverkehr), über Zivil- und Strafrechts-, Zivilprozeß- und Strafprozeßnormen, über Einbürgerungsverträge, Zoll- und Handelsverträge, Verträge, durch welche das Deutsche Reich finanzielle Lasten oder Garantien übernimmt. S. auch Art. 48 Abs. 2 der alten RV.; Arndt, Staatsrecht § 62; E. v. Meier 295; Meyer-Anschütz § 190. Auch zur Verlängerung bzw. Aufhebung ist evtl. die Genehmigung vom Reichstag nötig; Laband II 166 Anm. 2; and. Ans. Heilborn, A. ö. R. 12, 186. Zur Kündigung ist der Präsident nicht mehr wie früher der Kaiser evtl. allein legitimiert und berechtigt; s. Laband II 167. Vom Reichstag genehmigte Verträge sind, wenn sie mit dem Ratifikationsvermerk im Gesetzblatt bekannt gemacht sind, zwar (was für die Frage der Abänderung, Kündigung und Aufhebung von Bedeutung ist) schon um deswegen keine Gesetze (wie OVG. 63, 169 meint), haben aber (Arndt, VerwA. 23 S. 117) die Kraft von Reichsgesetzen und derogieren widersprechende Landesgesetze; Arndt, Staatsrecht 709, 713; Meyer-Anschütz § 189; ebenso auch KG. Jahrb. 18, 76, RGSt. 12, 384; RGZ. 26, 123; 72, 245; 85, 374; vgl. auch Anschütz 162; Hatschek I 284; Angelegenheiten, die die Regierung ohne Reichstag erledigen kann, z. B. Schiffsvermessungswesen, Prüfungswesen der Ärzte usw. kann jetzt der Präsident (ohne Reichstag) regeln; Arndt und Meyer-Anschütz l. c.; Laband II 165, s. auch VA. 281. Art. 56 EG. z. BGB.: „Unberührt blieben die Bestimmungen der Staatsverträge, die ein Bundesstaat mit einem auswärtigen Staat vor dem Inkrafttreten des Bürgerlichen Gesetzbuchs (1. Januar 1900) geschlossen hat", bezieht sich nur auf das internationale Privatrecht; s. Planck, Komm. dazu, Anm. 2 und Dambitsch, a. RV. 292; s. auch Laband II 170; Seydel, a. RV. 162, RGZ. 24, 12. Die Zustimmung des RT. war ein bloßes Internum, da die völkerrechtliche Legitimation des Kaisers bzw. Präsidenten durch die Zustimmung weder des Bundes (Reichs-) Rats noch des Reichstags bedingt war, Arndt § 62; and. Ans. E. Meier, Staatsverträge 235ff.; Seydel 164. Die jetzige Verf. unterscheidet sich von der früheren dadurch, daß sie den Reichsrat bei Verträgen ausschließt und daß sie alle Bündnisse, wie die völkerrechtliche Gültigkeit aller Staatsverträge, die in die Gesetzgebung eingreifen, von der Genehmigung des Reichstags abhängig macht.

Es ist jedoch nicht nötig, daß der Reichspräsident die Verträge persönlich abschließen oder formell genehmigen muß. Allerdings ist diese solenne Vertragsform (Laband II 152) üblich. Bei dieser Vertragsform sind die Vertreter nur ermächtigt einen Vertragsentwurf zu vereinbaren. Der Abschluß selbst erfolgt sodann durch die staatsrechtlich legitimierten Organe der kontrahierenden Staaten. Bei der nichtsolennen Form sind die Vertreter zum Abschluß des Vertrags bevollmächtigt. In diesem Falle kommt also der Vertrag schon mit der Unterzeichnung der gemeinschaftlichen Urkunde bzw. mit der Auswechslung einseitiger Urkunden durch die Vertreter zustande, RGZ. 105, 158f., vgl. auch Laband II 152; Anschütz 161; Giese 158.

[3]) Der Reichsrat hat mithin das Einspruchsrecht, auch die Anrufung des Volksentscheids ist zulässig. Wenngleich auch die Friedensschlüsse durch Reichsgesetz erfolgen müssen, so bedarf es trotzdem noch der Ratifikation zu ihrer völkerrechtlichen Gültigkeit, Heckel, A. ö. R. NF. 7, 220; Anschütz 162.

[4]) Fraglich war früher, ob zur völkerrechtlichen Gültigkeit die Genehmigung des Reichstags gehörte, oder ob diese nur ein Internum des Reiches war. Für die letzte Alternative, auch englisches System genannt, Radnitzki, Jahrb. öff. R. 5, 66; s. Arndt § 62; Laband §§ 61/62, II 157f.; ferner v. Gerber, Staatsrecht (3) § 54 Anm. 2; G. Meyer in HA. 1878, 379; Klöppel in dem PreußJahrb. 52, 294f.; v. Kirchenheim, Staatsr. 429; Anschütz, Staatsr. 618; Heilbron, A. ö. R. 12, 138; Tezner, Grünhut 20, 120, Z. f. Politik 9, 536; Fischer,

Das Recht des Deutschen Kaisers 138f.; v. Liszt, Völkerrecht § 21; Dambitsch 298; s. auch Graf Posadowsky, StBR. 2, 1900, 4241; v. Jagemann 166; für die erstere, so daß evtl. auch völkerrechtliche Ungültigkeit eintritt, E. Meier, Staatsverträge 235ff., 273ff.; Zorn § 18; Störck unter „Staatsverträge" in v. Stengels Wörterbuch II 516; O. Gierke, Grünhut 6, 261; Pröbst, HA. 1882, 121ff.; Schön, Zeitschr. f. VölkerR. u. BundesstaatsR. 1912, Heft 5. Nach den Erklärungen des Regierungsvertreters Dr. Preuß und Berichterstatters Ablaß im VA., Prot. 283 und den Grundgedanken der neuen Reichsverf. ist anzunehmen und wird z. B. auch vom Reichsrat angenommen, daß die Genehmigung, soweit sie erforderlich ist, auch zur völkerrechtlichen Gültigkeit erforderlich ist, ebenso Anschütz 163; Giese 160; Poetzsch 97; Wenzel, Jur. Grundprobleme 489f.; Hatschek II 485; Heckel, A. ö. R. NF. 7, 221f.; Stier-Somlo I 611; Walz 129; a. M. Hubrich 99; Bittner, § 26. Indes haben die Gerichte nicht zu prüfen, ob die etwa erforderliche Zustimmung mit oder ohne Grund unterblieben ist, s. auch RGZ. 85, 374; 77, 29.

Die Zustimmung des Reichstags erfolgt im Gegensatz zu Abs. 2 (Kriegserklärung und Friedensschluß, nicht in Gesetzesform, da die Verfassung nach dem Vorbild des Art. 6 der Nordamerikanischen Verfassung es gerade vermeiden will, den ganzen Gesetzgebungsapparat für das heikle Gebiet der Staatsverträge anzuwenden. Für die Zustimmung des Reichstags gelten daher die Art. 68f. nicht, Poetzsch 97; Finger 257; Heckel, A. ö. R. NF. 7, 221; Hatschek I 284; Walz; a. M. Wenzel, Jur. Grundprobl. 379, 492; Triepel, A. ö. R. 39, 505; Anschütz 164; Giese 160.

Die Verkündung der Verträge erfolgt zugleich mit der Kundgebung, daß die Ratifikation erfolgt ist, Arndt 709; s. auch RGZ. 85, 375; KG. in DJZ. 19, 318; Laband II 167; Triepel, Völker- und Landesr. 433. Völkerrechtlich wird der Vertrag durch die Ratifikation, innerstaatlich durch die Publikation verbindlich, Laband II 44. Verträge, ohne Zustimmung des Reichsrats und Reichstags abgeschlossen und zulässig, haben die Kraft von Verordnungen und können wie solche verkündet werden. Verträge, die mit Zustimmung vom Reichstag geschlossen sind und also die Kraft von Reichsgesetzen haben (RGZ. 43, 120; 77, 29; 85, 377; OVG. 63, 169) und den Landesgesetzen vorgehen (Arndt im VerwA. 23, 117 s. auch oben Anm. 2) müssen wie diese im RGBl. (Art. 70) verkündet werden, es ist also Unterschrift des Präsidenten und Gegenzeichnung nötig; das gleiche (s. die Anzeige im RGBl.) muß für die Außerkraftsetzung gelten, Laband II 164; Zorn I 512; and. Ans. Dambitsch, a. RV. 303, RG. 24. Januar 98 in Beilage zum Reichsanzeiger 1898. Verträge können vom Reichstag nur angenommen oder abgelehnt, nicht amendiert werden; Posadowsky, 11. Februar 1895, StenBerRT. 4481 C; and. Ans. Laband (4) II 147. Die nach einem Vertrage zulässige Kündigung erklärt der Präsident mit Zustimmung des Reichstags, wenn der Vertrag von diesem genehmigt war. Wie weit vor Errichtung des Nordd. Bundes von Preußen abgeschlossene Staatsverträge den Nordd. Bund und das Deutsche Reich berechtigten und verpflichten, ist Auslegungsfrage, s. DJZ. 1902, 348 V. Verträge des Nordd. Bundes und des Kaiserreichs verpflichten weiter, s. oben S. 48. Verträge werden, soweit sie nicht für den Kriegsfall geschlossen sind, im Zweifel durch Krieg mit dem Vertragsgegener aufgehoben, verlieren nicht aber ohne weiteres ihre innerstaatlichen Wirkungen, RGZ. 85, 379.

Alle Bündnisse bedürfen der Zustimmung des Reichstages, StenBer. 374, BA. 283. Neutralitätserklärungen erläßt der Reichspräsident ohne Zustimmung, z. B. vom 20. Juli 1920 zum Kriege zwischen Rußland und Polen, Poetzsch 96. Zu Abwehrmaßregeln ist der Reichspräsident ohne Gesetz ermächtigt, BA. 281, Stier-Somlo I 610.

Trotz der Vorschrift in Art. 78 Abs. 3 kann in einem Friedensvertrag eine Veränderung der Reichsgrenzen, namentlich eine Gebietsabtretung ohne Zustimmung des betroffenen Landes vereinbart werden, so die herrschende Meinung (Anschütz 162

u. in VerwArch. 30, 343; Giese 237; Stier-Somlo I 406; Hatschek II 451; Heckel, l. c. 219); a. A. Nawiasky, Bayr. VerfR. 30. Die beteiligten Länder sind daher auch bei dem Versailler Vertrag 1919 nicht gefragt worden, haben aber auch nicht protestiert, Anschütz, VerwArch. 30, 344.

Artikel 46.

Der Reichspräsident ernennt und entläßt die Reichsbeamten und die Offiziere, soweit nicht durch Gesetz etwas anderes bestimmt ist. Er kann das Ernennungs- und Entlassungsrecht durch andere Behörden ausüben lassen.

StenBer. 1322; VA. 236, 286.

Stier-Somlo I 612; Finger 75.

Die vom Reichspräsidenten oder von den durch ihn ermächtigten Behörden ernannten Beamten sind unmittelbare Reichsbeamte. Der Begriff der Reichsbeamten im Sinne des Reichsbeamtengesetzes in Fassung v. 13. Mai 1907 (RGBl. 245) umfaßt alle Beamten, die den Anordnungen des Reichspräsidenten nach der Reichsverfassung eidlich zum Gehorsam verpflichtet sind. Das Beamtenverhältnis wird nach der Ansicht von OVG. 69, 215; 73, 254; Bitter I 86; v. Rönne-Zorn I § 53; Brand, Reichsbeamtengesetz 53 nur durch Anstellungsurkunde; nach der von Arndt, Reichsbeamtengesetz § 4 u. StR. 642 und der ständigen Rechtsprechung des Reichsgerichts, RGZ. 6, 107; 8, 107; 28, 83; 53, 424; 84, 220, vertretenen Ansicht auch ohne solche erworben, wenn Geschäfte und Tätigkeit die eines solchen Beamten sind. Die nicht unmittelbar vom Reich angestellten Beamten werden mittelbare Reichs- und unmittelbare Landesbeamte genannt; RGZ. 2, 102; RZBl. 1874, 145; OVG. 69, 215. Mittelbare Reichsbeamte waren früher u. a. die Militär-, die mittleren und unteren Post- und Telegraphenbeamten; jetzt sind es die Reichsbankbeamten (s. Anm. 14 zu Art. 7), die Beamten der deutschen

Reichspost (s. Anm. 2 zu Art. 88) und der deutschen Reichsbahngesellschaft (s. Anm. 1 zu Art. 89). Die Beamten des Reichstags (RGB. § 156) haben die Rechtsstellung von Reichsbeamten. Die Beamteneigenschaft ist nicht notwendig durch den Diensteid bedingt. Das Reich haftet für Reichsbeamte (auch mittelbare, auch Militärpersonen) gemäß Ges. v. 22. Mai 1910 (RGBl. 798); s. auch Art. 131. Die Anstellung eines Reichsbeamten stellt keinen Vertrag (Ansicht u. a. von Laband I 448, Rehm, Hänel, Hubrich), sondern einen einseitigen Staatshoheitsakt dar (RGZ. 53, 427; 63, 430; JW. 1906, 53; O. Mayer II 589; Hatschek, Verwaltungsr. 10; Fleiner, Inst. 182, Giese 338; Arndt, StR. 635; Anschütz, Enzykl. 589).

Artikel 47.

Der Reichspräsident hat den Oberbefehl über die gesamte Wehrmacht des Reichs.

StenBer. 1322; VA. 284.

v. Freytagh-Loringhoven 142; Stier-Somlo I 614; Rothenbücher, A. ö. R. NF. 7, 71.

Die dem Kontingentsherrn zugestandene Kommandogewalt ist in Wegfall gekommen, somit ist die Einheitlichkeit des Reichsheeres, die früher bestritten war, unzweifelhaft und vollständig hergestellt. S. auch Art. 79 und die Verhandlungen dazu in der NatVers., 1322, VA. 284; ferner V., betr. Übertragung des Oberbefehls über die Reichswehr an den Reichswehrminister v. 20. August 1919 (RGBl. 1475). Das Wehrges. v. 23. März 1921 (RGBl. 329, 787) bestimmt demgemäß in § 8: Der Reichspräsident ist oberster Befehlshaber der gesamten Wehrmacht. Unter ihm übt der Reichswehrminister Befehlsgewalt über die gesamte Wehrmacht aus. An der Spitze des Reichsheeres steht ein General als Chef der Heeresleitung, an der Spitze der Reichsmarine ein Admiral als Chef der Marineleitung. Für alle Kommandobehörden und Truppeneinheiten sind Vertrauensmänner zu wählen, in § 9: Als beratende und begutachtende Körperschaften sind beim Reichswehrministerium eine Heeres- und eine Marinekammer zu bilden, deren Mitglieder aus geheimer Wahl hervorgehen. Die Heeres- und die Marinekammer sind dem Reichswehrminister unmittelbar unterstellt. Die Zuständigkeit wird durch ein Reichsgesetz geregelt werden, in § 10: Das militärische Verordnungsrecht wird vom Reichspräsidenten ausgeübt.

Artikel 48.

Wenn ein Land die ihm nach der Reichsverfassung oder den Reichsgesetzen obliegenden Pflichten nicht erfüllt, kann der Reichspräsident es dazu mit Hilfe der bewaffneten Macht anhalten[1]).

Der Reichspräsident kann, wenn im deutschen Reiche die öffentliche Sicherheit und Ordnung erheblich gestört oder gefährdet wird, die zur Wiederherstellung der öffentlichen Sicherheit und Ordnung nötigen Maßnahmen treffen, erforderlichenfalls mit Hilfe der bewaffneten Macht einschreiten. Zu diesem Zwecke darf er vorübergehend die in den Artikeln 114, 115, 117, 118, 123, 124 und 153 festgesetzten Grundrechte ganz oder zum Teil außer Kraft setzen[2]).

Von allen gemäß Abs. 1 oder Abs. 2 dieses Artikels getroffenen Maßnahmen hat der Reichspräsident unverzüglich dem Reichstag Kenntnis zu geben. Die Maßnahmen sind auf Verlangen des Reichstags außer Kraft zu setzen.

Bei Gefahr im Verzuge kann die Landesregierung für ihr Gebiet einstweilige Maßnahmen der in Abs. 2 bezeichneten Art treffen. Die Maßnahmen sind auf Verlangen des Reichspräsidenten oder des Reichstags außer Kraft zu setzen[3]).

Das Nähere bestimmt ein Reichsgesetz[4]).

StenBer. 1303, 1322, 1328, 2111; BA. 233, 287, 288, 460.
Triepel, Streitigkeiten zwischen Reich und Ländern, in Festgabe für Kahl (1923) II, Preuß, Um die RVerf. v. Weimar (1924) 37, Lassar, Jahrb. ö. R. 14, 30, Kronheimer, das. 304, Jellinek, das. 353, Nawiasky, das. 9, 1, ders. Bayr. VR. 203, Poetzsch, Jahrb. ö. R. 13, 36, 76, 96, 138, Schmitt-Dorotic, Die Diktatur 1921, ders., Veröffentlg. der Staatsrechtslehrer I 63f., Jacobi, ebenda S. 105f., Gmelin, HB. f. Pol. 3, 156, Kelsen in Festschr. f. Fleiner 1927, Grau, Die Diktaturgewalt d. RP. 1922, ders. DJZ. 1923, 582, Lassar, Jahrb. ö. R. 14, 35, Strupp, A. ö. R. 44, 182, Rothenbücher, JW. 1921, 248 und A. ö. R. NF. 7, 71, Haentzschel, DJZ. 1924, 341, Bornhak, DJZ. 1924, 383, Stier-Somlo I 615, 669, ders. A. ö. R. NF. 7, 91 u. Z. f. Str.Wiss. 78, 570, Schwalb, DJZ. 1924, 692, Thoma, DJZ. 1924, 654, JW. 1924, 1494, Graf zu Dohna in JW. 1921, 1429, Quentin, Recht 1920, 98, Schwalb, JW. 1924, 1419, Lobe, DJZ. 1925, 15, Schwalb, das. 209, Kloß, das. 235, Menzel, Pr. VerwBl. 45, 209, Muhr, Z. f. Pol. 1924, 483, Jellinek, Verf. u. Verw. 25, Bredt 116, Kronheimer, Hirths Ann. 1919/20, 445, Preuß, Z. f. Pol. 13, 97, Peucker, Preuß. VerwBl. 42, 79, R. Schmidt, Einführung 278, v. Krazeisen, Bl. f. Admin. Prax. 72, 129, Anschütz 167, Poetzsch 98, Giese 164, Meißner, StR. 146, Wittmayer 252, v. Freytagh-Loringhoven 144, 237, Hubrich 104, Koellreutter, A. ö. R. 39, 450, Piloty, A. ö. R. 43, 321, Hatschek II 178, Menzel, Pr. VBl. 45, 209, Nawiasky, Bayr. VerfR. 1922, 1331, Meyer, LZ. 1920, 14, Marschall v. Bieberstein, Bayr. StZ. v. 1. August 1922, Goslich, LZ. 1925, 1187, RGSt. 55, 115; 56, 163, 177, 180; 58, 269; 59, 30, 45, 187, JW. 1925, 984, 1028, 1035, 1547, RGZ. 107, 398, Bayr. ObLG. in JW. 1922, 1331, RGZ. 104, 427, Brunet 189.

[1]) Nach Art. 19 a. RV. hatte der Bundesrat darüber zu beschließen, ob ein Bundesglied seine Pflichten verletzt hatte, und

ob er, was in seinem Ermessen stand, und wie er die Exekution verfügen wollte oder nicht; s. Triepel, Reichsaufsicht 667; Dambitsch 392; Laband I 112. Der Kaiser war verpflichtet, die vom Bundesrat beschlossene Exekution zu vollstrecken und nach Zurücknahme eines solchen Beschlusses wieder einzustellen, Arndt, RStR. 110; Dambitsch 393; Triepel 676. Jetzt befindet der Reichspräsident zunächst allein hierüber, doch muß er gemäß Abs. 3 dem Reichstag Kenntnis geben und seine Maßnahmen auf dessen Verlangen außer Kraft setzen, so daß am letzten Ende, wie früher der Bundesrat, so jetzt der Reichstag die entscheidende Stelle ist. Die Exekution richtet sich gegen das Land selbst, nicht gegen einzelne Personen, oder Behörden, vgl. StGerHof in RGZ. 104, 427. Die Exekution soll nur das Land zur Erfüllung seiner Pflichten anhalten, stellt daher keine Strafe dar. Ob die am 20. und 23. Oktober 1923 gegen Sachsen getroffenen Maßnahmen eine Exekution nach Abs. 1 oder nur eine örtlich begrenzte Verhängung des Ausnahmezustandes darstellte, ist streitig, für die letztere Ansicht mit Recht Schmitt-Dorotic a. a. O. 68; Giese 164; a. M. Stier-Somlo I 616; vgl. auch Preuß, Um die Verf. v. Weimar 38; Poetzsch, Jahrb. 13, 99; Anschütz 169.

Glaubt das Land, das die Voraussetzungen für das Vorgehen des Reichspräsidenten nicht vorliegen, so kann es nach Art. 19, da es sich um eine nichtprivatrechtliche Streitigkeit handelt, den Staatsgerichtshof anrufen. Dies hat jedoch keine aufschiebende Wirkung, da nichts hierüber in der Verfassung oder dem Ges. über den Staatsgerichtshof v. 9. Juli 1921 (RGBl. 905) bestimmt ist, Anschütz 169; a. M. Triepel Festgabe 61. Aus dem gleichen Grunde kann der Staatsgerichtshof auch nicht die vorläufige Einstellung der Exekution vor der Verkündung seiner endgültigen Entscheidung anordnen. Demgemäß ist auch die Herbeiführung einer Entscheidung des Staatsgerichts durch den Reichspräsidenten darüber, ob die Exekution zulässig ist, vor ihrer Anordnung nicht erforderlich, Anschütz; a. M. Triepel, da die dem Reichspräsidenten in Art. 48 Abs. 1 und 2 übertragenen Befugnisse gerade auf die Fälle zugeschnitten sind in denen der

Erlaß eines Gesetzes oder die Herbeiführung einer Gerichtsentscheidung wegen der gegenwärtigen Gefahr nicht möglich erscheint. Weiter würde auch die Verfassung nicht in Abs. 3 bestimmt haben, daß die Maßnahmen ebenso wie im Falle des Abs. 1 auf Verlangen des Reichstags außer Kraft zu setzen seien, wenn es dem Land möglich wäre, durch die Anrufung des Staatsgerichtshofs die Ausführung der Exekution zu hemmen oder wenn die Exekution erst nach Anrufung des Staatsgerichtshofes erfolgen könnte. Die Reichsverfassung würde auch schließlich, wenn sie eine derartige Einschränkung der dem Reichspräsidenten in Art. 48 Abs. 1 übertragenen Befugnisse beabsichtigt hätte, dies deutlicher in Art. 15, 19 oder Art. 48 zum Ausdruck gebracht haben.

Welche Maßregeln der Reichspräsident gegen das Land ergreift, ist völlig seinem pflichtgemäßen Ermessen überlassen. Notfalls kann er sogar die Sequestration des Landes und seiner Regierungsgewalt anordnen, Preuß, Um die Verf. v. Weimar 38; Anschütz 169.

[2]) S. hierzu StenBerNatVers. am 5. Juli 1919, 1328f. Was in bezug auf den Belagerungszustand angeordnet wird, ist vom Reichspräsidenten unter Verantwortlichkeit des Reichsministeriums anzuordnen, auch die Durchführung in allen Einzelheiten steht unter der Verantwortung des Reichsministeriums und muß von ihm vor dem Reichstag vertreten werden. Die Anordnungen des Präsidenten müssen außer Kraft treten, wenn es der Reichstag beschließt; Preuß StenBer. 1331. Bis zum Erlaß des im letzten Absatz in Aussicht gestellten Reichsgesetzes hat der Reichspräsident die Maßnahmen nach eigenem Ermessen (Grau, Diktaturgewalt 83) zu bestimmen und kann auch zur Sicherung der Ruhe und Ordnung die ihm erforderlich erscheinenden Rechts- und bis zur angemessen erscheinenden Höhe Strafvorschriften erlassen; s. z. B. VO. v. 14. Mai 1921 (RGBl. 711), auch Delbrück, StenBer. 1335; Schiffer, StenBer. d. NatVers. 1920 S. 4636; Giese 166; Grau 50; Schmitt-Dorotic, Veröffentlg. der Staatsrechtslehrer I 66, 91, 98; Ja-

cobi, ebenda 108; Anschütz 173; Lassar, JW. 1922, 310, RGSt. 55, 119; 56, 162. Der Präsident kann diese Verordnungsbefugnis nicht delegieren, da es sich anders als in Art. 46, um eine besondere lediglich dem Reichspräsidenten als solchem übertragene Machtbefugnis handelt, die mithin nicht von nachgeordneten Dienststellen ausgeübt werden kann, RGSt. 56, 165, Anschütz 172; a. M. Grau 113; Giese 166. Dies schließt natürlich nicht aus, daß er die Durchführung und auch die weitere Ausgestaltung der von ihm angeordneten Maßnahmen andern Behörden übertragen kann, RGSt. 56, 165, Anschütz l. c. Der vom Reichspräsidenten erklärte Ausnahmezustand kann in Militär- und Zivildiktatur bestehen; Poetzsch 100; Giese 166, RGSt. 56, 164, vgl. jedoch auch Schmitt-Dorotic a. a. O. 64 und Grau 125. Der Präsident kann mithin Sonder- und Standgerichte ernennen, die gesamte vollziehende Gewalt einem Minister, Offizier oder einer anderen von ihm erwählten Person übertragen; Anschütz 175. Er kann die Bestimmungen des Strafrechts erweitern und verschärfen; Grau 124; Giese a. a. O.; Anschütz 173; RGSt. 55, 115; 56, 163, 420; 57, 384. Er kann weiter auch die strafprozessualen Bestimmungen über die Zuständigkeit der einzelnen Gerichte abändern und aufheben, vgl. VO. v. 3. März 1923 (RGBl. I 159); Giese a. a. O.; Menzel, PrVerwBl. 45, 209; v. Freytagh-Loringhoven 151; Grau 106. S. auch unten Anm. 4. Eine förmliche Erklärung des Ausnahmezustandes ist nicht erforderlich. Die Maßnahmen können vielmehr auch ohne seine Verhängung getroffen werden, Grau 19; Thoma, DJZ. 1924, 656; Anschütz 171. Er darf jedoch hierbei andere als die in Abs. 2 bezeichneten Grundrechte nicht außer Kraft setzen, vgl. Stier-Somlo, A. ö. R. NF. 7, 91; Anschütz 174; Giese 167; Grau a. a. O. 50, 76; Schmitt-Dorotic a. a. O. 74; Nawiasky, A. ö. R. NF. 9, 1.

[3]) Die Landesregierungen haben die Maßnahmen, zu denen sie befugt sind (JW. 48, 744; auch das. 49, 754), unverzüglich dem Reichspräsidenten mitzuteilen und handeln als dessen Delegatare, Giese 167, Katzenstein StenBer. 1328.

vgl. auch Strupp, A. ö. R. 44, 187. Sie können die in Abs. 2 genannten Grundrechte gleichfalls ganz oder zum Teil außer Kraft setzen. Diese Grundrechte betreffen die Freiheit der Person (also auch Schutzhaft zulässig), die Freiheit der Wohnung, das Brief- und Telegraphengeheimnis, die Preßfreiheit, Vereins- und Versammlungsrecht und die Unverletzlichkeit des Eigentums. Siehe auch StenBer. 1335 u. 1338, vgl. auch Jacobi, Veröff. der Staatsrechtslehrer I 129. Da der Landesregierung nur bei „Gefahr im Verzuge“ die in Abs. 2 dem Reichspräsidenten übertragenen Befugnisse, zustehen, sind sie unzuständig, wenn genügend Zeit vorhanden ist, eine Entscheidung des Reichspräsidenten über die zu treffenden Maßnahmen einzuholen; Brecht bei v. Brauchitsch, Verwaltungsges., Bd. 2 (1925), 49; Anschütz 177. Das gleiche ist der Fall, wenn dieser ein Einschreiten ablehnt oder andere Maßnahmen für erforderlich und genügend hält, Schwalb, DJZ. 1925, 210.

Wird die Landesregierung auf Grund Abs. 4 tätig, so handelt sie als Reichsorgan (so RGSt. 59, 196 und Grau a. a. O. 142, 168), und nicht als Landesorgan, da sie mit einer nur dem Reich zustehenden Vollziehungsgewalt betraut wird; a. M. Jacobi, a. a. O. 128; Thoma, DJZ. 1924, 1494; Schwalb a. a. O. 212; Anschütz 177, vgl. auch Giese 67; Strupp, A. ö. R. 44,187. Im übrigen bestehen für die Landesregierung die gleichen Befugnisse und die gleichen Schranken, wie für den Reichspräsidenten mit der Maßgabe, daß die Maßnahmen der Landesregierung auch durch eine Notverordnung des Reichspräsidenten abgeändert oder aufgehoben werden können. Es steht jedoch dem Reichspräsidenten frei, ob er bei seinem Einschreiten die von der Landesregierung auf Grund Art. 48 Abs. 4 getroffenen Maßnahmen neben seinen eigenen fortbestehen lassen will oder nicht, RGSt. 59, 193; Nawiasky, A. ö. R. NF. 9, 54 und Recht 1924, 460; vgl. jedoch auch Anschütz 179; Jacobi a. a. O. 127; Giese 168; Schwalb, DJZ. 1925, 214; Grau 19, 102, 143, 163; Strupp, A. ö. R. NF. 5, 189. Wenn daher durch Reichsgesetz oder Notverordnung weitergehende oder ähnliche Anordnungen erlassen werden, so treten dadurch die der Landesregierung nicht immer außer Kraft, sondern nur dann, wenn aus den vom Reich getroffenen Maßnahmen hervorgeht, daß sie an Stelle der von dem Land getroffenen treten sollen, RGSt. 59, 193; Nawiasky l. c.; a. M. Anschütz l. c.

[4]) Bis zum Erlaß eines solchen Reichsgesetzes kann der Präsident alles anordnen oder anordnen lassen, was er für erforderlich hält; Anschütz 172, RGSt. 56, 163, 189, 420; s. auch Nawiasky, Bayr. VR. 206 u. A. ö. R. NF. 9, 2, vgl. z. B. VO. v. 13. Januar 1920 (RGBl. 207), 4. April 1920 (RGBl. 479). Er kann sogar außerordentliche Kriegsgerichte einsetzen, VO. v. 19. März 1920 (RGBl. 467), v. 30. Mai 1920 (RGBl. 1147), 20. März 1921 (RGBl. 371), vgl. auch RGSt. 56, 164, 189; Grau 43; Giese 166; Schmitt-Dorotic a. a. O. 88, 95; Jacobi a. a. O. 108; Anschütz 177, s. auch Reichsverf. Art. 105. Es steht ihm auch frei, wo er seine Verordnungen publiziert, vgl. Arndt, RVR. 206, unten Anm. 2 zu Art. 70 und RGSt. 55, 119 und nunmehr G. v. 13. Oktober 1923 (RGBl 959). Art. 68 a. Verf. ist aufgehoben, RGSt. 55, 117; s. Art. 178 u. DruckſNatVerſ. Nr. 1097.

Von dem Notverordnungsrecht des Abs. 2 ist seitens des Präsidenten und der Reichsregierung bisher ein viel zu weitgehender Gebrauch gemacht und namentlich nicht berücksichtigt worden, daß es eine erhebliche Gefährdung und Störung der öffentlichen Sicherheit und Ordnung zur Voraussetzung hat, vgl. z. B. VO. zum Schutze des Funkverkehrs v. 8. März 1924 (RGBl. I 273), und RGBl. 1923 I 511, 945; Marschall v. Bieberstein, Verfassungsrechtliche Reichsgesetze 1924, 381; Grau 17f.; Giese 165; Anschütz 172; Kronheimer, A. ö. R. NF. 7, 311.

Über das richterliche Prüfungsrecht vgl. unten Anm. 1 zu Art. 102. Der Richter hat jedoch nicht zu prüfen, ob eine erhebliche Gefährdung der Sicherheit und Ordnung vorlag, und ob die von dem Reichspräsidenten getroffenen Maßnahmen und erlassenen Verordnungen zweckmäßig waren, er hat vielmehr nur zu prüfen, ob sie den Rahmen der in Art. 48 Abs. 2 dem Präsidenten gegebenen Ermächtigung überschreiten und daher verfassungswidrig und nicht rechtsverbindlich sind, vgl. hierzu Jacobi a. a. O. 122, 136; Brecht in v. Brauchitsch-Drews-Lassar, Preuß. Verw.Ges. II 46, Anschütz 171, RGSt. 57, 385, RFinHof 15, 167 und in DJZ. 1925, 235; vgl. jedoch auch Preuß, Ztschr. f. Pol. 13, 97; Grau, Die Diktaturgewalt 152; Salinger, Recht 1924, 351; Görres, JW. 1924, 1564; Lobe, DJZ. 1925, 15.

Artikel 49.

Der Reichspräsident übt für das Reich das Begnadigungsrecht aus.

Reichsamnestien bedürfen eines Reichsgesetzes.

VA. 289, 460.

Hatschek I 548, II 574; Stier-Somlo I 617; Poetzsch 100 u. Jahrb. 13, 158; Meißner, StR. 81; Hubrich 108; Lammers, StaatsGerHofG. 55; Alsberg, Die Reichsamnestiegesetze, 1919; Kahl, DJZ. 1925, 1281; Löwenstein, Die Reichsamnestie der Friedensverträge 1919; Finger 322; Bendix, Die Glocke 6, 1252; Wassermann, JW. 1921, 789.

Da dem Reich nur die ihm ausdrücklich beigelegten Befugnisse zustanden und zustehen, hat das Reich nur auf Grund besonderer Gesetzesvorschriften das Begnadigungsrecht; vgl. Hahn, Materialien z. GVG. I 836, II 967 und zur StrPO. I 1138, II 1978, 1980, nämlich:

1. nach StrPO. §§ 484, 485 und § 146 GVG., wenn das Reichsgericht oder an seiner Stelle im Falle des § 134 Abs. 3 GVG. das Oberlandesgericht in erster und letzter Instanz erkannt hat;

2. nach dem G. über die Konsulargerichtsbarkeit vom 7. April 1900 (RGBl. 213) § 72 in Strafsachen, in denen der Konsul oder das Konsulargericht in erster Instanz erkannt hat;
3. bei Urteilen der Prisengerichte nach V. v. 15. Februar 1889 (RGBl. 5) § 27. Diese Gerichtsbarkeit ist weder Zivil- noch Straf-, sondern Verwaltungsgerichtsbarkeit; die Begnadigung ist Verzicht auf das zugesprochene Schiff oder Ladung, s. Pohl, Deutsche Prisengerichtsbarkeit 37;
4. in Disziplinar-(nicht Straf-)sachen der Reichsbeamten nach RBeamtenG. v. 18. Mai 1907 § 118;
5. bei den auf Grund Art. 48 eingesetzten außerordentlichen Kriegsgerichten;
6. G. zur Verfolgung von Kriegsverbrechen, v. 24. März 1920 (RGBl. 341) — aber überall nur in Einzelfällen.
7. bei den Urteilen der Militärgerichte in Kriegszeiten und an Bord der Kriegsschiffe, s. unten z. Art. 106;
8. bei den Urteilen des Staatsgerichtshofs und des Staatsgerichtshofs zum Schutz der Republik (G. v. 9. Juli 1921, RGBl. 905, und G. v. 21. Juli 1922, RGBl. 585).

Das Recht zur Abolition, d. h. zur Niederschlagung von Untersuchungen, steht dem Reichspräsidenten nicht zu, es konnte und kann nur durch Gesetz ausgeübt werden, vgl. z. B. G. v. 21. Juli 1922 (RGBl. I 595). Da die Volksbeauftragten, oben S. 43, die uneingeschränkte Souveränität ausübten, konnten sie über die Zuständigkeit des Reichs hinaus und diese erweiternd mit Gesetzeskraft Amnestien und Niederschlagungen (Abolitionen) anordnen, RGSt. 53, 52, Begnadigungen bedürfen der Gegenzeichnung, ebenso Anschütz 180; Giese 170; s. StenBerRT. v. 3. Dezember 1906. Im Falle des § 13 StGerHofG. v. 9. Juli 1921 (RGBl. 905) kann jedoch eine Begnadigung nur mit Zustimmung des Reichstags erfolgen.

Soweit dem Reich das Begnadigungsrecht gebührt, ist das der Einzelstaaten ausgeschlossen. Im übrigen sind die Befugnisse der Länder auf Begnadigungen und Abolition bestehen geblieben und können auch noch vor dem Reichsgericht geltend gemacht werden (da sie einen Verzicht auf einen dem Staate zustehenden Strafanspruch darstellen), RGSt. 33, 204; s. auch Löwe-Rosenberg, StrPO. Anm. zu Tit. 2 GVG. Das Begnadigungsrecht steht den Einzelstaaten zu, auch wenn die Tat gegen das Reich (StrGB. § 80) oder gegen die Reichsfinanzen gerichtet war, Poetzsch 101. Letzteres ist in Art. 18 des Zollvereinigungsvertr. v. 8. Juli 1867 (BGBl. 81) anerkannt. Die Begnadigungsbefugnis kann der Präsident delegieren, s. auch RStG. 53, 65. Begnadigung muß ausdrücklich sein.

Durch einfaches Reichsgesetz kann in allen Strafsachen, auch wenn der Strafanspruch den Ländern zusteht, Amnestie und Abolition erklärt werden, s. Ges. v. 4. August 1920 (RGBl. 1487) und G. v. 21. Juli 1922 (RGBl. I 595); Radbruch und Kahl in StenBer. 1920, 522 B, 535 C, a. M. Anschütz 181; Giese 170; Stier-Somlo I 617, die die Kompetenz des Reiches zum Erlaß von Amnestien nur dann für gegeben erachten, wenn dem Reich auch das Begnadigungsrecht zusteht. In anderen Fällen ist nach ihrer Ansicht ein verfassungsändernde Reichsgesetz notwendig.

Daneben kann auch durch einfaches Reichsgesetz Straffreiheit für bestimmte Straftaten gewährt werden, hierin liegt keine Amnestie oder Abolition, sondern lediglich die Außerkraftsetzung bestehender Strafrechtsnormen; Anschütz 182; vgl. z. B. G. v. 8. Mai 1920 (RGBl. 910), v. 4. August 1920 (1487), v. 21. Juli 1921 (RGBl. 595), G. v. 30. August 1924 (RGBl. II 345). Durch ein derartiges Gesetz bleiben, falls daneben keine Amnestie erlassen wird, die rechtskräftig abgeurteilten Fälle unberührt, Anschütz 182.

Artikel 50.

Alle Anordnungen und Verfügungen des Reichspräsidenten, auch solche auf dem Gebiete der Wehrmacht, bedürfen zu ihrer Gültigkeit der Gegenzeichnung[1]) durch den Reichskanzler oder den zuständigen Reichsminister. Durch die Gegenzeichnung wird die Verantwortung übernommen[2]).

VA. 233.

Anschütz 183; Giese 172; Poetzsch 101; Hatschek I 623, 628; Stier-Somlo I 607; v. Freytagh-Loringhoven 135; Hubrich 109; Lenel, Über die RV. 12; Wittmayer, A. ö. R. 39, 418; Schelcher, A. ö. R. 41, 257. Binding, Zum Werden und Leben der Staaten (1920) 357; Meyer-Anschütz §§ 184f.; Arndt in Dietz Wörterb. unter „Armeebefehl", Marschall v. Bieberstein, Verantwortlichkeit und Gegenzeichnung (1910); Giese, DJZ. 1927, 275.

[1]) Früher bedurften sog. Armeebefehle in Preußen nicht der Gegenzeichnung; s. hierzu Appel, „Armeebefehl" bei Fleischmann; Arndt a. a. O., desgleichen im AMR. 1910, 81; Marschall von Bieberstein a. a. O. Unterlassung der Gegenzeichnung hat Nichtigkeit und Nichtvollziehbarkeit, nicht bloß Fehlerhaftigkeit (Ansicht v. Marschall) zur Folge, ebenso Giese 172; Anschütz 183.

Bei Meinungsäußerungen des Reichspräsidenten, auch bei solchen über politische Tagesfragen, ist die Gegenzeichnung nicht erforderlich, da diese keine Anordnungen und Verfügungen i. S. dieser Vorschrift sind. Sie erstreckt sich im übrigen auf sämtliche amtlichen Anordnungen und Verfügungen des Reichspräsidenten, auch auf die Auflösung des Reichstags, den Erlaß von Notverordnungen auf Grund des Art. 48 und die Ernennung und Entlassung des Reichskanzlers und der Reichsminister, ebenso Anschütz 183; a. M. Hubrich 110. Vgl. auch unten Anm. zu Art. 53. Dagegen ist ein Amtsverzicht des Reichspräsidenten eine Verfügung über ein rein persönliches Recht und kein Regierungsakt, so daß eine Gegenzeichnung nicht erforderlich ist, Hubrich 95; Giese 172. Über die Gegenzeichnung bei Ernennung und Entlassung von Kabinettsmitgliedern sowie bei der Erteilung eines Auftrages zur Regierungsbildung siehe unten Anm. zu Art. 53.

[2]) Die Verantwortlichkeit bezieht sich nicht nur auf die Gesetzmäßigkeit. Sie greift also weiter als Art. 59 und bezieht sich auch auf die Zweckmäßigkeit, auf honesty, justice und ultility, sie ist keine disziplinare, keine rein oder allgemein strafrechtliche, sondern nur eine parlamentarische und staatsrechtliche. Bloßer „Prügelknabe" sind die Minister nicht. Sie können und müssen, wenn sie mit einer Handlung oder Unterlassung des Präsidenten oder der Reichsregierung nicht einverstanden sind und dafür nicht die Verantwortung tragen zu können glauben, vorher zurücktreten. S. auch VA. 236, 390, wer gegenzeichnen soll.

Die Gegenzeichnung wirkt mithin hinsichtlich der Ministerverantwortlichkeit nur deklaratorisch, nicht konstitutiv, „sie erzeugt" die Verantwortlichkeit nicht, sondern „bezeugt" sie, Anschütz 183; denn nicht die Gegenzeichnung als soche, sondern die in ihr liegende Billigung begründet die Verantwortlichkeit. Auch die Billigung anderer nicht unter Art. 50 fallender Handlungen des Reichspräsidenten kann stillschweigend, z. B. durch Verbleiben im Amt, erfolgen; Anschütz a. a. O.; Giese 172. Der Reichskanzler ist nach dem Wortlaut des Art. 50 stets zur Gegenzeichnung befugt; Giese 172. In Ressortangelegenheiten kann gemäß Art 50 in Verb. mit Art. 56 Satz 2 die Gegenzeichnung auch durch den zuständigen Ressortminister erfolgen. Sind mehrere Minister zuständig, so genügt es, wenn einer von ihnen gegenzeichnet, RGSt. 56, 162. In Fragen, die die Richtlinien der Politik betreffen, ist jedoch gemäß Art. 56 lediglich der Reichskanzler und im Fall seiner Verhinderung sein Stellvertreter zur Gegenzeichnung befugt, vgl. Preuß, VA. 290; Anschütz 184; Giese 173. Handelt es sich jedoch nur um die Ausfertigung eines Reichsgesetzes (Art. 70), so bedeutet die Gegenzeichnung keine Zustimmung zu seinem Inhalt, da der Reichspräsident durch die Ausfertigung nur das ordnungsmäßige Zustandekommen des Gesetzes bestätigt. Den gegenzeichnenden Reichskanzler oder Reichsminister trifft daher die Verantwortlichkeit nur insoweit, als das ordnungsmäßige Zustandekommen und die Verfassungsmäßigkeit des Gesetzes in Frage kommen; Giese 173.

Die parlamentarischen Mittel, den Reichskanzler oder den in Frage kommenden Reichsminister zur Verantwortung zu ziehen, sind: vor allem die Erteilung eines Mißtrauensvotums (Art. 54), ferner Anfragen und Interpellationen (Art. 33), sowie die Einsetzung von Untersuchungsausschüssen (Art. 34). Falls die Verfassung oder ein Reichsgesetz schuldhaft verletzt worden ist, kann nach Art. 59 auch die Ministeranklage bei dem Staatsgerichtshof erhoben werden. Der Reichspräsident kann nur nach Maßgabe des Art. 59 durch Erhebung der Ministeranklage zur Verantwortung gezogen werden, vgl. auch Giese a. a. O. Der Reichskanzler und die übrigen Mitglieder der Reichsregierung sind aber auch dem Reichspräsidenten verantwortlich. Dieser kann Vortrag und Bericht von ihnen verlangen, er kann sie „kommen lassen" (vgl. VA. 237, 302) und sie gemäß Art. 53 entlassen; Anschütz 189; vgl. unten S. 165f.

Artikel 51.

Der Reichspräsident wird im Falle seiner Verhinderung zunächst durch den Reichskanzler vertreten[1]). Dauert die Verhinderung voraussichtlich längere Zeit[2]), so ist die Vertretung durch ein Reichsgesetz zu regeln.

Das gleiche gilt für den Fall einer vorzeitigen Erledigung der Präsidentschaft bis zur Durchführung der neuen Wahl[3]).

VA. 291.

Hatschek I 543; Stier-Somlo I 603; Wittmayer 339; Hubrich 96; Finger 318, 329; v. Freytagh-Loringhoven 135; Schwarz, DJZ. 1920, 219; Zitzlaff, DJZ. 1922, 430; Lammers, Staats- u. Selbstverw. 6, 335; Schelcher, DJZ. 1925, 494.

[1]) An Stelle des Reichspräsidenten tritt der Kanzler, nicht sein Stellvertreter, ebenso Hatschek I 543f.; Zitzlaff, DJZ.

1922, 430; and. Ans. Anschütz 185; Poetzsch 103; Giese 174, da die Stellvertretung des Präsidenten eine durch die Verfassung besonders dem Reichskanzler übertragene Befugnis ist. Soweit der Reichskanzler den Reichspräsidenten vertritt, hat er auch kraft der Reichsverf. die diesem zustehenden Rechte und obliegenden Pflichten, alle seine Anordnungen und Verfügungen bedürfen der Gegenzeichnung, Art. 50; ebenso Giese 175; abweichend Anschütz 185; Stier-Somlo I 604, vgl. RGBl. 1920, 469, s. auch Schwarz, DJZ. 1920, 219. Da seine Stellung direkt auf der Verfassung beruht, ist er dem Reichstag theoretisch nur nach Art. 59 wie ein Reichspräsident verantwortlich; Giese 175. Dies hindert jedoch nicht, daß der Reichspräsident ihn nach Beendigung der Vertretung gemäß Art. 53 entläßt oder der Reichstag gegen ihn in seiner Eigenschaft als Reichskanzler nach Art. 54 ein Mißtrauensvotum beschließt, da beides ohne Vorliegen von Gründen und auch ohne Angabe von Gründen zulässig ist. S. zu Art. 51 und 53 noch DJZ. 20, 384.

[2]) Was hier als längere Zeit zu gelten hat, bestimmt sich nach den Umständen, also nach dem freien Ermessen des Reichstags. Wen es will, kann das Gesetz bestellen. Eine Neuwahl kann auch im Falle einer längeren Verhinderung vor Ablauf der Amtszeit des Präsidenten nicht erfolgen, da dieser ein verfassungsmäßiges, nur durch verfassungsänderndes Gesetz entziehbares Recht auf sein Amt hat; Giese 175, abweichend Stier-Somlo I 604, 605.

[3]) Dies ist 1925 durch G. v. 10. März 1925 (RGBl. I, 17) geschehen.

Artikel 52.

Die Reichsregierung besteht aus dem Reichskanzler[1]) und den Reichsministern[2]).

StenBer. 291, 388, 473, 478, BA. 296, 300.

Kaufmann, Handb. f. Pol. 3, 44; Hatschek I 551; Stier-Somlo I 623; Wittmayer 335; Zitzlaff, DJZ. 1922, 430;

Meißner, StR. 193; Finger 422, 429; v. Freytagh-Loringhoven 161; Brünet 198; Bühler 58.

[1]) Nach der Verf. v. 1871 war der Reichskanzler der allein verantwortliche Reichsminister. Nach dem G. v. 17. März 1878 (RGBl. 7) wurden auf Antrag des Kanzlers vom Kaiser verantwortliche Stellvertreter (Staatssekretäre) ernannt; doch blieb dem Kanzler die historische Verantwortlichkeit und konnte er stets in die Tätigkeit der Stellvertreter eingreifen (§ 3 des G. v. 17. März 1878). Die heutige Stellung des Kanzlers ergibt sich aus den Art. 51 Abs. 1, 53, 55, 56, 57. Er ist somit mehr als ein primus inter pares VA. 300; Delbrück und Preuß, StenBer. 291, 388, 473, 478; Giese 176, 183; Stier-Somlo I 625; Anschütz 186. Allerdings ist die Reichsregierung ein beschließendes Kollegium, in dem der Reichskanzler überstimmt werden kann (StenBer. 291 388, 473, 478), auch ist jeder Minister innerhalb seines Ressorts selbständig und gemäß Art. 56 an keine Weisungen des Reichskanzlers oder des Kollegiums gebunden; Giese 176; Anschütz 186; dennoch verleihen die dem Reichskanzler in den Art. 51, 53, 55, 56 gegebenen Befugnisse diesem eine hervorgehobene Stellung ähnlich der eines Premierministers.

[2]) Innerhalb ihres Geschäftskreises sind die Minister gemäß Art. 56 selbständig, s. auch StenBer. 473. Ein Vertreter des Reichskanzlers ist in der Verfassung nicht vorgesehen, nach § 7 der auf Grund Art. 55 am 3. Mai 1924 (RMBl. 173) erlassenen Geschäftsordnung kann jedoch ein Minister von dem Reichspräsidenten zum Vizekanzler ernannt werden; Zitzlaff DJZ. 1924, 430; Giese 177.

Die Zahl und die Ressorts sind nicht verfassungsmäßig festgelegt, vgl. GeschOrdn. I § 1, RGBl. 1919, 1591, 1801, 1875; 1920, 380, 379; 1923 I 233, 832; 1924 I 371, 433; Stier-Somlo I 627f.; Hatschek I 568f., namentlich 571.

Außer den Ressortministern können noch Minister ohne Portefeuille ernannt werden; Anschütz 188; Giese 177. Die Vertretung der Minister durch die Staatssekretäre und

Ministerialdirektoren ihres Ministeriums ist durch § 16 GeschOrdn. geregelt, vgl. auch Poetzsch 105; Stier-Somlo I 634.

Eine Regelung über die Vertretung der Minister untereinander kann, abgesehen von der Geschäftsordnung, durch die Reichsregierung (Art. 58) und den Reichspräsidenten getroffen werden, Giese 178, vgl. jedoch auch Stier-Somlo I 634.

Artikel 53.

Der Reichskanzler und auf seinen Vorschlag die Reichsminister werden vom Reichspräsidenten ernannt und entlassen.

StenBer. 1339, VA. 299.

Bredt 145, 177, 178; Hubrich 110, 113; Lammers, Ztsch. f. GesellschWes. 1924, 209; Nawiasky 88; Schwarz in DIZ. 1920, 219; Hatschek I 419, 568; Finger 311; Stier-Somlo I 620; Meuschel, A. ö. R. 41, 1; Anschütz 123 f., 188; Arndt in Birkmeyers Enzykl. 832; v. Freytagh-Loringhoven 165; Glum, Die staatsrechtl. Stellung der Reichsregierung (1925); Koellreutter, Das parl. System S. 5f.; Hoffmann, A. ö. R. NF. 7, 263; Thoma, Arch. f. Sozialwissenschaft 50, 279 und DIZ. 1924, 659; Pohl, Die Auflösung d. Reichstags (1921) 18; Lukas, Organis. Grundgedanken 33; Giese, DIZ. 1927, 275.

Durch Art. 53 hat der Reichspräsident nicht nur die Befugnis erhalten, den Reichskanzler und die Reichsminister zu ernennen, sondern auch zu entlassen. Da sich die Worte „auf seinen Vorschlag" sinngemäß nur auf die Ernennung beziehen, kann er aus eigener Initiative jedes einzelne Mitglied der Regierung und gegebenenfalls die gesamte Reichsregierung entlassen; Anschütz 123; Preuß, VA. 237, 252; Hatschek I 419; Lukas, Org. Grundgeb. 33 Anm. 98; Thoma, DIZ. 1924, 659 u. ArchSoz. Wiss. 50, 279; Pohl, Die Auflös. d. RT. 18; vgl. jedoch auch Koellreutter, Das parl. System

5f.; Hoffmann, A. ö. R. NF. 7, 263; Giese 178. Der Reichstag hat kein Vorschlagsrecht; Finger 311; Anschütz 187; Giese 178; Poetzsch 105; a. M. Glum, Die staatsrechtl. Stellung der RReg. 31f. Der Kanzler und die Minister brauchen keine Parlamentarier zu sein; Anschütz 190; Giese 179. Ebenso wie der Reichspräsident Minister ohne Portefeuille ernennen kann, s. oben Anm. zu Art. 52, so kann andererseits der Reichskanzler gleichzeitig ein Ressort übernehmen; Anschütz 188.

Die Zahl und die Zuständigkeit der Reichsministerien wird von dem Reichspräsidenten durch Verordnung bestimmt vgl. Anschütz 188 und oben Anm. 2 zu Art. 52.

Ernennung und Entlassung bedürfen jedoch nach Art. 50 der Gegenzeichnung. Weigert sich jedoch der Reichskanzler seine und der übrigen Regierungsmitglieder Entlassung gegenzuzeichnen, so ist der Reichspräsident nicht etwa machtlos, wie dies Koellreutter und Hoffmann a. a. O. annehmen, sondern er kann die Entlassungsverfügung durch den von ihm neu ernannten Kanzler gegenzeichnen lassen, dessen Gegenzeichnung hierbei die Entlassung seines Vorgängers und seine eigene Ernennung deckt; Anschütz 125; Thoma, ArchSozWiss. 50, 279 u. DJZ. 1924, 659; Lukas a. a. O.; Pohl a. a. O.; Preuß a. a. O.; Hatschek I 418, 549; a. M. Hubrich 110f.; denn bereits im Kaiserreich konnte der Reichskanzler gewohnheitsrechtlich seine eigene Ernennung und die Entlassung seines Vorgängers gegenzeichnen, Arndt, Birkmeyers Enzykl. 832. Weiter hat auch die Weimarer Verfassung einem Reichskanzler, den der Reichspräsident aus eigener Initiative entlassen will oder auf Grund eines Mißtrauensvotums nach Art. 54 entlassen muß, ebensowenig wie das bisherige Recht die Macht geben wollen, seine Entlassung durch Verweigerung der Gegenzeichnung zu verhindern, Anschütz 125. Anderenfalls würde schließlich das Recht des Reichspräsidenten, den Reichstag aufzulösen (Art. 25), praktisch undurchführbar sein, sobald die doch meist aus der Reichstagsmehrheit entnommenen

Regierungsmitglieder ihre Zustimmung hierzu verweigern, ohne daß der Reichspräsident sie entlassen und die Auflösungsverfügung von dem neuernannten Kanzler gegenzeichnen lassen könnte. Unzutreffend ist die Ansicht von Hubrich 110, der annimmt, daß die Ernennung des Reichskanzlers keiner Gegenzeichung bedarf, weil die Ernennung keine Verfügung i. S. des Art. 50 sei.

Dagegen ist das Ersuchen des Präsidenten an die als Reichskanzler in Aussicht genommene Persönlichkeit, die Bildung eines regierungsfähigen Kabinetts zu versuchen (der von der späteren Ernennung zum Kanzler scharf zu unterscheidende Auftrag zur Kabinettsbildung) keine unter Art. 50 fallende Anordnung oder Verfügung, da es weder Rechte noch Rechtspflichten für den Beauftragten, andere Personen oder Behörden schafft und nur eine Vorbereitungshandlung für eine Verfügung (nämlich die Ernennung) ist. Ein derartiger Auftrag, der ja auch mündlich erteilt werden kann, bedarf daher keiner Gegenzeichnung. Mithin steht es dem Reichspräsidenten auch frei, hierbei zum Ausdruck zu bringen, daß er die Ernennung des Beauftragten und der von ihm vorgeschlagenen Minister nur dann vornehmen werde, wenn bei der Auswahl der Minister bestimmte Richtlinien innegehalten werden oder wenn bestimmte Persönlichkeiten als Minister vorgeschlagen werden. Hierbei ist es unerheblich, ob er diesen Auftrag an einen (aus irgendwelchen Gründen) zurückgetretenen, jedoch mit der Weiterführung der Geschäfte beauftragten Reichskanzler richtet, da der Auftrag an ihn nicht in seiner dienstlichen Eigenschaft als Kanzler, sondern in der als Politiker (der gegebenenfalls erneut zum Reichskanzler ernannt werden soll) gerichtet ist (vgl. den Brief des Reichspräsidenten v. Hindenburg vom 20. Januar 1927 an den geschäftsführenden Reichskanzler Dr. Marx); im Ergebnis übereinstimmend Giese, DJZ. 1927, 275, vgl. auch Anschütz 187; Giese, RVerf. 178; Poetzsch 105; Finger 311, vgl. jedoch auch Glum a. a.O. 22, 28f., 31f. Daß der Reichpräsident hierbei wie auch sonst bei seinen Handlungen im Hinblick auf

Art. 54 auf die Mehrheitsverhältnisse im Parlament, ebenso wie auf die innen- und außenpolitische Lage Rücksicht nehmen muß, ist keine staatsrechtliche Pflicht, sondern eine politische Notwendigkeit, die den ihm in Art. 53 verliehenen Einfluß auf die Regierungsbildung zwar einschränken kann, aber nicht ausschaltet, ähnlich Giese, DJZ. 1927, 275; Anschütz a. a. O.; a. M. Glum a. a. O. Beschließt nämlich das Parlament gegen die von ihm ernannten Regierung ein Mißtrauensvotum, so braucht er sich dem nicht zu fügen, sondern kann unter Gegenzeichnung des gestürzten, von ihm mit der Weiterführung der Geschäfte beauftragten Kanzlers gemäß Art. 25 den Reichstag auflösen, um den Versuch zu machen, durch Neuwahlen eine Mehrheit für die von ihm ernannte Regierung zu erzielen. Er kann natürlich auch durch die Auflösung des Reichstags einem von den Mehrheitsparteien beantragten Mißtrauensvotum zuvorkommen, Anschütz 123; Hatschek I 418, vgl. jedoch auch Bredt 145.

Ebenso wie der Reichspräsident nach Art. 53 den Reichskanzler und die Minister aus eigener Initiative entlassen kann, hat er auch dem Entlassungsgesuch des Kanzlers oder eines Ministers stattzugeben; Anschütz 189; Giese 178.

Artikel 54[1]).

Der Reichskanzler und die Reichsminister bedürfen zu ihrer Amtsführung des Vertrauens[2]) des Reichstags[3]). Jeder von ihnen muß zurücktreten, wenn ihm der Reichstag durch ausdrücklichen Beschluß sein Vertrauen entzieht[3]).

StenBer. 1339, BA. 303.

Hatschek I 572, 670; Stier-Somlo I 365, 635, ders., Minister u. Ministerverantw. i. Handw. B. d. RWiss. Bd. 4, 68 f.; Finger 258; Stier-Somlo, Z. f. StWiss. 1923, 1; Schmitt, Die geistesgesch. Lage des heut. Parl. (1923), Wittmayer 302; Schelcher, A. ö. R. 41, 257; ders., in Fischers Zeitschr. 54, 183; Schanze A. ö. R. 42, 254; Hasbach, Die parl. Kabinettsreg. (1919); Lukas, Organ. Grundgedanken (1920); Kaufmann in Westmark 1921, 205; Koellreutter, Das parl. System (1921); v. Freytagh-Loringhoven 156, 168; Loewenstein, Volk u. Parlament (1922); Rothenbücher, Die Stellung d. Minister (1922); R. Schmidt, Einführung 88; Poetzsch, Jahrb. 13, 168; Hoffmann, D. Stellvertretung d. Staatshauptes bei parl. RegWeise, 1923 und A. ö. R. NF. 7 257; Stier-Somlo, das. 9, 211.

[1]) Die Artikel 54 und 55 legen das parlamentarische System, die Parlamentsherrschaft fest, das nicht verlangt, daß die Minister den Mehrheitsparteien entnommen werden, sondern nur, daß sie jederzeit das Vertrauen des Parlaments genießen und jederzeit zurücktreten müssen, wenn das Parlament ihnen das Vertrauen entzieht. Das System läßt Fachminister zu, die das Vertrauen des Parlaments haben; s. Heinze, Preuß, v. Delbrück, Quarck, StenBer. 1339f.; Anschütz 190; Giese 179 und oben Anm. zu Art. 53.

[2]) Das Vertrauen braucht jedoch nicht ausdrücklich ausgesprochen zu werden (Vertrauensvotum). Es ist vielmehr bis zur Annahme eines förmlichen Mißtrauensvotums zu vermuten. In der Ablehnung eines Vertrauensvotums oder einer Gesetzesvorlage oder (anders als in Belgien und England) in der Streichung von Positionen des Etats durch den Reichstag liegt noch kein Mißtrauensvotum; Anschütz 190 Poetzsch, Jahrb. ö. R. 13, 168; vgl. jedoch auch Giese 180. Neben dem Vertrauen des Reichstags brauchen die Mitglieder der Reichsregierung noch das Vertrauen des Reichspräsidenten, der sie, wie oben zu Art. 53 ausgeführt worden ist, entlassen kann.

[3]) Das Mißtrauensvotum kann gegen die gesamte Reichsregierung, aber auch gegen ein einzelnes Mitglied derselben beschlossen werden. Wird es gegen ein einzelnes Mitglied beschlossen, so kann dies sein Amt nicht selbständig verlassen,

es muß vielmehr seine Entlassung durch den Reichspräsidenten nachsuchen (Art. 53). Dieser ist verpflichtet, dem Gesuch zu entsprechen; Giese 180. Falls ein Entlassungsgesuch nicht gestellt oder die Entlassung des Ministers von dem Kanzler nicht vorgeschlagen, so kann der Präsident den Minister auch aus eigener Initiative entlassen, vgl. oben Anm. zu Art. 53; a. M. Giese 178. Da eine gesetzliche Bestimmung über das Ruhegehalt noch nicht erfolgt ist, gilt vorläufig § 35 RBG.; Hatschek I 553; Giese 180.

Artikel 55.

Der Reichskanzler führt den Vorsitz in der Reichsregierung und leitet ihre Geschäfte[1]) nach einer Geschäftsordnung[2]), die von der Reichsregierung beschlossen und vom Reichspräsidenten genehmigt wird.

BA. 296, 303.

Anschütz 191; Giese 181; Poetzsch 107; Hubrich 115; Lammers, Staats- u. Selbstverw. V (1924), 380.

[1]) Der Reichskanzler ist hiernach auch für alle Minister verantwortlich, zwar nicht für jede Einzelhandlung, wohl aber für deren Politik und kann in jede Sache, wenn auch nicht befehlend, so doch mahnend eingreifen. Delbrück, BA. 300; s. jedoch Anm. 3 zu Art. 56 und oben Anm. 1 u. 2 zu Art. 52.

[2]) Es gilt zur Zeit die Geschäftsordnung vom 3. Mai 1924 (RMBl. 1924, 173). Als Ergänzung ist die „gemeinsame Geschäftsordnung" der Reichsministerien ergangen. Diese ist nur für den inneren Dienst bestimmt und daher nicht verkündet worden. Sie ist jedoch im Verlage der Reichsdruckerei 1924 erschienen, vgl. auch Poetzsch Jahrb. 13, 180.

Artikel 56.

Der Reichskanzler bestimmt die Richtlinien der Politik und trägt dafür gegenüber dem Reichstag die

Verantwortung[1]). Innerhalb dieser Richtlinien leitet jeder Reichsminister[2]) den ihm anvertrauten Geschäftszweig selbständig[3]) und unter eigener Verantwortung gegenüber dem Reichstag[4]).

BA. 296, 300, 303.

Wittmayer 343; Stier-Somlo I 607, 637, Hatschek I 674; Poetzsch 94, 107; Hubrich 116; Jellinek, Verf. u. Verw. 22; Glum, Die staatsrechtl. Stellung der RReg. (1925); Wolgast, A. ö. R. NF. 5, 35.

[1]) Die Verantwortung des Reichskanzlers und der Reichsminister dem Reichstag gegenüber erstreckt sich auch auf die Tätigkeit des Reichspräsidenten, soweit sie von ihnen durch Gegenzeichnung oder sonstwie gebilligt worden ist, s. oben Anm. 2 zu Art. 50. Da der Reichskanzler nach Art. 56 allein die Richtlinien der Politik bestimmt, kann er sich insoweit nicht auf eine Weisung des Reichspräsidenten oder auf einen ihn überstimmenden Beschluß der Reichsregierung (Art. 58) berufen. Demgemäß hat er nach Art. 56 die Grundsätze für die innere und äußere Politik zu bestimmen und ihre Durchführung durch die Minister und die diesen nachgeordneten Verwaltungsstellen zu überwachen und gegebenenfalls einzugreifen §§ 1—3 GeschOrd. v. 3. 5. 1924 (RMBl. 173); Anschütz 193, vgl. jedoch auch Glum a. a. O. 16. Hierfür ist er auch dem Reichstag nach Art. 56 verantwortlich, dagegen nicht für die Ausführung durch die einzelnen Verwaltungsorgane, sofern er keinen direkten Einfluß auf die Durchführung ausgeübt hat, Giese 182; Wolgast, A. ö. R. NF. 5, 35.

[2]) Außer bei Gegenzeichnung und anderen Ausnahmefällen (Art. 51), namentlich innerhalb ihres Geschäftskreises, können sich die Minister durch Staatssekretäre, Direktoren, Räte vertreten lassen, s. auch Poetsch 105; Drucksachen RT. 1920 Nr. 183. Prot. d. RR. 1920 Nr. 736.

[3]) Wenngleich der Reichskanzler die Durchführung der von ihm bestimmten Richtlinien der Politik durch die einzelnen Minister zu überwachen hat (s. Anm. 1) und diesen insoweit

übergeordnet ist, so sind diese jedoch gemäß Art. 56 in ihrem Ressort keinem Facheingriff des Kanzlers und keiner Kontrolle durch die übrigen Mitglieder der Reichsregierung ausgesetzt, vgl. § 15 GeschOrdn. Sie können daher ergänzende Richtlinien für ihr Ressort aufstellen und durchführen und dieses völlig selbständig (innerhalb der durch den Kanzler bestimmten Richtlinien der Politik) verwalten, Giese 183. Sie sind daher insoweit dem Reichstag selbständig verantwortlich (und nicht an ihrer Stelle der Reichskanzler), Giese 183, RGSt. 57, 420; Hatschek I 681; Stier-Somlo I 637.

[4]) Der Reichstag kann die Mitglieder der Reichsregierung durch Erteilung eines Mißtrauensvotums (Art. 54) oder durch Anklage vor dem Staatsgerichtshof (Art. 59) zur Verantwortung ziehen. Daraus, daß die Minister dem Reichstag verantwortlich sind, folgt nicht, daß sie sich bei jeder von ihnen zu treffenden Verwaltungsmaßnahme an die Beschlüsse der Reichstagsausschüsse halten müssen, RG. in Jur. Rundschau 1927, 169.

Artikel 57[1]).

Die Reichsminister haben der Reichsregierung[2]) alle Gesetzentwürfe, ferner Angelegenheiten, für welche Verfassung oder Gesetz dieses vorschreiben, sowie Meinungsverschiedenheiten über Fragen, die den Geschäftsbereich mehrerer Reichsminister berühren, zur Beratung und Beschlußfassung zu unterbreiten[3]).

StenBer. 1302, BA. 296, 303.

Schön A. ö. R. NF. 6, 159; Hatschek I 564; Wittmayer 343; Nawiasky 91.

[1]) Die entsprechende Vorschrift galt für das preußische Staatsministerium nach der KVO. v. 27. Oktober 1810 (GS. 3), wohingegen im Kaiserreich der Reichskanzler allein entschied; doch wurden die Vorlagen als preußische beim Bundesrat eingebracht und gingen evtl. als solche des Bundesrats an den

Reichstag; s. Art. 16 der früheren Verf.; Laband 455; Arndt, RStR. §§ 16, 17.

[2]) Dies ist das Kollegium; s. Art. 15, 55, 66 Abs. 1, 77, 88 Abs. 3, 91, GeschOrdn. der RReg. v. 3. Mai 1924 (RMBl. 173) §§ 10, 18, 22f. Auch sonst ist unter „Reichsregierung" in der Verfassung und den Reichsgesetzen stets das Kollegium und nicht der zuständige Ressortminister zu verstehen, Giese 184; Anschütz 194; vgl. jedoch auch Jellinek, Verf. u. Verw. 84; Triepel, A. ö. R. 39, 480; Poetzsch 93f., 103, 108, 109, RGSt. 58, 407. Allerdings kann stets die Zuständigkeit des Ressortministers durch Delegation seitens des Kollegiums begründet werden, Giese 184, vgl. aber auch Anschütz 193 und Entsch. d. RFinHofs 17, 81.

[3]) Soweit Art. 57 nicht gilt, verfügt jeder Minister allein und selbständig. Einen Mehrheitsbeschluß hat der Ressortminister, auch wenn er überstimmt worden ist, auszuführen, Giese 184. Jedoch ist nach Art. 56 der Reichskanzler hinsichtlich der nur von ihm zu bestimmenden Richtlinien der Politik an einen Mehrheitsbeschluß nicht gebunden, vgl. auch Anm. 1 u. 2 zu Art. 56 und Anschütz 193, 195.

Artikel 58[1]).

Die Reichsregierung faßt ihre Beschlüsse mit Stimmenmehrheit[2]). Bei Stimmengleichheit entscheidet die Stimme des Vorsitzenden[3]).

VA. 296, 300.

Finger 421, 429; Poetzsch 109; Giese 185; Lammers Studien z. Selbstverw. 5, 382; Glum, Die staatsrechtl. Stellung der RReg. (1925).

[1]) Vgl. §§ 27f. der GeschOrdn. (Art. 55 Anm. 2).

[2]) Stimmberechtigt in dem Kollegium sind nur der Reichskanzler und die Minister (sowohl die Ressortminister wie die Minister ohne Portefeuille (s. Anm. 2 zu Art. 52) bzw. deren Stellvertreter (§ 30 GeschOrdn.). Der Reichspräsident dagegen

ist auch in den Fällen, in denen er nach Art des früheren Kronrats den Vorsitz führt, nicht stimmberechtigt, VA. 237; Giese 176; Anschütz 191, 194. Auf ihn findet daher Art. 58 überhaupt keine Anwendung.

Da jeder Minister für seinen Geschäftsbereich persönlich verantwortlich ist, enthält die Vorschrift, daß die Stimmenmehrheit bei Meinungsverschiedenheiten entscheidet, die man aus Art. 58 entnehmen kann, eine gewisse Anomalie, jedenfalls bleibt jeder Minister, auch wenn er in der Reichsregierung überstimmt wird, verantwortlich und muß, wenn er die Verantwortung nicht übernehmen kann, zurücktreten. Abgesehen von der Gegenzeichnung und unbeschadet ihrer Verantwortlichkeit kann sich jeder Minister durch seine Untergebenen vertreten lassen, s. Drucks. d. RR. 1920 Nr. 183; Poetzsch 105; Arndt zu Art. 15 und 17 a. Reichsverf.; s. auch Delbrück VA. 296; Preuß das. 300, und Anm. 3 zu Art. 56.

[3]) Den Vorsitz führt in der Regel der Reichskanzler (Art. 55) oder sein geschäftsordnungsmäßiger Vertreter (§ 29 GeschOrdn.). Führt jedoch der Reichspräsident den Vorsitz (s. oben Anm. 2), so gibt nicht seine Stimme (da er kein Stimmrecht hat), sondern sinngemäß die des Reichskanzlers bzw. seines Stellvertreters bei Stimmengleichheit den Ausschlag, Anschütz 191. Der Reichsfinanzminister hat jedoch in den Fällen der §§ 128, 19, 24 Abs. 2, 59, 61, 81, 85, 90 RHaushOrdn. v. 31. Dezember 1922 (RGBl. 1923 II 17) ein absolutes Veto, während er im Falle des § 21 nur von einer qualifizierten Mehrheit überstimmt werden kann, vgl. Anschütz 195; Glum 39.

Artikel 59.

Der Reichstag ist berechtigt, den Reichspräsidenten, den Reichskanzler und die Reichsminister vor dem Staatsgerichtshof für das Deutsche Reich anzuklagen[1]), daß sie schuldhafterweise die Reichsverfassung oder ein Reichsgesetz verletzt haben[2]). Der

Antrag auf Erhebung der Anklage muß von mindestens hundert Mitgliedern des Reichstags unterzeichnet sein und bedarf der Zustimmung der für Verfassungsänderungen vorgeschriebenen Mehrheit[3]). Das Nähere regelt das Reichsgesetz über den Staatsgerichtshof[4]).

Nach Ber. 1303, BA. 237, 305 f., 460.

Hatschek I 682; Wittmayer 364 u. A. ö. R. 39, 335; Finger 68 u. A. ö. R. NF. 9, 289; Kaufmann, Untersuchungsausschuß und Staatsgerichtshof 1920; Stier-Somlo I 608, 638; Lammers, der G. u. d. Staatsgerichtshof 1921; v. Freytagh-Loringhoven 133; Brunet 195.

[1]) Die Anklage kann auch gegen einen nicht mehr amtierenden Präsidenten, Kanzler oder Minister erhoben werden, vgl. G. über d. Staatsgerichtshof v. 9. Juli 1921 (RGBl. 905) §§ 2, 12; Lammers, Komm. 20; Giese 186; Anschütz 197; Kädell, Z. f. ges. Strafr. Wiss. 41, 719, BA. 237, 306, 363.

[2]) Die Anklage kann jedoch im Gegensatz zu Art. 43 (Absetzung des Reichspräsidenten durch Volksabstimmung) und Art. 54 (Mißtrauensvotum), die eine Rechtsverletzung oder ein Verschulden nicht voraussetzen, nur wegen schuldhafter Gesetzesverletzung, nicht aber wegen Verletzung der Zweckmäßigkeit und wegen ihrer Politik überhaupt erhoben werden. Das Urteil des Staatsgerichtshofes lautet nicht auf eine Strafe im Sinne des Strafgesetzbuchs, sondern stellt lediglich fest, daß der Angeklagte eine bestimmte Vorschrift der Reichsverfassung oder eines Reichsgesetzes schuldhaft verletzt hat, Heinze BA. 305; Wittmayer A. ö. R. 39, 335; Giese 186. Daneben kann nur auf Amtsverlust (§ 12 des G. über den Staatsgerichtshof v. 9. Juli 1921) und Aberkennung der Ruhegehaltsbezüge (§ 2 des G. v. 31. Dezbr. 1922, RGBl. 1923 I 53) erkannt werden, vgl. auch BA. 305, 460; Giese 186. Der Begriff „Verschulden" umfaßt ebenso wie im Straf- und Zivilrecht Vorsatz und Fahrlässigkeit. Die Billigung einer unter Art. 59 fallenden Handlung des Reichspräsidenten im Wege der Gegenzeichnung durch den Reichs-

kanzler oder einen Reichsminister, macht diesen neben dem Präsidenten verantwortlich, Giese 187.

[3]) Es müssen mithin bei der Beschlußfassung gemäß Art. 76 zwei Drittel der gesetzlichen Mitgliederzahl anwesend sein und mindestens zwei Drittel der Anwesenden dem Beschlusse zustimmen.

[4]) Sobald die Anklage beschlossen ist, hat der Reichstagspräsident dem Vorsitzenden des Staatsgerichtshofes eine Anklageschrift zu übermitteln, die die Tat, die verletzte Rechtsnorm und die die Anklage begründenden Tatsachen enthalten muß, Staatsgerichtshof-Ges. § 5, vgl. Lammers Komm. 33. Der Staatsgerichtshof wird bei dem Reichsgericht gebildet (Art. 108). Er besteht in den Fällen des Art. 59 aus dem Reichsgerichtspräsidenten als Vorsitzenden, je einem Mitglied des PrOVG., des BayrOberstLG. und des HansOLG., einem von der Anwaltskammer des RG. gewählten Rechtsanwalt, sowie aus fünf vom Reichtsag und fünf vom Reichsrat zu wählenden Beisitzern. Auf das Verfahren sind die Vorschriften der StPO. sinngemäß anzuwenden, § 6 StGerHG. Das Verfahren ist trotzdem kein strafprozessuales sondern ein staatsrechtliches, Lammers zu § 6; Giese 186; Anschütz 196. Die Anklage wird auch nicht von dem Oberreichsanwalt, sondern von einer vom Reichstag hierzu bestellten Person, die natürlich der Oberreichsanwalt sein kann, vertreten, § 8 StGerHG.; Lammers Komm. 46. Durch das Verfahren vor dem Staatsgerichtshof werden nebenhergehende Zivil-, Straf- und Disziplinarverfahren nicht ausgeschlossen, § 10 StGHG., vgl. auch Giese 186; Anschütz 196.

Vierter Abschnitt.

Der Reichsrat.

Stier-Somlo I 639ff. Z. f. ges. Staatswiss. 78, 576 ff.; ders., Reichsrats- und Staatsratsproblem in Festgabe für Fleiner (Tübingen 1927) 254ff.; Finger 287ff.; Meißner 100ff.; Hatschek I 693ff.; Wittmayer 137ff., 374ff.; ders. A. ö. R.

39, 393ff.; Lukas, Grundgedanken 20ff.; Brunet 213ff.; Preuß, Deutschlands republ. RVerf. 57ff.; Bilfinger, Der Einfluß der Einzelstaaten auf die Bildung des Reichswillens (1923); ders. in Veröffentl. der Vereinigg. d. staatsrechtslehrer I (1924) 35ff. u. i. A. ö. R. NF. 8, 174ff.; Triepel, Schmollers Jahrb. 43, 494ff. und Z. f. Politik 14, 194ff.; Poetzsch, Jahrb. d. ö. R. 1925, 195ff.; Lammers, PrVBl. 44, 1ff. und Staats- und Selbstverwaltung 3, 183; 6, 307ff.; Meyer-Lüerßen, Die rechtl. Stellung der Bevollmächtigten zum Reichsrat (1924); W. Jellinek, Verf. u. Verw. 87ff. und Jahrb. 9, 92ff.; von Freytagh-Loringhoven 171ff.; Hubrich 121ff.; Leibholz, Die Gleichheit vor dem Gesetz (1925) 138ff.; von Schmettow, Demokratie und Verfassungsreform (1925) 87ff.; Lassar, Jahrb. 1926, XIV, 21f.; Held, Der Reichsrat (Regensburg 1927); Heyland, Zur Lehre von der staatsrechtl. Stellung der Reichsratsmitglieder (1927); Zeimann, Der Reichsrat, Frankf. Diss. 1920. Düesberg, A. ö. R. NF. 12, 321ff.; Bredt, Verw. Arch. 31, 288; Brie, HB. d. Politik III 59.

Der Reichsrat tritt an die Stelle des Staatenausschusses (s. oben S. 44f.) und des Bundesrats. Der Bundesrat war die Vertretung der Bundesstaaten im Organismus des Reichs, also neben dem Kaiser die Vertretung des Souveräns (Arndt §§ 17, 18; Meyer-Anschütz § 123; Seydel I 202; Laband I 233; v. Jagemann, Die Deutsche Reichsverfassung 80; Herwegen Reichsverfassung und Bundesrat 1902; Knorr, Das Verordnungsrecht des Bundesrats, Dessau 1906; Rosenberg in HA. 1902, 13f.; Dambitsch 191f.). Der Bundesrat war nicht zugleich Organ des Reichs und der Bundesstaaten (Ansicht u. a. von Laband I 235), sondern nur Organ des Reichs, indes das durch Organe der Bundesstaaten gebildete; ebenso Dambitsch 197. Die Bundesratsmitglieder waren Organe des Staates, der sie entsandte, in ihrer Gesamtheit als Bundesrat bildeten sie kein Organ der einzelnen Bundesstaaten, sondern das Organ des Reichs, welches die Bundesregierungen vertrat; Laband I 235 legt dem Bundesrat eine Doppelnatur bei, ebenso Brie bei Grünhut 11, 140; s. dagegen O. Gierke bei Schmoller 7, 50; Arndt 114. Durch den Bundesrat wurden die Gesetze des Reichs sanktioniert (Art. 7 Z. 1) und die Verordnungen des Reichs, soweit nicht Ausnahmen gegeben waren, beschlossen (Art. 7 Z. 2). Der Bundesrat entsprach dem ehemaligen deutschen Bundestage, wie dieser war er ein Gesandtenkongreß. Er war eine politische Körperschaft, keine bloße Reichsbehörde, RGSt. 5, 282, und zwar war der Bundesrat erstens Gesetzgebungsorgan des Reichs, Art. 5 u. 7, Ziff. 1 und zweitens das Verordnungsorgan, wenn nicht anderes bestimmt war, Art. 7 Z. 2, drittens oberstes Reichsgericht; Art. 7 Z. 3. Der Bundesrat war kein Reichsministerium und kein Oberhaus, Bismarck, StenBerRT. 1878, 378; 1871, 298; Staatenhaus war er insoweit, als seine Mitglieder nicht die Bundesratsbevollmächtigten, sondern die Bundesstaaten selbst waren. Zur Charakteristik s. H. v. Sybel, StenBerRT. 1867, 325 und Bismarck das. S. 430; s. auch E. Kaufmann, Bismarcks Erbe S. 9 und v. Keudell 328; Bergsträßer 68.

Nach der heutigen Reichsverfassung stellt der Reichsrat die organische Verbindung zwischen Reich und den Ländern dar. Er ist — im Gegensatz zu den beiden anderen, unitarisch organisierten Hauptorganen des Reiches, Reichspräsident und Reichstag — Ausdruck des bundesstaatlichen Gedankens und zwar in der Form des traditionellen Bundesratssystems, wenn auch abgeschwächt in der Richtung auf den Staatenhaustyp hin (Art. 61, 66 II und III), vgl. Heyland 9ff. In dieser Hinsicht sagt der Berichterstatter Haußmann, StenBerRT. 1342f., daß der Reichsrat eine Einrichtung des Reichs ist, die „zur Vertretung der deutschen Länder bei der Gesetzgebung und Verwaltung des Reichs gebildet wird." „Der Reichsrat den man danach wohl als ein Organ des Reichs im Sinne des Art. 5 bezeichnen darf, ist zugleich auch ein Organ der Gesamtheit der Länder; im Sinne des Art. 5 sind die einzelnen Mitglieder

Organe und Vertreter ihrer Länder. Er ist eine Schöpfung der Reichsverfassung." Wenn hierauf Haußmann fortfährt: Der Reichsrat habe staatsrechtlich eine vollständige Doppelstellung, ähnlich Poetzsch 110, so möchte demgegenüber zu bemerken sein, daß er als Reichsrat rechtlich nur Organ des Reichs ist, wie es der Bundesrat war, ebenso Anschütz 199; Giese 188; Heyland 6. Der Reichsrat ist ebenso wie der Staatsrat, in Preußen Gesetzgebungsorgan; s. Arndt, PrV. 80; Heyland 223 f.; Käckell, Z. f. ges. Strafrechtswissenschaft 21, 701 ff. und genießt daher auch den Schutz der §§ 105 106 StGB.; and. Ans. Hatschek I 703; jedenfalls auch politische Körperschaft i. S. StGB. § 197. Die Bevollmächtigten zum Reichsrat sind jedoch zugleich Landes- und Reichsorgane. Soweit sie nur als Reichsorgane tätig werden, insbesondere z. B. als vom Reichsrat entsandte Mitglieder des Reichsversicherungsamtes (§ 87 Reichsversicherungsordnung), des Reichsdisziplinarhofes (§ 91 RBeamtenges.), des Reichsschuldenausschusses (§ 31 II Reichsschuldenordnung v. 13. Februar 1924, RGBl. I 95), des Beirates zur Branntweinmonopolverwaltung (§ 11 des Ges. v. 8. April 1922, RGBl. I 405) und des Beirates für die Elektrizitätswirtschaft (§ 20 Ges. v. 31. Dezember 1919 (RGBl. 1920 I 19) sind sie daher an Instruktionen der sie in den Reichsrat entsendenden Länder nicht gebunden; Instruktionen des Reichsrates haben sie jedoch, soweit dies mit ihrer Stellung vereinbar ist, Folge zu leisten, vgl. Heyland 203 ff. Die Bevollmächtigten sind, soweit sie nicht von dem Lande abgeordnet sind, in dessen Gebiet der Reichsrat seinen Sitz hat, der Gerichtsbarkeit dieses Landes nicht unterworfen (§ 18 II GVG. in der Fassung v. 22. März 1924 (RGBl. I 304). Darüber hinaus sind die Bevollmächtigten auch im übrigen „quasi-völkerrechtlich" exterritorial, d. h. unterliegen nicht (außer als Staatsangehörige oder Organe) der Staatsgewalt des Landes, in dessen Gebiet der Reichsrat tagt, da diese diplomatische Vorrechtsstellung gewohnheitsrechtlich hergebracht ist (s. Art. 10 a. RVerf.) und es auch nicht angeht, daß ein Land durch das andere bei seinem Verkehr mit dem Reiche in dieser Weise behindert wird, Meyer-Lüerßen 63ff., Hatschek, Stier-Somlo, Heyland 216ff., a. A. Käckell. Nicht exempt sind jedoch die preußischen Provinzialvertreter, Düesberg 377, da sie ja von Preußen entsandt sind.

Artikel 60.

Zur Vertretung der deutschen Länder bei der Gesetzgebung und Verwaltung des Reichs wird ein Reichsrat gebildet.

StenBer. 289f., 386ff., 1341ff.; BA. 116ff.

Hatschek I 725ff.; Stier-Somlo I 640ff.; Finger 287ff.; Bredt 103ff.; Wittmayer 385, 392ff.; Käckell, Z. f. ges. Strafrechtswissenschaft 41, 701ff.; Poetzsch, Jahrb. (1925) XIII, 199ff.; W. Jellinek, Verf. u. Verw. 91; Heyland, Lehre von der Stellung der Reichsratsmitglieder (1927) 6, 10, 31ff.

Die Befugnisse des Reichsrats sind sehr abgeschwächt gegenüber denen des Bundesrats. Er nimmt an der Souveränität des Reichs geringen Anteil. Bei der Gesetzgebung hat er am letzten Ende nur aufschiebende Kraft; so auch Preuß StenBer. 1361: „Aus diesem Artikel (60) ergibt sich, daß der Reichsrat eine Vertretung der Länder beim Reich zu Reichszwecken und nicht etwa eine Organisation der Länder zu Länderzwecken ist, insbesondere kein partikularistisches Gesamtorgan"; so richtig Quarck l. c. 1344.

Funktionen des Reichsrats in Art. 67, 69, 74, 76, 85 Abs. 4 bei der Gesetzgebung, andere bes. in Art. 77, 88 Abs. 3, 91, 93, 98, 179 und in vielen Sondergesetzen; der RR. entscheidet als Gericht darüber, ob Landes- oder Gemeindesteuern geeignet sind, die Steuereinnahmen des Reichs zu schädigen, und ob überwiegende Interessen der Reichsfinanzen der Erhebung der Steuern entgegenstehen, auf Antrag des R. oder eines Landesfinanzministers, § 6 II des FinanzausgleichsGes. in Fassg. der Bktmchg. v. 27. April 1926 (RGBl. I 203), s. Anm. 5 zu

Art. 15, Anm. 4 zu Art. 19 und Anm. 4 zu Art. 13; s. ferner auch §§ 155ff. Reichsabgabenordnung. S. oben zu Art. 11.

Die Geschäftsordnung des Reichsrats v. 20. November 1919, jetzt gültig in der Fassung vom 14. Dez. 1921, ist Zentralblatt für das Deutsche Reich 1921 S. 976 von Bierberstein, Reichsgesetze 318ff.; Triepel, Quellensammlung 76ff. und Jahrb. 1920 S. 93 abgedruckt.

Artikel 61.

Im Reichsrat hat jedes Land mindestens eine Stimme[1]). Bei den größeren Ländern entfällt auf 700000 Einwohner eine Stimme[2]). Ein Überschuß von mindestens 350000 Einwohnern wird 700000 gleichgerechnet. Kein Land darf durch mehr als zwei Fünftel aller Stimmen vertreten sein.

Deutschösterreich erhält nach seinem Anschluß an das Deutsche Reich das Recht der Teilnahme am Reichsrat mit der seiner Bevölkerung entsprechenden Stimmenzahl. Bis dahin haben die Vertreter Deutschösterreichs beratende Stimme[3]).

Die Stimmenzahl wird durch den Reichsrat nach jeder allgemeinen Volkszählung neu festgesetzt[4]).

StenBer. 1343; BA. 147ff.; 441ff.

Stier-Somlo I 642f.; Hatschek I, 713 f.; Wittmayer 283ff.; Finger 290ff.; Thoma, Ann. f. Sozialpolitik 6, 411ff.; Jellinek, Jahrb. 9, 104; Poetzsch, das. 13, 195ff.; Kaisenberg, DJZ. 1921, 358; Helfritz, Jahrb. (1926) XIV, 241ff.

[1]) In der Vollversammlung; bei Ausschüssen s. Art. 63.

[2]) Abs. 1 beruht auf G. v. 24. März 1921 (RGBl. 440).

[3]) Die Bestimmung bezüglich Österreichs wäre in der Deutschen Verfassung der Ausdruck der Hoffnung auf den Anschluß Deutsch-Österreichs; sie sollte „Losung der Bürgschaft" ihrer Erfüllung in der Zukunft sein, StenBer. 1343. Der Antrag

Beyerle, zu setzen „mit der seinen Ländern und seiner Bevölkerung entsprechenden Stimmenzahl" wurde abgelehnt, um offen zu lassen, ob Österreich in Zukunft als „Ganzes oder als Teile und in welchem Verhältnis" in Betracht käme (Haußmann 1343). Da Abs. 2 in Art. 61 nach Ansicht der Entente mit Art. 80 des Friedensvertrages von Versailles v. 28. Juni 1919 (s. auch Art. 178) in Widerspruch steht, mußte das Reich authentisch seine Unwirksamkeit erklären; s. StenBer. 4152; doch ist die Vorschrift an sich nicht entfernt; Anschütz 202; Wittmayer 22ff.; Giese 192. Denn das Protokoll vom 22. September 1919, in dem die Reichsregierung die Ungültigkeit des Art. 61 Abs. 2 anerkennt, (s. Triepel, Quellensammlung 75; Jahrb. d. ö. R. IX 104, 304), ist zwar von der Nationalversammlung genehmigt, aber nicht im RGBl. verkündet worden, so daß es keine Gesetzeskraft hat.

[4]) Zurzeit hat Preußen 26, Bayern 10, Sachsen 7, Württemberg 4, Baden 3, Thüringen, Hessen und Hamburg je 2, alle übrigen je 1 Stimme; insgesamt 66 Stimmen.

Artikel 62.

In den Ausschüssen, die der Reichsrat aus seiner Mitte bildet, führt kein Land mehr als eine Stimme.

Stier-Somlo I 646f.; Hatschek I 723ff.; Heyland, Staatsrechtl. Stellung der Reichsratsmitglieder (1927) 173.

Hieraus ergibt sich, daß der Reichsrat Ausschüsse bildet; s. auch Art. 8 der früheren Verfassung. Da die Mitglieder des Bundesrats und Reichsrats nicht die Bevollmächtigten, sondern die Staaten selbst sind (Bundesratsprotokolle 1872 § 87), kann in den Ausschüssen jeder Staat nur eine Stimme führen und bei vereinigten Ausschüssen so viele, wie oft das Land Mitglied der Ausschüsse ist; § 37 der Geschäftsordnung des RR. Die Länder, welche Mitglieder eines Ausschusses sind und als solche gewählt werden, ernennen die Mitglieder des Ausschusses aus ihren Bevollmächtigten. Nicht jedes Land ist notwendigerweise in jedem Ausschuß vertreten, Giese 193; Heyland. Es hat auch keinen rechtlichen Anspruch darauf.

Artikel 63.

Die Länder werden im Reichsrat durch Mitglieder ihrer Regierungen vertreten[1]). Jedoch wird die Hälfte der preußischen Stimmen nach Maßgabe eines Landesgesetzes von den preußischen Provinzialverwaltungen bestellt[2]).

Die Länder sind berechtigt, so viele Vertreter in den Reichsrat zu entsenden, wie sie Stimmen führen[3])[4]).

StenBer. 1342, 1812, 1815, 1818, 2113f.; VA. 124, 147ff. 434, 445ff.

Meyer-Lüerßen, Die rechtl. Stellung der Bevollmächtigten zum Reichsrat (1924); Hatschek I 704ff.; Stier-Somlo I 643ff.; Wittmayer 285ff. u. Z. f. öffentl. Recht 5, 292; Hubrich 121ff.; Anschütz, Veröffentlichg. d. Staatsrechtslehrer (1924) I 30ff.; Bilfinger, Einfluß der Länder 79f., 91ff. und A. ö. R. NF. 8, 174ff.; Finger 289, 291ff.; von Freytagh-Loringhoven 176f.; Lammers, PrVBl. 44, 1ff.; Triepel, Z. f. Politik 14, 223f.; Poetzsch, Jahrb. 1925, XIII, 196ff. und DJZ. 31 (1926), 268ff.; Heyland a. a. O. 12ff.; Erich Cohn, Stellung Preußens im deutschen Staatsrecht (1922); Waßmuth, Juristische Rundschau 1926, 46; K. Behnke, Gleichheit der Bundesstaaten (1926) 90ff.; Düesberg, A. ö. R. NF. 12, 321 ff., bes. 332 ff.

[1]) Auch aus Art. 63 ergibt sich, daß die Länder als solche die Mitglieder des Reichsrats sind. Die Hegemonialprivilegien Preußens sind im Reichsrat wie in seinen Ausschüssen beseitigt. Regierungsmitglieder sind nur die (parlamentarisch verantwortlichen) Minister, Heyland 15ff.; a. A. Stier-Somlo, Giese-Volkmann, Preußische Verfassung (1921) 123f.; die Ernennung anderer Ministerialbeamter zu Hauptbevollmächtigten ist also unwirksam und auch in der Praxis

nicht üblich. Die Mitglieder des Reichsrats können gleichzeitig Abgeordnete sein (so auch die Praxis), a. A. nur Finger 293. Denn der für den Bundesrat geltende Grundsatz der Inkomptabilität besteht nicht mehr. — Neben den Hauptbevollmächtigten können beliebig viel stellvertretende Bevollmächtigte ernannt werden, s. Preuß und Koch VA. 121, 124, 153, 446, § 6 GeschO.; Abs. 2 bezieht sich nur auf die Hauptbevollmächtigten. Auch die stellvertretenden Bevollmächtigten sind Vertreter ihrer Länder, Meyer-Lüerßen 21ff.; Heyland 25f.; s. für das ältere Recht Perels in Festgabe für Hänel (1907) 264, a. A. Preuß a. a. O., Lammers. Denn sie werden von den Landesregierungen ernannt, erhalten von diesen ihre Instruktionen und stehen im öffentlich-rechtlichen Dienstverhältnis zu dem ihnen übergeordneten Staat. Der stellvertretende Bevollmächtigte muß nicht notwendig Beamter des von ihm vertretenen Landes sein. — In Einzelfällen können ordentliche oder stellvertretende Reichsratsmitglieder sich für den Fall ihrer Verhinderung durch schriftliche Vollmacht ein beliebiges Reichsratsmitglied als Vertreter substituieren (§ 7 GeschäftsO.). Auch diese „Substitutionsbevollmächtigten" sind Vertreter des von ihrem Bevollmächtigenden (also nicht dessen persönliche!) vertretenen Landes; Heyland 182ff.; denn die von ihnen ausgeübten öffentlich-rechtlichen Befugnisse lassen sich nicht aus einem privaten Auftragsverhältnis, sondern nur aus einer staatsrechtlichen Organstellung herleiten. Auch sie empfangen ihre Instruktion von dem Absendestaat des Instruenten, wenn auch durch dessen Vermittlung und sind (nur) dem Absendestaat verantwortlich. Die Substitutionsbevollmächtigten der preußischen Provinzialdelegierten haben die gleiche Stellung wie diese, also insbesondere freies Stimmrecht; Heyland 187f.; a. A. Meyer-Lüerßen 48f., s. auch Anm. 2.

[2]) Von der Vorschrift in Art. 63 ist eine Ausnahme bezüglich Preußens gemacht, insofern die preußischen Stimmen nicht vom Staate Preußen ganz geführt werden, vielmehr nur zur einen Hälfte, zur anderen Hälfte durch die preußischen Pro-

vinzen. Zur Ausführung erging das preuß. Ges. über die Bestellung von Mitgliedern des Reichsrates durch die Provinzialvertretungen v. 3. Juni 1921 (GS. 379). Danach haben jede Provinz und die Stadt Berlin eine Stimme. Je ein Hauptbevollmächtigter und ein Stellvertreter werden von den Provinzialausschüssen, bzw. dem Magistrat der Stadt Berlin für die Dauer der Amtszeit ihrer Wahlkörper gewählt. Innerhalb dieser Zeit sind sie nicht abberufbar. Sie sind weder an Instruktionen der Landesregierung noch ihrer Wahlkörper gebunden, a. A. Anschütz 206f.; Bilfinger, denn weder ist eine Bindung aller Reichsratsmitglieder an Instruktionen durch die Verfassung zwingend vorgeschrieben, Giese 195, noch gibt es (vorerst) für die Provinzialvertreter ein instruierendes Zentralorgan, Meyer-Lüerßen 36ff.; Hatschek 720; Jellinek; Lammers; Giese 196; denn auch die von den Provinzen gestellten Reichsratsmitglieder sind Vertreter des Landes Preußen, Poetzsch 116; Giese 195; Meyer-Lüerßen 42ff.; Lammers; Bredt 303; Düesberg 337; a. A. Heyland 31ff.; und würde es auch dann nicht geben, wenn sie Vertreter ihrer Provinzen wären. Daß auch die sog. Provinzialdelegierten Vertreter des Landes Preußen sind, folgt daraus, daß nach der zwingenden Vorschrift des Art. 63 I 1 nur Länder im Reichsrat vertreten sind und gemäß Art. 60 gerade zur Vertretung der Länder der Reichsrat gebildet worden ist. Weder sind nun die preußischen Provinzen Länder, noch hat die Reichsverfassung sie als Länder fingiert (etwa entsprechend der Stellung Elsaß-Lothringens im Bundesrat). Eine solche Fiktion hätte von der Verfassung ausdrücklich ausgesprochen werden müssen, sie ist aber im Gegenteil nicht einmal stillschweigend in ihr enthalten. Denn nach ausdrücklicher Verfassungsvorschrift führen die sog. Provinzialdelegierten keine Stimmen ihrer Provinzen, sondern „preußische" Stimmen (Art. 63 I 2), was auch der Reichsrat selbst in den §§ 4, 6 seiner GeschäftsO. zum Ausdruck gebracht hat, und welcher Auffassung auch die Staatspraxis, alle preußischen Vertreter an gleicher Rangstelle stimmen zu lassen, entspricht. Wenn zwar auch die parlamentarische Entstehungsgeschichte dieser Vorschrift (s. dazu Heyland 36 ff., Düesberg 321 ff.) ergibt, daß mit ihr eine Schwächung Preußens im Reichsrat beabsichtigt war, so kann dieser Zweck doch nur als Hilfe bei der Auslegung dieser Bestimmung, so wie sie zum Ausdruck gekommen ist, dienen. Ob daher diesem Zweck in der zum Ausdruck gekommenen Fassung des Gesetzes politisch nicht so gedient ist, wie es bei anderer Fassung hätte sein können, darf daher in keiner Weise für die rechtliche Würdigung maßgebend sein. Überdies ist ja auch die Vorschrift, daß die Hälfte der preußischen Vertreter von den Provinzialverwaltungen gestellt wird, eine nicht unerhebliche Schwächung Preußens, zumal die nur durch Gesetz verfügbare Bindung dieser Vertreter an Instruktionen der preußischen Regierung voraussehbar praktische Schwierigkeiten machte und macht. Die nähere Regelung ist daher ausdrücklich einem preußischen Landesgesetz vorbehalten, das auch bestimmen kann, ob die preußischen Stimmen trotzdem einheitlich abgegeben werden sollen, s. Katzenstein, Koch und von Delbrück StenBer. 2113 f., ebenso Jellinek, Poetzsch, vgl. auch StenBer. preuß. Landtag 1921, S. 519, 1217 ff.; 1923, S. 17811, 17873 f., 17876; 1925 S. 7597, 7607 ff.; 1926, S. 9941 und Bericht des Verfassungsausschusses in Drucks. L. T. 1924, Nr. 8128. Denn die Gewährleistung eines verfassungsmäßig festgelegten, selbständigen Stimmrechts der von den Provinzen gestellten Vertreter Preußens ist nicht nur von der NatVers. abgelehnt worden (s. auch Poetzsch, DJZ. 1926, 269), sondern auch in der Verfassung nicht zum Ausdruck gekommen, a. A. Meyer-Lüerßen, Triepel, Anschütz 203; Cohn, Lammers (auch JW. 1927, 750); Wittmayer, Waßmuth, Behnke, Düesberg, 340 ff. Ein Gesetz, welches für alle preußischen Stimmen einheitliche Abgabe vorschrieb, ist zwar vom pr. Landtag am 15. Januar 1926 (Sten. Ber. 8017—8040) beschlossen worden, scheiterte aber an dem Einspruch des Staatsrats (Sten. Ber. 135—173), dessen Begründung s. in Drucks. L. T. Nr. 2101. — Die Gegenstände der Tagesordnung sollen jedoch gemäß § 8 II von allen Vertretern Preußens vorher gemeinsam durchberaten werden.

[3]) Die Vorschrift der früheren Reichsverfassung, daß die Stimmen jedes Landes einheitlich abgegeben werden müssen (Art. 6 Abs. 2), ist nicht mit aufgenommen, sogar abgelehnt, StenBer. 2114, dies dürfte jedoch stets erfolgen, ebenso Anschütz 206; Poetzsch 117; s. auch Arndt PrV. 82f. Eine Ausnahme besteht bezüglich Preußens; s. Anm. 2. In allen anderen Ländern wird die einheitliche Stimmenabgabe zwar nicht ausdrücklich ausgesprochen, ergibt sich aber als Konsequenz des ganzen Institutes (Haußmann l. c. 1342); so auch die Praxis s. Poetzsch 117: Abgabe durch einen „Stimmführer".

[4]) Der Bundesrat konnte die Legitimation, nicht aber die Instruktion seiner Mitglieder prüfen. Das gleiche gilt für den Reichsrat Meyer-Lüerßen 5; Heyland 189ff., 194, jedoch haben die Landesregierungen die von ihnen ernannten Bevollmächtigten dem Reichsinnenminister zu benennen (§§ 4, 6 GeschäftsO.), s. Art. 65. Die Instruktion, die ein Bundes-(Reichs-)ratsbevollmächtigter von seiner Regierung erhalten hat, ist ein Internum zwischen dieser und ihm; nähere Bestimmungen hierüber sowie darüber, ob die Stimmen der Reichsratsmitglieder einheitlich abgegeben werden müssen oder nicht und in welcher Weise die Instruktion erteilt werden soll, kann das Landesrecht treffen, s. Hausmann StenBer. 1342, Bilfinger 103f.; Meyer-Lüerßen 8f.; Lammers; a. A. Heyland 107ff. und jetzt auch Anschütz 205f. Die ordentlichen Bevollmächtigten zwar, also die Landesregierungen selbst, sind an keine Instruktionen gebunden und können auch solchen nicht unterworfen werden (so mit Recht Heyland) — mit Ausnahme der Bindung eines Einzelministers an den Beschluß des Kollegiums —, da nach Verfassungsrecht sie aus eigenem Rechte Mitglieder des Reichsrates als Vertreter ihrer Länder sind (Art. 63 I 1). Andererseits sagt aber die Verfassung nicht, daß stellvertretende Bevollmächtigte an Instruktionen gebunden werden müssen, a. A. Anschütz und Heyland,

daß sie es können, folgt aus dem ganzen Institut. Durch Landesgesetz kann ihnen jedoch nicht schlechthin, also ausnahmslos „freies" Stimmrecht verliehen werden, da eine solche Bestimmung gegen Art. 63 verstoßen würde und auch mit ihrer Eigenschaft als Stellvertreter unvereinbar wäre, denn nur Regierungsmitglieder dürfen ordentliche Reichsratsmitglieder d. h. instruktionsfreie, sein, abw. Bilfinger, Meyer-Lüerßen. Auch kann das Landesgesetz nicht die Erteilung der Instruktion von der Mitwirkung eines Dritten abhängig machen, da die Reichsverfassung den Landesregierungen das zwar delegierbare, aber alleinige Vertretungsrecht verliehen hat, a. A. Bilfinger. Die Stimme galt und gilt nicht wie sie instruiert, sondern wie sie abgegeben wird (Bismarck StenBerRT. 1871, 298; Laband I 250; Seydel 133; Arndt 92); Poetzsch 117; Meyer-Lüerßen 10; Stier-Somlo I 650; Heyland 194, s. BA. 153, 447. Die Reichsratsmitglieder sind ihrem Lande bzw. der Provinz nach Maßgabe des Landesrechts für die Abgabe der Stimme verantwortlich. Notwendigerweise (Art. 17) tragen die Hauptbevollmächtigten als Minister die parlamentarische Verantwortung für die Recht- und Zweckmäßigkeit ihrer Stimmabgabe. Überdies können sie in Baden, Hessen und Mecklenburg-Schwerin wegen Rechts- oder grob gefährdender Zweckwidrigkeit ihrer Stimmabgabe, in den übrigen Ländern mit Ausnahme von Sachsen, Lübeck, Bremen und Braunschweig (nur) wegen Rechtswidrigkeit derselben durch das Parlament vor dem Staatsgerichtshof angeklagt werden. Für die stellvertretenden Mitglieder kommt ev. eine disziplinarische Bestrafung in Frage, wenn sie den Disziplinargesetzen unterliegen. Auch eine zivilrechtliche Haftung und kriminelle Bestrafung (§§ 331ff. StGB.) ist möglich. S. auch Art. 168.

Artikel 64.

Die Reichsregierung muß den Reichsrat auf Verlangen von einem Drittel seiner Mitglieder einberufen.

Finger 292f.; Hubrich 297f.

Der Reichsrat und seine Ausschüsse werden von der Reichsregierung einberufen. Er hat kein Selbstversammlungsrecht. Der Bundesrat war seit Berufung v. 21. August 1883 permanent. Auch der Reichsrat ist dauernd, GeschO. § 2. Für den Bundesrat wie für den Reichsrat gilt nicht das Prinzip der sog. Diskontinuität, d. h. sie können nach jeder Unterbrechung die Verhandlungen in der alten Geschäftslage wieder aufnehmen.

Ein „Drittel seiner Mitglieder" bedeutet ein Drittel seiner Stimmen (Berichterstatter Haußmann 1342), Poetzsch 118; BA. 157f.

Artikel 65.

Den Vorsitz im Reichsrat und in seinen Ausschüssen führt ein Mitglied der Reichsregierung[1]). Die Mitglieder der Reichsregierung haben das Recht und auf Verlangen die Pflicht, an den Verhandlungen des Reichsrats und seiner Ausschüsse teilzunehmen. Sie müssen während der Beratung[2]) auf Verlangen jederzeit gehört werden.

S. BA. 157f.; Hatschek I 721f.; Poetzsch, Jahrb. 1925, 198.

[1]) Der Vorsitz ist nicht mit Stimmrecht verbunden. Der Vorsitzende als solcher hat kein Stimmrecht, Haußmann 1342. Vorsitz und Geschäftsleitung sind grundsätzlich Sache des Reichsministers des Innern (§§ 11, 15, 34, 47 der GeschO. f. d. RR.; § 13 d. GeschO. der RRegierung und Gemeinsame GeschO. d. RMinisterien II § 2; vgl. Poetzsch, Jahrb. d. ö. R. 13, 198).

[2]) Nicht mehr nach deren Schluß und während der Abstimmung, auch nicht außerhalb der Beratung, während dieser zu jeder Zeit, auch außerhalb der Rednerliste.

Artikel 66.

Die Reichsregierung[1]) sowie jedes Mitglied des Reichsrats sind befugt, im Reichsrat Anträge zu stellen.

Der Reichsrat regelt seinen Geschäftsgang durch eine Geschäftsordnung[2]).

Die Vollsitzungen des Reichsrats sind öffentlich. Nach Maßgabe der Geschäftsordnung kann die Öffentlichkeit für einzelne Beratungsgegenstände ausgeschlossen werden[3]).

Bei der Abstimmung entscheidet die einfache Mehrheit der Abstimmenden[4]).

S. BA. 158f.; Stier-Somlo I 645; Hubrich 126ff., 297f.; Finger 294ff.; Heyland a. a. O. 91f., 180f.; Morstein Marx, Problem des parlamentarischen Minderheitenrechts (1924).

[1]) Nur diese, nicht der einzelne Reichsminister; Giese 199; Anschütz 208; a. A. Poetzsch, Jahrb. d. R. 1925, 195ff. „Mitglieder" des Reichsrates sind hier auch die stellvertretenden Bevollmächtigten (s. § 6 III GeschO.).

[2]) Die Geschäftsordnung für den Reichsrat erging am 20. November 1919, jetzt gültig in der Fassung der Bekanntmachung v. 14. Dezember 1921 (RGBl. 975). Kraft seiner Autonomie kann der Reichsrat auch Rechtssätze, welche die Länder verpflichten, aufstellen, da auch diese Mitglieder des Reichsrates sind; Heyland 180f.; s. auch Morstein-Marx 17.

[3]) Für die Ausschußsitzungen des Reichsrats ist die Öffentlichkeit nicht vorgeschrieben. Eine solche findet nach GeschO. §§ 17, 30, 35 nicht statt. Eine qualifizierte Mehrheit besteht nur für Verfassungsänderungen; Art. 76. Eine bestimmte Mitgliederzahl (ein sog. quorum) ist für die Beschlußfähigkeit des Plenums nicht vorgeschrieben, wohl aber für die Ausschüsse (§ 37 GeschO.).

[4]) Stimmengleichheit bedeutet Ablehnung. Die Abstimmung erfolgt länderweise (§ 18 GeschO.). Mehrheit der

„Abstimmenden" bedeutet Mehrheit der abgegebenen Stimmen Giese 200; Heyland 91f.

Artikel 67.

Der Reichsrat ist von den Reichsministerien über die Führung der Reichsgeschäfte auf dem laufenden zu halten. Zu Beratungen über wichtige Gegenstände sollen von den Reichsministerien die zuständigen Ausschüsse des Reichsrats zugezogen werden.

Stier-Somlo I 647; Finger 305; von Freytagh-Loringhoven 180ff.; Wolgast, A. ö. R. NF. 5, 43f.; Poetzsch, Jahrb. 1925, 200ff.

Der erste Satz ist eine Muß-, der zweite eine Sollvorschrift. Aus ersterem folgt jedenfalls die Pflicht der Regierung zur Auskunfterteilung auf Anfragen. Diese Auskunftspflicht der Reichsregierung besteht für ihren ganzen Wirkungskreis. Anfragen der Reichsratsmitglieder können in jeder Voll- und Ausschußsitzung erfolgen (§ 41 GeschO.). Für die Erfüllung dieser Pflicht ist die Reichsregierung jedoch nur dem Reichstag verantwortlich, Giese 201.

Fünfter Abschnitt.

Die Reichsgesetzgebung.

Arndt, Reichsstaatsr. 156ff.; Arndt, Das selbständige Verordnungsr. in Preußen, Berlin 1902; Arndt, PrV., Einleitung und Vorbemerkung zu Art. 62 a. PrV., nun zu Art. 29 neue PrV.; Arndt, VerwA. 23, 175; 25, 173; ferner JW. 1916, 809, 1524; 1918, 682; Anschütz, Gegenwärtige Theorien über den Begriff der gesetzgebenden Gewalt; Laband, Reichsstaatsr. §§ 54 bis 66; G. Meyer, Staatsr. §§ 163—169; Zorn § 15; Hänel, Studien II; Knorr, Das Verordnungsr. des Bundesrates usw. (Dessau 1906); Thoma, Festgabe f. Otto Mayer 167; Triepel, JW. 1918, 341.

Stier-Somlo I 74ff., 323ff., 657ff. und Z. f. ges. Staatswissenschaft 77, 1ff.; Hatschek II 3ff., 113ff.; Wittmayer 323ff., 437ff.; Finger 346ff.; von Freytagh-Loringhoven 213ff.; Hubrich 130ff.; Meißner 112ff.; W. Jellinek, Verfassg. u. Verwaltg. 97ff.; Nawiasky, Grundgedanken 92ff. u. Bayr. VerfRecht 322ff., 338f; Triepel, A. ö. R. 39, 456ff. und Verhandlungen des deutschen Juristentages v. 1921 II 11ff.; Poetzsch, A. ö. R. 40, 156ff. u. Jahrb. (1925) XIII 204ff.; Koellreutter, A. ö. R. 40, 216ff.; Giese, Recht 1924, 334ff.; Arndt, LZ 1922, 103ff.; Joachim, JW. 1922, 1438; Fleischmann u. Schoen in HW. der Politik I 219ff., 241ff.; Perels, DJZ. 1924, 591ff.; Goldschmidt, JW. 1924, 245ff., 343.

Zur Feststellung dessen, was die Verfassungen unter Gesetzgebung verstehen, namentlich ob dies im materiellen (Anordnung irgendeines Rechtssatzes) oder wie das französisch-belgische Recht im formellen (gleich Souveränitätsakt, expression de la volonté gènèrale) Sinne zu verstehen ist, muß man auf die Lehre der Trennung der drei Gewalten zurückgreifen. Zwar ist die Staatsgewalt eine eine und unteilbare, aber es braucht nicht notwendig eine und dieselbe Person zu sein, welche die Staatsgewalt ausübt. Es handelt sich um „les grandes fonctions distinctes de l'Etat", Esmein, Rousseau p. 395. Die Lehre der Trennung der drei Gewalten, wie sie Montesquieu, Esprit des lois, livre XI lehrte und wie sie Blackstone, Commentaries on English law I 146 als für England, Kent, Commentaries on American law, part II lecture XI, Story, Commentaries on the Constitution of the United States I §§ 518 bis 544 und „The Federalist" on the Constitution Nr. 23—47ff. als für die Nordamerikanische Union anwendbar hinstellten, will nicht die Staatsgewalt zerreißen, sondern nur vorschreiben, daß nicht alle Befugnisse der Staatsgewalt, die richterliche, vollziehende und gesetzgebende, von einer und derselben Person dem Monarchen oder Präsidenten, ausgeübt werden, und zwar aus dem Grunde, weil sonst die bürgerliche Freiheit gefährdet sein würde.

Die Gewaltentrennung ist nicht so zu verstehen, daß die Gewalten gleich sind, vielmehr ist die Gesetzgebung mehr und mehr die höchste, die souveräne geworden, der die beiden anderen, die sich untereinander gleichstehen, unbedingt unterworfen sind; s. Jèze, Franz. Verw. 168f., 404ff.; Rousseau, contrat social II ch. 6; Blackstone, Comm. II Nr. 146, 147, 155, 267; Locke, Two treatises of government Vol. 2 p. 207; Arndt, A. ö. R. 1903, 150f.; E. v. Meier, Französische Einflüsse usw. 1907, 86 (anders in Nordamerika); Errera, Belgisches Staatsrecht § 74; Duguit, Traité de droit const. II (1923) 140 ff.; Haurion, Droit public 643; s. auch O. Mayer, DVR. I 67; II 64; Kant, Metaphysische Anfangsgründe der Rechtslehre S. 373, 389. Die gesetzgebende ist „suprême et souveraine", ihre Handlungen sind „actes de souveraintè", die der Verwaltung und der Justiz ihr untergeordnet und nur „actes de magistrature". Die Lehre der Trennung der drei Gewalten ist allerdings nicht vollständig, aber doch größtenteils mit vollem Vorbedacht und erklärterweise (z. B. Broicher und Justizminister Simons am 26. Januar 1850 in den StenBer. II. Kammer 1849, 2119f.; Arndt im A. ö. R. 1903, 156f., Annalen des Deutschen Reichs 1903, 721, Komm. zur Preuß. Verf. u. VerwA. 26, 267) in die Verfassungsurkunden der deutschen Staaten als Teilung nicht der Staatsgewalt, wohl aber seiner Funktionen übergegangen; s. auch Loening, Art. „Staat" im Handwörterbuch der Staatswissenschaften; Anschütz, Staatsr. 608; Fleiner, Institutionen 7 (1922) 9 ff.

Was verstand man unter Gesetzgebung? Nach der heutigen Theorie in Deutschland: Rechtssetzung, Erlaß eines Rechtssatzes, und zwar Erlaß jedes Rechtssatzes, im Gegensatz zum Gewohnheitsrecht (Laband § 54); in Wahrheit verstand man aber unter der Loslösung einer gesetzgebenden Gewalt von der vollziehenden, daß gewisse Anordnungen, und zwar die obersten, die für jeden, auch das Oberhaupt der vollziehenden Gewalt, verbindlichen Anordnungen nicht vom Könige allein, sondern vom Gesetzgeber (den Kammern oder nur vom Könige mit den Kammern) erlassen werden sollen. Gesetz bedeutet einzig und allein, daß die Beschlüsse der gesetzgebenden Faktoren überall und unter allen Umständen gelten, Gesetzgebung gleich höchste Gewalt, also nicht schlechthin Erlaß irgendeines Rechtssatzes; so wiederholendlich der Urheber des Art. 106 a. PrV. Broicher, StenBer. II Revisionskammer 1849, 2119.

Im französisch-belgischen Recht muß sich jede An- oder Verordnung, mag sie die deutsche Theorie als Rechts- oder Verwaltungsnorm bezeichnen, auf ein Gesetz, d. i. une déclaration solennelle de la volonté du souverain (volonté générale), also am letzten Ende auf den Volkswillen, gründen, widrigenfalls sie unverbindlich ist.

Die in Deutschland herrschende Theorie scheitert schon daran, daß darüber, was Rechtsnormen sind, die Meinungen unendlich auseinandergehen; vgl. auch Laband II § 84; Fleiner, Institutionen 62ff., 77; Arndt im Recht 1913 Nr. 2; Thoma l. c.; Schön, Handwörterbuch der Politik „Gesetz"; Triepel, Reichsaufsicht 584f.

In Preußen hieß vor der Verfassung nicht jede Anordnung eines Rechtssatzes Gesetz, sondern nur die unbedingt verbindliche, nämlich die vom Landesherrn getroffene und in bestimmter Form verkündete Anordnung[1]). (Näheres Arndt, PreußVerf. 3ff.; Arndt, Reichsverordnungsr. 22 6; s. ferner Einl. z. ALR. § 2, RegInstr. v. 23. Oktober

---

[1]) Damit ist nicht behauptet, daß jede Äußerung des Königs ein Gesetz, noch weniger, daß ein Gesetz keine Rechtsnorm ist, sondern daß Gesetz im absoluten Staate nicht jede, sondern nur die vom Könige gesetzte Rechtsnorm bedeutet habe (Arndt in HA. 1905, 448), VerwA. 27 Heft 3; Manteuffel, Denkwürdigkeiten I 8.

1817 (GS. 248), § 11, V. v. 27. Oktober 1810 (GS. 3) OVG. I 173, StVHH. 1879, 668). Es ist ein Irrtum, zu glauben, wie dies von Anschütz, Gegenwärtige Theorien 168 Staatsr. 595 geschieht, daß das G. v. 5. Jun 1823 (GS. 129) mit „allgemeinen Gesetzen, welche Veränderungen in Personen- und Eigentumsrechten zum Gegenstande haben", eine Begriffsbestimmung des Gesetzes gegeben habe; vielmehr hebt dieses Gesetz nur einzelne Gesetze heraus; ebenso Hubrich, Bornhak und neuerdings Fr. Rosin, ferner F. Rachfahl bei Schmoller 1909, 89f.; Walz, Fleiner, Thoma l. c. Das Grundlagegesetz v. 6. April 1848 (GS. 87) § 6 bestimmte nun, daß zu jedem Gesetze, also zu jeder höchsten unbedingt verpflichtenden Anordnung, auch zu den bisher nicht den Ständen vorzulegenden, die Zustimmung der Stände eingeholt werden soll; s. Arndt, Selbständiges Verordnungsr.; s. auch Rehm in HA. 1901, 655.

Abs. 1 und 2 in Art. 62 der PreußVerf. — denen Art. 5 der alten RV. v. 16. April 1871 entspricht —: „Die gesetzgebende Gewalt wird gemeinschaftlich durch den König und durch zwei Kammern ausgeübt. — Die Übereinstimmung des Königs und beider Kammern ist zu jedem Gesetze erforderlich" sind nur formell, d. h. dahin zu verstehen, daß überall, wo ein Akt der gesetzgebenden Gewalt erforderlich ist, dieser Akt fortan vom Könige nur noch in Gemeinschaft mit dem Landtage vorgenommen werden darf. Art. 62 ist lediglich Übersetzung der Belgischen Verf. Art. 26 und zwar Abs. 2 des Wortes „collectivement". Daß die gesetzgebende Gewalt nicht bloß beraten, sondern auch beschließen darf (Smend, Thoma), folgte von selbst aus Namen und Begriff wie schon aus dem Grundlageges. v. 6. April 1848.

Ebenso bedeutet Art. 68 der RV. nicht, daß jeder Rechtssatz und nur ein Rechtssatz durch den Reichstag und Reichsrat gemeinschaftlich erlassen werden muß. Daß Gesetz im Sinne der Art. 2 und 5 der Verf. v. 10. April 1871 nicht schlechtweg jede Rechtsnorm und lediglich ein formeller Begriff ist.

erkennt das RGZ. 48, 84 an; nunmehr auch Thoma l. c. und Triepel l. c., ebenso für Art. 68 RGSt. 55, 119. Daß man beim Gesetzbegriff in Preußen nicht die mittelstaatliche Eigentums- und Freiheitsklausel mit übernehmen wollte (Thoma), erhellt schon daraus, daß diese Klausel in Art. 5 u. 9 grundrechtlich und besonders übernommen wurde. Noch weniger hat man, namentlich Reichensperger, von dem die Fassung des Art. 62 herrührt, an § 7 Einl. z. ALR., noch an die längst verschollene Gesetzeskommission gedacht; Arndt, VA. 25, 173, s. auch Arndt, Pr.V. 11, JW. 1918, 682; gegen Triepel, JW. 1918, 341 und Bornhak 144; s. auch Giese pr. Rechtsgeschichte 4, Anschütz u. a. m.

Während man aber für das preußische Staatsrecht behaupten konnte (Arndt, Selbständiges Verordnungsr., Berlin 1902); Bornhak, Grundriß des deutschen Staatsr. (5) 144ff.; v. Stengel, PreußStaatsr. I 167; Zorn I 482f., Preuß. Staatsr. § 111; v. Daniels, PreußPrivatr. V 142 u. a. m.), daß, wo die Verfassung kein Gesetz erfordert, die Krone noch das Recht hat, rechtsverbindliche Anordnungen (Rechtssätze) allein (im Verordnungswege) zu erlassen, läßt sich für das Reichsstaatsrecht nicht behaupten, daß ohne reichsgesetzliche Ermächtigung rechtsverbindliche Anordnungen erlassen werden dürfen; s. auch oben zu Art. 5; Arndt, Reichsverordnungsr. 16f.; Arndt in HA. 1885, 701; Arndt, Reichsstaatsr. 199f.; ebenso G Meyer § 165, 603; Hänel, Deutsches Staatsr. 276; Seydel, Komm. 140; v. Jagemann 94; Rosenberg in HA. 1902, 16; Bornhak, PreußVerwBl. 22, 188; Knorr 16f.; Dambitsch 227; Laband, Reichsstaatsr. II 90.

Daß die Reichsregierung oder der Reichsrat kein selbständiges Verordnungsrecht praeter legem hat, folgt daraus, daß wie das Reich selbst, so auch keines seiner Organe andere Rechte als am letzten Ende vom Reichsgesetzgeber übertragene hat; folgt auch aus Art. 5.

Jedes (formelle) Gesetz enthält auch einen Rechtssatz Nach Ansicht von Laband II 62f.; Anschütz, Staatsr. 594;

O. Mayer, Verwaltungsrecht³ (1924) I 64 Anm. 2; Jellinek, Gesetz und Verordnung 248f.; G. Meyer, Staatsr. § 155; Seligmann, Der Begriff des Gesetzes 1f. Hubrich, HA. 1904, 720f.; Poetzsch 148; Anschütz, Giese 202f.; F. Stier-Somlo, PrVerf. 144f; Hatschek II 4 u. a. gibt es Gesetze, welche keinen Rechtssatz aufstellen ,z. B. Etats-, Anleihegesetze, welche Gesetze formelle Gesetze genannt werden. Richtig ist, s. namentlich Hänel, Das Gesetz im formellen und materiellen Sinne, Leipzig 1886; v. Martitz ZStaatsw. 36, 241f.; Zorn, Staatsr. I 404 Triepel, Reichsaufsicht, daß es sich um eine Rechtsvorschrift bei jedem Gesetze handeln muß; s. auch unten zu Art. 67.

Im übrigen gibt es in „Gesetzen" wie in „Verordnungen" und „Verwaltungsvorschriften" Muß- und bloße Soll- (instruktionelle) Vorschriften; die Verletzung der ersteren, nicht der letzteren, obgleich auch diese oft Rechtsnormen sind, gibt einen Revisionsgrund. Manche Gesetze und Verordnungen wollen für immer (bis auf weiteres), manche nur für ein Jahr gelten (Etatsgesetze), manche wollen jedermann binden, manche, z. B. die Etatsgesetze, nur die Staatsregierung, s. zu Art. 85. Es kommt überall auf den Willen des Anordnenden an. Auch Gesetze und Verordnungen, die sich nur an Behörden wenden, z. B. ob Zeugen zu vernehmen sind oder nicht, ob öffentlich oder mündlich verhandelt werden soll, enthalten zweifellos Rechtsnormen; s. auch RGZ. 48, 84. Zweifellos enthalten StGB., ZPO. Rechtsnormen obgleich sie wenigstens direkte Befehle nur den Gerichten geben.

Gesetz i. S. der RVf. ist nicht = Rechtssatz, Gesetzgebung nicht = Rechtssatzung (Anschütz), sondern Gesetz = höchster Rechtssatz, Gesetzgebung - höchste (souveräne) Rechtssatzung; a. A. Triepel, Festschrift für Kahl (1923) II, 93f. u. GoldbilanzenVO. 28.

Durch Landesgewohnheitsrecht kann ein Reichsgesetz nicht geändert werden; s. O. Mayer, DVR. I 87ff.; Seydel 118; Riedel, RVf. 41; R. Wohl, RVf. 168; Laband II 75;

G. Meyer, Lehrb. § 267; O. Gierke, DPrivatr. § 189; Fleiner, Inst. 84ff.; F. Endemann, Lehrb. d. BürgR. I § 9 u. a. m.; and. Ans. u. a. Hänel, StR. 250; Cosack, Lehrb. d. BürgR. § 20. S. auch Schön, VA. 281; Hatschek, Inst. 67.

Art. 68ff. bestimmen die Form der Reichsgesetzgebung, s. RGZ. 102, 165; RGSt. 55, 116, 246.

Artikel 68.

Die Gesetzesvorlagen werden von der Reichsregierung oder aus der Mitte des Reichstags eingebracht[1]).

Die Reichsgesetze[2]) werden vom Reichstag beschlossen[3])[4]).

StenBer. 1344f., VA. 261f., 452.

Hatschek II 9ff., 23ff., 51ff.; Stier-Somlo I 659ff.; Wittmayer 440ff.; von Freytagh-Loringhoven 213ff.; Finger 349ff.; Hubrich 141ff.; Morstein-Marx, Das Problem des parlamentarischen Minderheitsschutzes (1924) 22ff.; Triepel, A. ö. R. 39, 472ff.; Venator, A. ö. R. 43, 87ff.

[1]) Die Gesetzesinitiative steht sowohl dem Reichstag wie der Reichsregierung (d. i. das Gesamtministerium, Art. 57) und dem Reichsrat, Art. 69, für sozial- und wirtschaftliche auch dem Reichswirtschaftsrate (Art. 165) zu, wie endlich einem Zehntel der Stimmberechtigten, Art. 73. Die Initiative der Reichsregierung ist nach Maßgabe des Art. 69 beschränkt durch die zugehörige Zustimmung des Reichsrates. Der Reichstag ist daher nicht verpflichtet, auf einen Gesetzgebungsantrag, dem diese Zustimmung fehlt, einzugehen. Tut er dies dennoch, so macht er von seinem eigenen Initiativrecht Gebrauch. — Bringt an Stelle der Reichsregierung der zuständige Reichsminister das Gesetz ein (ständige Praxis!), so ist dieser als Vertreter der Reichsregierung aufzufassen, seine Handlungsweise ist daher gültig und rechtsmäßig, s. dagegen Triepel,

Anschütz 213. — Initiativanträge des Reichstags müssen von mindestens 15 Abgeordneten unterzeichnet sein (§ 49 GeschäftsO.).

²) Im Sinne nicht von Rechtsnorm schlechthin, sondern von Souveränitätsakten.

³) Berichterstatter Oberbürgermeister Koch bemerkte, StenBer. 1344f.: „Im Gegensatz zu der alten Reichsverfassung stellt die neue den Reichstag in den Mittelpunkt der Gesetzgebung. Als erster und wichtigster Artikel in dem Abschnitt über die Reichsgesetzgebung ist demnach der Artikel anzuführen, der das Gesetzgebungsrecht in die Hände des Reichstags legt. Daneben bestehen ausschlaggebende Rechte der Reichsregierung und des Reichspräsidenten im allgemeinen nicht. Es beschränkt sich ihre Tätigkeit auf die Vorbereitung und die Verkündigung der Gesetze. Der Präsident hat außerdem noch das eine Recht, einen Volksentscheid über die vom Reichstag beschlossenen Gesetze herbeizuführen.' Gleichberechtigte Faktoren sind aber weder Präsident noch Regierung, jedoch hat man sich mit dem Umstande auseinander zu setzen, daß das Reich auch in seiner neuen Ordnung ein Bundesstaat bleibt, und daß infolgedessen ein Organ, der Reichsrat, geschaffen ist, das bis zu einem gewissen Grade ein Mitwirkungsrecht in der Gesetzgebung hat. Selbstverständlich geht dieses Recht nicht so weit wie das des alten Bundesrats, der die Regierung des konstitutionellen Staates und deshalb gleichberechtigter Faktor der Gesetzgebung war, während der Reichsrat nur der Vertreter der Länder bei der Reichsregierung ist." Ein ordnungsgemß gefaßter und verkündeter Beschluß des Reichstages gilt so lange, bis er formell wieder aufgehoben wird.

⁴) Eine Sanktion der Gesetze gibt es nicht mehr, Triepel, a. A. Giese 206; Hubrich 144ff., die in dem Gesetzesbeschluß des Reichstages eine Sanktion sehen und zwar eine parlamentarische im Gegensatz zur plebiszitären der Art. 73f. und eine durch die Möglichkeit der Änderung im Wege des Volksentscheides aufschiebend bedingte, abw. Venator. S. auch zu Art. 70.

Artikel 69.

Die Einbringung von Gesetzesvorlagen der Reichsregierung bedarf der Zustimmung des Reichsrats[1]). Kommt eine Übereinstimmung zwischen der Reichsregierung und dem Reichsrat nicht zustande, so kann die Reichsregierung die Vorlage gleichwohl einbringen, hat aber hierbei die abweichende Auffassung des Reichsrats darzulegen[2]).

Beschließt der Reichsrat eine Gesetzesvorlage, welcher die Reichsregierung nicht zustimmt, so hat diese die Vorlage unter Darlegung ihres Standpunkts beim Reichstag einzubringen[3])[4]).

VA. 159f., 448.

Hatschek II 23ff.; Finger 349ff.; Hubrich 146f.; von Freytagh-Loringhoven 216ff.; Wittmayer 389; Triepel, A. ö. R. 39, 480ff.; Schanze, DJZ. 1920, 384; Doertenbach, A. ö. R. NF. 9, 90ff.; Poetzsch, Jahrb. (1925) XIII, 217ff.

[1]) Kein Gesetzentwurf der Reichsregierung kann an den Reichstag gelangen, ohne zunächst den Reichsrat zu passieren. Indessen ist das keine Sperrfrist, wie es bisher der Fall war (Koch, StenBer. 1345). Auch über den Zeitpunkt der Einbringung muß die Regierung die Zustimmung des Reichsrates einholen; Poetzsch 132, dagegen nicht über die Zurücknahme einer Vorlage, a. A. Poetzsch 132, da ja der Reichsrat jederzeit von seiner eigenen Initiative Gebrauch machen kann.

[2]) Wenn der Reichsrat dem Gesetzentwurf der Regierung nicht zustimmt, so kann die Reichsregierung ihn fallen lassen oder unter Darlegung der abweichenden Auffassung des Reichsrats ihn gleichwohl beim Reichstag einbringen. Die Abweichungen des Reichsrats werden dann in den Regierungsentwurf aufgenommen, werden aber dadurch nicht zur „Regierungsvorlage", s. Hatschek II 24; a. A. Triepel 485. Die Reichsregierung ist zur Darlegung der Abweichungen

nicht nur befugt, sondern verpflichtet, a. A. Anschütz 214. Der Reichsrat hat nicht das Recht, durch einen seiner Vertreter vor dem Reichstage das Wort zu ergreifen, s. aber Art. 33.

[3]) Die Reichsregierung muß Gesetzesvorlagen des Reichsrats unter allen Umständen beim Reichstage einbringen. Der Reichsrat ist nicht wie einst der Bundesrat in der Lage, die Vorlegung eines Gesetzentwurfs der Reichsregierung an den Reichstag zu verhindern. Der Reichstag kann über Gesetzesvorlagen des Reichsrats nicht zur Tagesordnung übergehen (Geschäftsordnung § 25). Nicht der Reichsrat als solcher, wohl aber, was praktisch auf das gleiche herauskommt, ein Vertreter des Landes kann den Standpunkt des Reichsrats vor dem Reichstage vertreten, s. Art. 33. Über das weitergehende Recht des Reichswirtschaftsrats s. Art. 165.

[4]) Art. 69 gilt nicht für Vorlagen des Reichswirtschaftsrates (s. Art. 165) oder für durch Volksbegehren eingebrachte, Giese 208.

Artikel 70.

Der Reichspräsident hat die verfassungsmäßig zustande gekommenen Gesetze auszufertigen[1]) und binnen Monatsfrist im Reichs-Gesetzblatt[2]) zu verkünden[3]).

VA. 284, 483ff.

Stier-Somlo I 663ff., 674ff. und A. ö. R. 42, 184ff.; Hatschek I 27ff., II 90ff.; Finger 381ff., 434f.; Wittmayer 446ff.; Hubrich 148ff.; von Freytagh-Loringhoven 219ff., 238ff.; Lukas, Gesetzespublikation (1903); Jastrow, Z. f. ges. Staatswissenschaft 79, 40ff.; Triepel, A. ö. R. 39, 533ff. u. Schmollers Jahrb. 1919, 498; Bühler, DJZ. 1920, 581; Perels, das. 1921, 619; Schiller, A. ö. R. NF. 8, 283ff.

[1]) Er hat das Recht und, wenn er nicht binnen eines Monats nach seiner Verabschiedung es zum Volksentscheid bringt (Art. 73) die Pflicht. Nach der Theorie, Laband II 45; Anschütz 216ff.; Giese 210 u. a., bedeutet die Ausfertigung

die nicht nachprüfbare Verbindlichkeit des Gesetzes auch für die Gerichte. Dagegen Hänel, Studien I 262; Seydel 174; Dyrosch 852; Triepel, A. ö. R. 39, 534. Zu dieser Frage des richterlichen Prüfungsrechtes s. Anm. 1 zu Art. 102 und die dort angegebene Literatur. — Die Ausfertigung ist die Anordnung des Abdruckes im RGBl. durch Unterschrift und Gegenzeichnung (s. Art. 50).

[2]) Das Reichsgesetzblatt dient nicht bloß zur Aufnahme von Reichsgesetzen; auch Verordnungen können dort bekannt gemacht werden, brauchen dies aber nicht. Die Vorschrift, daß Gesetze nur im RGBl. wirksam verkündet werden können, bezieht sich nur auf sog. „formelle" Gesetze, RGSt. 56, 338ff.; Schiller, Jastrow, Triepel, Lukas, Anschütz 218. Wie Verordnungen bekannt zu machen sind, bestimmt die Reichsverfassung nicht, s. hierzu Ges. über die Verkündung von Rechtsverordnungen v. 13. Oktober 1923 (RGBl. I 959). Wo eine ausdrückliche Vorschrift fehlt, ist es dem Verordnungsberechtigten freigestellt, wo und wie er eine Reichsverordnung, auch wenn diese eine Rechtsnorm enthält, bekannt machen will; Arndt, RVerordnungsr. 193, Recht 1905, 121; JW. 1917, 1278; DJZ. 1915, 174; RGZ. 48, 84; RGSt. 51, 218; 55, 119. Häufig dient als Publikationsorgan für Reichsverordnungen das Zentralblatt für das Deutsche Reich. Dies genügt auch (Arndt, Reichsverordnungsr. 208f., RGZ. 48, 84; RGSt. 34, 368; 35, 262). Die Publikation von Landesverordnungen zur Ausführung von Reichsgesetzen richtet sich nach Landesrecht; Arndt l. c.; Dambitsch 57; Laband 202.

[3]) Das Datum des Gesetzes ist das der Ausfertigung, nicht das des Zustandekommens, noch das des Inkrafttretens (Arndt 189). Der Tag der Verkündung dagegen ist der Tag, an welchem das betr. Stück des RGBl. in der Reichshauptstadt zur Ausgabe gelangt, E. des RFinHofes 3, 288; 10, 17; 15, 166ff. s. auch zu Art. 71. Maßgebend ist der Text des RGBl. nicht die Urschrift, a. A. Hatschek II 97. Publiziert als Gesetz braucht nur der Gesetzesbefehl zu sein. Der befohlene

Inhalt kann wo anders publiziert werden; vgl. Art. 40 und 61 der früheren Reichsverf.; Arndt im „Recht" 1903, Nr. 12; ebenso Laband II 58. Eine Sanktion der Reichsgesetze im Sinne Art. 7 Z. 1 a. RVerf. oder Art. 45 der alten PreußVerf. besteht nicht mehr, etwa durch den Reichsrat oder den Reichspräsidenten; s. auch Triepel und Anm. 4 zu Art. 68. Sie haben nur ein Einspruchsrecht; auch von ihnen vorgelegte Gesetzentwürfe können sie nicht einseitig zurücknehmen. Vor Ablauf der Einspruchsfrist kann der Reichspräsident das Gesetz nur verkünden, wenn der Reichsrat dem Gesetz zugestimmt, d. h. erklärt hat, daß er keinen Einspruch erheben wird.

Ist die Verkündung gemäß Art. 72 I auf zwei Monate ausgesetzt, so läuft die Frist des Art. 70 erst vom Ende der (fruchtlos verstrichenen) Aussetzungsfrist an, Hatschek II 99; a. A. Triepel, A. ö. R. 39, 541, s. auch zu Art. 72. — Gemäß § 31 I der Gemeinsamen Geschäftsordnung lautet die Verkündungsformel: „Der Reichstag hat das folgende Gesetz beschlossen, das mit Zustimmung des Reichsrats hiermit verkündet wird." S. dazu Anm. 5 zu Art. 74.

Artikel 71.

Reichsgesetze treten, soweit sie nichts anderes bestimmen, mit dem vierzehnten Tage nach Ablauf des Tages in Kraft, an dem das Reichs-Gesetzblatt in der Reichshauptstadt ausgegeben worden ist.

Lukas, Gesetzespublikation (1903); Lindemann, A. R 14, 161; Hartwieg, das. 42, 97ff.; Lobe, DJZ. 21, 603; Perels, das. 26, 619; Finger 383f.; W. Jellinek, JW. 1921, 751ff.; Doege, JW. 1920 429f.; Pomme, DJZ. 1920, 522.

Das Reichsgesetz kann auch schon vor seiner Verkündigung gelten, wenn es dies vorschreibt, d. h. es kann sich rückwirkende Kraft beilegen; Arndt 176, woselbst Beispiele; Dambitsch

57f.; s. auch RGZ. 71, 33; RGSt. 57, 49ff., 405f.; ebenso Laband II 81f. Tritt das Gesetz „mit der Verkündung" in Kraft, so beginnt seine zeitliche Geltung im Zweifel mit dem Anfange des der Verkündung nachfolgenden Tages, sofern nicht besondere Gründe zu der Annahme nötigen, es sei Geltung vom Augenblick der Verkündung an gewollt, oder sich der genaue Zeitpunkt der Verkündung unzweifelhaft ermitteln läßt, vgl. z. T. abw. KG. in JFG. 1 (1924), 279ff., StGerH. in JW. 1922, 19, RGZ. 91, 339 u. in Recht 1923 Nr. 967. Denn § 187 BGB. kann nur in Zweifelsfällen ergänzend herangezogen werden. Das Datum des Gesetzes ist das der Ausfertigung, nicht das des Zustandekommens (der Sanktion) noch das des Inkrafttretens (Arndt 189). Wegen Redaktionsfehler, Druckfehler und Berichtigungen vgl. Nieberding in den StenBerRT. 1898, 1863 s. auch 1907, 1673; Arndt 185f.; s. ferner G. Meyer 568 „der, welcher den Fehler begangen", darf nötige Berichtigungen bewirken; s. auch RGZ. 41, 34, wonach zweifellose Redaktionsfehler, ohne Rücksicht darauf, in welchem Stadium der Entstehung des Gesetzes die Fehler entstanden, durch eine einfache, im RGBl. veröffentlichte Erklärung des Reichskanzlers berichtigt werden dürfen, und dagegen Laband II 60 und wiederum Lindemann im A. ö. R. 14, 161; Lukas, Gesetzespublikation 232f.; s. auch Lobe, DJZ. 21, 603; Hatschek bei Marquardsen 56. Bloße Druckfehler kann der Reichskanzler korrigieren; Nieberding l. c. s. auch Dambitsch 52f.; Ausfertigungsfehler muß der Präsident im RGBl. korrigieren (unter Gegenzeichnung des Reichskanzlers), (viele Berichtigungen s. RGBl. 1915), Redaktionsfehler des Reichstags oder Bundesrats müssen im Gesetzeswege berichtigt werden; Laband II 60. Bloße Druckfehler im Text kann der Richter korrigieren; bei Parlamentsfehlern ist Gesetz nötig.

Der Tag der Ausgabe des Reichsgesetzblattes, nach dem die 14 Tage bzw. 2 oder 4 Monate (s. unten) berechnet werden, ist gemäß § 2 der Präsid. V. v. 26. Juli 1867 (BGBl. 1) auf dem Blatte angegeben. Die Ausgabe erfolgt durch Einlieferung auf dem Postzeitungamt zum Zwecke der Beförderung und Verteilung, RGStr. 57, 51. Die Richtigkeit des Ausgabevermerks unterliegt der richterlichen Nachprüfung, RGSt. 57 51, 405; KG. in JW. 1921, 751f. Art. 71 gilt auch für im sog. vereinfachten Gesetzgebungsverfahren erlassene Verordnungen, RGZ. 101, 164; nicht jedoch für die gemäß Art. 48 II erlassenen Ausnahmeverordnungen (RGSt. 55, 119f.), Staatsverträge KG. im Recht 1921 Nr. 986) und sonstige Verordnungen (Bayr. ObLG. in DJZ. 1923, 248); diese gelten vielmehr im Zweifel vom Tage der Bekanntmachung ab, s. DJZ. 1917, 1467, LZ. 1912, 98; vgl. auch LG. Altona in JW. 1926, 1357.

„Neue Gesetze erlangen in den Konsulargerichtsbezirken, die in Europa, in Ägypten oder an der asiatischen Küste des Schwarzen oder des Mittelländischen Meeres liegen, mit dem Ablaufe von zwei Monaten, in den übrigen Konsulargerichtsbezirken mit dem Ablaufe von vier Monaten nach dem Tage, an dem das betreffende Stück des Reichsgesetzblattes oder der Preußischen Gesetzsammlung in Berlin ausgegeben worden ist, verbindliche Kraft, soweit nicht für das Inkrafttreten ein späterer Zeitpunkt festgesetzt ist oder für die Konsulargerichtsbezirke reichsgesetzlich ein anderes vorgeschrieben wird." (§ 30 des KG. v. 7. April 1900, RGBl. 213.) Für sonst im Auslande befindliche Personen gilt das allgemeine Recht; Arndt 176f.; Binding, Handbuch des Strafrechts I 229; Seydel 47; G. Meyer, Staatsr. § 163 Anm. 20; Dambitsch 59; Laband II 80, der zu den 14 Tagen noch den Zeitraum hinzurechnet, der erforderlich ist, daß das fragliche Gesetzblatt zu dem bez. ausländischen Gebiete gelangen kann. Über das Prüfungsrecht der Richter gegenüber Gesetzen und Verordnungen s. zu Art. 102.

Reichshauptstadt ist nicht notwendig Berlin, sondern der dauernde — nicht nur für bestimmte Zwecke (Weimar 1919) oder aus besonderem Grunde (Stuttgart 1920) vorübergehend genommene — Aufenthaltsort der Reichsregierung, Giese 213.

Artikel 72.

Die Verkündung eines Reichsgesetzes ist um zwei Monate auszusetzen, wenn es ein Drittel[1]) des Reichstags verlangt[2]). Gesetze, die der Reichstag und der Reichsrat für dringlich erklären, kann der Reichspräsident[3]) ungeachtet dieses Verlangens verkünden[4])[5]).

StenBer. 1346, 1352ff.; BA 307ff., 489.

Stier-Somlo I 660f.; Hatschek II 99ff.; Kaisenberg, Volksentscheid u. Volksbegehren² (1926) 13f.; Morstein-Marx, Problem des parlamentarischen Minoritätenschutzes (1924) 34ff.; Finger 324, 360ff., 375; Wittmayer 332, 432f.; Hubrich 157f.; Triepel, A. ö. R. 39, 503ff.; Venator, das. 43, 65ff.; Braun, das. NF. 6, 77; Poetzsch, DJZ. 30, 1323ff. und Jahrb. (1925) XIII, 222.

[1]) Das Drittel wird nach der gesetzlichen Zahl berechnet, ebenso Giese 214, also nicht nur ein Drittel der Anwesenden, so aber Poetzsch 134 und a. a. O.

[2]) Hat ein Drittel des Reichstags die Aussetzung der Verkündigung verlangt, so muß ein Zwanzigstel des Volks dem Antrage beitreten, wenn es den Volksentscheid herbeiführen will (Art. 73 Abs. 2). Die Frist rechnet von der Verabschiedung im Reichstage, Giese 214. Der Beschluß kann also auch noch ergehen, wenn die Frist des Art. 70 bereits verstrichen ist. Ist die Verkündung ausgesetzt, so beginnt die Frist des Art. 70 erst mit dem Ende dieser Aussetzung, Poetzsch 134; Hatschek II 99; Anschütz 221, a. A. Kaisenberg, Triepel 541; Giese 214.

[3]) Da es eilige Fälle gibt, in denen es nicht möglich ist, mit der Verkündung eines Gesetzes zu warten, bis zwei Monate verstrichen und die Frage, ob ein Volksentscheid herbeigeführt wird, entschieden ist, sieht die Verfassung vor, daß solche Fälle nicht aufgehoben zu werden brauchen und das Gesetz alsbald verkündet werden kann. Aber auch in diesen Fällen ist die Möglichkeit des Volksentscheids gegeben, wenn ein Zehntel

der Stimmberechtigten die Aufhebung des Gesetzes durch ein neues Gesetz verlangt (Art. 73 Abs. 3); Koch, StenBer. 1346; oder, wenn der Präsident den Volksentscheid, was er kann, herbeiführt, s. Art. 73.

[4]) Nach der Verkündung kann ein Volksentscheid nicht mehr herbeigeführt werden, Triepel 508.

[5]) Im Fall des Art. 73 IV kommt Art. 72 nicht zur Anwendung, Triepel 507; Braun, da in diesem Falle nur der Reichspräsident einen Volksentscheid herbeiführen kann, die Frist des Art. 72 aber dazu dient, die Veranstaltung eines Volksentscheides gemäß Art. 73 II zu erleichtern.

Artikel 73.

Ein vom Reichstag beschlossenes Gesetz ist vor seiner Verkündung zum Volksentscheid zu bringen, wenn der Reichspräsident binnen eines Monats es bestimmt[1]).

Ein Gesetz, dessen Verkündung auf Antrag von mindestens einem Drittel des Reichstags ausgesetzt ist, ist dem Volksentscheid zu unterbreiten, wenn ein Zwanzigstel der Stimmberechtigten es beantragt[2]).

Ein Volksentscheid ist ferner herbeizuführen, wenn ein Zehntel der Stimmberechtigten das Begehren nach Vorlegung eines Gesetzentwurfs stellt[3]). Dem Volksbegehren muß ein ausgearbeiteter Gesetzentwurf zugrunde liegen. Er ist von der Regierung unter Darlegung ihrer Stellungnahme dem Reichstag zu unterbreiten. Der Volksentscheid findet nicht statt, wenn der begehrte Gesetzentwurf im Reichstag unverändert angenommen worden ist[4]).

Über den Haushaltsplan, über Abgabengesetze und Besoldungsordnungen kann nur der Reichspräsident einen Volksentscheid veranlassen[5]).

Das Verfahren beim Volksentscheid und beim Volksbegehren regelt ein Reichsgesetz⁶).

StenBer. 1345f., 1352ff.; BA. 294ff.

Stier-Somlo I 524ff.; Hatschek I 273 ff., II 11ff.; Kaisenberg, Volksentscheid u. Volksbegehren² (1926), HB. der Politik³ II 909ff.; Staats- u. Selbstverw. 1926, 127ff. u. Z. f. ö. R. VI (1927), 169ff.; Gmelin, HB. der Politik III, 71ff.; Fetzer, Das Referendum (1923) 34ff.; Inhoffen, Die Volksinitiative in den modernen Staatsverfassungen (1922); Wittmayer, 426ff., 434ff.; Finger 352ff., 364ff., 378ff.; W. Jellinek, Verfassung u. Verwaltung 102ff.; Hubrich 158ff.; Nawiasky, Bayr. Verfassungsrecht 290ff.; von Freytagh-Loringhoven 225ff.; Berthold, Z. f. ges. Staatswissenschaft 77, 52ff.; Triepel, A. ö. R. 39, 492ff.; Venator, das. 43, 40ff., 56ff. 75ff.; Braun, das. NF. 6, 75f.; Fritz, VerwArch. 29, 348; Poetzsch, Jahrb. (1925) XIII, 222ff.; Wenzel, Juristische Grundprobleme I 492ff.; von Jan, Reichsgesetz über Volksentscheid² (1926); Lucas, Jur. Rundschau 1926, 529ff.

[1]) S. Art. 70. Dies gilt auch für verfassungsändernde sowie für vom Reichstag unverändert angenommene Gesetze. Die Volksentscheidung wird auch Referendum genannt, und zwar Referendum im engeren Sinne bei der Gesetzesablehnung durch das Volk, Referendum im weiteren Sinne oder Volksbegehren bei der Gesetzesinitiative durch das Volk. Man spricht dann von plebiszitärer im Gegensatz zu parlamentarischer Gesetzgebung: Waldstein, NatVers. 2157. Die Frist des Art. 73 rechnet von der Verabschiedung im Reichstag. Bei Einspruch muß Verkündung ausgesetzt werden. Die Reichsverf. kennt kein obligatorisches Referendum. Gegenstand des Volksentscheids sind alle „formellen" Gesetze, also z. B. auch Ratifizierungen, Hatschek I 284, Anschütz 227, a. A. Triepel 505 und Wenzel 492, die ein zugleich auch „materielles" Gesetz für erforderlich halten, s. zu Art. 74, aber nicht sonstige Beschlüsse des Reichstages. Auch können die Ge-

setze nur als Ganzes zum Volksentscheid gebracht werden, Giese 216. Die Anordnung des Volksentscheides durch den Reichspräsidenten erledigt ipso jure einen etwa zugleich gemäß Art. 74 eingelegten Einspruch des Reichsrates gegen das Gesetz als Ganzes; Triepel 526f.; Kaisenberg 15.

[2]) S. Art. 72. Es ist nur über das Gesetz, nicht etwa zugleich über einen sonstigen Initiativantrag abzustimmen, sofern dieser nicht gemäß Abs. 3 eingebracht ist.

[3]) Der Zulassungsantrag ist an den Reichsinnenminister zu richten. Dieser entscheidet über das Vorliegen der gesetzlichen Voraussetzungen und ordnet bejahendenfalls unter Veröffentlichung des Antrages das Eintragungsverfahren, vor allem Beginn und Ende desselben an. Der Antrag kann zurückgenommen werden, a. A. Triepel 496f.

[4]) Auch in diesem Falle muß dem Volksentscheid eine Entscheidung des RT. vorhergehen. Die Regierung muß zunächst den Entwurf dem RT. vorlegen. Nimmt dieser den Entwurf unverändert an, so ist das Volksbegehren damit befriedigt und erledigt. Nimmt er ihn nicht an oder ändert er ihn, so tritt das Referendum ein und zwar sowohl über den Initiativantrag als das vom Reichstag (abweichend) beschlossene Gesetz.

[5]) In diesen Fällen ist ein Volksentscheid unzulässig, außer auf Veranlassung des RPräsidenten, ein Volksbegehren überhaupt, Braun.

[6]) Das Gesetz über den Volksentscheid erging am 27. Juni 1921 (RGBl. 790; 1924 I 4). Über das Stimmrecht kann es nicht verfügen, nur über das Verfahren; s. §§ 63ff. der Reichsstimmordnung vom 14. März 1924 (RGBl. 173).

Artikel 74.

Gegen die vom Reichstag beschlossenen Gesetze[1]) steht dem Reichsrat der Einspruch[2]) zu.

Der Einspruch muß innerhalb zweier Wochen nach der Schlußabstimmung im Reichstag bei der Reichsregierung eingebracht und spätestens binnen zwei weiteren Wochen mit Gründen versehen werden[3]).

Im Falle des Einspruchs wird das Gesetz dem Reichstag zur nochmaligen Beschlußfassung vorgelegt[4]). Kommt hierbei keine Übereinstimmung zwischen Reichstag und Reichsrat zustande, so kann der Reichspräsident binnen drei Monaten über den Gegenstand der Meinungsverschiedenheit einen Volksentscheid anordnen[5]). Macht der Präsident von diesem Rechte keinen Gebrauch, so gilt das Gesetz als nicht zustande gekommen. Hat der Reichstag mit Zweidrittelmehrheit[6]) entgegen dem Einspruch des Reichsrats beschlossen, so hat der Präsident das Gesetz binnen drei Monaten in der vom Reichstag beschlossenen Fassung zu verkünden oder einen Volksentscheid anzuordnen[7]).

StenBer. 1345, 1361; VA. 162ff., 449.

Kaisenberg, Volksentscheid u. Volksbegehren² (1926); Fetzer, Das Referendum (1923) 47ff.; Hatschek I 273ff. II 11ff.; Stier-Somlo I 528ff., 661f.; Wenzel, Grundprobleme I 492; Finger 366ff.; Hubrich 152ff.; Wittmayer 426ff.; von Freytagh-Loringhoven 222ff.; Triepel, A. ö. R. 39, 510ff.; Venator, das. 43, 40ff.; Poetzsch, DJZ. 30, 1543ff. und Jahrb. (1925) XIII, 220ff.; Mende, JW. 1925, 2419.

[1]) Alle beschlossenen, aber noch nicht verkündeten Gesetze im formellen Sinn ohne jede Ausnahme, dagegen nicht im abgekürzten Gesetzgebungsverfahren erlassene Verordnungen und Volksentscheide, Giese 220, s. Anm. 1 zu Art. 73, a. A. auch hier Triepel u. Wenzel. Auch nur gegen einzelne Gesetzesvorschriften kann der Einspruch eingelegt werden, Anschütz 227.

[2]) Der Einspruch wirkt „devolutiv“: er wälzt die Entscheidung auf den Reichspräsidenten und das Volk ab. Er kann zurückgenommen werden.

[3]) Nicht rechtzeitig begründeter Einspruch gilt als nicht eingelegt, Giese 221; Anschütz 227. Der Einspruch kann auch noch nach Schluß der Tagung eingelegt werden, Triepel 544. Daß der Vorsitzende des Reichstages Kenntnis von dem Einspruch hat, gilt als Einbringen des Einspruchs, § 28 GeschO. d. Reichstages. Wenn wegen Ablaufs der Tagung es nicht zur Beschlußfassung des Reichstages über den Einspruch kommt, ist dieser durchgedrungen, Triepel 516 Anm. 86, Poetzsch 137, wirkt also in diesem Falle absolut, nicht — wie sonst — nur suspensiv.

[4]) Der Reichstag ist dann zur erneuten Beschlußfassung verpflichtet, aber dabei an keine Frist gebunden.

[5]) Der Reichspräsident ist nicht verpflichtet, die Meinungsverschiedenheit zwischen Reichstag und Reichsrat einem Volksentscheid zu unterbreiten, s. Abs. 3 Satz 3. Bei der Abstimmung stehen nur die Meinungen des Reichstages und Reichsrates zur Wahl. Verzichtet der Reichsrat auf sein Einspruchsrecht, so kann der Reichspräsident sofort verkünden, auch wenn der Einspruch widerrufen wird oder die Einspruchsfrist abgelaufen ist. Eine positive Zustimmung des Reichsrates ist also nicht erforderlich, mithin die durch § 31 I der gemeinsamen Geschäftsordnung vorgeschriebene Verkündungsformel „Der Reichstag hat das folgende Gesetz beschlossen, das mit Zustimmung des Reichsrats hiermit verkündet wird" unrichtig, a. A. Poetzsch 137.

[6]) Die Zweidrittelmehrheit des Art. 74 berechnet sich nicht nach der gesetzlichen Zahl, sondern nach der Zahl der Abstimmenden.

[7]) Der Reichspräsident kann gemäß Art. 72, 73 II zur Herbeiführung des Volksentscheides gezwungen werden. Hat der Reichstag neue Änderungen beschlossen, so ist erneuter Einspruch des Reichsrates zulässig, Triepel 519, macht der Reichsrat hiervon Gebrauch, so tritt die Pflicht des Reichspräsidenten zur Verkündung oder Anordnung des Volksentscheides noch nicht ein.

Artikel 75.

Durch den Volksentscheid kann ein Beschluß des Reichstags nur dann außer Kraft gesetzt werden, wenn sich die Mehrheit der Stimmberechtigten an der Abstimmung beteiligt.

Triepel, A. ö. R. 39, 501; Venator, das. 43, 95 f.; Wittmayer 433f.

Art. 75 gilt auch für Volksentscheide, die gemäß Art. 73 Abs. 3 herbeizuführen sind.

Artikel 76.

Die Verfassung kann im Wege der Gesetzgebung geändert werden[1]). Jedoch kommen Beschlüsse des Reichstags auf Abänderung der Verfassung nur zustande, wenn zwei Drittel der gesetzlichen Migliederzahl anwesend[2]) sind und wenigstens zwei Drittel der Anwesenden zustimmen. Auch Beschlüsse des Reichsrats auf Abänderung der Verfassung bedürfen einer Mehrheit von zwei Dritteln der abgegebenen Stimmen[3]). Soll auf Volksbegehren durch Volksentscheid eine Verfassungsänderung beschlossen werden, so ist die Zustimmung der Mehrheit der Stimmberechtigten erforderlich[4]).

Hat der Reichstag entgegen dem Einspruch des Reichsrats eine Verfassungsänderung beschlossen, so darf der Reichspräsident dieses Gesetz nicht verkünden, wenn der Reichsrat binnen zwei Wochen den Volksentscheid verlangt[5])[6]).

StenBer. 292, 1346, 2157f.; VA. 162ff., 295f., 447, 458.

Stier-Somlo I, 28f., 533, 665ff. und Ztschr. f. ges. Staatswissenschaft 78, 553ff.; Hatschek I, 21ff., II 15ff.; Wittmayer 261ff., 398ff., 430, 439 u. Z. f. Volksw. u. Sozialpolitik NF. 4, 104ff.; von Freytagh-Loringhoven 228ff.; Hubrich 162ff.; Finger 309, 384ff.; Nawiasky, Grundgedanken 100ff.; W. Jellinek, Verf. u. Verw. 100ff.; A. ö. R. NF. 7, 351ff. und Jahrb. 9, 108; Preuß, Artikel 18 S. 32 u. DJZ. 1924, 649ff.; Piloty, das. 1923, 512ff.; Arndt, JW. 1920, 371; 1921, 498; Kaufmann, das. 1919, 901f.; Triepel, A. ö. R. 39, 542ff.; Kaisenberg, PrVBl. 43, 365; Menne, das. 45, 149ff.; Düringer, JW. 1924, 1809; Graf zu Dohna, das. 1810; Poetzsch, DJZ. 1923, 678f. und Jahrb. (1925) 13, 226ff.; Bilfinger, A. ö. R. NF. 11, 174f.

[1]) Der Berichterstatter Koch, StenBer. 1346, bemerkte hierzu: „Von dem bisher geltenden Grundsatz der alten Reichsverfassung, daß Verfassungsänderungen im Wege der einfachen Gesetzgebung beschlossen werden können, ist abgewichen. Wir sind der Meinung, daß heute, wo der Weg der Gesetzgebung wesentlich erleichtert ist, nicht durch einfachen Mehrheitsbeschluß des Reichstags und des Reichsrats eine Verfassungsänderung vorgenommen werden kann. Wir haben deshalb vorgesehen, daß überall da, wo bei einer einfachen Gesetzgebung eine einfache Mehrheit des Reichstags und des Reichsrats erforderlich ist, hier eine Zweidrittelmehrheit vorgeschrieben werden muß. Das hindert natürlich nicht, daß in denjenigen Fällen der einfachen Gesetzgebung, wo ein Mehrheitsbeschluß des Reichstags umgangen werden kann, auch hier ein Beschluß des Reichsrats, der mit Zweidrittelmehrheit gefaßt ist, umgangen werden kann. Das führt also zu dem Zustande, daß, wenn der Reichstag mit Zweidrittelmehrheit beschließt, der Präsident berechtigt ist, — das Gesetz zu verkünden oder auch eine Volksabstimmung herbeizuführen. Das hindert weiter auch nicht, daß ein Beschluß des Reichstages, der also hier mit Zweidrittelmehrheit beschlossen werden müßte, dadurch umgangen werden kann, daß eine Volksabstimmung auf Grund Volksbegehrens stattfindet, so daß hier das Volk in die Lage gesetzt wird, auch eine Verfassungsänderung mit einfacher Mehrheit zu beschließen. Man würde auf den Gedanken kommen können, auch dafür eine qualifizierte Mehrheit im Volke vorzuschreiben,

wie das beim Reichstag und Reichsrat vorgeschrieben ist, aber das würde doch wohl dem Grundgedanken der Demokratie widersprechen. Es geht nicht gut an, daß, wenn das Volk einmal befragt ist, eine Willensäußerung des Volkes, die es vielleicht mit Dreifünftelmehrheit faßt, unbeachtet bleibt"; s. auch Waldstein 256. Verfassung im Sinne Art. 76 sind die Verfassungsurkunde und die an die Stelle derselben getretenen verfassungsändernden Gesetze. Die Änderung kann unmittelbar oder mittelbar erfolgen. Daß immer dem verfassungsändernden Gesetz die Verfassungsänderung vorausgehen oder daß ein solches Ges. im Text als verfassungsänderndes bezeichnet werden muß oder überhaupt die Verfassungsurkunde ändert, ist nicht nötig, Arndt, RStR. 190; Meyer-Anschütz § 164; Laband II § 53; Triepel 543; Poetzsch 139, sächs. OVG. 28, 6; Hatschek I 74; Piloty, auch ständige Praxis, a. A. nur Preuß, der verlangt, daß ein solches Gesetz den Verfassungstext ändere, andernfalls es nicht verfassung-„ändernd", sondern verfassungs-„widrig" und mithin nichtig sei, zustimmend hierzu Bilfinger.

²) Im Sitzungssaal, bei namentlicher Abstimmung sogar mitstimmend, Poetzsch.

³) Auch Beschlüsse, die den Einspruch gegen ein vom Reichstag beschlossenes verfassungänderndes Gesetz oder das Verlangen nach einem Volksentscheid (Abs. 2) ablehnen, denn hierin liegt die Zustimmung zur Verfassungsänderung, Triepel, Hatschek I 74, II 17; Kaisenberg, Jellinek, Stier-Somlo, Giese 227; Anschütz 230f., a. A. Poetzsch 139; Preuß, Finger 309, 389; Wittmayer 398ff.; jedoch nicht die Beschlüsse des Einspruches oder des Verlangens nach dem Volksentscheid, da diese die Verfassungsänderung verhindern wollen, j. VA. 166, 452, 458; Triepel 545; Finger, Giese 227f.; a. A. Wittmayer 339f. Ein solcher Beschluß ist schon gefaßt, wenn bei Abstimmung darüber die Zweidrittelmehrheit nicht erreichbar, also mindestens eine Stimme mehr als ein Drittel aller Stimmen für den Einspruch oder Volksentscheid ist.

[4]) Satz 3 in Art. 76 enthält die Erschwerung, daß, wenn auf Volksentscheid eine Verfassungsänderung beschlossen werden soll, mindestens die Hälfte des Volks (die Mehrheit der Stimmberechtigten) der Abänderung zustimmen muß. „Dann liegt die Sache so, daß ein Beschluß des Reichstages vorangegangen sein muß, in welchem er die Verfassungsänderung ablehnt. Liegt der vor, dann wird man mit Recht sagen können, daß gegenüber dem Beschluß des Reichstages, der eine Verfassungsänderung nicht will, ein Beschluß des Volkes auf Verfassungsänderung nur dann Kraft haben darf, wenn wenigstens die Hälfte des Volkes dieser Änderung zustimmt"; Waldstein l. c.

[5]) Wenn ein Drittel oder mehr im Reichsrat oder im Reichstag gegen eine Verfassungsänderung stimmt, ist diese gescheitert; doch kann, wenn zwei Drittel Mehrheit im Reichstag aber nicht im Reichsrat vorhanden ist, der Präsident den Volksentscheid herbeiführen, vgl. Triepel 523; Poetzsch 139.

[6]) Die Vorschrift in einem Ges., daß sie nur wie eine Verfassungsänderung abgeändert werden kann (s. § 46 Ges. über die Finanzverwaltung v. 10. September 1919 (RGBl. 1591), Reichspostfinanzgesetz v. 18. März 1924 (RGBl. I 287) § 13 II und Reichsbahngesetz v. 30. August 1924 (RGBl. II 272) § 3 II), die überdies z. T. an die Stelle der Verfassung getreten sind oder nur mit Zustimmung eines Dritten, § 259 Branntweinmonopolgesetz v. 8. April 1922 (RGBl. I 405), ist gültig und selbst keine Verfassungsvorschrift, da sie selbst stets durch einfaches Ges. aufgehoben werden kann, s. dagegen Kaufmann, Poetzsch 131; A. d. R. 40, 156; Triepel 465; Preuß, Giese 226; und dafür Arndt, Hatschek II 19, übrigens ständige Praxis.

Artikel 77.

Die zur Ausführung der Reichsgesetze[1]) erforderlichen allgemeinen[2]) Verwaltungsvorschriften[3]) erläßt, soweit die Gesetze nichts anderes bestimmen[4]), die Reichsregierung. Sie bedarf dazu der Zustimmung des Reichsrats, wenn die Ausführung der Reichsgesetze den Landesbehörden zusteht[5]).

StenBer. 1346f., 1367ff.; VA. 42f., 79, 166ff., 340f., 427ff.

Stier-Somlo I 333ff., 667ff.; Hatschek II 133ff.; Jellinek, Verf. u. Verw. 105ff.; Wittmayer 383ff., 448ff.; Triepel, Verhandlungen des Bamberger Juristentages 1921 II 11ff., DJZ. 1924, 6ff. u. Goldbilanzen VO. 7ff.; Bernstein, JW. 1924, 35ff.; Perels, DJZ. 1924, 591ff.; Jacobi, A. ö. R. 39, 273ff., 329ff.; Schoen, das. NF. 6, 133ff.; Schiller, das. 8, 283ff.; Poetzsch, Jahrb. (1925) XIII, 206ff.; Lassar, Jahrb. (1926) XIV, 22; Jellinek, das. IX, 110ff.; Hubrich 165ff.; Finger 305f.; Meißner 128ff.; von Freytagh-Loringhoven 234ff.; Arndt, JW. 1921, 498; Lammers, das. 1924, 1479ff., PrVBl. 45, 139f., Z. für Gesellschaftswesen (1924) 34, 209ff. und Staats- und Selbstverwaltung (1923) V, 34ff.; Bühler, das. (1920) II, 192, PrVBl. 41, 557, Deutsches Steuerblatt 1921/22 S. 145ff., 220ff., 310ff. und in Festgabe für das pr. OVG. (1926) 31ff.; Breme, LZ. 1921, 204; Dove DJZ. 1921, 226; Poetzsch, A. ö. R. 40, 156ff.; Hensel, das. NF. 6, 333ff.

[1]) Auch der Reichsverfassung und der Gesetze des Deutschen Zollvereins, nicht der Landesgesetze; Arndt, Reichsstaatsr. 109; Seydel 144; Dambitsch 232, Hänel 281.

[2]) Das heißt für das ganze Reich gültige. Allgemein drückt zugleich den Gegensatz zum Spezialfall aus, a. A. Anschütz 234, der in „allgemein" eine Ermächtigung der Landesregierungen sieht, detaillierungsbedürftige Verwaltungsvorschriften durch Dienstanweisungen zu ergänzen. Die Reichsgesetze ermächtigen nicht selten auch die Landesbehörden zum Erlasse von Verordnungen, Arndt, Reichsstaatsr. 202; Reichsverordnungsr. 92; Seydel, Komm. 102; s. auch Zorn I § 17. Verwaltungsvorschriften im Sinne der Art. 7 und 37 der alten Verf. waren die, welche der Bundesrat für das ganze gemeinschaftliche Zoll- und Steuergebiet erlassen hat, z. B. Bundesrats-

beschluß v. 6. Juli 1878 (RZBl. 935) und v. 17. März 1913 über die Abgabefreiheit der sog. Kalisalze, im Gegensatze zu denen, die von den Einzelregierungen ergehen, z. B. Bestimmungen des preußischen Finanzministers v. 18. Juli 1872 (PrAbgZBl. 316). Aus dem Umstande, daß die Reichsregierung nur allgemeine Verwaltungsvorschriften erlassen darf, folgt nicht, daß die Landesregierungen beliebig die besonderen für ihre Untertanen treffen dürfen. Überall, wo die Gesetzgebungsbefugnis des Reichs ausschließlich war (z. B. Zölle und Steuern Art. 35), oder soweit auch innerhalb seiner fakultativen Zuständigkeit der Reichsgesetzgeber vollständig erschöpfend eine Materie regeln wollte, sind die Landesverordnungen zur Ausführung von Reichsgesetzen nur statthaft, wo sie besonders zugelassen sind; s. Arndt, Reichsverordnungsr. 92 Seydel 141 meint mit Recht, daß „Verwaltungsvorschriften" in dem Sinne von bloßen Anweisungen an die Behörde selbst auf dem Gebiete der ausschließlichen Reichsgesetzgebung von den Einzelstaaten nicht erlassen werden durften; solche Anweisungen begreift man aber nicht unter Verwaltungsvorschriften, welche nicht allein für die Behörden, sondern auch für alle Bürger bestimmt sind, z. B. Ein- und Ausfuhrverbote, Vorschriften über Denaturierung von Salz und Spiritus, Begleitscheinregulativ-, Post- und Telegraphenordnungen, Eisenbahn- Verkehrs- und Betriebsordnungen, Anstellungsbedingungen der Militäranwärter, Versorgung der Militärpersonen; s. RZBl. 1871, 275; 1875, 149 usw.; ebenso Hänel 394; s. auch oben zu Art. 15. Der Erlaß von Rechtsnormen (Einfuhrverboten) ist in veterinär-polizeilichen Gesetzen (Rinderpest Ges. v. 7. April 1867 u. a.) vom Reiche den Einzelstaaten übertragen worden; s. auch über die Zulässigkeit solcher Delegationen selbst bei der ausschließlichen Zuständigkeit der Reichsgesetzgebung, Kahl, StenBer. 2000.

Ausführung bezieht sich auf Handhabung wie Erfüllung des Gesetzes; Triepel, Reichsaufsicht 374 Anm. 4.

[3]) Verwaltungsvorschriften (aus Art. 7 Z. 2, 37 u. 38 der alten Verfassung übernommen) sind nicht bloß Vorschriften,

die nur für die Verwaltungsbehörden gelten, sondern auch solche, welche von der Verwaltung im Unterschiede von der Gesetzgebung erlassen werden. a. A. Anschütz 233; Giese 230; Hatschek II 114, 120; Schoen, Jacobi u. a.; zustimmend aber Bühler. Verwaltungsvorschriften (auf Grund des Art. 7 Nr. 2 erlassen) sind z. B. die Aus- und Einfuhrverbote. Näheres s. Arndt, Reichsverordnungsrecht 97, im „Recht" 1901, 35ff.; Selbständiges Verordnungsr. 247f.; Meyer-Anschütz § 159 a. a. O. Alles, was nicht die Form des Gesetzes hat, bezeichnet man als Verordnung, wofür das französisch-belgische Recht den Ausdruck „Verwaltungsvorschrift", règlement administratif oder règlement d'administration hat. Aus dem französisch-belgischen Recht ist diese Bezeichnung in den deutschen Sprachgebrauch übergegangen, schon in die Nassauische Verfassung von 1814. Wie in Frankreich und Belgien unter Verwaltungsvorschriften alle von der Verwaltung erlassenen Vorschriften bezeichnet werden, so bezeichneten Stahl, Rechtslehre (3) II. Abt. § 112 S. 386, ferner Fischer und Kisker in der II. Revisionskammer 1849/50 für Ein- und Ausfuhrverbote, später Goldschmidt[1]), die heutigen Verkehrsordnungen

[1]) Zeitschr. f. Handelsrecht 4, 461; s. auch Arndt in Preuß. Jahrb. 1901, 340. Auch G. Meyer, Staatsr. § 165 Anm. 2; Rosenberg in HA. 1902, 16; Zorn, ebenda 1885, 13, Staatsr. II 482; Bornhak, PreußStaatsr. 446f.; Anschütz, Staatsr. 606; Riedel 22; Hubrich, HA. 1907 16; Löwe-Rosenberg zu § 376 StPO.; H. Rosin, VerwArch. 21, 347; Andruschen, A. ö. R. 22, 82; Lahusen bei Grünhut 24, 365; Bäseler, Eisenbahnverkehrsordnung 52; Paschke, Eisenbahnverkehrsordnung 27; Loening, VerwR. 229 erkennen an, daß „Verwaltungsvorschriften" auch Rechtsnormen enthalten können; dagegen Laband I 91, IV 411; O. Mayer, DVR. I 84; Giese 229; Poetzsch 139.

Auch OVG. 37, 457; 71, 471; s. auch 1, 173, nimmt an, daß Verwaltungsvorschriften Rechtsnormen sein können. Dies

als „Administrativmaßregeln". Zweifellos sind Verwaltungsvorschriften im Sinne des Art. 38 der alten Verf. Rechtsnormen. So sind die unzähligen Ein- und Ausfuhrverbote nach Delbrück, dem Urheber des Art. 7, früher 37, der „Art 40. der Reichsverf.", S. 24 auf Grund Art. 7²a Reichsverf. erlassen; die Ansicht des RGSt. 47, 293; 49, 191; 50, 52, daß sie auf Grund des BRVereinszollgesetzes v. 1. Juli 1869 erlassen sind, wird dadurch widerlegt. Auch die Post- und Telegraphenordnungen („administrative Anordnungen"), RGZ. 19, 104; 43, 99; RGSt. 26, 118, die Eisenbahnreglements ROHG. 21, 60; RGSt. 10, 326; 27, 377; s. auch in RGZ. 47, 33; 55, 145 u. v. a., ferner die Begleitscheinregulative, Denaturierungsvorschriften usw. sind Rechtsnormen. RGZ. 48, 84 hat ausgesprochen, daß in dem Sinne wie die Theorie diese Worte gebrauche: Rechtsnorm gleich Vorschrift, welche die Rechtsbeziehungen der einzelnen Staatsbürger regele, Verwaltungsvorschrift dagegen nur Anweisung an Behörden, Rechts- und Verwaltungsvorschriften keine Gegensätze seien; s. auch RGSt. 34, 57; s. auch Löwe-Rosenberg (1927) StPO. zu § 376. Daß die auf Grund Art. 7² vom Bundesrat erlassenen Vorschriften Rechtsnormen sein können, hat auch das Kammergericht (KJ. 20, 122 C) anerkannt; RGZ. 72, 257, wo richtig gesagt wird, daß auf Grund Art. 7² erlassene Vorschriften des Bundesrates Gesetze erläutern und ergänzen (nicht abändern) können, s. auch RGZ. 72, 370; dagegen RGSt. 22, 48 und RGZ. 40, 76; 76, 19; nicht ganz klar RGSt. 47, 293; 49, 191.

Selbstredend gibt es wie in den Gesetzen so auch in den „Verwaltungsvorschriften" bloße Sollvorschriften. Alle den Gesetzen zuwiderlaufenden Bestimmungen der Verwaltungsvorschriften sind ungültig; s. RGSt. 22, 48.

Es gibt aber endlich Vorschriften von der Verwaltung nur für den internen Dienst der Verwaltung, so z. B. die Allgemeinen

---

ergibt sich auch aus den Reden von Lasker und Delbrück v. 7. Dezember 1870 (StenBerRT. 122); Lasker am 10. Mai 1880 (StenBer. 1909).

Dienstvorschriften für die Post und Telegraphie, in Frankreich sogenannte Zirkularverfügungen; s. Arndt, Reichsstaatsr. 207; A. Giron, Le droit administratif de la Belgique, 1881 Nr. 86; RGSt. 1, 125; 4, 13; 29, 180; s. auch RGSt. v. 16. Febr. 1904 in DJZ. 1904, 556, und zu Art. 15.

Unzweifelhaft ist, daß in Art. 38 Nr. 1 der alten Reichsverf. „Verwaltungsvorschriften" im Sinne von Rechtsvorschriften gebraucht ist und daß alle Verordnungen über Steuervergütungen und Ermäßigungen auf gesetzlichen Ermächtigungen beruhen; s. auch RGSt. 45, 410.

Auf Grund Art. 7 Ziff. 2 ergingen (früher) die Verordnungen im Gebiete des Eisenbahnwesens, später nur noch auf Grund Art. 42f., ergehen die Ein- und Ausfuhrverbote (Delbrück, „Art. 40", 24), die Verordnungen zur Ausführung des Gesetzes, betr. die Erhebung einer Abgabe von Salz v. 12. Oktober 1867 (BGBl. 49), in dem eine ausdrückliche Ermächtigung fehlt, z. B. über Steuerfreiheit der Kalisalze Denaturierung von Speisesalz usw. (RZBl. 1888, 613; 1900, 12; 1902, 422; 1904, 274) ferner Bestimmungen zur Ausführung des Militärpensions G. v. J. 1871 v. 22. Februar 1875 (RZBl. 142), nebst Nachtrag v. 9. Mai 1877 (RZBl. 253); Instruktion zur Strandungsordnung v. 24. November 1875 (RZBl. 750); Bestimmungen über die Behandlung nachgemachter Reichsmünzen v. 9. Mai 1876 (RZBl. 260); s. auch Knorr 43f.

Selbstredend ist, daß die Verordnungen der Reichsregierung niemals contra legem noch praeter legem, sondern stets nur intra legem sein dürfen; sie dürfen detaillieren, entwickeln usw. RGZ. 56, 376, nicht über den erklärten oder stillschweigend kundgegebenen Willen des Gesetzes hinausgehen; s. auch RG. v. 7. Juni 1912, im „Recht" Nr. 15, 16; s. auch Arndt, Reichsverordnungsr. 74f.; Rosin, Polizeiverordnungsr. (2) 35; Schön, Handbuch I 249; Anschütz, Staatsr. 606; Fleiner usw. Arndt, Reichsstaatsr. 203; Dambitsch 227; RGZ. 72, 257. Sie unterliegen insoweit der richterlichen Nachprüfung, RGZ. 114, 252ff.

Ein Notverordnungsrecht wie in Art. 55 PreußVerf. besteht im Reiche nicht; ebenso Dambitsch 229; Arndt, Reichsstaatsr. 107 und Anm. zu Art. 5; Laband II 90; Zorn 1485; v. Rönne II 1, 56; s. indes auch Art. 48 Reichsverf. Von Reichsgesetzen kann nur auf Grund reichsgesetzlicher Ermächtigungen dispensiert werden. Daß die Gesetzgebung frei befugt ist, was, wie und wann sie will und durch wen sie will, im Verordnungswege regeln zu lassen, folgt aus der Souveränität des Gesetzgebers und ist heute kaum noch streitig, dazu hat stets ein einfaches Gesetz genügt; s. Arndt, Reichsverordnungsr. 16ff.; Esmein, Éléments de droit constitutionnel I p. 240, Thoma, Polizeibefehl 218; Jellinek 383; Laband II 96, 187; Seydel in HA. 1874, 1145 und RGZ. 48, 84; Arndt, LZ. 1920, 20; Arndt, JW. 1921, 498; Triepel, DJZ. 1924, 2ff.; Triepel und Poetzsch, Verhandlungen des Bamberger Juristentages S. 11ff., jedoch können einfache Reichsgesetze nur sachlich begrenzte Verordnungsrechte schaffen, Schoen, auch muß die Delegation bestimmt ausgesprochen sein, Triepel, GoldbilanzenVO. 8, 11. Die sog. vereinfachte Gesetzgebung, s. z. B. G. v. 1. August 1920 (RGBl. 1493) ermöglicht nur Verordnungen, z. B. RGBl. 1919, 1473, 1700 1909, 1925, 1961 (was zulässig), keine Gesetze s. Arndt, JW. 50, 498; Triepel, A. ö. R. 39, 470; Giese, Anschütz u. a. m., and. Ans. Poetzsch 125, A. ö. R. 40, 156, RR. Prot. 1920 Nr. 680; s. auch StBRT. 1920, S. 250, 461; v. Rönne, Reichsstaatsr. II 113f.

Im Zweifel ist das Verordnungsrecht delegierbar (so die Praxis im Reich, Preußen, im Ausland); Arndt, Reichsverordnungsr. 203, Reichsstaatsr. 180ff., in der ZStrW. 1902, 384; Arndt, DJZ. 1901, 230; 1914, 1152; Aschenborn, Postgesetz 14; Sydow im Postarchiv 1891, 519; Schön, Handbuch I 295, 300; s. auch Bornhak, PreußStaatsr. 454; Anschütz, Staatsr. 567 § 26; v. Stengel, PreußStaatsr. 172; ebenso Dambitsch 230; vgl. dagegen Laband II 10; Seydel 291; Fleiner, Institutionen 71 ff.; Triepel, Goldbilanzen O. 12; Poetzsch 150, s. auch Giese 230. S. auch RGZ. 55, 150 und in DJZ. 1924, 210, RGZ. 107 316f. und KG.

in Egers Eisenbahnrechtlichen Entsch. 27, 434 (für Subdelegation). Doch darf die durch die ursprüngliche Delegation erteilte Vollmacht nicht in persönlicher Hinsicht beschränkt sein.

Mit den vorstehenden Ausführungen zu Art. 5 und 77 deckt sich, wenn Koch, StenBer. 3146 ausführt, daß ein ursprüngliches, aus sich heraus bestehendes (selbständiges) Recht der Reichsregierung (oder des Reichsrats), Rechtsverordnungen zu erlassen, nicht besteht, daß dagegen der Reichsgesetzgeber zum Erlasse von Rechtsverordnungen die Befugnis übertragen kann. Wenn Koch dann fortfährt, daß Art. 77 nur Verwaltungsverordnungen betrifft, so ist ihm zu widersprechen, wenn er unter solchen den in der Sache kaum feststellbaren Gegensatz zu Rechtsverordnungen meint. Daß unter Verwaltungsvorschriften im Sinne Art. 77 Rechtsvorschriften verstanden werden können, spricht Spahn 1463 unzweideutig aus. Steinkopf, StenBer. 1362 versteht unter Verwaltungsverordnungen solche nur für „die inneren Betriebe“.

Der Richter hat zu prüfen, ob Verordnungen bzw. Verwaltungsvorschriften gültig sind, RGSt. 56, 181; KG. in JW. 1921, 587; RGZ. 114, 252ff. Das sind sie nicht, wenn sie contra oder praeter legem sind, also sich als selbständige Verordnungen darstellen; s. auch v. Rönne-Zorn I 409; G. Meyer § 179; Laband II § 61; s. oben zu Art. 5. Verwaltungsvorschriften in Art. 77 der jetzigen und in Art. 7² und 38 der alten Verf. bedeutet nicht mehr als (unselbständige) Ausführungsverordnungen. Aus den Beratungen des Verf.-Ausschusses und der NatVers. ergibt sich nun eine Fülle von Widersprüchen, s. Prot. 167f., 326, 340f., 427, 428, Vollvers. 1346f., 1366. Man kann beide Ansichten daraus ableiten. Die Autorität Spahns, Heinzes, Düringers wiegt wohl ebensoviel wie die von Sinzheimer und Zweigert; Wenn Giese l. c. sagt: unter Verwaltungsvorschriften können unmöglich Rechtsvorschriften begriffen werden, so ist zu bemerken, daß unter Ein- und Ausfuhrverboten unmöglich keine Rechtsvorschriften begriffen werden können; für das Gebiet des Steuerrechts grundsätzlich zustimmend Bühler. Wie der sächsische Reichsratsbevollmächtigte Poetzsch A. ö. R. 40, 169 mitteilte, erklärte der Staatssekretär Preuß: „Ich komme aus der Wissenschaft zum Amte und wollte mich hier an den wissenschaftlichen Unterschied zwischen Recht und Verwaltungsverordnungen halten. Darauf sagten mir die Herren, die sich auf die langjährige Staatspraxis beriefen, diese Unterscheidung sei in der Staatspraxis nicht üblich. Man habe nie anders operiert als mit Ausführungsverordnungen und damit seien die Rechtsverordnungen gemeint."

[4]) S. z. B. RVf. Art. 176, 177 (Präsident), Art. 90 (Reichsverkehrsminister) § 463 RAbgabenO. und § 71 Finanzausgleichsges. (Reichsfinanzminister), § 47 WehrGes. (Reichspräsident), § 41 Reichswahlges. (Reichsinnenminister). Die Zuständigkeit der Reichsregierung ist also nur subsidiär, sie entscheidet als Kollegium, Hatschek II 122, Giese 232, Anschütz 233, a. A. Triepel, A. ö. R. 39, 482; Poetzsch 108.

[5]) Also nicht, wenn die Ausführung Reichsbehörden zusteht, s. aber Art. 88 III, 91.

Sechster Abschnitt.

Die Reichsverwaltung.

Artikel 78[1]).

Die Pflege der Beziehungen zu den auswärtigen Staaten[2]) ist ausschließlich Sache des Reichs.

In Angelegenheiten, deren Regelung der Landesgesetzgebung[3]) zusteht, können die Länder mit auswärtigen Staaten Verträge schließen; die Verträge bedürfen der Zustimmung des Reichs[4]).

Vereinbarungen mit fremden Staaten über Veränderung der Reichsgrenzen werden nach Zustimmung des beteiligten Landes durch das Reich abgeschlossen[5]).

Die Grenzveränderungen dürfen nur auf Grund eines Reichsgesetzes erfolgen, soweit es sich nicht um bloße Berichtigung der Grenzen unbewohnter Gebietsteile handelt[6]).

Um die Vertretung der Interessen zu gewährleisten, die sich für einzelne Länder aus ihren besonderen wirtschaftlichen Beziehungen oder ihrer benachbarten Lage zu auswärtigen Staaten ergeben, trifft das Reich im Einvernehmen mit den beteiligten Ländern die erforderlichen Einrichtungen und Maßnahmen[7]).

StenBer. 286, 1363ff.; VA. 33ff.; s. StenBer. RT. 1925 S. 2367.

Stier-Somlo I 406, 412; Hatschek II 432ff.; Meißner 153ff.; Finger 430; Hubrich 30f.; Wittmayer 211ff.; Wenzel, Grundprobleme I 489ff.; von Freytagh-Loringhoven 38f., 248ff.; Bilfinger, Einfluß der Einzelstaaten auf die Bildung des Reichswillens (1923); Nawiasky, Bundesstaat als Rechtsbegriff (1920) 109ff., Bayr. Verf. Recht 30ff. u. Hirths Ann. 1919, 2f.; Delius, DJZ. 1919, 924; Jellinek, Verf. u. Verw. 108 f.; Kädell, Z. f. ges. StWiss. 41, 700ff.; Wolgast, A. ö. R. NF. 5, 1ff.; Heckel, das. 7, 209ff.; Merk, das. 8, 305ff.; Rothenbücher, das. 8, 324ff.; Giese, das. 7, 65ff.; Leberle, das. 11, 391ff.; Mettgenberg, LZ. 1924, 217ff.; Anschütz, Allg. Deutsche Lehrer-Zeitung (1925), Jahrg. 54, 181ff.; Poetzsch, Jahrb. (1925) XIII, 65ff.; Lassar, Jahrb. (1926) XIV, 1ff., 69ff., 193.

[1]) S. zum 6. Abschnitt die Ausführungen des Berichterstatters Dr. Quarck, StenBer. 1363f. S. ferner oben zu Art. 2. Die Länder verzichten zugunsten des Reichs auf auswärtige Gesandtschaften, auch auf das passive Konsulatsrecht, Giese 235; denn auch die Verpflichtung des Reiches, Konsuln der Ententemächte in den Städten und Häfen Deutschlands zur Ausübung ihrer Tätigkeit zuzulassen, begründet kein solches (Art. 279 Versailler Vertrag). Die Mehrheit des Verfassungs-

ausschusses erklärte sich gegen Landeskonsulate, ohne einen ausdrücklichen Beschluß zu fassen. Nach Art. 56 der früheren Reichsverfassung konnte nur das Reich Konsuln ins Ausland entsenden, die Länder konnten bei einander Konsuln bestellen und ausländischen Exequatur erteilen. Das Deutsche Reich hat auf die Jurisdiktionskonsulargerichtsbarkeit in der Türkei durch besonderes Abkommen und auf die in Marokko, Siam, Persien und China im Frieden zu Versailles 1919 verzichtet.

[2]) Nicht zur römischen Kurie, noch der Staaten untereinander, BA. 34, 36, noch der Staaten zum Reich. Die Pflege der auswärtigen Beziehungen umfaßt nicht auch die Rechtshilfe ihrem ganzen Umfange nach, Lederle, a. A. Mettgenberg. Zwar ist das Reich zum Abschluß von Auslieferungsverträgen ausschließlich zuständig (s. oben Anm. 6 zu Art. 6), auch hat es die diplomatischen Verhandlungen jeweils zu führen, doch steht die Entscheidung, ob im konkreten Fall ausgeliefert werden soll, den Ländern zu, da dies ein Akt der Justizhoheit ist. Das Reich ist also an die Entscheidung des Landes gebunden, wenn dieses die Auslieferung ablehnt; doch ist das Reich (dem Lande gegenüber) zur Auslieferung nicht verpflichtet, wenn dieses die Auslieferung bewilligt, Lederle.

[3]) S. Art. 7ff.; auch auf dem Gebiete der konkurrierenden Kompetenz, Anschütz 238; a. A. Hatschek II, 441. — Konkordate der Länder mit der Kirche bedürfen keiner Zustimmung, da die Kirchen, insbesondere auch die katholische, keine Staaten sind, Heckel, Giese 235 und a. a. O., Anschütz 239; a. A. Rothenbücher 330. — Auch die Reichsbahngesellschaft darf gemäß § 36 des Reichsbahnges. v. 30. August 1924 (RGBl. II 272) mit Zustimmung der Reichregierung Vereinbarungen mit auswärtigen Regierungen treffen; auswärtige „Regierungen“ ist hierbei gleichbedeutend mit Staaten, Lassar 193, die Reichsbahngesellschaft kann also mit ausländischen Eisenbahnverwaltungen, wenn es sich um Staatsbahnen handelt, selbständig keine Verträge abschließen, a. A. Sarter-Kittel, Die neue Reichsbahngesellschaft (1924) 149.

⁴) Die Zustimmung kann vorher oder nachher durch die Reichsregierung, a. A. Wenzel 499, Hatschek 444, die den Reichspräsidenten, Anschütz 238f., der den „zuständigen" Reichsminister für zuständig hält, erteilt werden, VA. 35, soweit nicht Reichsgesetz erforderlich ist, Poetzsch 143, a. A. Hatschek 444. Die Zustimmung hat zugleich völkerrechtliche Bedeutung, erst sie bewirkt auch die völkerrechtliche Gültigkeit, Wolgast 32f. Der Inhalt der Verträge muß sich selbstredend mit dem Reichsrecht im Einklang halten; auch hier gelten Art. 13, 19.

⁵) Bei Friedensschlüssen ist Genehmigung des Landes unnötig, s. Art. 45 II. Beteiligt sich nur das Land, dessen Gebiet verändert werden soll, nicht dessen sonstige Interessen berührt werden. Verweigert das Land die Zustimmung, so ist die Grenzveränderung zwar nicht unmöglich, a. A. Anschütz 239, Stier-Somlo, bedarf aber eines verfassungändernden Reichsgesetzes, Giese 236; Finger 201.

⁶) S. auch Art. 2 Satz 2 (Selbstbestimmungsrecht).

⁷) S. Preuß im VA. 34; Poetzsch 143. In diesem Fall ist eine räumliche Nachbarschaft mit dem Auslande nicht erforderlich. — „Einrichtungen" sind für die Dauer, „Maßnahmen" vorübergehend getroffene Anordnungen.

Artikel 79.

Die Verteidigung des Reichs ist Reichssache[1]). Die Wehrverfassung des deutschen Volkes wird unter Berücksichtigung der besonderen landsmannschaftlichen Eigenarten durch ein Reichsgesetz[2]) einheitlich geregelt[3]).

StenBer. 1365, 2116; VA. 36f., 43ff.

Stier-Somlo I 393f., 682f.; Hatschek II 147ff.; Meißner 158ff.; Finger 488ff.; Jellinek, Verfassung u. Verwaltung 111f.; von Freytagh-Loringhoven 250ff.; Heck, JurWoch. 1921, 661ff; Hüsing, Die neue deutsche Wehrverfassung (1921); Rittau, Wehrgesetz² (1926); Semler, Wehrgesetz (1921); Lassar, Jahrbuch (1926) XIV, 90ff.

[1]) Es gibt also keine sog. Heereskontingente und Kontingentsverwaltungen oder Kontingentherren mehr. Auch die Militärkonventionen sind aufgehoben, StenBer. 1365. Früher war streitig, ob das deutsche Heer ein Einheits- oder ein Kontingentsheer war; s. hierzu Arndt §§ 55f.; G. Meyer, §§ 195f.; Zorn §§ 37f. Richtig ist: es war beides, es war eine von Landesregierungen (Kontingentsherren) geführte Reichsverwaltung, RGZ. 97, 263; dagegen (unzutreffend) OVG. 73, 255. Bei der dritten Lesung erklärte am 30. Juli 1909 der preußische Kriegsminister, die Reichsregierung sei mit den Ländern übereingekommen, daß im zukünftigen Heer den kleineren und mittleren Ländern geschlossene Militärverbände zuzuteilen, die einzelnen Truppeneinheiten, die in einem bestimmten Landesteil untergebracht sind und sich aus diesen ergänzen, landsmannschaftlich zu gestalten und eine besonders enge Beziehung zwischen den dort stehenden Truppenteilen und den dortigen Regierungen zu schaffen. Die deutsche Wehrmacht ist durch den Frieden zu Versailles sowohl zu Land wie zu Wasser nach oben genau begrenzt. Die Verwendung der Wehrmacht steht nur dem Reich zu, den Ländern allein im Fall des Art. 48 Abs. 4; zu Offensivzwecken darf die Reichswehr in keinem Fall gebraucht werden, s. VO. v. 20. August 1919 (RGBl. 1475). Die Heeresverwaltung muß nach der Verfassung nicht vom Reiche ausgeübt werden, kann es aber und ist durch VO. v. 20. August 1919 auf dieses übertragen, s. auch Art. 46, 47.

[2]) Jetzt v. 23. März 1921 (RGBl. 329, 787), s. oben zu Art. 47, § 12: In den Ländern werden auf ihr Verlangen Landeskommandanten bestellt. Die Befehlsverhältnisse werden dadurch nicht berührt. Sie haben innerhalb ihres Dienstbereichs die Landesinteressen und besonders die landsmannschaftliche Eigenart und die wirtschaftlichen Bedürfnisse der Länder zu berücksichtigen. Sie werden durch den Reichspräsidenten auf Vorschlag der Landesregierungen ernannt und erfüllen ihre Aufgaben neben ihren sonstigen Dienstobliegenheiten. Der Landeskommandant in Bayern ist zugleich Befehlshaber des bayerischen Verbandes. In den Ländern sind geschlossene

Verbände oder, wo dies nicht möglich ist, kleinere Truppenteile zu bilden, bei denen in der Regel Führer und Beamte dem Lande entstammen, die Mannschaften, soweit es der Zustrom der Freiwilligen ermöglicht. Der bayerische Anteil bildet hierbei einen in sich geschlossenen Bestand des Reichsheeres unter einheitlicher Führung. Die Truppen erhalten grundsätzlich in dem Lande ihren dauernden Standort, zu dessen Landsmannschaft sie gehören. Die Standorte sollen im Einvernehmen mit den Landesregierungen bestimmt werden. In der Beziehung der Truppen (Stäbe und Behörden) ist neben der Bezeichnung als Reichstruppe die landsmannschaftliche Zugehörigkeit zum Ausdruck zu bringen. Anstalten und Betriebe der Wehrmacht sind soweit als möglich auf die Länder zu verteilen. Im Falle öffentlicher Notstände oder einer Bedrohung der öffentlichen Ordnung hat die Wehrmacht auf Erfordern den Landesregierungen und den von diesen bestimmten Behörden Hilfe zu leisten. Selbständiges militärisches Eingreifen ist nur zulässig, wenn die Behörden durch höhere Gewalt außer Stande gesetzt sein sollten, das militärische Einschreiten herbeizuführen oder wenn es sich um eine Zurückweisung von Angriffen oder Widersetzlichkeit gegen die Wehrmacht handelt.

[3]) S. zu Art. 47 und 79 noch Art. 133 nebst Anm. und Art. 159ff. des Versailler Vertrages. Die Versorgung der wegen Dienstbeschädigung ausscheidenden Reichswehrangehörigen ordnet das Wehrmachtversorgungsges. v. 19. November 1925 (RGBl. I 349) und das Reichsversorgungsges. v. 31. Juli 1925 (RGBl. I 165; 1926 I 398; 1927 I 106; dazu Kommentar von Semler 1921).

Artikel 80.

Das Kolonialwesen ist ausschließlich Sache des Reichs.

F. Schack, Deutsches Kolonialrecht (1923); Hatschek II 459ff.; von Freytagh-Loringhoven 254; Wittmayer 24; Hamel, A. ö. R. NF. 7, 224ff.; Köbner, JW. 1923, 472ff.

Das Deutsche Reich hat durch Art. 23 des Friedens zu Versailles auf seine sämtlichen Kolonien verzichtet, die unter die Aufsicht des Völkerbundes gestellt sind. Zum völkerrechtlichen Erwerb von Kolonien ist gemäß Art. 45 nur der Reichspräsident befugt, Anschütz 243. S. auch RGes. v. 28. Juli 1921 (RGBl. 1031), v. 9. Juli 1922 (RGBl. I 571) u. v. 21. März 1924 (RGBl. I 371). Das Reich haftet für die Verbindlichkeiten der ehemaligen Kolonien, RGZ. 108, 298ff.

Artikel 81.

Alle deutschen Kauffahrteischiffe bilden eine einheitliche Handelsflotte.

Es gibt dem Auslande gegenüber keine preußische, hanseatische, oldenburgische, sondern nur eine deutsche Handelsmarine, so schon Art. 54 a. V., s. auch Laband III 266. Aus diesem Satze in Verbindung mit Art. 4 Nr. 7 a. Reichsverf. folgt (Hänel 629; Seydel 303; Laband (4) III 245), daß das Reich ermächtigt war, die rechtlichen Anordnungen für die Benutzung des Meeres und für den Betrieb der Seeschiffahrt zu treffen. Zu bemerken sind hierzu G., betr. das Flaggenrecht der Kauffahrteischiffe v. 22. Juni 1899 (RGBl. 315), abgeändert durch G. v. 29. Mai 1901 (RGBl. 184), s. hierzu Ausführungsverordnung auf Grund Art. 7² der a. Reichsverf. v. 21. Aug. 1900, betr. Zeigen der Nationalflagge durch Kauffahrteischiffe (RGBl. 807); s. Arndt, RVR. 142f. Nur solche Schiffe dürfen die deutsche Flagge führen, die im alleinigen Eigentum deutscher Reichsangehöriger stehen, s. auch oben Art. 3, ferner VO. über die deutschen Flaggen v. 22. April 1921 (RGBl. 483) über die National-, die Handels- und die Reichskriegsflagge, die Gösch, die Standarte des Reichspräsidenten, die Flagge des Reichswehrministeriums, die Reichspostflagge und die Dienstflagge der übrigen Reichsbehörden.

Hier ist noch zu beachten die Seemannsordnung v. 2. Juni 1902, RGBl. 175, deren § 52 Abs. 2 Nr. 2 durch G. v. 23. März

1903 (RGBl. 57), §§ 59, 61 durch G. v. 12. Mai 1904 (RGBl. 167) abgeändert sind.

Die Konsuln überwachen die Innehaltung der wegen Führung der Reichsflagge gegebenen Bestimmungen, Konsulatsgesetz v. 8. Nov. 1867, BGBl. 88, § 30. Das Seeschiff ist ein wandernder Gebietsteil des Deutschen Reichs, die Flagge ist sein äußeres Zeichen; s. BG. v. 25. Oktober 1867 (BGBl. 35).

Artikel 82.

Deutschland bildet ein Zoll- und Handelsgebiet, umgeben von einer gemeinschaftlichen Zollgrenze[1]).

Die Zollgrenze[2]) fällt mit der Grenze gegen das Ausland zusammen. An der See bildet das Gestade des Festlandes und der zum Reichsgebiet gehörigen Inseln die Zollgrenze. Für den Lauf der Zollgrenze an der See und an anderen Gewässern können Abweichungen bestimmt werden.

Fremde Staatsgebiete oder Gebietsteile können durch Staatsverträge oder Übereinkommen dem Zollgebiete angeschlossen werden[3]).

Aus dem Zollgebiete können nach besonderem Erfordernis Teile ausgeschlossen werden[4]). Für Freihäfen kann der Ausschluß nur durch ein verfassungsänderndes Gesetz aufgehoben werden.

Zollausschlüsse können durch Staatsverträge oder Übereinkommen einem fremden Zollgebiet angeschlossen werden[8]).

Alle Erzeugnisse der Natur sowie des Gewerbe- und Kunstfleißes, die sich im freien Verkehre des Reichs befinden, dürfen über die Grenze der Länder und Gemeinden ein-, aus- oder durchgeführt werden. Ausnahmen sind auf Grund eines Reichsgesetzes zulässig[4]).

StenBer. 1363; VA. 130ff., 144, 463ff.

Stier-Somlo I 394f.; Hatschek II 129ff., 417ff.; Marx, DJZ. 1920, 455; Joachimczyk, JW. 1922, 1574; Bertram, Hanseat. RZ. 1922, 543ff.; Meißner 166ff.

[1]) Diese Vorschrift, die Helgoland nicht mit umfaßt, RGes. v. 15. Dezember 1890 (RGBl. 207) § 2, bedeutet, daß nur, soweit die Verfassung selbst Ausnahmen gestattet, Gebietsteile des Deutschen Reichs aus der Zoll- und Handelsgemeinschaft ausgeschlossen sein dürfen, VA. 463f., und auch die Zollverwaltung Reichssache ist. Deutschland ist grundsätzlich ein Zoll- und Handelsgebiet; auch Art. 270 des Versailler Vertrages und das Rheinlandabkommen haben hieran nichts geändert, E. des RFinHofes 16, 280ff. Das Fortbestehen des Zollvereins neben der Reichsverfassung hatte Fürst Bismarck 1881 behauptet; s. dagegen auch Delbrück in den StenBerRT. 1881, 470f. Das Deutsche Zoll- und Handelsgebiet umfaßte das Großherzogtum Luxemburg, durch den Frieden von Versailles v. 28. Juni 1919 Art. 40 aufgehoben, s. auch Art. 178. Seit der Reichsverfassung können Zollanschlüsse nur vom Reiche genehmigt werden und es bedarf dazu eines (einfachen) Reichsgesetzes; s. Hänel, Staatsr. 676; Seydel, Komm. 225; Dambitsch 521; Delbrück, Art. 40 RV. 46. Ein solcher Anschluß ist rücksichtlich der österreichischen Gemeinden Jungholz, BayrRegBl. 1868, 1183, 1241 und Mittelberg an das bayerische Zoll- und indirekte Steuersystem erfolgt durch deutsch-österreichischen Vertr. v. 2. Dezember 1890 (RGBl. 1891, 59).

[2]) Die Zollgrenze gegen das Meer fällt nicht mit der völkerrechtlich anerkannten zusammen; vielmehr gilt Abs. 2 bzw. Vereinszollgesetz v. 1. Juli 1869 (RGBl. 317) § 16 Abs. 2. „Wo das Vereinsgebiet durch das Meer begrenzt wird, bildet die jedesmalige den Wasserspiegel begrenzende Linie des Landes die Zollinie. Das gleiche gilt, wo das Vereinsgebiet an andere Gewässer grenzt, sofern deren Stand von Ebbe und Flut abhängig ist," RGSt. 56, 135ff.; 57, 86ff.; 59, 170 u.

in JurRundschau 1927 Rspr. Nr. 518; die Küstengewässer gehören also nicht zum Zollgebiet, wohl aber die Meereshäfen (§ 17 VZollGes.); über die Fortgeltung des Vereinszollges. s. RFinHof 16, 115. Dies dürfte sich mit Abs. 2 decken. Das Küstenmeer hat also die rechtliche Natur eines sog. Zollausschusses, RGSt. 56, 135ff.; Anschütz 245; Stier-Somlo 395. Vgl. von Liszt-Fleischmann; Völkerrecht[12] (1925) S. 136ff.

[3]) Die Ausschüsse beruhen auf Art. 6 des Zollvereinigungsvertrags v. 8. Juli 1867. Neue Ausschlüsse sind gemäß Abs. 4 statthaft, s. Ges. über Kieler Hafen v. 21. Juli 1922 (RGBl. 671). Die alten können gemäß Abs. 5 durch einfaches Reichsgesetz aufgehoben werden; s. Delbrück Art. 40, 46; Arndt, Reichsverordnungsr. 98; Seydel 226; dagegen Hänel 675f. Zollausschlüsse sind staatsrechtlich Inland, aber Zollausland, RGSt. 56, 44, RFinHof 16, 115, doch liegt in der Einrichtung von Zollausschlüssen nichts, was auf eine Beschränkung des örtlichen Herrschaftsgebietes der Zollhoheit des Reiches hindeuten könnte, das Reich ist also auch in den Zollausschlüssen zur Sicherung seiner Zollrechte zuständig, E. des RFinHofes 15, 297, 302. Nur Freihafenstellung begründet das Recht, daß nicht ohne verfassungsänderndes Reichsgesetz Zollanschluß an das Reich erfolgen darf. Ein solches Gesetz genügt auch, Zustimmung des betr. Landes ist nicht mehr erforderlich, nach Art. 34 a V., s. auch VA. 130f., 464. Ausgeschlossen sind, s. Art. 6 des Vertrages v. 8. Juli 1867, a) von Preußen Helgoland, die Hafenanlagen nebst angrenzenden Petroleumlagerplätzen bei Geestemünde; b) von Baden Gemeinde Büsingen, Höfe Pittenhard, Gemeinden Altenburg, Baltersweil, Verwangen, Dettinghofen, Jestetten, Lottstedten, Ort Albführen; c) von Bremen die Hafenanlagen zu Bremerhaven, die angrenzenden Petroleumlagerplätze und ein Freibezirk im Nordwesten der Stadt Bremen am rechten Weserufer; d) von Hamburg das Freihafengebiet von Hamburg, die Hafenanlagen von Cuxhaven; s. auch RGBl. 1904, 27. S. auch Art. 270, 328 bis 336 u. 363 des Versailler Friedens (Freihafengebiete vor Stettin und Danzig), Saargebiet.

[4]) Der in Abs. 6 aufgestellte Grundsatz findet seine nähere Ausführung und zugleich gewisse Beschränkungen in den Vorschriften des Vereinszollgesetzes v. 1. Juli 1869 (BGBl. 317) auf Grund dessen auch im Verordnungswege Ein-, Aus- und Durchfuhrverbote vom Reiche erlassen werden können. Die Freizügigkeit des Warenverkehrs einschränkendes Landesrecht ist unstatthaft, vgl. RGSt. 57, 86ff. In den freien Verkehr treten zollpflichtige Gegenstände erst nach Berichtigung des Zolles, steuerpflichtige erst nach erfolgter Bezahlung der Steuer.

Lotterielose gehören nicht zu den Gegenständen, welche im freien Verkehr stehen; s. auch Art. 10 des Zollvereinigungsvertr. v. 16. Mai 1865; ist das Gesetz, betr. das Spiel in außerpreußischen Lotterien v. 29. Aug. 1904 (PrGS. 255) auch ungeachtet § 286 StrGB. und § 2 EG. z. StrGB. gültig;, OVG. 40, 303f.; RGSt. 33, 129; 36, 260; 39, 1; KGJ. 21 C, 52; and. Ans. v. Liszt, Finger u. a.; s. auch RGSt. 42, 431. Dies ergibt sich daraus, daß die Zoll- und Handelseinheit soweit Monopole (früher Salz, Lotterielose) bestanden, von Beginn des Zollvereins an ausgeschlossen bleiben sollte. Jedoch hat das Verbot für das ganze Reichsgebiet keine privatrechtliche Wirkung; s. RGZ 48, 175; 58, 280 und JW. 1901, 479. Jetzt sind noch die preußischen Verträge über Lotteriegemeinschaft zu beachten, namentlich Vertrag mit Württemberg, Baden, Bayern, v. 29. Juni 1911 (GS. 1921, 117) usw.

Durch Art. 170 des Friedens von Versailles ist die Ausfuhr von Waffen, Munition und Kriegsmaterial irgendwelcher Art nach Deutschland verboten. Das gleiche gilt für die Herstellung und die Ausfuhr dieser Gegenstände für fremde Länder.

Artikel 83.

Die Zölle und Verbrauchssteuern werden durch Reichsbehörden verwaltet[1]).

Bei der Verwaltung von Reichsabgaben durch Reichsbehörden sind Einrichtungen vorzusehen, die den

Ländern die Wahrung besonderer Landesinteressen auf dem Gebiete der Landwirtschaft, des Handels, des Gewerbes und der Industrie ermöglichen[2]).

StenBer. 1363f.; BA. 125ff., 466 ff.

Hensel, Der Finanzausgleich im Bundesstaat (1922) 174ff., Steuerrecht² (1926); Bühler, Lehrb. d. Steuerrechts I (1927); Fischer, Steuerwesen des Deutschen Reiches (1924) 118ff.; Hatschek II 399ff.; Meißner 164ff.; Wittmayer 225ff.; Arndt, JW. 1920, 516 f. u. PrVBl. 49, Nr. 41; Düringer, Recht u. Wirtschaft 1920, 2ff.; Kaufmann, das. 1919, 211ff.; Bredt 414ff.

[1]) Früher durch die Landesbehörden, Art. 36 der früheren Verfassung; s. auch Art. 169 Abs. 1, wonach das Inkrafttreten der Vorschrift in Art. 83 Abs. 1 erst von der Reichsregierung bestimmt wurde. Bis dahin waren die Zoll- und Steuerbeamten nur Landesbeamte, s. auch RGZ. 87, 317, die der Reichsaufsicht unterstanden; s. auch Triepel, Reichsaufsicht 187. Bis dahin blieb der Zoll- und Steuerfiskus Landesfiskus, RGZ. 83, 314, während der Militärfiskus schon nach älterem Recht der Reichsfiskus war, RGZ. 20, 148; 24, 37; 35, 13; 42, 66; 43, 12; 53, 242; 54, 20; 66, 43; 77, 356; Triepel, Reichsaufsicht 314. Auch die nicht in Art. 83 genannten Steuern kann das Reich, wenn sie ihm ganz oder teilweise zufließen, in die eigene Verwaltung nehmen durch einfaches Reichsgesetz; s. Art. 14 nebst Anm., ebenso Anschütz 247; s. Arndt l. c.; Kaufmann, Hatschek; s. auch BA. 143, 469, StenBer. 1363, a. A. Düringer, Poetzsch 34, 62; Haußmann Reichsverf. Einl. S. 32. Zur Ausführung ergingen Ges. über die Reichsfinanzverwaltung v. 10. September 1919 (RGBl. 1591) und Reichsabgabenordnung (RAO.) vom 13. Dezbr. 1919 (RGBl. 1993).

[2]) S. jetzt wegen der Verpfändung der Erträge aus Zöllen und Abgaben auf Bier, Branntwein, Tabak und Zucker durch die Reichsregierung für Reparationszwecke und der von ihr anerkannten Aufsicht durch den Raparationskommissar, fünf

Unterkommissare und einen beratenden Ausschuß Kap. III der Unteranlage I zu Anlage I des Londoner Protokolls v. 16. August 1924 in Verb. mit Ges. v. 30. August 1924 (RGBl. II 289, 290, 302ff.).

[2]) Dies steht im alleinigen Ermessen des Reichs, s. auch Reichsabgabenordnung §§ 11, 12, 16, 21, 24.

Artikel 84.

Das Reich trifft durch Gesetz die Vorschriften über:

1. die Einrichtung der Abgabenverwaltung der Länder, soweit es die einheitliche und gleichmäßige Durchführung der Reichsabgabengesetze erfordert;
2. die Einrichtung und Befugnisse der mit der Beaufsichtigung der Ausführung der Reichsabgabengesetze betrauten Behörden;
3. die Abrechnung mit den Ländern;
4. die Vergütung der Verwaltungskosten bei Ausführung der Reichsabgabengesetze.

StenBer. 1364; VA. 144ff., 464ff.

Hensel, Finanzausgleich (1922) 174ff.; Stier-Somlo I 298; Wittmayer 223ff.; Arndt, JW. 1920, 516ff.; Kaufmann, Recht u. Wirtschaft 1919, 211ff.; Düringer, das. 1920, 2ff.; Bredt 414ff.

Diese Rechtsnormen enthaltenden Vorschriften erließ als Verwaltungsvorschriften nach der alten Verfassung der Bundesrat; s. Art. 36 bis 39 der a. Reichsverf. Nach Gesetz über die Reichsfinanzverwaltung v. 10. September 1919 (RGBl. 1591) u. Reichsabgabenordnung v. 13. Dezember 1919 werden die Reichssteuern (d. s. die, die ganz oder teilweise in die Reichskasse fließen von Reichsbehörden: Finanzämtern, Landesfinanzämtern, Reichsfinanzminister verwaltet; Rechtskontrolle durch Reichsfinanzhof München. Insbesondere kann das Reich auch die direkten Reichssteuern in eigene Verwaltung übernehmen, a. A. nur Düringer und Poetzsch 34, 62; s. auch zu Art. 83. Zwar rechtlich, aber im finanziellen Endergebnis ist nichts geändert. Art. 84 ist nicht bloß aus Vergeßlichkeit stehen geblieben, a. A. Kaufmann, Giese 246, denn es gilt und gilt fort die Vorschrift, daß diese Vorschriften nicht mehr durch Verordnungen wie früher gegeben werden dürfen, s. Arndt l. c., s. auch StenBer. 4715.

Da Art. 84 zunächst eine Art Mediatverwaltung zulassen wollte, die spätere Entwicklung aber die Reichsverfassung umgestaltete (Art. 14, 83), so entspricht es dem Sinn der Verfassung, im Zweifel von einer Mediatverwaltung der Abgaben durch die Landesbehörden abzusehen, StGerH. in RGZ. 112, Anh. 41.

Artikel 85.

Alle[1]) Einnahmen und Ausgaben des Reichs müssen für jedes Rechnungsjahr veranschlagt und in den Haushaltsplan eingestellt werden[2]).

Der Haushaltsplan wird vor Beginn des Rechnungsjahrs durch ein Gesetz festgestellt[3]).

Die Ausgaben werden in der Regel für ein Jahr[4]) bewilligt[5]); sie können in besonderen Fällen auch für eine längere Dauer bewilligt werden. Im übrigen sind Vorschriften im Reichshaushaltsgesetz unzulässig, die über das Rechnungsjahr hinausreichen oder sich nicht auf die Einnahmen und Ausgaben des Reichs oder ihre Verwaltung beziehen.

Der Reichstag kann im Entwurfe des Haushaltsplans ohne Zustimmung des Reichsrats Ausgaben nicht erhöhen oder neu einsetzen[6]).

Die Zustimmung des Reichsrats kann gemäß den Vorschriften des Art. 74 ersetzt werden.

StenBer. 1365; VA 144ff., 170f.

Stier-Somlo I 532, 683ff.; Hatschek II 204ff.; W. Jellinek, Verf. u. Verw. 114f.; Zorn in HWB. der Staatswiss.[4] III, 118ff.; Wittmayer 392ff.; Meißner 172ff.; von Freytagh-Loringhoven 260ff.; Hubrich 153; Finger 398ff.; Waldecker, Hirths Ann. 1919, 26ff.; Glum, Die staatsrechtliche Stellung der Reichsregierung (1925) 39ff.; Schulze u. Wagner, Reichshaushaltsordnung[2] (1926); Wagner, DJZ. 1922, 588ff.; Buchholz, Grundriß des Haushaltswesens[2] (1924); Braun, A. ö. R. NF. 6, 42ff.; Fritz, VerwArch. 29, 339ff.; Poetzsch, Jahrb. (1925) XIII, 221; Lassar, das. (1926) XIV, 27ff.

[1]) Alle, d. h. auch die auf Gesetz beruhenden. Hierhin gehören nunmehr nicht die der Reichsbahn und Reichspost, welchen in Ausführung des Dawes-Gutachtens eigenes Haushaltsrecht verliehen worden ist, s. § 30 des ReichsbahnGes. v. 30. August 1924 (RGBl. II 272) und §§ 1 II, 2 II, 7 II des ReichspostfinanzGes. v. 18. März 1924 (RGBl. II 287).

[2]) Die Einnahmen des Reichs beruhen fast ganz auf den Zöllen und Steuern. Die auf den Zoll- und Steuergesetzen beruhenden Einnahmen sind ebenso wie in Preußen unabhängig von der Bewilligung im Etatsgesetze. Art. 85 spricht nicht von einer Bewilligung, sondern nur von „Veranschlagen", „Einstellen" und „Feststellen"; ebenso Anschütz, Enzykl. l. c.; Dambitsch 632; s. auch StenBerRT. v. 9. April 1867, 648. S. auch Anschütz, Giese und Poetzsch zu Art. 83. Es fehlt der Satz in Art. 111 der belgischen Verfassung: „les impots au profit de l'état sont votés annuellement. Les lois qui les établissent n'ont de force que pour un an, si elles ne sont renouvelées". Die Vorschrift in Art. 84 pr. V. (Arndt 131) und Art. 109 a. PrVerf.: „Die bestehenden Steuern werden forterhoben, bis sie durch Gesetz aufgehoben sind", gilt hiernach auch für das Reich, oder anders ausgedrückt: Jede neue Steuer unterliegt der Bewilligung durch das Parlament. Bestehende Steuern kann der Reichstag nicht

verweigern, da er Steuergesetze nicht einseitig aufheben kann.

Einnahmequellen hat die Regierung im Reiche nur durch Zustimmung des Reichstags. Sie bedarf, abweichend vom preußischen Recht, zu außerbudgetmäßigen Einnahmen durch Veräußerung von Reichsvermögen der Genehmigung: Anerkannt ist dies u. a. im Gesetz, betr. die französische Kriegskosten-Entschädigung v. 8. Juli 1872 (RGBl.290) Art. IV; Gesetz, betr. die Gründung und Verwaltung des Reichs-Invalidenfonds v. 23. Mai 1873 (RGBl. 122) § 15; G. v. 25. Mai 1873 (RGBl. 113) § 10. Die privatrechtliche Gültigkeit des Rechtsgeschäftes ist durch die Genehmigung des Reichstags nicht bedingt; ebenso Anschütz, JW. 1910, 99f., auch bleiben die Ansprüche und Verbindlichkeiten Dritter unberührt (§ 4 HaushaltsO.); die Genehmigung braucht erst im zweiten Jahre nach der Vereinnahmung nachgesucht zu werden. Würde die Regierung eine Einnahme in solchen Fällen machen, wo sie annehmen muß, daß der Reichstag sie bzw. das zugrunde liegende Geschäft nicht will, so handelt sie evtl. verfassungswidrig, ohne daß die Gültigkeit des Geschäfts dadurch berührt wird; s. Arndt §§ 43, 44.

Die Reichssteuern müssen erhoben werden; das Recht auf Einnahmen des Reichs zu verzichten (s. auch § 8 des G. v. 11. Mai 1898, GS. 77), wurde tatsächlich vom Bundesrat ausgeübt; s. auch Arndt l. c., ferner Triepel, Reichsaufsicht 183, 398, Erl. v. 16. August 1914 (RGBl. 379) BR.-Beschl. v. 19. August 1914 (RGBl. 380). Jedoch wird angenommen, daß der Kaiser (also jetzt der Reichspräsident) dem Reich zugedachte Erbschaften und Vermächtnisse ausschlagen, Ansprüche, z. B. auf Konventionalstrafe, aufgeben (ganz oder teilweise), auch Gerichtskosten, z. B. für die Reichsgerichtsinstanz niederschlagen kann (s. Arndt 331, 400, 408, 426).

[3]) Zur Ausführung erging Reichshaushaltsordnung v. 31. Dezember 1922 (RGBl. 1923 II 17). Danach zerfällt der Haushalt wie bisher in den ordentlichen, der die regel-

mäßigen Einnahmen und aus diesen zu bestreitenden Ausgaben enthält, und den außerordentlichen, in dem insbesondere die Anleihen aufzuführen sind. Der Haushaltsplan ist vom Reichsfinanzminister zu entwerfen und von der Reichsregierung „festzustellen". Er soll bis spätestens 5. Januar vor Beginn des durch ihn zu regelnden Haushaltsjahres dem Reichstag zur Beschlußfassung zugehen. — Die Gesetzesform regelt sich nach Art. 68ff.

[4]) Die Finanzperiode des Deutschen Reichs ist die einjährige. Es ist unstatthaft, daß für mehrere Jahre durch ein Gesetz der Etat geregelt wird. Hatschek II 224, für das frühere Recht a. A. Laband IV 527. Es ist dagegen nicht verboten, daß in einer Sitzungsperiode des Reichstags die Etats der beiden folgenden Jahre in zwei besonderen, je ein Jahr betreffenden Gesetzen festgestellt werden, a. A. Hatschek II 224, 331ff.; Giese 248. Das Etatsjahr beginnt im Reiche wie in Preußen mit dem 1. April und endet mit dem 31. März (§ 2 HaushO.).

[5]) Die Verfassung spricht nicht von einer Bewilligung der Ausgaben. Indes darf die Regierung keine Ausgabe leisten ohne vorgängige oder nachträgliche gesetzliche Genehmigung. Dies ist die Theorie und Praxis unstreitig. Wird der Regierung die Leistung von gesetzlich oder sonst notwendigen Ausgaben nicht zugestanden, so muß sie diese den Gläubigern des Staats gleichwohl leisten, sie kann nicht einen Einwand einem Lieferanten, einem Kouponinhaber oder einem von ihr angestellten Beamten gegenüber aus dem Umstande entnehmen, daß der Etat nicht zustande gekommen ist. Die Verpflichtung des Reichs, Gehälter und Löhne zu bezahlen, entspringt nicht aus dem Etatsgesetze, sondern aus dem zugrunde liegenden Rechtsverhältnis, Anstellung, Vertrag u. dgl. Dem Reichstage gegenüber bedarf die Regierung zu jeder Ausgabe die Genehmigung, mag diese vorher im Etatsgesetze oder später gewährt werden. Seine Zustimmung zu gesetzlichen Ausgaben kann der Reichstag nicht vorenthalten. Eine

Verweigerung ist im Rechtssinne kein actus inanis, indes ohne praktische Bedeutung, daher sagt der Berichterstatter Quarck, daß die notwendigen Ausgaben weiterlaufen. Denn gemäß § 4 HaushaltsO. werden Rechte Dritter durch den Etat nicht betroffen.

[6]) Fraglich war, ob der Reichstag einseitig Etatspositionen erhöhen konnte, z. B. die für den Reichszuschuß bei Invaliden- und Altersrenten; dafür u. a. Lenzmann, StenBerRT. v. 14. Februar 1902, 4210, dagegen Posadowsky das. 4203 D; s. auch ebenda 4204 D, 4205 D, 4290 C; sodann Verhandl. v. 18. März 1907 StenBer. 577, 580, 582, und Staatssekretär Sydow v. 30. März 1908, StenBer. 4424 A. Jetzt ist bestimmt, daß ev. der Reichsrat zustimmen muß, doch kann dessen Zustimmung durch Zweidrittelmehrheit im Reichstage oder Volksentscheid ersetzt werden, damit ist zugleich dem Reichstag die Ausgabeninitiative zuerkannt, Braun, jedoch nur eben in den Schranken der Abs. IV und V. Der Reichsrat kann über den Haushaltsplan, über Abgabengesetze und Besoldungsordnungen keinen Volksentscheid herbeiführen, wohl aber der Reichspräsident; Art. 73 Abs. 4. Verweigert der Reichsrat seine Zustimmung, so steht dieser Beschluß einem Einspruch nach Art. 74 gleich. Das Recht des Reichsrates, nicht nur gegen die Erhöhungen, sondern auch gegen den Etat als Ganzes Einspruch einzulegen, bleibt durch Art. 85 unberührt, Braun 62ff.; Wittmayer 392ff.; Anschütz 253. Wird einer Erhöhung die Zustimmung versagt, so ist im Verfahren nach Art. 74 III nicht der Etat als Ganzes Gegenstand erneuter Beschlußfassung, sondern nur die Erhöhung und auch nur diese bedarf zur Annahme der Zweidrittelmehrheit oder des Volksentscheides, Braun 69ff. Wird die verweigerte Zustimmung nicht gemäß Abs. V ersetzt, so ist die Erhöhung, aber nur diese, nicht zustandegekommen.

Das Etatsgesetz verliert mit Ablauf des Jahres seine Kraft; ebenso Dambitsch 623. Als Normaletat gilt der bisherige Etat nicht weiter; s. auch Quarck l. c. Wenn auch im

Haushaltsgesetz Vorschriften unzulässig sind, die über das Rechnungsjahr hinausgehen, so kann doch eine Ausgabe in „Raten“ bewilligt werden, woraus für den Reichstag die „Bindung“ folgt, die späteren Raten in den folgenden Jahren zu bewilligen. Sog. „bepackte“ Haushaltsgesetze, tacked bills, d. s. mit Dingen bepackt, die nicht auf den Haushalt Bezug haben, sind durch den Schlußsatz in Abs. 3 verboten, Hatschek II 238.

Kommt das Etatsgesetz nicht zustande, so bleibt die Regierung dem Reichstage für die Einnahmen aus der Veräußerung von Reichsvermögen, s. oben S. 152, sowie für alle Ausgaben verantwortlich und bedarf der nachträglichen Genehmigung; s. auch Dambitsch 637. Für die Gläubiger und Schuldner des Reichs ist dies ohne Einfluß. Die Reichsregierung muß von den Schuldnern, z. B. Steuerzahlern, alles beitreiben oder beitreiben lassen, was das Reich zu fordern hat und muß den Gläubigern (Beamten, Soldaten usw.) alles bezahlen, was diese sonst vom Reiche einklagen könnten. Willkürliche Ausgaben für neue, nicht bewilligte Bauten, Ämter usw., muß sie unterlassen. Die Indemnität muß aber für alle Ausgaben nachgesucht werden. Eine (von der Theorie gemachte) Unterscheidung zwischen Ausgaben zur Ausführung der bestehenden Reichsgesetze und anderen ist dem positiven Rechte fremd; s. Arndt l. c. und Dambitsch 638.

Auch die Etatsgesetze sind wirkliche Gesetze, nicht Verwaltungsakte in Gesetzesform, so Anschütz, Giese und Poetzsch zu Art. 85, Hatschek II 205ff., d. h. höchster Wille, Souveränitätsakte. Dieser Wille geht nicht dahin, daß nur die und alle die Einnahmen und Ausgaben, so wie sie im Etatsgesetze aufgeführt sind, gemacht werden müssen, noch, daß er die Rechte der Gläubiger oder Schuldner des Reichs schaffen, aufheben oder ändern will, sondern nur, daß dem Reichsrat und Reichstag gegenüber die Reichsregierung befugt und verpflichtet ist, die Einnahmen und Ausgaben (indes nur sofern sie an sich gerechtfertigt sind) zu machen, und zwar in dem betr. Zeitraum, bei der betr. Etatsposition, in der angegebenen Höhe, aus bzw. zu den bzgl. Fonds usw.; s. Arndt, PrVerf. 110, Komm. zu Art. 99 der a. PrVerf.

Artikel 86.

Über die Verwendung aller Reichseinnahmen legt der Reichsfinanzminister in dem folgenden Rechnungsjahre zur Entlastung der Reichsregierung dem Reichsrat und dem Reichstag Rechnung. Die Rechnungsprüfung wird durch Reichsgesetz geregelt.

Schulze u. Wagner, Reichshaushaltsordnung 218ff.; Buchholz, Grundriß des Haushaltswesens (1924); Hatschek II 344ff.; Finger 457ff.; Stier-Somlo I 689ff.; Thrän, Hirths Ann. 1907, 481ff.; 1908, 1ff.; Fritz, VerwArch. 29, 399ff.

Zur Ausführung erging Reichshaushaltsordnung vom 31. Dezember 1922 (RGBl. 1923 II 17). Gemäß § 87 liegt die Überwachung der gesamten Reichshaushaltsführung und die Prüfung der Rechnungen dem „Rechnungshofe des Deutschen Reiches" nach Maßgabe der §§ 88—117 ob. Der Rechnungshof ist eine der Reichsregierung gegenüber selbständige, nur dem Gesetz unterworfene oberste Reichsbehörde, deren Mitglieder die Befähigung zum Richteramt (ein Drittel notwendigerweise) oder zum höheren Verwaltungs- oder höheren technischen Staatsdienst haben sollen und auf die Art. 104 RVerf. Anwendung findet. Der Rechnungshof ist kollegial organisiert und regelt seine Geschäftsordnung selbst. Seine Mitglieder werden vom Reichspräsidenten nach Zustimmung des Reichsrates ernannt. Sie dürfen nicht dem Reichstag angehören (§§ 118—126).

Die Rechnungslegung bezieht sich nicht nur auf die Rechtmäßigkeit, sondern auch auf die Zweckmäßigkeit aller Reichsausgaben.

Die Entlastung wird vom Reichsrat und Reichstage erteilt nach zuvoriger Prüfung und unter Berücksichtigung der vom Rechnungshof gezogenen Monita. Die Decharge hat lediglich staatsrechtlich-politische, nicht privatrechtliche Bedeutung. Für die Rechte und Pflichten der Staatsgläubiger und Staatsschuldner ist sie unwesentlich. Etatsüberschreitungen, nämlich Mehrausgaben und außeretatsmäßige Ausgaben, desgleichen außeretatsmäßige Einnahmen (s. Anm. 2 zu Art. 85) muß der Rechnungshof dem Reichstag und Reichsrat mitteilen und solche bedürfen der nachträglichen Genehmigung. Die Genehmigung braucht nicht in der Form eines Gesetzes zu erfolgen; s. auch Arndt, Komm. zur a. PreußVerf. Art. 104. Die Versagung der Decharge durch den Rechnungshof kann zur Folge haben, daß die Einziehung des fraglichen Betrages von dem schuldigen Beamten verfügt wird; Arndt, Komm. zu Art. 104 a. PrVerf.

Wird die Entlastung versagt, so steht möglicherweise dem Reichstag das Anklagerecht aus Art. 59 zu.

Artikel 87.

Im Wege des Kredits dürfen Geldmittel nur bei außerordentlichem Bedarf[1]) und in der Regel nur für Ausgaben zu werbenden Zwecken beschafft werden[2]). Eine solche Beschaffung sowie die Übernahme einer Sicherheitsleistung zu Lasten des Reichs dürfen nur auf Grund eines Reichsgesetzes erfolgen[3])[4]).

Stier-Somlo I 691f.; Hatschek II 258ff.; Meißner 175ff.

[1]) Auf keinen Fall also für fortlaufende Aufwendungen und alle solche, die ihrer Natur nach wiederkehren müssen.

[2]) Der Art. 87 unterscheidet nicht, ob die Anleihe zu Verwaltungs- oder Finanzzwecken gemacht wird. In beiden Fällen ist ein Gesetz erforderlich, mag der Kredit für die Anstellung von Beamten, für die Verpflegung der Truppen oder für die Erbauung von Kasernen erfolgen; and. Ans. früher Laband. Art. 87 gilt jedoch nicht für Kredite

der Reichspost und der Reichsbahn, s. §§ 6f., 9, 15 II ReichspostfinanzGes. v. 30. August 1924 (RGBl. II 287) und § 8 ReichsbahnGes. v. 30. August 1924 (RGBl. II 272).

[3]) Zur Ausführung erging (auf Grund des Ermächtigungsgesetzes v. 8. Dezember 1923 als Verordnung erlassen) die Reichsschuldenordnung v. 13. Februar 1924 (RGBl. I 95). Danach erfolgt die Beschaffung von Geldmitteln durch Ausgabe von Schuldverschreibungen, Eingehen von Wechselverbindlichkeiten oder Aufnahme von Darlehen gegen Schuldschein (§ 1). Alle diese Rechtsgeschäfte bedürfen in jedem Falle eines Gesetzes, andernfalls sind sie Verfassungsverletzungen, verlieren aber dadurch noch nicht ihre (privatrechtliche) Gültigkeit. Eine Garantie ist z. B. durch Gesetz, betr. die Bürgschaft des Reichs für die Zinsen einer ägyptischen Staatsanleihe v. 14. November 1886 (RGBl. 301) und (nicht selten) für Eisenbahnen in den Schutzgebieten übernommen worden.

[4]) Verwaltet werden die Reichsschulden gemäß den Bestimmungen der Reichsschuldenordnung (§§ 24ff., 31ff.) durch die Reichsschuldenverwaltung unter Aufsicht des Reichsschuldenausschusses. Die Reichsschuldenverwaltung ist eine selbständige, unabhängige, kollegial organisierte Reichsbehörde. Der Reichsschuldenausschuß besteht aus 6 Reichsratsmitgliedern, 6 Reichstagsabgeordneten und dem Präsidenten des Rechnungshofes für das Deutsche Reich, s. Anm. zu Art. 86.

Artikel 88.

Das Post- und Telegraphenwesen[1]) samt dem Fernsprechwesen ist ausschließlich Sache des Reichs[2]).

Die Postwertzeichen sind für das ganze Reich einheitlich.

Die Reichsregierung erläßt mit Zustimmung des Reichsrats die Verordnungen, welche Grundsätze und Gebühren für die Benutzung der Verkehrseinrichtungen festsetzen. Sie kann diese Befugnis mit Zustimmung des Reichsrats auf den Reichspostminister übertragen.

Zur beratenden Mitwirkung in Angelegenheiten des Post-, Telegraphen- und Fernsprechverkehrs und der Tarife errichtet die Reichsregierung mit Zustimmung des Reichsrats einen Beirat[3]).

Verträge[3]) über den Verkehr mit dem Ausland schließt allein das Reich[4]).

StenBer. 287, 1347, 1364, 1366ff.; BA. 339ff., 469ff.

Stier-Somlo I 705ff.; Hatschek II 139ff.; Hubrich 175f.; van der Borght, DJZ. 1924, 194ff.; Staedler, A. ö. R. 42, 193ff.; Schoen, das. NF. 6, 181ff.; Scheda, DJZ. 1925, 639ff. und Arch. f. Post und Telegraphie 1924, 41ff.; Herzog, Jahrb. (1921) IX, 161ff.; Lassar, das. (1926) XIV, 218ff.; Bilfinger, Staatsrechtslehrer-Veröffentlichungen I (1924) 36f.; Finger 499ff.; Schulz, Reichsbahn-Reichspost (Berlin 1926); Staedler im HWB. der RechtsW. IV, 536ff. („Postrecht"); Bredt, Geist 383; Neugebauer, Arch. f. Post u. Telegr. 1921, 476f.; Goltermann, JW. 1925, 134; Hellmuth, JW. 1926, 1417f. und in Eisenbahn- und verkehrsrechtl. Entsch. u. Abhandg. (1926) 154ff., 251ff., 349ff.

[1]) Die Geschäfte der Post- und Telegraphenverwaltung, d. i. die entgeltliche Beförderung von Personen und Sachen und die entgeltliche Übermittlung von Nachrichten, sind solche, die auch ein Privater vornehmen könnte. Aber daraus folgt nicht, daß sie, wenn sie ein Staat betreibt, Handelsgeschäfte oder gewerbliche Leistungen darstellen. Auch der Umstand, daß der Staat die Geschäfte der Post und Telegraphie nicht unentgeltlich besorgt, beweist nicht, daß diese Geschäfte Handelsgeschäfte oder gewerbliche Leistungen sind. Denn der Staat leistet auch die Rechtspflege nicht unentgeltlich. Das Entscheidende ist der prävalierende Zweck, das ist bei der Post und Telegraphie, zum gemeinen Besten zu dienen, Tit. 15 II § 142 PrALR., und den öffentlichen Verkehr zu fördern, wenn auch Erwerbszwecke nicht ausgeschlossen sind. Post und Telegraphie sind lediglich Verkehrsanstalten, auf welche die Vorschriften des BGB. oder Handels-

und Gewerberechts nach keiner Richtung, auch selbst subsidiär nicht Anwendung finden. (Durch das Reichspostfinanzgesetz vom 18. März 1924 [RGBl. I 287] hat sich hieran nichts geändert.) Derselben Ansicht sind Aschenborn, Das Postwesen des deutschen Reichs 10; O. Mayer, Deutsches Verwaltungsr. II 268, 280; Goldschmidt, ZHR. 23, 304ff.; Zorn, Staatsr. II 313; G. Meyer, Verwaltungsr. I § 177; E. Loening, Verwaltungsr. 600 Anm. 3; s. auch Fleiner, Inst. 313; Nawiasky, Deutsches und Österreichisches Postrecht 3; RGZ. 60, 27. Entgegengesetzter Ansicht sind u. a. das Reichs-Ober-Handelsgericht, Entsch. 12, 411; 17, 127; 23, 11; Laband III 48ff.; Dernburg, PrPrivatr. II 9. Mit Recht nimmt daher OVG. 4, 11; 15, 427; 20, 403; 25, 151; 39, 93; 62, 243, s. auch RGSt. 25, 15; 39, 431, an, daß die Post nach ihrem prävalierenden Zwecke nicht als Gewerbetreibender anzusehen (s. auch OberTr. v. 19. Dezember 1857, JMBl. 1858, 74) und daher staats- und gemeindesteuerfrei ist. Die gegenteilige Theorie ist dadurch als gesetzlich aufgegeben zu betrachten, daß § 452 des HGB. v. 10. Mai 1897 vorschreibt: „Auf die Beförderung von Gütern durch die Postverwaltungen des Reichs finden die Vorschriften dieses Abschnittes keine Anwendung. Die bezeichneten Postverwaltungen gelten nicht als Kaufleute im Sinne dieses Gesetzbuchs." S. auch § 633. Dies ist deswegen geschehen, weil es „nicht dem Wesen und den Aufgaben der Post entspricht, wenn ihr Betrieb, für welchen keineswegs der Erwerb das Entscheidende ist, als ein kaufmännisches Gewerbe behandelt wird" (Denkschrift zum Entwurfe des HGB., Drucks. des RT. 1895/97 Nr. 632); s. auch RGZ. 73, 270; 83, 25. Von Chausseegeld, Brückengeld usw. ist die Post frei nach §§ 16, 22 des PostG. v. 28. Oktober 1871. Post- und Eisenbahnbeamte sind „in Ausübung der ihnen anvertrauten öffentlichen Gewalt" tätig im Sinne § 1 des G. über die Haftung des Reichs für seine Beamten v. 22. Mai 1910 (RGBl. 798); a. A. Delius, Die Beamtenhaftpflichtgesetze (2) 6 und RG. in JW. 1926, 2295f., s. Art. 131.

Das Reichsgericht nimmt an, daß die Post Verträge (d. h. Werkverträge) abschließt (RGSt. 17, 141; 20, 436; 109, 101), anderseits erkennt es an (RGSt. 25, 25), daß Zweck und Inhalt des Postmonopols nicht „aus den beschränkten Gesichtspunkten eines bloßen Gewerbebetriebes des Deutschen Reichs" zu beurteilen ist, und daß die ganze Post Staatstätigkeit ist (RGSt. 54, 208, 260; s. auch RGSt. 49, 112; ferner JW. 1916, 1020; 1920, 556. Gegen Verträge nur Aschenborn 13; Zorn 274ff.; Schott, Die Post 539; und Arndt l. c.; O. Mayer, Verwaltungsr.[3] II 268, 280; Fleiner, Institutionen[7] (313f.); Nawiasky, Deutsches und Österreichisches Postrecht. Wenn der Staat Postwagen kauft, schließt er Privatverträge ab, desgleichen, wenn er als Betreiber von Bergwerken, Brauereien, Porzellanfabriken, Domänen, Forsten usw., Kohlen, Porzellan, Holz verkauft oder Domänen verpachtet. Wird unrichtige Auslegung der Bedingungen für solche Geschäfte behauptet, so läßt sich daraus, obwohl Normativbestimmungen bekannt gegeben sind (abgesehen von Eisenbahnfrachtgeschäften), keine Revision stützen, wohl aber, wenn die Post- oder Telegraphenordnung unrichtig angewendet sind (RGSt. 12, 326; 17, 145; 30, 238; RGZ. 43, 99; 48, 85; 60, 27; Aschenborn 9, 13. Dagegen Giese, Anm. 4 u. Anschütz. Anm. 7 zu Art. 88; ebenso oder Poetzsch, Anm. 5 zu Art. 88 und Wachenfeld VA. 340.

Post- und Telgraphengebühren sind publici juris und im Verwaltungszwangswege einziehbar. Der im preußischen Recht ausgeschlossene Rechtsweg darüber ist durch positive Vorschriften der Reichsgesetzgebung (Gesetz über das Postwesen des Deutschen Reichs v. 28. Oktober 1871 § 25 und FernsprechgebührenG. v. 17. August 1923 nunmehr zugelassen. Die Post-, Postscheck- und Telegraphengebühren sind geregelt durch Ges. v. 17. August 1923 (RGBl. I 797f.; 1924 I 290), die Fernsprechgebühren durch Ges. v. 17. August 1923 (RGBl. I 802); s. ferner Post-Ordnung vom 22. Dezember 1921 (RGBl. 1609), Telegraphenordnung v. 16. Juni 1904 (Zentralbl. 229), Anweisung für den Funktelegraphendienst v. 15. Juni 1913

(Zentralbl. 619); Postscheck-Ordnung v. 13. Februar 1923 (RGBl. I 127), Rohrpost-Ordnung v. 30. Mai 1923 (RGBl. I 303) und Fernsprech-Ordnung v. 21. Dezember 1922 (RGBl. I 931).

[2]) Das Postwesen ist geregelt durch Gesetz über das Postwesen des Deutschen Reichs v. 28. Oktober 1871 (RGBl. 347; 1875, 318; 1899, 715; 1920, 686, 893; 1922 I 913; 1924 I 287; 1925 I 10) und das Reichspostfinanzgesetz vom 18. März 1924 (RGBl. I 287).

Durch das Reichspostfinanzges. v. 18. März 1924 (RGBl. I 287; 1926 I 419), s. dazu Lassar 226f., ist in Ausführung der Währungsreform der Reichspost- und Telegraphenbetrieb als selbständige öffentliche Verwaltung unter dem Namen „Deutsche Reichspost" organisiert worden. Die Verwaltung liegt dem Reichspostminister unter Mitwirkung des Verwaltungsrates ob und zwar nach Maßgabe dieses Gesetzes, Art. 77, 85—87 sind also auf die Reichspost nicht anwendbar, Lassar 229. Der Verwaltungsrat besteht seit der Novelle vom 15. Juli 1926 (RGBl. 1926 I 410) aus 40 Mitgliedern, die vom Reichspräsidenten ernannt werden, und zwar je 10 auf Vorschlag des Reichstages und Reichsrates, 1 auf Vorschlag des Reichsfinanzministers, 7 aus dem Personal der Reichspost und bis zu 12 aus den Kreisen der Wirtschaft und des Verkehrs auf Vorschlag des Reichspostministers im Einvernehmen mit dem Reichsfinanzminister nach Zustimmung des Reichsrates. Die Landesregierungen können zu den Sitzungen des Verwaltungsrates Vertreter (ohne Stimmrecht) entsenden. Den Vorsitz führt der Reichspostminister. Der Verwaltungsrat beschließt über die Feststellung des Voranschlages und die Entlastung der Verwaltung, die Aufnahme von Krediten, die Grundsätze für die Benutzung der Verkehrseinrichtungen und für die Gestaltung der Lohntarife, die Gebührenbemessung u. a. Kann die Ausführung eines Beschlusses des Verwaltungsrates im Interesse des Reiches nicht verantwortet werden, so entscheidet hierüber auf Antrag des Reichspostministers die Reichsregierung; diese Entscheidung ist jedoch aufzuheben, wenn Reichsrat und Reichstag dies binnen drei Monaten durch übereinstimmende Beschlüsse verlangen. Nach Maßgabe dieser Beschlüsse erläßt der Reichspostminister die Verordnungen über die Bedingungen und Gebühren für die Benutzung der Verkehrseinrichtungen. Der Reichspostminister bleibt jedoch dem Reichstag für gesetz- und zweckmäßige Verwaltung der Reichspost verantwortlich. — Das Reichsvermögen, das dem gesamten Postbetrieb gewidmet und in ihm erworben ist, mit allen Nebenrechten ist als Sondervermögen der Reichspost von dem übrigen Reichsvermögen getrennt zu halten. Nur dieses Sondervermögen haftet für die Verpflichtungen der Reichspost, aber auch nur für diese. Die Vorschriften für die Rechnungsführung bestimmt die Reichsregierung nach Anhörung des Verwaltungsrates und zwar analog der Reichshaushaltsordnung (s. zu Art. 85). Der Reichspostminister legt dem Rechnungshofe des Deutschen Reiches (s. zu Art. 85) gemäß besonderer Vereinbarung zwischen ihm und diesem Rechnung; bei Meinungsverschiedenheiten entscheidet die Reichsregierung. Aber auch dem Reichsrat und Reichstag ist ein jährlicher Geschäftsbericht vorzulegen, aus dem sich die Finanzlage der Post ergibt. — Die Beamten der Reichspost bleiben Beamte i. S. des Art. 129. — An der bisherigen Rechtsnatur der Post ist durch das Reichspostfinanzgesetz nichts geändert worden, RGSt. 51, 65; 52, 309, Lassar 227, a. A. Scheda. Sie ist eine selbständige öffentliche Verwaltung, die der Reichsaufsicht unterliegt, s. RGZ. 107, 42.

Der Post allein steht das Recht zu (Postmonopol), verschlossene Briefe und politische Zeitungen (die öfter als einmal wöchentlich erscheinen) von Orten mit einer Postanstalt (das ist auch eine Postagentur) nach Orten mit einer Postanstalt (auch wenn die beiden Orte tatsächlich eine Ortschaft bilden) gegen Bezahlung zu befördern, vom 1. April 1900 ab „auch innerhalb der Gemeindegrenzen ihres mit einer Postanstalt versehenen Ursprungsortes". Das Postmonopol als solches ist durch die Verfassung begründet, a. A. Anschütz

256, doch regelt sich sein Inhalt nach den jeweils geltenden Gesetzen; in Ausführung dieser Bestimmung wurden die bayrische und die württembergische Postverwaltung durch Staatsverträge auf das Reich übernommen, s. Ges. v. 27. April 1920 (RGBl. 643), § 13 RPostFinanzges. und auch Anm. 1 zu Art. 16. Frei ist die Beförderung von Briefen und Zeitungen durch expresse Boten oder Fuhren, wenn nur von Einem abgesandt, der nicht zugleich im Auftrage Dritter schickt und dem Postzwange unterliegende Gegenstände weder von anderen mitnimmt noch für andere zurückbringt. Die Beförderung von geschlossenen Briefen, Karten, Drucksachen, Zeitungen, Zeitschriften oder Warenproben im Ursprungsort gegen Bezahlung ist durch Boten statthaft, welche weder die Einsammlung gewerbsmäßig betreiben, noch im Dienste einer Privatbeförderungsanstalt stehen. Privatbeförderungsanstalten dürfen in eigener Angelegenheit verschlossene Briefe durch ihre Bediensteten befördern lassen. Anstalten zur gewerbsmäßigen Beförderung oder Verteilung von unverschlossenen Briefen, Karten, Drucksachen und Warenproben, die mit der Aufschrift bestimmter Empfänger versehen sind, dürfen v. 1. April 1900 ab nicht betrieben werden; s. RGSt. 44, 300. Frei ist die Beförderung von Zeitungen in zweimeiligem Umkreise (berechnet nach der Luftlinie, RGSt. 4, 337) ihres Ursprungsortes. Dem Postmonopol entspricht die Pflicht der Postverwaltung, Zeitungen und andere zur Postbeförderung geeignete Gegenstände, selbst wenn sie dem Postzwange nicht unterliegen, zu den ihr vorgeschriebenen Sätzen zu befördern. Wann, unter welchen Bedingungen die Post eine Sendung befördern muß, in welchen Fällen und in welchem Umfange sie für verspätete oder mangelhafte Beförderung (Beschädigung oder Verlust der Sendung) haftet, ist im Postgesetze und den vom Reich erlassenen Verordnungen vorgeschrieben. Auch das Publikum ist nicht frei. Denn ihm gegenüber gelten die gesetzlichen Anordnungen, schon weil sie Gesetz sind, und die für die Post ergangenen Verordnungen, jetzt Postordnung v. 22. Dezember 1921 (RGBl. 1609) nebst Abänderungen, weil vorgeschrieben ist,

§ 50 des Ges. v. 28. Oktober 1871 (RGBl. 347), daß sie als Bestandteil des zwischen dem Absender und der Postverwaltung eingegangenen Vertrags gelten sollen. Man hat sagen wollen, die Postordnung habe die nämliche Kraft, als ob sie vertragsmäßig festgesetzt ist; auch die Telegraphenordnung — jetzt v. 16. Juni 1904 nebst Änderungen — gilt genau so wie die Postordnung, trotzdem eine dem § 50 des Postgesetzes entsprechende Vorschrift fehlt. Zudem finden sich in der Postordnung Vorschriften, z. B. §§ 42, 49, 50, die nach ihrem Inhalt gar kein Vertrag zwischen Post und Absender sein können, so z. B. die Verpflichtung des Empfängers, das Porto zu zahlen, Postsendungen abzuholen; Aschenborn 13. Die Post- und Telegraphenordnungen, welche nicht Ausführungsverordnungen zum Postgesetze sind, insbesondere die Verordnungen über die Benutzung der Post-, Telegraphen- und Fernsprecheinrichtungen, die der Reichspostminister auf Grund des § 2 Abs. 1 des Reichspostfinanzgesetzes erläßt, müssen als Rechtsvorschriften aufgefaßt werden (und werden in der Rechtsprechung so behandelt), die auch für das Publikum wie für die Post- und Telegraphenverwaltungen zwingende Normen darstellen; vgl. auch Ernst Meier, Über den Abschluß von Staatsverträgen 270—300; ebenso das RGSt. 12, 326; 17 145; 30, 238; RGZ. 43, 99; 48, 85; 60, 27; Aschenborn 9f.; Staedler bei Grünhut 57, 146; Poetzsch 150; Wachenfeld im VA. 340; a. A. Thoma, Polizeibefehl I 347ff.; Fleiner, Institutionen 313f.; Giese 257. Wenn Laband (ähnlich Giese, Anschütz 258) sagt, sonst befehle (oder verbiete) der Staat, bei der Post biete er nur seine Dienste an, so befiehlt und verbietet der Staat auch bei der Post, andererseits befiehlt er niemandem, Klagen bei Gericht einzureichen, Auflassungen vorzunehmen, Testamente vor Gericht zu errichten usw. Die Allgemeine Dienstanweisung für Post und Telegraphie, abgedruckt u. a. im Postamtsblatt, ist dagegen dem Publikum gegenüber keine Rechtsordnung, sondern eine bloße interne Dienstvorschrift, s. Arndt 207. Darüber ist die Gerichtspraxis einig. Die Tarifbestimmungen der Postordnung sind auch maßgebend für die Höhe der Strafe auf Portodefraudationen; s. Aschenborn 13; folglich müssen sie Rechtsnormen sein. Die Eigenschaft als Anstaltsordnung schließt die Rechtsnormeigenschaft nicht aus.

Bezüglich des Telegraphenwesens bestand Streit, ob aus Art. 48 der a. Reichsverf. ein Telegraphenmonopol des Reichs gefolgert werden dürfe (dies war die Praxis) oder nicht (dies war die in der Theorie herrschende Ansicht) (Laband (4) III 54f.; E. Loening, Verwaltungsr. 611; G. Meyer, Verwaltungsr. I 563). Ein Telegraphenmonopol folgte in Preußen aus § 143 II 15 ALR., für Telegramme, die als verschlossene Briefe befördert und bzw. zugestellt werden. Jetzt ist der Streit beseitigt durch G. über das Telegraphenwesen des Deutschen Reichs v. 6. April 1892 (RGBl. 467), abgeändert G. v. 7. März 1908 (RGBl. 79).

[3]) Die bisherigen Abs. 3 und 4 sind durch § 15 I 1 des Reichspostfinanzges. v. 18. März 1924 (RGBl. I 287) aufgehoben worden. Reichsregierung im Sinne des Abs. 3 ist das Kollegium.

[4]) Die Weltpost-, nicht die Welttelegraphenverträge sind mit Zustimmung der gesetzgebenden Faktoren abgeschlossen, weil letztere nicht in das Gebiet der Gesetzgebung eingreifen, keine Garantie übernehmen, keine Gebührengesetze ändern; s. auch StenBer. RT 1887, 519. Der Verkehr mit dem Auslande ist augenblicklich geregelt durch die am 28. August 1924 in Stockholm abgeschlossenen und am 22. Juli 1925 von Deutschland ratifizierten Weltpostverträge (RGBl. 1925 II 517ff.). Der Hauptvertrag regelt die Organisation des Weltpostvereins und den Briefverkehr. Insoweit gelten alle Mitgliederstaaten als ein einziges Postgebiet. Sechs Nebenabkommen regeln den zwischenstaatlichen Verkehr mit Wertbriefen und -kästchen, Paketen, Postanweisungen -überweisungen, -aufträgen und Zeitungen. Streitfälle über die Auslegung der Verträge entscheidet ein Schiedsgericht, zu dem jede beteiligten Verwaltung ein anderes, bei der Angelegenheit nicht unmittelbar beteiligtes

Vereinsmitglied wählt. Jedes Mitglied kann mit einjähriger Kündigungsfrist aus dem Weltpostverein austreten.

Artikel 89[1]).

Aufgabe des Reichs ist es, die dem allgemeinen Verkehre[2]) dienenden Eisenbahnen in sein Eigentum zu übernehmen und als einheitliche Verkehrsanstalt[3]) zu verwalten.

Die Rechte der Länder, Privateisenbahnen zu erwerben, sind auf Verlangen dem Reiche zu übertragen[4]).

StenBer. 287, 1364, 1828; VA. 313ff., 326ff.

Sarter und Kittel, Die neue Reichsbahngesellschaft (1924) und: Was jeder von der Deutschen Reichsbahngesellschaft wissen muß (1926); Kittel, DJZ. 1925, 1091ff.; Bredt, Geist der RVerf. (1924) 394ff.; Stieler, Grundfragen aus dem Gebiete des Eisenbahnwesens (1925); Haustein, A. ö. R. NF. 11, 100ff.; Homberger, JW. 1924, 1485; 1926, 708; Nennweiler, PrVBl. 46, 388ff.; Hoff, 25 Jahre Eisenbahnverwaltungsordnung; Dorpmüller in Reichsbahn 1925, 224ff.; ders. in Wirtsch. Nachrichten aus dem Ruhrbezirk 1925, 1229; Oeser in Reichsbahn 1925, 49ff.; Lassar, Jahrb. (1926) XIV, 47f., 174ff., 177ff.; Ewig, Jur. Rundschau 1926, 661f.; 1927, 156f.; Janz, Z. f. Rechtspfl. in Bayern 1926, 217ff.; Schultz, Reichsbahn — Reichspost (1926); Dove in Mitteilungen der Industrie- und Handelskammer Berlin, 24. Jahrg. Nr. 20; Blume u. Weihrauch, Die Eisenbahnverkehrsordnung vom 23. Dezember 1908, 3. Aufl. 1926. — Für das ältere Recht s. ferner: Arndt § 35; Arndt, RVR. 102f.; Arndt, in PreußJahrb. 1901, 302f.; Arndt, A. ö. R. 11, 373f.; Arndt Selbständiges Verordnungsr. 193f.; Laband, Staatsr. § 74; Zorn, Staatsr. § 31; G. Meyer-Dochow, Verwaltungsr. §§ 106—109; Seydel, Komm. zu Art. 41ff. a. Reichsverf.; Fischer in v. Holtzendorffs Jahrbuch I 412f., II 211ff., IV 421; Hänel, Staatsr. 634; Eger, Handbuch des Eisenbahnrechts

(1886); Gleim, Recht der Eisenbahnen in Preußen 1891; Fritsch, Eisenbahnrecht in Fleischmanns Wörterbuch I 661f. Hornung, Das Recht des Bundesrats auf Grund Art. 7 Z. 2. Reichsverf., Leipzig 1906; Lahusen bei Grünhut 24, 357; Abramowski, Die Eisenbahnverkehrsordnung 1912; Paschke, Die Gültigkeit der Eisenbahnverkehrsordnung, Leipziger Diss. 1903; Bäseler, Die rechtliche Natur der Eisenbahnverkehrsordnung, Tübingen 1912; v. d. Leyen im Handwörterbuch der Staatswissensch. I 679.

[1]) Art. 89 hatte es dem Reiche zur Pflicht gemacht, die dem allgemeinen Verkehre dienenden Eisenbahnen in sein Eigentum zu überführen und als öffentliche Verkehrsanstalt zu betreiben, RGZ. 106, 389ff., RG. in JW. 1927, 709f. Diese „Verreichung" aller Staatsbahnen wurde durch den mit Gesetz v. 30. April 1920 genehmigten Staatsvertrag (RGBl. 773) mit Wirkung vom 1. April 1920 ab durchgeführt. Durch die NotVO. v. 12. Februar 1924 (RGBl. I 57) wurde aus finanziellen Gründen die Eisenbahn als „Deutsche Reichsbahn" verselbständigt. Auf Vorschlag des von der Reparationskommission eingesetzten I. Sachverständigen-Komitees v. 9. April 1924 (s. Amtl. Abdruck des Dawesgutachtens S. 26ff., Anlage 3 S. 108ff., Anlage 4 S. 125) ergingen sodann in Ausführung des Londoner Abkommens vom August 1924 (RGBl. II 289) das verfassungändernde Reichsbahnges. nebst Satzung der Reichsbahngesellschaft v. 30. August 1924 (RGBl. II 272, 281) und das Reichsbahnpersonalges. vom gleichen Tage (RGBl. II 287), s. Begründung des Reichsbahnges. in RTStenBer. 1924, Bd. 383 Anlage Nr. 452 I 2 A, s. hierzu auch Dorpmüller in Reichsbahn 1925, 224ff.

Durch diese Gesetzgebung ist zum Betriebe der Reichseisenbahnen die „Deutsche Reichsbahn-Gesellschaft" begründet worden. Diese ist keine Aktiengesellschaft, a. A. Anschütz 261, Schacht, Münz- und Bankgesetzgebung 20, da sie kein einziges der Hauptmerkmale einer solchen erfüllt. Sie kennt keine Generalversammlung, ist durch Gesetz geschaffen; über die Beteiligung am Unternehmen entscheidet nicht das Kapital, sondern die Persönlichkeit; die ausgegebenen „Aktien" bilden keinen Anteil am Gesellschaftsvermögen und gewähren auch keine Mitgliedschaftsrechte, s. Lassar 198ff. Sie ist auch keine „Gesellschaft eigenen Rechts mit privatwirtschaftlichem Charakter, aber mit starkem öffentlich-rechtlichen Einschlag", so aber im Anschluß an I 2 B und II zu § 16 der Begründung (s. oben) RFinHof 17, 326; 19, 207; Sarter-Kittel 44ff., 102, auch keine „Mischform zwischen einer juristischen Person des Privatrechts und des öffentlichen Rechts", so RG. in DJZ. 1926, 73, Janz, auch schließlich keine „mit eigener Rechtspersönlichkeit und dem Rechte der Selbstverwaltung ausgestattete . . . öffentlich-rechtliche Anstalt in der Form einer Handelsgesellschaft", so RG. in JW. 1927, 712; Haustein, da sie trotz ihres irreführenden Namens überhaupt keine Gesellschaft und auch keine Anstalt ist, sondern eine als juristische Person des öffentlichen Rechts (so richtig Oeser 51, RG. in JW. 1927, 710) organisierte öffentliche Verwaltung; Lassar 202, abw. BayObLG. in JW. 1925, 1647; OLG. Stuttgart in JW. 1925, 2498; a. A. Emig.

Dieser Reichsbahngesellschaft ist zunächst bis zum 31. Dezember 1964 das ausschließliche Recht zum Betriebe der Reichseisenbahnen, die jedoch im Eigentum des Reichs verbleiben, übertragen worden. Es ist ihr also Ausübung von Staatsgewalt anvertraut worden (RGZ. 109, 93; RG. in JW. 1926, 588; RGSt. 59, 384); ihre Beamten sind also öffentliche Beamte, so Lassar 201, und zwar mittelbare Reichsbeamte, RGSt. 60, 2, 139ff., BayerObLG. in JW. 1925, 1647; 1926, 1458f., zur letzteren Entsch. zustimmend v. d. Leyen dortselbst, ebenso Janz, a. A. Anschütz. Denn die von der Reichsbahn erfüllten Aufgaben, —Bau und Betrieb der Bahnen, Erfüllung der Reparationsverpflichtung — sind Reichsaufgaben, Haustein. Art. 129 findet also auf die Beamten der Reichsbahn Anwendung. — Die Reichsbahn hat den Betrieb unter Wahrung der Interessen der deutschen Volkswirtschaft nach kaufmännischen Gesichtspunkten zu führen. Über das Reichseisenbahnvermögen, das aus dem übrigen Reichsvermögen ausgesondert worden ist, kann sie in gewissen Grenzen frei, sonst mit Zustimmung der Reichsregierung und des Treuhänders verfügen. Sie hat das Recht, selbständig Kredite aufzunehmen; bei der Ausgabe von Anleihen muß sie sich mit der Reichsregierung ins Einvernehmen setzen. Die Bilanz und die Gewinn- und Verlustrechnung sind halbjährlich zu veröffentlichen und können von der Reichsregierung nachgeprüft werden; die Reichshaushaltsordnung findet keine Anwendung.

Das Grundkapital der Reichsbahngesellschaft beträgt 15 Milliarden Goldmark, nämlich 2 Milliarden Vorzugsaktien und 13 Milliarden Stammaktien. Erstere lauten auf den Inhaber, letztere werden auf den Namen des Reiches oder eines deutschen Landes ausgestellt, und es kann über sie nur mit Zustimmung des Reichsrates und Reichstages mit der Zweidrittelmehrheit des Art. 76 verfügt werden. Ferner hat die Gesellschaft hypothekarisch gesicherte Schuldverschreibungen im Nennwert von 11 Milliarden Goldmark ausgegeben, deren Inhaber durch den von der Reparationskommission ernannten Treuhänder vertreten werden (s. Lassar 196). Diese unentgeltlich zugunsten der Reparationsgläubiger des Reiches ausgegebenen Schuldverschreibungen sind mit fünf v. H. jährlich zu verzinsen und vom vierten Jahre nach Übergang des Betriebsrechts an mit jährlich eins v. H. zuzüglich ersparter Zinsen zu tilgen. Es haftet das für sie gesetzlich mit einer Reparationshypothek in gleicher Höhe belastete gesamte Reichsbahnvermögen. Die Zahlungen sind aus den Betriebsüberschüssen unter Zuhilfenahme aller Rücklagen zu leisten und werden von der Reichsregierung garantiert. Werden diese Zahlungen von der Reichsbahn oder Reichsregierung nicht erfüllt, so leistet sie der Eisenbahnkommissar aus den sonst vom Reich verpfändeten Einnahmen (s. Anm. 1 zu Art. 83). Dieser für die Zeit der Tilgung der Schuldverschreibung zur Wahrung der Rechte aus denselben bestellte Eisenbahnkommissar (s. Lassar 195f.) soll eine „Persönlichkeit von anerkanntem Rufe in der Eisenbahnwelt“ sein und wird auf drei Jahre von den ausländischen Mitgliedern des Verwaltungsrates gewählt. Er kann an den

Sitzungen des Verwaltungsrates teilnehmen, aber ohne Stimmrecht, hat ein Besichtigungsrecht über den ganzen Bahnbetrieb und ein unbeschränktes Auskunftsrecht. Er kann die Absetzung des Generaldirektors wegen Verletzung der Satzung oder Nichtbefolgung der Verwaltungsratsbeschlüsse verlangen. Gerät die Reichsbahn mit ihren Zahlungen in Verzug, so kann der Kommissar die nach seiner Auffassung unbegründeten Ausgaben untersagen oder die Tarife nach seinem Ermessen erhöhen, unter Umständen sogar im Einvernehmen mit dem Treuhänder „die Maßnahmen treffen, die er für nötig hält": nach Maßgabe des Gesetzes den Betrieb selbst übernehmen und über die entbehrlichen Sachen frei verfügen oder das Betriebsrecht ganz oder teilweise verpachten. Immerhin beschränken sich seine Befugnisse auf eine Finanzkontrolle für den Schuldverschreibungsdienst, gehen also nicht auf eine allgemeine Wirtschaftskontrolle hinaus, Dorpmüller.

Die Leitung der Reichsbahn liegt in den Händen eines Vorstandes, der aus dem vom Verwaltungsrate auf drei Jahre mit Dreiviertel-Stimmenmehrheit gewählten Generaldirektor und der erforderlichen Anzahl von auf Vorschlag desselben durch den Verwaltungsrat ernannten Direktoren besteht. Eine Fühlungnahme des Verwaltungsrates mit dem Reich über die zu wählende Persönlichkeit ist nicht vorgeschrieben, Lassar 191. Der Generaldirektor und die Direktoren müssen Deutsche sein. Ihre Befugnisse setzt die vom Verwaltungsrat zu genehmigende Geschäftsordnung der Gesellschaft fest.

Der Verwaltungsrat besteht aus 18 Mitgliedern, die zur Hälfte von der Reichsregierung, zur Hälfte von dem Treuhänder ernannt werden. Von den durch den Treuhänder zu bestellenden Mitgliedern „können" (!) fünf Deutsche sein. Auch muß die Reichsregierung später vier ihrer Sitze Inhabern von Vorzugsaktien einräumen, welche jedoch Deutsche sein müssen. Alle Mitglieder müssen erfahrene Kenner des Wirtschaftslebens oder Eisenbahnsachverständige sein und dürfen nicht dem Reichstag, einem Landtag, der Reichs- oder einer Landesregierung angehören. Der Präsident muß ein Deutscher sein. Außer der Wahl und Ernennung des Vorstandes hat der Verwaltungsrat ein allgemeines Überwachungsrecht und das Entscheidungsrecht in allen „wichtigen oder grundsätzlichen Fragen", insbesondere die Entscheidung über Voranschlag und Bilanz, Gewinnverteilung, Ermächtigung zur Aufnahme von Anleihen und Krediten, Besoldungs- und Lohnordnung, s. Lassar 47, 189ff.

Verhandlungen mit auswärtigen Staaten („Regierungen") darf die Reichsbahn nur nach vorgängiger Genehmigung durch die Reichsregierung einleiten, s. Anm. 2 zu Art. 78.

Die Reichsbahn unterliegt der Reichsaufsicht (s. Lassar 192ff.), insbesondere hat die Reichsregierung die Aufsicht über die Betriebssicherheit. Die dauernde Einstellung einer Strecke oder eines Bahnhofes, grundlegende Neuerung technischer Anlagen, Erwerb und Beteiligung an nicht dem gleichen Zweck dienenden Unternehmen, Aufstellung der Tarife und Fahrpläne u. a. bedürfen der Genehmigung durch die Reichsregierung. Diese kann auch jede Auskunft finanzieller Art und innerhalb ihres Aufsichtsrechtes jede Auskunft administrativer oder technischer Art verlangen. Doch darf die Gesellschaft nicht gehindert werden, die für den Reparationsdienst erforderlichen Einnahmen zu erzielen.

Für Streitigkeiten zwischen der Reichsregierung und der Gesellschaft, die allein hier Partei sein können, über die Auslegung des Reichsbahngesetzes einschließlich der darin enthaltenen Satzung, Maßnahmen auf Grund dieser Bestimmungen „oder über sonstige ähnliche Fragen" ist ausschließlich ein beim Reichsgericht gebildetes Reichsbahngericht zuständig, s. Lassar 197f. vgl. RGZ. 114, 99. Art. 19 kommt hier nicht in Frage. Hält eine der Parteien durch die Entscheidung den Reparationsdienst für gefährdet, so kann sie den Schiedsrichter anrufen. Dieser wird zur Entscheidung von Streitfällen zwischen der Reparationskommission oder einer in ihr vertretenen Regierung oder dem Treuhänder oder Eisenbahnkommissar einerseits und der Reichsregierung oder Reichsbahn anderseits mit gleicher sachlicher

Zuständigkeit wie das Reichsbahngericht von dem jeweiligen Präsidenten des ständigen Internationalen Schiedsgerichtshofs im Haag (vgl. RGBl. 1927 II 227) ernannt und muß auf Antrag neutrale Staatsangehörigkeit besitzen, d. h. er darf keiner am Kriege 1914/19 beteiligten Nation angehören. Die Geschäftsordnung des Reichsbahngerichtes erließ der Reichsgerichtspräsident am 20. Dezember 1924 (RGBl. 1925 II 113). Das erste Urteil ist abgedruckt in JW. 1926, 2005f.: das Reichsbahngericht kann nicht Reichsgesetze, die mit dem Reichsbahngesetz unvereinbar sind, von sich aus als für die Reichsbahn unwirksam erklären; es kann eine solche Unvereinbarkeit jedoch feststellen.

Bei Übergang des Betriebsrechts auf die Reichsbahn sind alle im Dienst befindlichen bisherigen Eisenbahnbeamten von dieser übernommen worden und somit mittelbare Reichsbeamte geworden (s. oben), die nicht mehr im Dienste befindlichen sind jedoch nicht übernommen, E. des RDiszHof. in DJZ. 1927, 90, doch richten sich auch die Ruhegehaltsansprüche dieser — auch soweit sie früher Landesbeamte waren — gegen die Reichsbahngesellschaft, RG. in PrVBl. 48, 246f., vgl. RGZ. 114, 97.

[2]) Siehe Anm. 19 zu Art. 7; s. auch VA. 313, 327; Eger bei Fleischm. II 578.

[3]) Dies soll bedeuten, daß der vorwiegende Zweck der Eisenbahnen nicht Erwerb, sondern der öffentliche Nutzen sein soll.

[4]) Solche Rechte sind in dem preuß. Gesetz über Eisenbahnunternehmungen vom 3. November 1838 (GS. 505) § 42 enthalten, s. auch Fritsch bei Fleischm. II 661. Ähnliche Bestimmungen finden sich auch in den anderen Ländern. Privateisenbahnen bedeutet hier nicht den Gegensatz zu Eisenbahnen für den allgemeinen Verkehr, sondern zu Staatseisenbahnen.

Artikel 90[1]).

Mit dem Übergang der Eisenbahnen übernimmt das Reich die Enteignungsbefugnis[2]) und die staatlichen

Hoheitsrechte, die sich auf das Eisenbahnwesen beziehen[2]). Über den Umfang dieser Rechte entscheidet im Streitfall der Staatsgerichtshof[3]).

Lammers, DJZ. 1924, 536ff. u. PrVBl. 45 (1924), 279ff.; s. auch Literatur zu Art. 89.)

[1]) Alle mit den Reichseisenbahnen verbundenen Rechte und Pflichten, also insbesondere auch die Hoheitsrechte des Art. 90, sind gemäß § 5 IV des Reichsbahnges. v. 30. August 1924 (RGBl. II 272), s. Anm. 1 zu Art. 89, auf die Deutsche Reichsbahngesellschaft übergegangen, also auch die Bahnpolizei, RGZ. 109, 93 und in JW. 1926, 588, OLG. Frankfurt in JW. 1926, 2308f., Sarter-Kittel 50, doch ist der Reichsregierung in zahlreichen Fällen ein Recht der Mitwirkung eingeräumt worden. So hat die Reichsbahn zwar auch das Enteignungsrecht zur Erfüllung ihrer Aufgaben, doch ist der Bau neuer Strecken nur mit Genehmigung der Reichsregierung zulässig, und über die Zulässigkeit der Enteignung entscheidet sodann im Einzelfall endgültig der Reichspräsident, über Art und Umfang derselben — soweit sie nicht in einem Verwaltungsstreitverfahren erfolgt — wie auch über die sonstige Inanspruchnahme fremder Grundstücke der zuständige Reichsminister nach Anhörung der Landespolizeibehörde (§§ 37, 38 l. c.). Die Enteignungsgesetze der Länder finden Anwendung, s. für Preußen Ges. v. 11. Juni 1874 (GS. 221). — Soweit die Bahnen nicht gemäß Art. 89 auf das Reich überführt worden waren, sind die Hoheitsrechte bei den Ländern verblieben, StGerH. in RGZ. 109, Anh. 7ff.; RGZ. 112, Anh. 17f. — Bei Streitigkeiten zwischen dem Reich und der Reichsbahn entscheidet gemäß §§ 43 II, 44 Reichsbahnges. ein besonderes Reichsbahngericht, das beim Reichsgericht gebildet wird, unter Umständen in II. Instanz ein internationaler Schiedsrichter, vgl. RGZ. 114, 99; s. Anm. 1 zu Art. 89. Die Länder können vor dem Reichsbahngericht nur durch Vermittlung des Reichs klagen.

[2]) Das Recht aus Art. 90 beschränkt sich auf die den allgemeinen Verkehr dienenden Eisenbahnen, s. Art. 7 Z. 19 u. 94

Abs. 1; Anschütz 261f.; StGerHof in RGZ. 109, Anh. 7ff.; 112, Anh. 17f. Enteignungsbefugnis ist weder objektives (Art. 7 Z. 12) noch subjektives (Art. 94) Enteignungsrecht, sondern die Macht des Reiches, für seine Eisenbahnzwecke bestimmte benötigte Gegenstände dem Eigentümer wegzunehmen und sich zuzueignen, StGerH. in RGZ. 107, 1 ff.; diese Befugnis greift also über die bisherigen Zuständigkeiten der Landesbehörden hinaus; der eigentlich rechtsgestaltende Staatsakt ist ausschließlich Reichssache.

[3]) S. Art. 13, 108, 172.

Artikel 91.

Die Reichsregierung erläßt mit Zustimmung des Reichsrats die Verordnungen[1]), die den Bau, den Betrieb und den Verkehr der Eisenbahnen[2]) regeln. Sie kann diese Befugnis mit Zustimmung des Reichsrats auf den zuständigen Reichsminister übertragen[3]).

Literatur s. bei Art. 89.

[1]) Diese Verordnungen erließ früher auf Grund Art. 42 bis 45a. Reichsverf. der Bundesrat. Sie betreffen die Anlage, den Betrieb, die Bahnpolizei und die Ordnung des Verkehrs, z. B. Eisenbahnbau- und Betriebsordnung v. 4. November 1904 (RGBl. 387) und Verkehrsordnung v. 23. Dezember 1908 (RGBl. 1909, 93), s. dazu Kommentar von Blume-Weirauch (1926). Die Gültigkeit dieser Verordnungen ist in der Theorie lebhaft bestritten, in der Rechtsprechung jedoch stets anerkannt; die Verkehrsordnung war vor dem HGB. nur gegenüber der Bahn, seit HGB. ist sie auch gegenüber dem Publikum Zwangs- und Rechtsnorm; s. namentlich Arndt l. c. Für das heutige Recht s. VA. 325; Poetzsch 150f.; s. auch Anschütz 263. Gegenstand der Verordnungen sind alle deutschen Eisenbahnen, nicht nur die reichseigenen, a. A. Hatschek II 146f. Die Reichsbahngesellschaft unterliegt diesen Verordnungen aber nur soweit, als das Reichsbahngesetz und die (mit Gesetzeskraft ausgestattete!)

Satzung der Gesellschaft nichts anderes bestimmen (§ 16 III Reichsbahngeß.) Vgl. auch Bahnordnung für Nebeneisenbahnen v. 5. Juli 1892 (RGBl. 764) und Signalordnung v. 24. Juni 1907 (RGBl. 377).

[2]) S. Art. 7 Z. 19. Andere Verordnungen erläßt die RRegierung auf Grund Art. 77 RVf. allein.

[3]) Vgl. VO. v. 29. Oktober 1920 (RGBl. 1859).

Artikel 92.

Die Reichseisenbahnen sind, ungeachtet der Eingliederung ihres Haushalts und ihrer Rechnung in den allgemeinen Haushalt und die allgemeine Rechnung des Reichs[1]), als ein selbständiges wirtschaftliches Unternehmen zu verwalten, das seine Ausgaben einschließlich Verzinsung und Tilgung der Eisenbahnschuld selbst zu bestreiten und eine Eisenbahnrücklage anzusammeln hat[2]). Die Höhe der Tilgung und der Rücklage sowie die Verwendungszwecke der Rücklage sind durch besonderes Gesetz zu regeln.

VA. 314f., 325f. Sarter-Kittel, Die neue Reichsbahngesellschaft (1924); Kittel, DJZ. 1925, 1091ff.; Homberger, JW. 1924, 1485ff.; Rennen, das. 1925, 1264ff.; Oeser in Reichsbahn 1925, 49ff.; Lassar, Jahrb. (1926) XIV, 179ff.

[1]) Diese Vorschrift ist zwar nicht aufgehoben, a. A. Anschütz 268, sie findet aber gemäß § 30 III des Reichsbahngeß. v. 30. August 1924 (RGBl. II 272) und § 25 der Satzung dortselbst auf die Reichsbahngesellschaft für die Dauer ihres Betriebsrechtes keine Anwendung, RG. in JW. 1927, 710, s. auch Anm. 1 zu Art. 89.

[2]) Jetzt gilt § 2 Reichsbahngeß.: die Gesellschaft hat ihren Betrieb unter Wahrung der Interessen der deutschen Volkswirtschaft nach kaufmännischen Grundsätzen zu führen; sie soll Überschüsse erzielen zur Verzinsung und Tilgung der gesetz-

lichen Reparationshypothek in Höhe von 11 Milliarden Goldmark (§ 4 l. c.). Damit ist auch Satz 2 hinfällig geworden.

Artikel 93.

Zur beratenden Mitwirkung in Angelegenheiten des Eisenbahnverkehrs und der Tarife errichtet die Reichsregierung für die Reichseisenbahnen mit Zustimmung des Reichsrats Beiräte.

BA. 326f., Fleck bei Fleischmann I 686; v. d. Leyen, das. 673ff. Durch BO. der Reichsregierung v. 24. April 1922 (RGBl. II 77, 793) sind ein Reichseisenbahnrat bei dem Reichsverkehrsministerium und 13 Landeseisenbahnräte (bei den Reichsbahndirektionen) geschaffen worden. Der Reichseisenbahnrat besteht aus einem vom Reichspräsidenten ernannten Vorsitzenden nebst Stellvertreter, 50 von den Landeseisenbahnräten gewählten und 20 vom Reichswirtschaftsrat ernannten Mitgliedern. Die Mitglieder der Landeseisenbahnräte werden teils von den Landesregierungen ernannt, teils von den Arbeitnehmerorganisationen und den öffentlich-rechtlichen Wirtschaftskörperschaften gewählt. Durch das Reichsbahnges. ist keine Änderung eingetreten. Die Reichsbahngesellschaft soll, aber muß nicht die Beschlüsse dieser Räte beachten.

Artikel 94.

Hat das Reich die dem allgemeinen Verkehre dienenden Eisenbahnen eines bestimmten Gebiets in seine Verwaltung übernommen, so können innerhalb dieses Gebiets neue, dem allgemeinen Verkehre dienende Eisenbahnen nur vom Reiche oder mit seiner Zustimmung gebaut werden[1]). Berührt der Bau neuer oder die Veränderung bestehender Reichseisenbahnanlagen den Geschäftsbereich der Landespolizei[2]), so hat die Reichseisenbahnverwaltung vor der Entscheidung die Landesbehörden anzuhören.

Wo das Reich die Eisenbahnen noch nicht in seine Verwaltung übernommen hat, kann es für den allgemeinen Verkehr[3]) oder die Landesverteidigung als notwendig erachtete Eisenbahnen kraft Reichsgesetzes auch gegen den Widerspruch der Länder, deren Gebiet durchschnitten wird, jedoch unbeschadet der Landeshoheitsrechte[4]), für eigene Rechnung anlegen oder den Bau einem anderen zur Ausführung überlassen, nötigenfalls unter Verleihung des Enteignungsrechts[5]).

Jede Eisenbahnverwaltung[6]) muß sich den Anschluß anderer Bahnen auf deren Kosten gefallen lassen[7]).

[1]) Diese Vorschrift gilt für das ganze Reichsgebiet. Gemäß §§ 5, 10f. RBahnges. ist jedoch der Reichsbahngesellschaft zunächst bis zum 31. Dezember 1964 das ausschließliche Betriebsrecht übertragen worden. Zum Bau neuer Reichsbahnstrecken, zum Erwerb bestehender Eisenbahnstrecken oder zur Umwandlung einer Nebenbahn in eine Hauptbahn bedarf die Gesellschaft jedoch der Zustimmung der Reichsregierung (§ 37).

[2]) Diese kommt in Betracht z. B. für Veränderung der Vorflutverhältnisse. Die eigentliche Bahnpolizei, auch für Über- und Zugänge, geht auf das Reich über, doch sollen die Landespolizeibehörden angehört werden; s. auch Schunck, Das Bahnpolizeirecht 1910. Landespolizei ist grundsätzlich hier die Baupolizei, Kittel, DJZ. 1926, 480; neue Eisenbahnanlagen sind solche, für die der Reichsbahn das Enteignungsrecht zustehen würde. Es kommt ferner die Bergpolizei in Betracht, OVG. 36, 281. — Dieses Recht der Länder aus Art. 94 Abs. 1 S. 2 ist durch § 37 II Reichsbahnges. v. 30. August 1924 aufrechterhalten worden.

[3]) Siehe oben Anm. 19 zu Art. 7.

[4]) D. h. die Landeshoheitsrechte sollen nur soweit, wie es die Anlegung und Betreibung der Eisenbahn erfordert, beeinträchtigt werden; ebenso Seydel 219; Arndt 306; Dambitsch 526. Den Ländern ist das Konzessionsrecht verblieben, StGerH. in RGZ. 109, Anh. 17ff.

[5]) Das ist das Recht, nach Maßgabe des in dem Lande geltenden Enteignungsrechts den Grund und Boden auch gegen den Willen der Eigentümer und Besitzer zu erwerben.

[6]) Staats- oder Privatbahnverwaltung, gegenwärtige und zukünftige; Dambitsch 526.

[7]) D. h. die Herstellung und den Betrieb der Anschlußstrecke, sowie die Überführung des rollenden Materials, nicht die Mitbenutzung einzelner Strecken noch der Bahnhöfe, auch nicht positive Handlungen ihrerseits vorzunehmen. OVG. 31, 379. Abs. 2 u. 3 entsprechen Art. 41 a. Reichsverf. und beziehen sich nicht auf Lokal- und Kleinbahnen.

Artikel 95.

Eisenbahnen des allgemeinen Verkehrs, die nicht vom Reiche verwaltet werden, unterliegen der Beaufsichtigung durch das Reich.

Die der Reichsaufsicht unterliegenden Eisenbahnen sind nach den gleichen vom Reiche festgesetzten Grundsätzen anzulegen und auszurüsten. Sie sind in betriebssicherem Zustand zu erhalten und entsprechend den Anforderungen des Verkehrs auszubauen. Personen- und Güterverkehr sind in Übereinstimmung mit dem Bedürfnis zu bedienen und auszugestalten.

Bei der Beaufsichtigung des Tarifwesens ist auf gleichmäßige und niedrige Eisenbahntarife hinzuwirken.

Siehe Art. 43 der früheren Verfassung, desgleichen Art. 45, ferner Triepel, Reichsaufsicht 195 und Fritsch, Jahrb. (1922) X, 152ff. Das Recht der Aufsicht gibt kein Verordnungsrecht.

Die Reichsaufsicht wird gemäß G. über die Eisenbahnaufsicht v. 3. Jan. 1920 (RGBl. 13) durch den Reichsverkehrsminister ausgeübt und unter seiner Oberleitung durch die Eisenbahndirektionen und Eisenbahnpolizeibeamten.

Für die von der Reichsbahngesellschaft betriebenen Eisenbahnen ist Abs. 1 dieses Art. durch § 31 des Reichsbahngesetzes ersetzt worden, wonach das Reich die Aufsicht über die Reichsbahn hat. Gemäß § 40 des Reichsbahnges. kann die Reichsregierung die Reichsaufsicht über Privatbahnen einzelnen Behörden der Reichsbahngesellschaft übertragen.

Artikel 96.

Alle Eisenbahnen, auch die nicht dem allgemeinen Verkehre dienenden, haben den Anforderungen des Reichs auf Benutzung der Eisenbahnen zum Zwecke der Landesverteidigung Folge zu leisten.

Entspricht Art. 47 der früheren Verfassung. Die Verpflichtung gilt im Kriege wie im Frieden, auch ohne Kriegsgefahr, StenBer. des verfassungber. RT. 1867, 509, 568; Dambitsch 543, und zwar für sämtliche Eisenbahnen, einerlei welcher Größe und in wessen Eigentum sie stehen, Art und Umfang der Benutzung bestimmt der Reichspräsident als Kriegsherr. Das Reichsbahnges. v. 30. August 1924 (RGBl. II 272) hat an dieser Verpflichtung nichts geändert, RG. in JW. 1927, 711. Die vielfach ergänzte und abgeänderte Militärtransportordnung vom 18. Januar 1899 (RGBl. 15) gilt auch heute noch, s. Art. 178 Abs. 2, insbesondere auch für die Reichsbahngesellschaft (§ 13 Reichsbahnges.). Gegen Anforderungen aus Art. 96 kann die Reichsbahngesellschaft nicht das gemäß § 44 Reichsbahnges. gebildete Sondergericht anrufen, da es sich hierbei um keine Frage der Verwaltung oder des Betriebes der Eisenbahn als solcher handelt, a. A. Anschütz 270.

Artikel 97.

Aufgabe des Reichs ist es, die dem allgemeinen Verkehre[1]) dienenden Wasserstraßen[2]) in sein Eigentum und seine Verwaltung zu übernehmen[3]).

Nach der Übernahme können dem allgemeinen Verkehre dienende Wasserstraßen nur noch vom Reiche oder mit seiner Zustimmung angelegt oder ausgebaut werden.

Bei der Verwaltung, dem Ausbau oder dem Neubau von Wasserstraßen sind die Bedürfnisse der Landeskultur und der Wasserwirtschaft[4]) im Einvernehmen mit den Ländern zu wahren. Auch ist auf deren Förderung Rücksicht zu nehmen[5]).

Jede Wasserstraßenverwaltung hat sich den Anschluß anderer Binnenwasserstraßen auf Kosten der Unternehmer gefallen zu lassen[6]). Die gleiche Verpflichtung besteht für die Herstellung einer Verbindung zwischen Binnenwasserstraßen und Eisenbahnen.

Mit dem Übergange der Wasserstraßen erhält das Reich die Enteignungsbefugnis, die Tarifhoheit sowie die Strom- und Schiffahrtspolizei[7]).

Die Aufgaben der Strombauverbände[8]) in bezug auf den Ausbau natürlicher Wasserstraßen im Rhein-, Weser- und Elbgebiet sind auf das Reich zu übernehmen[9]).

StenBer. 1364f., 1370ff., 2117f.; VA. 346ff., 486ff

Stier-Somlo I, 700ff.; Finger 516ff.; Meißner 188ff.; W. Jellinek, Verfassung u. Verwaltg. 116f.; Kaufmann, Recht u. Wirtschaft 8, 210f.; Zschucke im HB. der Politik II, 953ff. und Jahrb. (1923) XI, 78ff.; Stubmann, HanseatRZ. 1919, 441; Behr, das. 1923, 55; O. Mayer in Stengel-Fleischmann[2] III, 559 („Strompolizei"); Ritter, das. III, 365 („Schiffahrtspolizei"); Simmersbach, Z. f. Soz. Wiss. XII, 290; Lammers, PrVBl. 47, 307 u. JW. 1926, 1341 ff., 1454 ff.; Bredt 407 ff.; Rosenthal, JW. 1926, 1343 f.; Lederle, Hirths Ann. 1926, 115 ff.; Borchard, PrVBl. 48, 85 ff.; Wehrmann, das. 305 ff.; Lassar, Jahrb. (1926) XIV, 208 ff.; s. ferner zu Art. 331 ff. des Versailler Vertrages J. P. Chamberlain, The regime of the international rivers: Danube and Rhine (New York 1923) u. Peters in Gruchot 68, 369 ff.

¹) S. Anm. 19 zu Art. 17.

²) See- und Binnenwasserstraßen, natürliche wie künstliche, mit allen Rechten und Kräften; Art. 97 bezieht sich jedoch nur auf die Wasserstraßen, die vom Reiche übernommen sind. Der Umfang dieser Reichswasserstraßen ist gesetzlich begrenzt durch das Ges. v. 29. Juli 1921 (RGBl. 961), StGerH. in RGZ. 112, Anh. 18, s. Anm. zu Art. 100.

³) Gegen Entschädigung, VA. 351. S. Art. 171 und VA. 352, 488, StenBer. 1828. Die Übernahme erfolgte durch den mit Ges. v. 29. Juli 1921 (RGBl. 961; 1922, 222) vollzogenen Staatsvertrag. Durch diesen sind unter Vorbehalt späterer Ergänzungsvereinbarungen die Seewasserstraßen der Länder einschließlich der zur Erhaltung des Fahrwassers dienenden Anlagen auf den Meeresinseln und an den Seeküsten sowie 149 in Anlage A aufgeführte Binnenwasserstraßen auf das Reich übergegangen, zugleich auch die Schutz- und Sicherheitshäfen sowie das Lotsenwesen mit Ausnahme des Hafenlotsenwesens. Dagegen blieben die Handelshäfen, Brücken und Fähren an den natürlichen Wasserstraßen, Jagdberechtigungen und das Fährregal im Eigentum ihrer bisherigen Besitzer. — Dem Reich ist die Verwaltung der Wasserstraßen jedoch nur insoweit übertragen worden, als diese dem allgemeinen Verkehre dienen, nebst den hiermit in unlösbarem Zusammenhang stehenden Hoheitsrechten (Schiffahrtspolizei, Tarifhoheit, Enteignungsbefugnis), soweit dagegen die Wasserstraßen als Kraftquellen oder Vorfluter sowie als Gegenstand der Sicherheits-, Ge-

sundheits- oder Deichpolizei und der Fischereibenutzung in Betracht kommen, ist ihre Verwaltung den Ländern verblieben. Das Reich ist berechtigt, aber nicht verpflichtet, die Wasserstraßenverwaltung durch selbstgeschaffene Reichsbehörden durchzuführen; dies gilt insbesondere auch für die Mittel- und Unterbehörden, E. des StGerHofs. in RGZ. 112, Anh. 18, 33ff., zustimmend Lammers. Fragen dieser Behördenorganisation können Streitigkeiten i. S. des Art. 19 sein.

[4]) D. i. jede wirtschaftliche Tätigkeit, deren Gegenstand Wasser ist, z. B. Benutzung, Ableitung, Verteilung, Anschütz 273.

[5]) Z. B. auf die Stellung der Flüsse zur Abwässerung, Trink- und Wirtschaftswasserentnahme.

[6]) S. Anm. 5 zu Art. 94.

[7]) Umfang und Inhalt bestimmt sich nach bisherigem Landesrecht. S. jetzt Strom- und SchiffahrtspolizeiVO. des Reichsverkehrsministers v. 29. Dezember 1922 (RGBl. 1923 II 2), PolizeiVO. über die Untersuchung von Rheinschiffen v. 14. März 1924 (RGBl. II 66), für die westdeutschen Kanäle v. 1. April 1925 (RGBl. II 137), für den kanalisierten Main v. 3. April 1925 (RGBl. II 123), für die Elbe v. 26. September 1925 (RGBl. II 950; 1926 II 752, 806), für die Donau v. 2. Oktober 1925 (RGBl. II 953) u. v. 20. Mai 1927 (RGBl. II 387) und Seewasserstraßenordnung v. 31. März 1927 (RGBl. II 157), dazu Seestraßenordnung v. 5. Februar 1906 (RGBl. 1906, 120).

[8]) S. Gesetz v. 24. Dezember 1911 (RGBl. 1137), Kommentare von Graßmann, Peters und Geigel (1912). Der Strom-(Rhein-, Weser-, Elbe-)verband war weder rechts- noch vermögensfähige Gemeinschaft zur gesamten Hand, Geigel 19. Durch die Übernahme werden sie aufgelöst; an ihre Stelle tritt das Reich.

[9]) Durch den Friedensvertrag zu Versailles v. 28. Juni 1919 (RGBl. 1213ff.) und zwar Art. 327ff., 331ff., 346ff., 354ff., sind Elbe, Oder, Memel und Rhein ent- und internationalisiert und europäischen Ausschüssen unterstellt, in wel-

chen die Deutschen in der Minderzahl sind; s. hierzu R. Hennig, Freie Ströme (Leipzig 1926) und Z. f. Binnenschiffahrt 33 Heft 5; DJZ. 1927, 162. S. Vertrag zum Abschluß der endgültigen Donauakte v. 23. Juni 1921 (RGBl. 1922, 287).

Artikel 98.

Zur Mitwirkung in Angelegenheiten der Wasserstraßen werden bei den Reichswasserstraßen nach näherer Anordnung der Reichsregierung unter Zustimmung des Reichsrats Beiräte gebildet.

VA. 350, 351. Barche, Z. f. Binnenschiffahrt 192[illegible] 28ff.; Gentsch in Wirtschaftl. Nachrichten aus dem Ruhrbezi[illegible] 1925, 257ff.; Lassar, Jahrb. (1926) XIV, 215.

Die Mitwirkung ist lege lata auf beratende Funktione[illegible] beschränkt; es können ihnen aber auch beschließende übertrage[illegible] werden, Anschütz 275. Durch VO. v. 26. I. 1925 (RGBl. II 5) sind 8 Bezirks- sowie ein Reichswasserstraßenbeirat gebildet worden. Die Mitglieder der Bezirksbeiräte werden auf Vorschlag der großen öffentlichen und privaten Organisationen der Schiffahrt, Industrie, Arbeitnehmerschaft usw. auf fünf Jahre vom Reichsverkehrsminister, eins von der Reichsbahngesellschaft ernannt. Sie sind an Instruktionen nicht gebunden. Die Bezirksbeiräte wählen aus ihrer Mitte 54 Mitglieder des Reichsbeirats, dessen Präsident und Stellvertreter vom Reichspräsident und dessen übrige 13 Mitglieder vom Reichsverkehrsminister ernannt werden. Alle Beiräte treten mindestens einmal im Jahr zusammen.

Artikel 99[1]).

Auf natürlichen Wasserstraßen[2]) dürfen Abgaben[3]) nur für solche Werke, Einrichtungen und sonstige Anstalten[4]) erhoben werden, die zur Erleichterung[5]) des Verkehrs[6]) bestimmt sind[7]). Sie dürfen bei staatlichen[8]) und kommunalen Anstalten die zur Herstellung[9]) und

Unterhaltung[10]) erforderlichen Kosten nicht übersteigen. Die Herstellungs- und Unterhaltungskosten für Anstalten, die nicht ausschließlich zur Erleichterung des Verkehrs, sondern auch zur Förderung anderer Zwecke[11]) bestimmt sind, dürfen nur zu einem verhältnismäßigen Anteil durch Schiffahrtsabgaben aufgebracht werden. Als Herstellungskosten gelten die Zinsen und Tilgungsbeträge für die aufgewandten Mittel.

Die Vorschriften des vorstehenden Absatzes finden Anwendung auf die Abgaben, die für künstliche Wasserstraßen[12]) sowie für Anstalten an solchen und in Häfen[13]) erhoben werden.

Im Bereiche der Binnenschiffahrt[14]) können für die Bemessung der Befahrungsabgaben die Gesamtkosten einer Wasserstraße[15]), eines Stromgebiets[16]) oder eines Wasserstraßennetzes zugrunde gelegt werden.

Diese Bestimmungen gelten auch für die Flößerei[17]) auf schiffbaren Wasserstraßen.

Auf fremde Schiffe und deren Ladungen andere oder höhere Abgaben zu legen als auf deutsche Schiffe und deren Ladungen, steht nur dem Reiche zu.

Zur Beschaffung von Mitteln für die Unterhaltung und den Ausbau des deutschen Wasserstraßennetzes kann das Reich die Schiffahrtsbeteiligten auch auf andere Weise durch Gesetz zu Beiträgen heranziehen.

[1]) Für das ältere Recht s. namentlich Arndt, Schiffahrtsabgaben (2); M. Peters, Schiffahrtsabgaben; Arndt, VerwA. 17, 533f.; sodann die Abhandlungen von Piloty, Laband, O. Mayer, Netter über Schiffahrtsabgaben. Art. 99 u. 100 entsprechen dem G. v. 24. Dezember 1911 (RGBl. 1137). Kommentare von Graßmann, Peters und Geigel 1912; Zahn bei Fleischm. III 727.

[2]) Natürliche im Gegensatz zu künstlichen sind im Sinne des jetzig n Art. 99: Seen, Haffe, Flußmündungen, alle der Vorflut dienenden Wasserläufe, soweit und solange sie zur Binnenschiffahrt benutzt werden. Kanalisierungen, Regulierungen, Gradlegungen, Seitenkanäle, selbst gänzliche Verlegung in in künstlich gegrabenes Bett machen die Wasserstraße nicht zur künstlichen. Kein Unterschied mehr zwischen See- und Binnenschiffen; Peters 14. Mit der Übernahme der Wasserstraßen gehen auch die in ihnen ruhenden Wasserkräfte mit allen Rechten und Pflichten auf das Reich über; s. Schulze-Gävernitz und Unterstaatssekretär Peters, StenBer. 1370, 1371. Dabei hat eine finanzielle Auseinandersetzung zwischen Reich und Land stattgefunden; Peters das., Art. 99 ist gegenüber Art. 97 lex specialis, Peters l. c. abgesehen von Art. 100. Das Wasserrecht, insbesondere die Regelung dessen Gemeingebrauchs, Viehtränke, Wasserschöpfen, Schwimmen, Baden usw. ist deshalb als Gemeingebrauch nicht Gegenstand der Reichsgesetzgebung; nur Schiffahrt ist Reichssache, s. Art. 8 und Peters.

[3]) D. h. hier außer den Befahrungsabgaben auch die Abgaben für die Benutzung von Häfen oder sonstigen Schiffahrtseinrichtungen, Hinterziehung strafbar nach Art. IV § 1 G. v. 24. Dez. 1911.

[4]) Körperliche oder unkörperliche, namentlich Schleusen, Durchstiche, Einengungen, Verbreiterungen oder Vertiefungen, Stauvorrichtungen, Höherlegungen, Staubecken, Baaken, schwimmende Tonnen, Leuchtfeuer; Geigel 6, Peters 14f.; z. B. Beseitigungen von Baumstämmen, Wracks usw., Pegelstandsmeldungen, Peilungen oder Wasserstandsmessungen, Bagger-, Eisbrecher-, Leuchtfeuer-, Lotsen-, Schlepp-, Signaldienst; Geigel 6; Peters 14.

[5]) Z. B. mittels Besserausnutzung der Tragfähigkeit oder Verlängerung der Schiffahrt, Ersparnis an Kohlen, Lotsen, Leichtern, Abkürzung der Fahrzeit.

[6]) Schiffs- oder Flößereiverkehr; Peters 17.

[7]) Und tatsächlich dienen. Den Abgaben soll eine entsprechende Gegenleistung gegenüberstehen (Minister Breitenbach RT. 28. Dez. 1911 StenBer. 1911, 7915). Der Nachweis eines individuellen Vorteils des Fahrenden ist nicht erforderlich; Geigel 7; KommBer. 29; Peters 17.

[8]) „Staatlich" ist auch: vom Reich.

[9]) Nicht z. B. bloße Versuchsarbeiten, nach Fischpässe, Ersatz für Schäden, z. B. wegen Wasserentziehung, Fischereischädigung; Geigel 7, 9.

[10]) Laufende Instandhaltung, auch Verstärkung der Bauwerke, Betrieb der Wehre, Hebewerke, Fähren und Brücken, Dienstbezüge der hierfür verwendeten Beamten, nicht aber der oberen Aufsichtsbeamten, überhaupt nur Mehraufwand infolge der Verbesserung (Geigel 8), nicht Ersatz älterer Werke. Von der bisherigen Unterhaltslast wird niemand befreit.

[11]) Z. B. für Be- und Entwässerung von Wiesen, Äckern usw.; Uferschutz; den fraglichen Anteil bestimmten die Regierungen im Einvernehmen mit der Volksvertretung (Sten.BerRT. 1911, 7905) die Strombeiräte gemäß Art. II § 7 Abs. 3^1, § 8 Abs. 7^1, jetzt gilt Art. 77. Rechtsweg ist ausgeschlossen, KommBer. 29, 158, Nr. 2 RT. 1911, 8070—8079.

[12]) D. h. nur noch Kanäle. Für den Kaiser-Wilhelm-Kanal gelten die Sonderbestimmungen der Art. 380ff. des Versailler Vertrages (RGBl. 1919, 1265), in Verbindung mit dem Ges. v. 14. November 1922 (RGBl. II 784), s. auch den Abgabentarif v. 28. März 1924 (RGBl. II 76). Die Zahlung für die Benutzung des Kaiser-Wilhelm-Kanals ist Erlegung einer Gebühr, nicht Vertragsleistung, s. Ges. v. 16. März 1886 und dazu RG. in JW. 1913, 595, RGZ. 86, 121; der Versailler Vertrag hat hieran nichts geändert, RGZ. 111, 376.

[13]) See- oder Binnenhäfen, Hafeneinrichtungen sind z. B. Krane, Lader, Stadeln, Lagerplätze, Schleppmotore; auch die Hafenpolizei, nicht die Oberleitung noch Verschönerungsbauten; Geigel 11; Peters 19.

[14]) Die Grenze zwischen See- und Binnengewässern bestimmte früher der Bundesrat, jetzt Art. 77; ersteres sind die, die ausschließlich oder überwiegend dem Seeverkehr dienen. S. auch G. v. 15. Juni 1895 (RGBl. 301) — privatrechtlich.

[15]) Wasserstraßennetz ist eine aus natürlichen, aus künstlichen oder aus beiden zusammengesetzte Gruppe von Schiffahrtswegen, die innerhalb eines gemeinsamen Wirtschafts- (nicht notwendig Strom-) Gebietes zusammenhängenden Verkehrszwecken (gleichviel aus einem oder mehreren Bundesstaaten) dienen, Mot. zum G. v. 24. Dezember 1911, 11.

[16]) Der Strom-(Rhein-, Weser-, Elbe-)verband war weder Korporation noch Gesellschaft, also nicht vermögensfähig; er war Gemeinschaft zur gesamten Hand; Geigel 19. S. Anm. 8 zu Art. 97.

Die Erhebung von Abgaben für den Flößereibetrieb auf nicht schiff-, bloß flößbaren natürlichen gemeinsamen Wasserstraßen (solchen, die mehreren Bundesstaaten gemeinsam sind), ist durch Gesetz über die Abgaben von der Flößerei v. 1. Juni 1870 (RGBl. 312) § 1 nur noch insoweit gestattet, als es sich dabei um die Benutzung besonderer zur Verkehrserleichterung bestimmter Anstalten handelt; s. hierzu auch BGBl. 1870, 314; 1871, 31; 1877, 14; s. auch Peters 68, 70; O. Mayer bei Fleischmann I 812.

[17]) Die Küstenfrachtfahrt (cabotage) (von deutschen Häfen zu deutschen Häfen) steht nur deutschen Schiffen, ausländischen dagegen nur auf Grund eines Staatsvertrages oder durch Kaiserliche Verordnung mit Zustimmung des Bundesrats zu, § 2 des G., betr. die Küstenfrachtfahrt v. 22. Mai 1881 (RGBl. 97), solche Verträge z. m. RGBl. 1881, 275, 276; 1883, 249; 1885, 31; 1886, 179; 1888, 249, 273; 1892, 6, 106; 1893, 20, 84; 1894, 163, 472, 506; 1897, 182. S. auch Versailler Friedensvertrag Art. 321, 327, 335, 384.

Schließlich ist zu beachten, daß für die unterschiedliche Behandlung deutscher und fremder Schiffe § 10 des ZolltarifG. v. 25. Dez. 1902 in Betracht kommt, s. oben Art. 82 und Versailler Frieden Art. 321, 337, daß einzelstaatlich auferlegter Verzicht auf Ersatz eines infolge staatlichen Verschuldens bei Benutzung öffentlicher Wasserstraßen entstandenen Schadens unwirksam ist, RGZ. 62, 204. S. auch Art. 97 Nr. 11 des Versailler Vertrages.

Artikel 100.

Zur Deckung der Kosten für Unterhaltung und Bau von Binnenschiffahrtswegen kann durch ein Reichsgesetz auch herangezogen werden, wer aus dem Bau von Talsperren in anderer Weise als durch Befahrung Nutzen zieht, sofern mehrere Länder beteiligt sind oder das Reich die Kosten der Anlage trägt.

S. Hermes bei Fleischmann III 520f. und über Talsperren Korn, Reichsverfassung 73. Talsperren sind Kunstbauten zur Aufstauung von Binnengewässern mit dem Zweck der Regulierung und Nutzbarmachung.

Talsperren sind keine dem allgemeinen Verkehre dienenden Wasserstraßen und auch kein Zubehör derselben, zu ihrer Anlage für eine Reichswasserstraße durch das Reich bedarf es grundsätzlich eines Reichsgesetzes, StGerH. in RGZ. 112, Anh. 17ff.; dazu Lammers und Rosenthal in JW. 1926, 1341ff.

Artikel 101.

Aufgabe des Reichs ist es, alle Seezeichen, insbesondere Leuchtfeuer, Feuerschiffe, Bojen, Tonnen und Baken in sein Eigentum und seine Verwaltung zu übernehmen. Nach der Übernahme können Seezeichen nur noch vom Reiche oder mit seiner Zustimmung hergestellt oder ausgebaut werden.

Die Zuständigkeit des alten Reichs beschränkte sich auf die Schiffahrt und Flößerei und bis auf weiteres nicht auf Gesundheits- und Veterinärpolizei, Graf Posadowsky, Sten-

VerRT. 1901, 968. Die Zuständigkeit des Reichs nach Verkündung der Reichsverf. ist eine ausschließliche. Auch das Recht der Verwaltung steht nunmehr dem Reiche zu. Durch Ges. v. 29. Juli 1921 (RGBl. 961) sind die Seezeichen der Länder und das Lotsenwesen, mit Ausnahme des Hafenlotsenwesens in Eigentum und Verwaltung des Reichs übergegangen. Vgl. auch Bundesratsbekanntmachung v. 13. Mai 1912. Das Reich hat jetzt das alleinige Recht, solche Seezeichen zu errichten, und die Pflicht, deren Kosten zu tragen. Er kann dieses Recht jedoch verleihen, insbesondere an Länder und Gemeinden.

Siebenter Abschnitt.

Die Rechtspflege.

,StenBer. 1462; VA. 353, 475.

Anschütz 277; Giese 279; Poetzsch 158; Meißner 203; Stier-Somlo I 707; Hatschek II 530; v. Freytagh-Loringhoven 270; Wittmayer 90; Doerr, A. d. R. 41, 53; Schmidt, Einführ. i. d. Rechtswiss. 374; Bötticher, Buschs Z. f. Zivil- u. ProzR. 51 (1926), 201ff.

Dieser Abschnitt wiederholt im wesentlichen das bestehende insbesondere im Gerichtsverfassungsgesetz festgesetzte Recht und hat die Bedeutung, solches reichsverfassungsmäßig zu verankern. Er bezieht sich mit Ausnahme der Art. 103, 104 auf alle Gerichte. Dies ist im Verfassungsausschuß und im Plenum der Nationalversammlung wiederholt betont worden, vgl. Groeber, StenBer. 2118, Ablaß VA. 360. Aus diesem Grunde ist auch Art. 102, der ursprünglich zu Art. 105 gehörte, an die Spitze des 7. Abschnitts gestellt worden, und ist für ihn an Stelle der noch im Regierungsentwurf gewählten, mit § 1 GVG. gleichlautenden Fassung die jetzige gewählt worden. Die Vorschriften des 7. Abschnitts mit Ausnahme der Art. 103, 104 beziehen sich daher z. B. auch auf die Schöffen und Handelsrichter, sowie auf die Richter des Staatsgerichtshofs, der Verwaltungs-, Finanz-, Kaufmanns- und

Gewerbegerichte, und die Disziplinargerichte, vgl. unten Anm zu Art. 102, Anschütz 278, 281, Groeber l. c., Kauffmann, Untersuchungsausschuß und Staatsgerichtshof 58. Im allgemeinen beschränkt sich die ordentliche Gerichtsbarkeit, für die Art. 103 und 104 Sonderbestimmungen treffen, auf reine Privatrechte und Strafsachen, s. RGZ. 25, 285; 53, 423; 59, 5; sie erstreckt sich aber auf alle Rechtsfragen, von deren Beantwortung die Entscheidung abhängt — auch öffentlich-rechtlicher Natur; RGZ. (Plenarbeschluß) 41, 267; s. auch RGZ. 76, 524; RGSt. 43, 373. Zwar sprechen auch die Verwaltungsgerichte Recht nach Gesetz und sind in ihrer richterlichen Tätigkeit Anweisungen nicht unterworfen; OVG. 30, 453; 48, 16; Neukamp, A. ö. R. 4, 545; Friedrichs, Landesverwaltungsgesetz 68; Groeber, StenBer. 2142. Doch sind sie als Verwaltungsbehörden anzusehen; s. Schelcher Verwaltungsgerichtsverfahren bei Fleischmann III 741f.; Anschütz 292; Giese 290. Die Tätigkeit der Staatsanwaltschaft ist nicht die einer Verwaltung, sondern einer Justizbehörde, Lukas, Festgabe für O. Mayer 225, doch gilt der 7. Abschnitt nicht für die Staatsanwaltschaft. Der 7. Abschnitt der Reichsverfassung ändert den Rechtszustand bezüglich der Grenzscheidung zwischen Justiz und Verwaltung nicht und hebt auch die landesgesetzlichen Vorschriften über den Konflikt und den Kompetenzkonflikt nicht auf. Es bleibt also nach wie vor zulässig, daß der Kompetenzkonflikt erhoben wird und daß den ordentlichen Gerichten durch die Entscheidung des Kompetenzkonfliktsgerichtshofs das weitere Verfahren aus der Hand genommen wird. Siehe GVG. § 17 Abs. 2f. und Verordn., betr. die Kompetenzkonflikte zwischen den Gerichten und den Verwaltungsbehörden vom 1. August 1879 (GS. 573f.). Das Konfliktsverfahren in Preußen nach § 11 GVG. u. G. v. 13. Februar 1854 (GS. 86) ist nebst G. v. 1. August 1909 beseitigt, G. v. 16. November 1920 (GS. 65). Der Abschnitt galt auch nicht für die Verwaltung der Fideikommisse und Familienstiftungen, bei denen der Justizminister Anweisungen erteilen und in letzter Instanz entscheiden konnte; s. Verf. v. 16. November 1899 (GS. 562). Endlich sind die Oberaufsichtsrechte gegenüber den Richtern in Ansehung der Disziplin, des Geschäftsbetriebes und Verzögerungen unberührt, v. Rönne I § 103.

Artikel 102.

Die Richter sind unabhängig und nur dem Gesetz unterworfen.

Stier-Somlo I 707ff.; Hatschek II 530ff.; von Freytagh-Loringhoven 270ff.; Wittmayer 90ff.; Wach, JW. 1920, 6; Düringer, DJZ. 1922, 521ff.; Levin, das. 581ff.; Wolfstieg, Reichsbeamtenrecht 105ff.; Arndt, Recht 17, 77; Löwe-Rosenberg[17] (1927), Strafprozeßordnung 994ff.; Käckell, Z. f. ges. StrafrWiss. 41, 681; Doerr, A. ö. R. 41, 53ff. und Rhein. Z. f. Zivil- u. Prozeßrecht 3, 425ff.; Theisen, A. ö. R. NF. 8, 257ff.; C. Schmitt, Unabhängigkeit der Richter usw. (1926) 6ff., 19ff.; Bötticher, Buschs Z. f. Zivilprozeß 51 (1926), 201ff. Zur Frage des richterlichen Prüfungsrechts: dafür: Stier-Somlo I 674ff. u. A. ö. R. 42, 184ff.; Triepel in Berliner Festschrift für Kahl 92ff. u. A. ö. R. 39, 533ff.; Hubrich 150ff.; Fleischmann, HWbPolitik I 227ff.; Bühler, DJZ. 1921, 579ff.; Nawiasky, BayrVerfR. 368ff. u. DJZ. 1923, 40f., 110f.; Bendix, JW. 1924, 527; Morstein-Marx, Variationen über richterliche Zuständigkeit zur Prüfung der Rechtmäßigkeit des Gesetzes (1927) u. A. ö. R. NF. 6, 218ff.; Schelcher, Fischers Z. 59, 107ff.; 60, 305ff.; Wittmayer 457ff.; Stoll, Jherings Jahrb. 76, 195ff. u. JW. 1926, 1429f.; Poetzsch 133; Gierke, DPR. I 135; — dagegen Schack Die Prüfung der Rechtmäßigkeit von Gesetz u. Verordnungen (1918) u. Hirths Ann. 1919, 285ff., A. ö. R. 41, 163ff., JW. 1922, 85f. u. Gruchot Bd. 66, 81ff.; Hatschek I 7ff., II 96ff.; Arndt, JW. 1916, 590; 1917, 719; 1918, 516, Recht 1920, 77; Thoma, A. ö. R. 43, 267ff. u. DJZ.

1922, 573; Anschütz, VerwArch. 30, 346ff.; W. Jellinek, Verf. u. Verw. 103f., JW. 1925, 454, DJZ. 1921 753f. u. HBd.Politik III 16; — s. ferner auch Hensel, A. ö. R. NF. 6, 331 f.; Grau, das. 11, 287 ff.; Goslich, LZ. 1925, 1188; Duguit II (1923) 534 ff.

Art. 102 wiederholt zunächst § 1 GVG. und entspricht seinem Vorbilde Art. 86 PreußVerf., geht aber über diese hinaus, a. A. Bötticher. Letzterer hatte ursprünglich einen weiteren Sinn als GVG. § 1. Er beabsichtigte nach seinem Vorbilde Const. belge art. 107 vorzuschreiben, daß die Gerichte den Verordnungen nur unterworfen seien und diese nur anwenden sollen, wenn sie in Gemäßheit des formellen Gesetzes erlassen sind, daß sie insbesondere selbständige Verordnungen nicht anwenden dürfen. Letzterer Satz gilt von Ausnahmevorschriften abgesehen auch heute noch in Preußen; s. Arndt zu Art. 86 a. PreußVerf. und SelbstVerordnungsr. 104, StVAH. 1864, 2070; StVHH. 1879, 522; v. Daniels, Privatr. V 132. Mit Art. 86 war ferner bestimmt, daß Ausführungsverordnungen zu sog. Rechtsgesetzen unstatthaft waren und daß Ausführungsvorschriften zu Rechtsgesetzen nur durch Gesetze gegeben werden durften. Auch dies gilt heute fort gegenüber allen Gesetzen, die zur unmittelbaren Anwendung durch die Gerichte bestimmt sind. Zum BGB., StGB., ZPO. usw. können die Reichsregierung und der Reichsrat keine Verwaltungsvorschriften geben. Darin, wie diese Gesetze auszulegen sind, können die Gerichte nicht durch Anweisung bestimmt werden. Auch die Reichsaufsicht kommt hierbei nicht zur Anwendung.

Die Gerichte sind aber nach Art. 102 nicht bloß dem Gesetz, sondern auch den auf Grund ausdrücklicher gesetzlicher Ermächtigung erlassenen Verordnungen, „der Autorität des Gesetzes", a. PreußVerf. Art. 86, unterworfen; a. A. Wittmayer 460 Anm. 56. Indem sie dies sind, gehorchen sie nicht der Verordnung, sondern dem Gesetz, welches die Verordnung für zulässig erklärt. Sie haben deshalb zu prüfen, ob die Verordnung sich im Rahmen der gesetzlichen Ermächtigung hält, und die Verordnung nicht anzuwenden, soweit dies nicht der Fall ist. Gesetz ist jede staatliche Willenserklärung der Legislatur, Hatschek II 3, also jeder in den Formen des 5. Abschnitts im I. Hauptteil der RVerf. ergangene Beschluß der Volksvertretung; Ad. Arndt, LZ. 1926, 263f., a. A. Schmitt. Mit Art. 102 steht nicht in Widerspruch, daß ein Gesetz den Richter an gewisse Verwaltungsakte und gewisse Erkenntnisse ausnahmsweise bindet, so z. B. an die Entscheidungen der Unfallberufsgenossenschaften und der Arbeiterschiedsgerichte in gewissen Fällen, ferner in den Beamtengesetzen bei Frage der Anstellung, Pensionierung und Entlassung, z. B. Reichsbeamtengesetz § 155, s. auch RGZ. 6, 195; endlich, wenn in einem bestimmten Prozeß das Reichsgericht einen Rechtsgrundsatz aufgestellt hat, ZPO. § 363, für diesen Prozeß. Diese Ausnahmen sind nur scheinbare, da das Gericht in allen diesen Fällen nur den Gesetzen gehorcht, welche ihm befehlen, die Verordnung bzw. die Vorentscheidungen der richterlichen Tätigkeit zugrunde zu legen. Gemäß Art. 4 sind die Gerichte auch den anerkannten Regeln des Völkerrechts unterworfen.

Fraglich ist, ob Art. 102 auch auf Gerichtsschreiber und Gerichtsvollzieher Anwendung findet; dafür Hellwig, Lehrb. II 154; dagegen (und meines Erachtens mit Recht) Hein, DJZ. 1910, 573 und Löwe-Rosenberg 996 zu § 1 GVG. Die neue PreußVerf. Art. 8, s. Arndt 56, gibt die Unabhängigkeit auch den Gerichtsschreibern und Gerichtsvollziehern, StenBer. des PreußLandt. 14058. Die Unabhängigkeit, die durch Art. 102 über § 1 GVG. hinaus Richtern jeder Art gewährleistet ist, Groeber, StenBer. 2118; Kaufmann, Untersuchungsausschuß u. Staatsgerichtshof 58; abw. Bötticher, schränkt das zweifellos für die formelle Behandlung der richterlichen Tätigkeit bestehende Recht der Dienstaufsicht nur ein, verbrieft aber sachliche Unabhängigkeit, d. h. Selbständigkeit des Richters gegenüber allen anderen (auch richterlichen) Staatsorganen bei Fällung seiner Entscheidung.

Richter i. S. des Art. 102 sind also nicht nur die Richter im „förmlichen" Sinn und Schöffen, Handelsrichter usw., sondern auch die Mitglieder der Verwaltungsgerichte, Finanzgerichte usw. („Richter im materiellen Sinn"). — Gesetz bedeutet hier jede Rechtsnorm.

Mit Recht führt Spahn, Berichterstatter zum 7. Abschn. an, StenBer. 1462, daß die Vorschrift in Art. 102 der Dreiteilung der staatlichen Gewalt entspricht. Nicht weil irgend jemand das Gesetz ausfertigt, sondern weil das Gesetz höchster Staatswille, haben die Gerichte nicht das Recht, Gesetze auf ihr verfassungmäßiges Zustandekommen zu prüfen; Anschütz 216ff., 280; Giese 210f., a. A. RGZ. 102, 161 ff.; 104, 59; 107, 375ff.; 109, 216ff.; 111, 322ff. u. in JurWoch. 1927, 1288 (früher aber 48, 89; 77, 29 entgegengesetzt), RGSt. 56, 177ff.; 59, 45, 187; KG. in PrVBl. 42, 294; 43, 130; Bayr. ObLG. in Fischers Z. 60, 288ff.; R.FinHof 5, 333; 7, 97; 15, 166ff.; JW. 1925, 848; RVersorgGer. in DJZ. 1925, 332ff.; PrOVG. (gegen 63, 169; 64, 297) in PrVBl. 46, 559, JW. 1926, 892f., weitere Literatur s. oben; für das ausländische Recht wie hier Jèze, Franz. VerwR. 18; décret, 16. August 1790, Art. 11, 12 und Redslob, Die Staatstheorien der franz. NatVers. 333; Beltgens, Const. belge revisée 540; Errera, Das Staatsr. Belgiens § 155; Hatschek, Staatsr. Englands bei Marquardsen 10; Schollenberger, Schweiz. Staatsr. 32; dagegen Duguit, Droit constitutionnel III (1923) 673. Landesgesetze, die Reichsrecht oder Kirchengesetze, die Staatsgesetzen widersprechen, haben die Gerichte nicht anzuwenden, OVG. 35, 422; 37, 433; 48, 205; RG. 55, 252; 61, 18; 64, 201; 77, 201; Loennig, VerwA. 8, 104; Arndt, A. 10 zu Art. 106 a. PreußVerf.; s. zu Art. 13, 19, 70. Reichsgesetze sind nach Vorstehendem, weil vom Souverän im Reich erlassen, ohne jedes Nachprüfungsrecht von jedermann mit Einschluß der Länder und Gerichte unbedingt zu befolgen; im Ergebnis überall ebenso Anschütz 216ff.

Artikel 103[1]).

Die ordentliche Gerichtsbarkeit[2]) wird durch das Reichsgericht und durch die Gerichte der Länder ausgeübt.

VA. 354, 475.

Kaufmann, Recht und Wirtschaft 8, 212; Hatschek II 548, 568, 585; Stier-Somlo I 707; Finger 491.

[1]) Ein Antrag, die gesamte ordentliche Rechtsprechung dem Reich zu übertragen und alle Richter zu Reichsbeamten zu machen, wurde schon vom Verfassungsausschuß abgelehnt; s. auch Haußmann, RV. XVIII, VA. 354f., 475f. Die Amts-, Land- und Oberlandesrichter bleiben hiernach Landesbeamte (Spahn l. c). Änderung ist nur durch Reichsverfassungsänderung möglich, s. Anschütz 281; Giese 283; s. auch ferner Kaufmann R. u. W. 8, 212. Soweit eine Sache vor dem Reichsgericht oder überhaupt vor einem Reichsgericht anhängig ist, kann ein Kompetenzkonflikt nicht mehr erhoben werden; RGZ. 44, 380; 48, 195; s. auch G. v. 22. Mai 1902 (GS. 145). Dies folgt daraus, wie der zitierte Plenarbeschluß des Reichsgerichts (RGZ. 48, 195) ausführt, daß das Reichsgericht seine Gewalt von der Justizhoheit des Reichs als eines den einzelnen Ländern gegenüber selbständig und übergeordneten Staatswesens ableitet; s. auch Vierhaus, Ztschr. f. Zivilprozeß 14, 208; Stein zu § 238 ZPO.; ferner RGSt. 28, 433; 33, 211.

[2]) Eine begriffliche Abgrenzung zwischen Gerichtsbarkeit und Gerichtssachen einerseits und Verwaltungsgerichtsbarkeit und Verwaltungssachen andererseits ist nicht möglich; s. Vierhaus, VerwA. 1902, 223; Arndt, a. PreußVerf. zu Art. 8; E. Kaufmann bei Fleischmann II 692; Kormann, Jahrb. d. ö. R. 1912, 1f. Es hängt vom Ermessen des Gesetzgebers ab, ob er einen Gegenstand der Entscheidung durch das Gericht oder durch Verwaltungsbehörden unterwerfen will; s. auch Oppenhoff, Ressortverhältnisse 24; Arndt i. VerwA. 1919, 267; 1918, 261; v. Rönne-Zorn I § 105, s. auch RGZ. 11,

71; 19, 70; 21, 204; 25, 330; 39, 331; 49, 279; StenBerRT. 1897, 2197, wie überhaupt der Umfang der ordentlichen Gerichtsbarkeit durch Art. 103, der das bestehende Recht nicht ändert, nicht verfassungsmäßig festgelegt wird, RGZ. 107, 316, JW. 1924, 459. Unter die ordentliche Gerichtsbarkeit im Sinne Art. 103 u. 104 fallen nicht die Verwaltungsgerichte, die reichsgesetzlich bestellten oder zugelassenen Sondergerichte, GVG. § 13, die auf Grund Art. 48 errichteten außerordentlichen Kriegsgerichte, die Kriegs- und Standgerichte, Art. 105 Satz 3, die Militärgerichte im Falle Art. 106, das Wahlprüfungsgericht Art. 31, der Staatsgerichtshof Art. 108. Dies sind Sondergerichte, vgl. hierzu jedoch auch unten Anm. 1 zu Art. 105.

Artikel 104.

Die Richter der ordentlichen Gerichtsbarkeit werden auf Lebenszeit ernannt. Sie können wider ihren Willen nur kraft richterlicher Entscheidung und nur aus den Gründen und unter den Formen, welche die Gesetze bestimmen, dauernd oder zeitweise ihres Amtes enthoben oder an eine andere Stelle oder in den Ruhestand versetzt werden[1]). Die Gesetzgebung kann Altersgrenzen festsetzen, bei deren Erreichung Richter in den Ruhestand treten[2]).

Die vorläufige Amtsenthebung, die kraft Gesetzes eintritt, wird hierdurch nicht berührt[3]).

Bei einer Veränderung in der Einrichtung der Gerichte oder ihrer Bezirke kann die Landesjustizverwaltung unfreiwillige Versetzungen an ein anderes Gericht oder Entfernungen vom Amte, jedoch nur unter Belassung des vollen Gehalts, verfügen.

Auf Handelsrichter, Schöffen und Geschworene finden diese Bestimmungen keine Anwendung[4])

StenBer. 1463, VA. 354.

Hatschek II 533; Wolfstieg, ReichsbeamtenRecht 1921, 105; v. Freytagh-Loringhoven 277; Delius, LZ. 1924, 409; Käckell, Z. f. StrRWiss. 41, 681; Arndt, JW. 1921, 1200 u. PrVerwBl. 43, 37; May, JW. 1921, 1201; Wach, JW. 1920, 6 und die unten in Anm. 2 zitierte Literatur.

[1]) Die Vorschriften des Art. 104 können durch Landesgesetz nicht geändert werden. Die Bestellung durch Volkswahl ist dadurch ausgeschlossen, s. VA. 355 u. StenBer. 1466. Die Vorschrift steht der Beschäftigung von Assessoren in Richtergeschäften nicht entgegen, s. GVG. § 10, Reichsverf. Art. 178, RGSt. 54, 260; Wach, JW. 49, 4; Arndt, Recht 1920, Heft 9/10. Die Richter sollen nicht gewählt, sondern ernannt werden, VA. 355, StB. 1466.

[2]) Die Festsetzung einer Altersgrenze kann für alle Beamten des betreffenden Landes und für die Richter durch einfaches Landesgesetz erfolgen; s. G. v. 15. Dezember 1920 (GS. 621), s. ferner RGB. § 60a in Fass. der Personal-AbbauVO. v. 27. Oktober 1923 (RGBl. I 999; 1925 I 181; 1926 I 185, 398, 411). Ein wohlerworbenes Recht wird dadurch nicht verletzt, auch kein Anspruch auf das volle Gehalt auf Lebenszeit erworben, s. auch unten Anm. zu Art. 129. Ein derartiges Altersgrenzengesetz gilt vielmehr auch für die zur Zeit seines Inkrafttretens bereits im Amt befindlichen richterlichen (und sonstigen) Beamten, da der Gesetzgeber von sich aus die Frage generell regeln kann, mit welchem Alter ein Beamter als dienstuntauglich anzusehen ist und daher in den Ruhestand treten muß, anstatt diese Entscheidung für den Einzelfall, wie bisher z. B. RGB. §§ 60a in der früheren Fassung, 61, 62 und ähnlich GVG. § 131, einer Disziplinarbehörde zu übertragen; Arndt, Pr. VerwBl. 43, 38; Arndt in JW. 1921, 1200, vgl. auch Anschütz 283; Levin, Gruchot 65, 179, RGZ. 104, 58, 66; 107, 323, RG. in JW. 1922, 13 85 u. 1923, 47; a. M. Triepel, A. ö. R. 40, 349, ders. DJZ. 1922, 333; Wach, A. ö. R. 43,

245; Samter, Recht 1923, 117; Werner ebenda 149; Giese, 285; v. Feilitsch, LZ. 1922, 389; Hartmann, Recht 1923, 22; Eickel, Beamtenjahrb. 1924, 234.

[3]) Auch durch einfaches Landesgesetz kann bestimmt werden, daß und in welchen Fällen eine vorläufige Amtsentsetzung eines Richters stattfinden kann. Es gilt für Preußen und zwar für den ganzen Staat Gesetz, betreffend die Dienstvergehen der Richter und die unfreiwillige Versetzung derselben auf eine andere Stelle oder in den Ruhestand, v. 7. Mai 1851 (GS. 218) Änderung durch G. v. 26. März 1856 (GS. 201) und 9. April 1879 (GS. 345), s. namentlich §§ 44, 45, vgl. auch GVG. § 129, RBG. § 125.

[4]) Wohl aber sind Handelsrichter, Schöffen und Geschworene gemäß Art. 102 bei ihrer richterlichen Tätigkeit ebenso wie die Mitglieder der Verwaltungs- und Militärgerichte frei und keiner Anweisung unterworfen.

Artikel 105.

Ausnahmegerichte sind unstatthaft[1]). Niemand darf seinem gesetzlichen Richter entzogen werden[2]). Die gesetzlichen Bestimmungen über Kriegsgerichte und Standgerichte werden hiervon nicht berührt[3]). Die militärischen Ehrengerichte sind aufgehoben[4]).

StenBer. 1475, 2118, BA. 354.

Kern, Der gesetzliche Richter (8. Heft der öffentl. rechtl. Abhandlungen, Berlin 1927) und Ausnahmegerichte (1924); Kaufmann, Untersuchungsausschuß und Staatsgerichtshof (1920) S. 20; Finger 495; Grau, Die Diktaturgewalt d. Reichspräsidenten 1922; Hatschek II 548; v. Freytagh-Loringhoven 272; Elze, PrVerwBl. 44, 254; Leibholz, Gleichheit vor d. Ges. (1925) 107f. und A. ö. R. NF. Bd. 12, 24, Kohlrausch, StPO. (1925) S. 32; Strupp, LZ. 1923, 473, A. ö. R. NF. 5, 198; Graf z. Dohna, Revolution als Rechtsbruch u. Rechtsschöpfung (1923), 19; C. Schmitt, Unabhängigkeit der Richter usw. (1926) 8f.; Menzel, Ausnahmegericht u. gesetzlicher Richter, Diss. Breslau 1925; KG. Jahrb. 52, 294; OLG. Kassel in JW. 1921 859; RGSt. 56, 164; 58, 121; RGZ. 107, 315, 320, 376; OLG. Königsberg i. Goltd. Arch. 68, 351; sowie die Literatur oben zu Art. 48 und die ZPO. und StPO. Kommentare zu § 16 GVG.

[1]) Ausnahmegerichte im Gegensatz zu Sondergerichten sind Gerichte, die durch Gesetz, Verordnung oder Anordnungen der Exekutive für eine oder mehrere bestimmte Einzelfälle oder Personen eingesetzt werden, gleichgültig ob sie innerhalb oder außerhalb der bereits bestehenden Gerichtsverfassung errichtet werden, vgl. Anschütz 286; Kaufmann, Untersuchungsausschuß 54; Häger, DtschStrafrZ. 8, 107; RG. in LZ. 1920, 694, Bayr.OLG. in DJZ. 1920, 525; OLG. Königsberg in Goltd. Arch. 68, 391; vgl. auch Kern, Der gesetzl. Richter 215f., namentlich 231, ders., Ausnahmegerichte 15; Giese 287, a. M. Leibholz, Gleichheit v d Gesetz 107, u. A. ö. R. NF. 12, 24; Menzel; v. Freytagh-Loringhoven Beling, München-Augsburger Abendzeitung 1922 Nr. 296; Löwe-Rosenberg StPO. 230; John in Holtzend Enzykl. (5. Aufl.) 988. Von diesen wollen namentlich Menzel und Leibholz die Entscheidung der Frage, ob ein Gericht als Sonder- oder als Ausnahmegericht anzusehen ist, nicht auf seine generelle oder individuelle Zuständigkeit, sondern darauf abstellen, ob die Einsetzung des Gerichts aus sachlichen Erwägungen oder aus Willkür erfolgt ist. Nach ihrer Ansicht sollen Reich und Länder durch Art. 105 in Verbindung mit Art. 109 an die geltende Gerichtsverfassung gebunden sein, wenn nicht allgemeine oder sachliche Erwägungen eine Abweichung — die nur durch Gesetz zulässig ist — begründet erscheinen lassen. Insbesondere sollen also nicht aus Willkür Gerichtsstände begründet werden (Ausnahmegerichte), sei es gegen einzelne Personen oder zur Aburteilung bestimmter Taten, sei es gegen ganze Personenklassen (Fürstenabfindung) oder für Gattungen von Fällen. Diese Lehre scheitert jedoch

bereits an dem Grundsatz der Gewaltenteilung und an der staatsrechtlichen (souveränen) Stellung der gesetzgebenden Faktoren. Nach dem Grundsatz der Gewaltenteilung hat der Richter, wie die herrschende Meinung mit Recht annimmt (s. oben zu Art. 102) nicht einmal zu prüfen, ob ein Reichsgesetz verfassungsmäßig zustande gekommen ist oder nicht, um so weniger kann ihm das Recht zustehen, zu prüfen, welche Erwägungen für die gesetzgebenden Faktoren bei Erlaß des Gesetzes und der Einsetzung des Gerichts maßgebend waren. Aber selbst wenn man der Ansicht des Reichsgerichts folgt, die das Prüfungsrecht auch bei Reichsgesetzen bejaht (vgl. oben Anm. zu Art. 102) und annehmen will, daß der Richter prüfen kann, ob das eingesetzte Gericht ein Sonder- oder ein Ausnahmegericht ist, und seine Einsetzung, sofern sie nicht durch verfassungsänderndes Gesetz nach Art. 76 erfolgt ist, im Rahmen seines Urteils für unzulässig erklären kann, so würde es aber der Stellung des Richters gegenüber dem Gesetzgeber nicht entsprechen, wenn er hierbei untersuchen und entscheiden könnte, ob der Erlaß des Gesetzes und die Einsetzung des Gerichts aus sachlichen oder willkürlichen Erwägungen des Gesetzgebers erfolgt ist. Der gleiche Grundsatz muß auch für den Staatsgerichtshof gelten, wenn er gemäß Art. 19 auf Antrag darüber entscheiden soll, ob die Einsetzung eines zwischen Reich und Land streitigen Gerichts verfassungsmäßig war (Sondergericht) oder nicht (Ausnahmegericht), so daß auch er diese Frage nur auf Grund objektiver Erwägungen (genereller oder individueller Gerichtstand) entscheiden könnte. Schließlich steht auch dem Reichspräsidenten trotz Art. 73 kein Recht zur Nachprüfung der Erwägungen zu, aus denen die gesetzgebenden Faktoren ein Gesetz beschlossen haben, da er dem Reichstag nicht übergeordnet ist. Die Beantwortung der Frage, ob die Einsetzung des Gerichts durch Reichsgesetz aus sachlichen Erwägungen oder aus Willkür erfolgt, steht daher lediglich den gesetzgebenden Faktoren (Reichstag, Reichsrat und ev. dem Volk) selbst zu. Diese beantworten diese Frage dadurch, daß sie das Gesetz beschließen bzw. keinen Einspruch dagegen erheben (Art. 74).

Das gleiche muß aber auch für die durch Landesgesetze eingesetzten Gerichte gelten; denn es würde auch bei der Prüfung ihrer Verfassungsmäßigkeit der Stellung des Richters dem Parlament gegenüber nicht entsprechen, wenn dieser ein (Wert-) Urteil darüber äußern würde, ob das Gesetz aus Willkür oder sachlichen Erwägungen beschlossen worden ist. Da es auch sonst in den Ländern nach Art. 17 keine dem Parlament übergeordnete Behörde geben kann, steht mithin auch bei den von ihnen erlassenen Gesetzen niemandem die Nachprüfung der Frage zu, ob sie bei dem Erlaß von willkürlichen oder sachlichen Erwägungen ausgegangen sind.

Schließlich ist die Entscheidung der rein subjektiven Frage, ob die Einsetzung des Gerichts zweckmäßig ist oder ob sie willkürlich erfolgt, derartig von der politisch beeinflußten, individuellen Einstellung des jeweiligen Beurteilers abhängig, daß es nicht angängig erscheint, sie zum Kriterium für die Entscheidung, ob Sonder- oder Ausnahmegericht, zu machen.

Es muß daher dabei verblieben werden, daß die Frage, ob Sonder- oder Ausnahmegericht, nicht auf Grund subjektiver Feststellungen (ob „Willkür" vorliegt) sondern lediglich auf Grund objektiver Feststellungen (ob eine generelle oder eine individuelle Zuständigkeit begründet wird) entschieden werden kann. Den vorstehenden Ausführungen steht nicht entgegen, daß es die vornehmste Pflicht der Abgeordneten ist, ihre Abstimmung stets so zu treffen, wie sie es als Vertreter des gesamten Volkes vor ihrem Gewissen rechtfertigen können, Art. 21. Sondergerichte sind daher vor allem die Gewerbe-, Kaufmanns- und Arbeits- wie überhaupt die in § 14 GVG. vorgesehenen Gerichte, aber auch die Wuchergerichte, die seinerzeit durch die jetzt nicht mehr in Kraft befindliche VO. v. 27. November 1920 (RGBl. 1909) eingesetzt wurden. Daher sind weiter die auf Grund Art. 48 eingesetzten Kriegs- und Standgerichte in der Regel keine Ausnahme-, sondern Sondergerichte, da sie meist zur Aburteilung generell bestimmter Straftaten, mag deren Strafbarkeit auf den sonstigen Strafgesetzen oder einer Notverordnung des Reichspräsidenten beruhen, nicht aber zur Aburteilung individuell bestimmter Personen oder Einzelfälle eingesetzt werden, vgl. Kern, Der gesetzliche Richter 260f., namentlich 283, 284; Poetzsch 161; vgl. auch Anschütz 177, 289; Giese 287. So sind z. B. die in der VO. v. 14. Mai 1921 (RGBl. 689) vorgesehenen Gerichte für die Aburteilung der Delikte gegen die Abschn. 1, 6, 7, 20, 27 Teil II und die §§ 211 bis 215 StGB., gegen das SprengstoffG. v. 9. Juni 1884 (RGBl. 61) und die Entwaffn. VO. v. 7. August 1920 (RGBl. 1553) bestimmt, dagegen war der durch verfassungsänderndes Gesetz vom 21. Juli 1922 (RGBl. I 585) eingesetzte Staatsgerichtshof zum Schutze der Republik insoweit ein Ausnahmegericht, als ihm auch die Aburteilung bestimmter Vergehen, die vor seiner Errichtung begangen waren, zugewiesen wurden, da es sich hierbei nur um vereinzelte (individuelle), dem Gesetzgeber bekannte Fälle (namentlich den Rathenaumord) handelte, vgl. Kern a. a. O. 315f., 320, 321; Anschütz 287; Giese 287. Da das G. v. 21. Juli 1922 als verfassungsänderndes Gesetz, allerdings ohne Abänderung der Verfassungsurkunde ergangen ist, können gegen seine Gültigkeit aus Art. 105 keine Bedenken hergeleitet werden; Kern a. a. O. 321f. und Ausnahmegerichte 22; Anschütz 286, 287; Graf zu Dohna, Revolution als Rechtsbruch und Rechtsschöpfung 19f.; Kiesow-Zweigert, G. z. Sch. d. Republik 146. Für die nach seiner Errichtung begangenen Delikte ist er jedoch kein Ausnahme- sondern ein Sondergericht; Anschütz 287; Kern, Der gesetzl. Richter 321; Giese 287.

Ebenso würde ein durch Reichgesetz zur Entscheidung über die Fürstenabfindung eingesetztes Gericht kein Ausnahme-, sondern ein Sondergericht sein, wenn es nicht zur Entscheidung einzelner, ganz bestimmter Einzelfälle, sondern der verschiedenartigsten Ansprüche der zahlreichen Mitglieder der weitverzweigten ehemaligen deutschen Fürsten- und standesherrlichen Familien eingesetzt würde, da die Zuständigkeit dieses Gerichts dann nicht individuell sondern generell geregelt wäre; vgl. hierzu auch Kern, Der gesetzliche Richter 343f., 345, vgl. auch die Sperrgesetze v. 13. Februar 1926 (RGBl. 101), v. 3. April 1926 (RGBl. 191), v. 9. Juli 1926 (RGBl. 399).

[2]) Die Vorschrift in Satz 2 deckt sich nicht mit der in Satz 1, Anschütz 287; Kern a. a. O. 234; a. M. Giese 287; vgl. auch RGSt. 58, 121; denn wenn auch die erstere Vorschrift in der Hauptsache eine negative Formulierung der letzteren ist, so fallen unter Satz 2 auch die Fälle, in denen die Aburteilung eines bestimmten Falles „dem gesetzlichen Richter" entzogen wird, aber keinem Ausnahmegericht überwiesen wird; Anschütz l. c.; Kern l. c.

[3]) Die in Satz 3 aufgeführten Gerichte sind jedoch keine Ausnahme- sondern Sondergerichte, s. oben Anm. 1. Das preuß. G. v. 4. Juni 1851 und Art. 68 a. RV. sind jedoch durch Art. 179 RV. aufgehoben; Anschütz 288.

[4]) Diese waren Standesgerichte und also solche mithin nicht Ausnahme- sondern Sondergerichte; Giese 288; Anschütz 290.

Artikel 106.

Die Militärgerichtsbarkeit ist aufzuheben, außer für Kriegszeiten und an Bord der Kriegsschiffe. Das Nähere regelt ein Reichsgesetz.

StenBer. 1477, 2118, VA. 477.

Haeger, Recht 1919, 384; Rotermund, Recht 1921, 149 und DtschAllgZt. v. 25. Oktober 1924; Walde, DJZ. 1920, 840; Hatschek II 550; Graf z. Dohna, StPRecht (1925) 249; Hellwig, D. MilStGB. und das G., betr. d. Aufhebung d. MilGer. (1922).

Die Militär- (keine Ausnahme- sondern Sonder-) Gerichtsbarkeit, die sich auf Strafsachen beschränkte, indes auf alle nicht bloß militärische Strafhandlungen Anwendung fand (mit Ausnahme einzelner geringfügiger Zuwiderhandlungen), war geregelt durch die Militärstrafgerichtsordnung v. 1. Dezember 1898 (RGBl. 1189). Jetzt gilt das G. über Militärgerichte und militärgerichtliches Verfahren v. 22. Februar 1926 (RGBl. I 103). Die Militärgerichtsbarkeit ist jedoch gemäß Art. 106 außer in Kriegszeiten und bei Bordverbrechen durch G. v. 17. August 1920 (RGBl. 1579) aufgehoben. Dagegen ist das Militärstrafrecht (MilStGB. v. 2. Mai 1874 [RGBl. 45], abgeändert durch G. v. 30. April 1926 [RGBl. I 197]) in Kraft geblieben.

Über die Frage der (zu bejahenden) Verfassungsmäßigkeit des G. v. 17. August 1920 vgl. Anschütz 291 sowie Radbruch, StenBer. des RT. 455 C und Geßler ebenda 457D, 458A.

Artikel 107.

Im Reiche[1]) und in den Ländern[2]) müssen nach Maßgabe der Gesetze Verwaltungsgerichte zum Schutze der einzelnen gegen Anordnungen und Verfügungen der Verwaltungsbehörden bestehen[3]).

Anschütz, HB. f. Pol. 1920, 302; Wittmayer 93, 98, 258; v. Welser, JW. 1921, 1288; Pape, ebenda 1291; Drews, DJZ. 1921, 86; Schön, DJZ. 1921, 789; Genzmer, Recht und Wirtschaft 1921, 121; Hübener in PrVerwBl. 43, 339, 351; Friedrichs, Verwaltungsrechtspflege 1920, 1921 u. VerwArch. 28, 202; 29, 219; Finger 54; Hatschek II 545, 583; Damme, DJZ. 1920, 182; Braunwart, Bayr. GemVerwZ. 1921, 277, 313 u. Bl. f. Adm. Prax. 70, 65; 71, 129; Nawiasky 117, Denkschr. d. Berl. Handelskammer in DJZ. 1923, 416; Scholz, PrVerwBl. 41, 285; Baath, ebenda 41, 49; 44, 69; Bühler, A. ö. R. 43, 103; RGZ. 106, 40, 408; Wiggers, Das Reichsverwaltungsgericht 1926; Drews, Z. f. d. g. Staatswiss. 78, 586 und DJZ. 1925, 917, Referate von W. Jellinek und Lassar in Veröffentl. dtsch. Staatsrechtslehrer 1925, 8ff., 81ff.

[1]) Die Verwaltungsgerichte sind an sich keine Gerichte, sondern Verwaltungsbehörden (s. Vorbem. vor Art. 102), deren Zusammensetzung und Verfahren jedoch gerichtsähnlich gestaltet und deren Mitglieder zwar Verwaltungsbeamte, aber trotzdem Richter im Sinne dieses Abschnitts mit Ausnahme der Art. 103 u. 104 sind, Anschütz 292; Giese 290, vgl. auch oben S. 276. Die Zuständigkeit der Verwaltungsgerichte ist jedoch nur in den von den Gesetzen ausdrücklich aufgezählten Fällen gegeben, OVG. 73, 431, vgl. auch Anschütz 293; Giese 292, RFinHof in DJZ. 1925, 1437.

Ein Reichsverwaltungsgericht besteht bisher noch nicht. Seine Errichtung ist jedoch geplant, vgl. W. Jellinek, Veröfftl. dtsch. Staatsrechtslehrer 1925, 17, 30; Lassar ebenda 95; Schoen, DJZ. 1921, 789; Scholz, PrVerwBl. 41, 285; Friedrichs VerwArch. 28, 202; Baath, PreußVerwBl. 41, 49; 44, 69; Bühler, A. ö. R. 43, 103. Zurzeit bestehen im Reich nur Verwaltungsgerichte mit Spezialkompetenz, z. B. Reichspatentamt, Reichsversicherungsamt mit den Versicherungs- und Oberversicherungsämtern, das Aufsichtsamt für Privatversicherung, Reichsfinanzhof mit Finanzgerichten, Bundesamt für das Heimatwesen, Reichsversorgungsgericht mit den Versorgungsgerichten, vgl. hierzu noch Giese 2, 90; Anschütz 292.

[2]) In Preußen ist die Verfassung und die Zuständigkeit der Verwaltungsgerichte durch das G., betr. die Verfassung der Verwaltungsgerichte v. 3. Juli 1875 und v. 2. August 1880 sowie durch das Landesverwaltungsgesetz v. 30. Juli 1883 und das Zuständigkeitsgesetz v. 1. August 1883 geregelt.

[3]) Aus Art. 107 folgt nicht, daß nur die Verwaltungsgerichte zum Schutz des einzelnen gegen Anordnungen oder Verfügungen der Exekutive zuständig sind und der ordentliche Rechtsweg z. B. für Schadensersatzklagen (z. B. auf Grund § 839 BGB. in Verb. mit Art. 131) und für die Ansprüche der Beamten auf Gehalt ausgeschlossen ist; Giese 292, RGZ. 106, 40, 408.

Ebenso verbietet Art. 107 nicht, daß einem ordentlichen Gericht durch Reichs- oder Landesgesetz die Entscheidung der Verwaltungsstreitigkeiten zugewiesen und es daher auch zum Verwaltungsgericht gemacht wird; Jellinek a. a. O. 8, 12; a. M. Anschütz 292; Lassar a. a. O. 83, vgl. auch oben Vorbem. vor Art. 102.

Artikel 108.

Nach Maßgabe eines Reichsgesetzes wird ein Staatsgerichtshof für das Deutsche Reich errichtet.

VA. 263.

Lammers, StGerG. 1921; Meißner 211; Kaufmann, Untersuchungsausschuß u. StGerG. 1920; Triepel, DJZ. 1919, 366 u. in Berliner Festschrift für Kahl (1923) II; Kahl, DJZ. 1920, 1; Beyerle, DJZ. 1921, 230; Wilke, DJZ. 1921, 587; Finger 62; Jellinek, Verf. u. Verw. 94; Käckell in Z. f. StrafrWiss. 41, 719; Hatschek I 682, II 599; Nawiasky, BayrVerfR. 451; Poetzsch, DJZ. 1926, 1265; v. Freytagh-Loringhoven 283; Breitholb, PrVerwBl. 47 Nr. 10, sowie die Literatur zu Art. 59, VA. 363.

S. auch Art. 59 und 172. S. jetzt G. über den Staatsgerichtshof v. 9. Juli 1921 (RGBl. 905) und GeschOrdn. v. 20. September 1921 (RGBl. 1535). Der Gerichtshof entscheidet in Fällen des Art. 15. Abs. 3, Art. 18 Abs. 7 und 19 Abs. 1, falls kein anderes Gericht bestimmt ist, ferner über den Umfang der Rechte des Reichs in Streitfällen der RV. in den Fällen der Art. 90, 170 Abs. 1 u. 171 Abs. 2 RV. und bei Meinungsverschiedenheiten in bezug hierauf, Zusammensetzung des Gerichtshofs s. § 18. Vor allem entscheidet er über Anklagen des RT. gegen RPräs., RKanzler und Reichsminister (s. Art. 59, vgl. oben Anm. zu Art. 59 der durch das G. zum Schutze der Republik vom 21. Juli 1922 (RGBl. 585) errichtete Staatsgerichtshof zum Schutz der Republik war mit dem auf Grund Art. 108 durch G. v. 9. Juli 1921 errichtete Staatsgerichtshof nicht identisch, Anschütz 294, s. auch Anm. 1 zu Art. 105.

Zweiter Hauptteil.

Grundrechte und Grundpflichten der Deutschen.

Eckhardt, Die Grundrechte vom Wiener Kongreß bis zur Gegenwart (1913); Giese, Die Grundrechte (1905); G. Jellinek, Erklärung der Menschen- und Bürgerrechte; Stier-Somlo I 430ff.; Hatschek I 170ff.; Wittmayer 29ff., 174ff.; von Freytagh-Loringhoven 287ff.; Triepel, Schmollers Jahrb. 43, 469ff.; Koch 1919, 609ff.; Düringer 1919, 701ff.; Arndt, VerwArch. 1917, 173; Hofacker, Grundrechte und Grundpflichten der Deutschen (1926); Thoma, Grundrechte und Polizeigewalt in Festgabe für das preuß. OVG. (1926) 183ff.; Bredt, Geist der Reichsverfassung (1924) 236ff.; Brunet 221.

Die frühere Reichsverf. hatte keine Grundrechte. Die Frankfurter und die Preußische haben solche. Lafayette hatte die Grundrechte aus den Vereinigten Staaten nach Frankreich gebracht (s. indes Beyerle, VA. 366), wo sie am 26. August 1789 als droits de l'homme et du citoyen verkündet wurden. Diese Reichsverfassung stellt nicht nur Grundrechte, sondern auch Grundpflichten auf. Über deren Tragweite herrschen Meinungsverschiedenheiten. Von einigen Seiten wurde ihre Aufnahme bemängelt. Entscheidend für ihre Aufnahme und bedeutsam für ihre Auslegung ist nachfolgende Bemerkung des Berichterstatters Dr. Düringer, StenBer. 1496: „Zunächst die Bedeutung der verfassungsmäßigen Gewähr, die jedem der hier aufgenommenen Rechtssätze zuteil werde und die nicht unterschätzt werden dürfe. Sodann die erzieherische Funktion dieses Teils der Verfassung. Es war vielfach geklagt, daß es dem deutschen Volk an der erforderlichen staatsbürgerlichen Erziehung ermangele, hier sei nun eine Grundlage der Verfassung für einen gediegenen staatsbürgerlichen Unterricht geboten. Es wurde ferner auf die große soziale Bedeutung der Grundrechte in dem programmatischen Teil hingewiesen — — — — — —." Über die rechtliche

Bedeutung der Grundrechte herrscht Streit. Nach der Ansicht u. a. v. Gerber Grundzüge eines Systems des deutschen Staatsrechts, § 11; Laband I 127; Seydel, Bayr. Staatsr. I 300; Bornhak, PreußStaatsr. I 268, 295 enthalten die Grundrechte keine subjektiven Rechte, sondern nur Reflexe objektiver Rechtsnormen. Loening, Verwaltungsr. 13; Georg Meyer § 217; Gierke bei Schmoller 7, 1154 sehen darin subjektive Rechte. S. ferner Jellinek, System der subjektiven öffentlichen Rechte; Fleiner, Inst. 159; Giese, Grundrechte 1905; v. Rönne-Zorn II 149; besonders Bühler, Subjektive öffentliche Rechte; dazu Wolzendorff, Verwaltungsarchiv 23, 125; O. Mayer, Deutsches Verwaltungsrecht I 109. Richtig ist, daß die Grundrechte einen verschiedenen Inhalt haben, teilweise nur Reflexe objektiver Rechtsnormen und nur Richtschnur und Schranken für die Gesetzgebung, Verwaltung und Rechtspflege darstellen (Art. 107 im Entwurf des Verfassungsausschusses), vgl. RGZ. 107, 320ff. Teilweise enthalten sie subjektiv-öffentliche Rechte. Einzelne Grundrechte enthalten gegenwärtiges positives Recht, andere lediglich ein Programm für die Zukunft. Ihre Bedeutung ist also nach dem Wortlaut und Sinn jedes einzelnen zu bestimmen; Preuß, StenBer. 1502; Kahl 1558; Koch 1501; Düringer 1558; Poetzsch 163.

Die Grundrechte von Napoleon als idéologie tenébreuse von Naumann, StenBer. 2190 als „der volkstümliche Staatskatechismus, der deutsche Leitfaden des öffentlichen Rechts" bezeichnet, gelten als solche nicht für die Ausländer, siehe Arndt, a. PreußVerf. (7) 61; Hubrich in HA. 1908, 752; Friedrichs, VerwA. 21, 330; v. Rönne-Zorn II 172; anderer Ansicht namentlich Anschütz, PreußVerf. 102, wonach die betreffenden Vorschriften „territorial" gelten, jetzt Reichsverf. 300 nicht ganz so bestimmt. Siehe ferner v. Frisch, Fremdenrecht; Loening, VerwA. 13, 30; Seydel, Bayr. Staatsr. I 344, III 54. E. Isay, Das deutsche Fremdenrecht 85ff., 107ff., 212ff.; Leibholz, Gleichheit vor dem Gesetz 86;

Aldag, Gleichheit vor dem Gesetz 57ff.; Thoma 198. Fest steht, daß die Ausländer die Sicherheit der Person und des Eigentums genießen, desgleichen den Schutz der Gerichte, daß sie nur auf Grund Gesetzes bestraft werden können. Das Gesetz über die Presse v. 7. Mai 1874 (RGBl. 65) macht keinen Unterschied zwischen In- und Ausländern. Das Vereinsgesetz v. 1. April 1908 (RGBl. 151) gibt das Vereins- und Versammlungsrecht nur Reichsangehörigen, s. zu Art. 123. Ein Verzicht auf Grundrechte ist unwirksam, doch kann man im Einzelfall von der Geltendmachung absehen.

Viele (nicht alle) Grundrechte, namentlich die in der a. PreußVerf. gegebenen, haben die Bedeutung, vorzuschreiben, daß generelle oder spezielle Anordnungen der Verwaltung nur auf Grund Gesetzes (d. i. formellen) erfolgen müssen. Daß dies sich im Hauptamt nur auf spezielle beschränken soll, ist unrichtig (Theorie von Mayer, Anschütz, Fleiner, Thoma), da schon der Wortlaut, z. B. in Art. 114, 116, 117, 118 dies widerlegt und es sachlich gleich ist, ob der Eingriff generell oder speziell erfolgt. Viele, die meisten in der a. Preuß. Verf. enthaltenen Grundrechte stellen für die Eingriffe das „Erfordernis" des Gesetzes auf, von der Theorie irrig Vorbehalt des Gesetzes genannt; s. Arndt, Der Vorrang und der Vorbehalt des Gesetzes im VerwA. 1917, 173. S. auch Koch, DJZ. 24, 614, s. auch Poetzsch 170, Abs. 2 u. a.

Bezüglich der Angehörigen der feindlichen Mächte s. Art. 276f. des Friedensvertrages v. 28. Juni 1919.

Erster Abschnitt.

Die Einzelperson.

Artikel 109.

Alle Deutschen sind vor dem Gesetze gleich[1]).

Männer und Frauen haben grundsätzlich dieselben staatsbürgerlichen Rechte und Pflichten[2]).

Öffentlich-rechtliche Vorrechte oder Nachteile der Geburt oder des Standes sind aufzuheben[3]). Adelsbezeichnungen gelten nur als Teil des Namens und dürfen nicht mehr verliehen werden[4]).

Titel dürfen nur verliehen werden, wenn sie ein Amt oder einen Beruf bezeichnen[5]); akademische Grade[6]) sind hierdurch nicht betroffen.

Orden und Ehrenzeichen[7]) dürfen vom Staat nicht verliehen werden.

Kein Deutscher darf von einer ausländischen Regierung Titel oder Orden annehmen[8]).

StenBer. 1496f., 1559ff., 2123; BA. 370ff., 494ff.

Zu Abs. 1: Triepel, Goldbilanzenverordnung und Vorzugsaktien (1924) 26ff.; G. Leibholz, Die Gleichheit vor dem Gesetz (1925) und A. ö. R. NF. 12, 1ff.; H. Aldag, Die Gleichheit vor dem Gesetz in der Reichsverfassung (1925); Stier-Somlo I 315, 440ff. und DJZ. 1926, 654; Hatschek I 195ff.; Hubrich 200ff.; Nawiasky, Bayerisches Verfassungsrecht 261; von Freytagh-Loringhoven 295ff.; C. Schmitt, Unabhängigkeit der Richter, Gleichheit vor dem Gesetz usw. (1926) 11, 20ff. und JW. 1926, 2270ff.; Opet, Z. für schleswig-holsteinische Geschichte 51 (1922), 207ff.; Thoma, Grundrechte und Polizeigewalt in Festgabe für das preuß. OVG. (1925) 217ff.; von Hippel, A. ö. R. NF. 10, 124ff.; Schelcher, Fischer Ztschr. f. VerwRecht 58, 171; Hofacker, Grundrechte und Grundpflichten der Deutschen (1926) 14f.; Breihold, PrVBl. 1925, 110ff.; Giese, das. 117; Rümelin, Rechtssicherheit (1924) 34; Daltrop, JW. 1925, 1714; Friedrichs, das. 1927, 425ff. u. VerwArch. 21, 330ff.; Goldschmidt, JW. 1926, 1344ff.; Anschütz, Z. f. öffentl. Recht 5, 145ff.; Hensel, Vierteljahrsschrift f. Steuer- u. Finanzrecht 1 (1927), 39ff., bes. 65; K. Behnke, Die Gleichheit der Länder (1926) 14ff.; Triepel, Kaufmann, Holstein, Hippel, Nawiasky in Staatsrechtslehrer-Veröffentlichungen III (1926); zu dem gleichlautenden Art. XIV 1 Amendment der Nordamerikanischen Verfassung s. Bouvier-Rawle, Law Dictionary³ (1914) I 1046ff., zu Art. 4 der Schweizer Bundesverfassung: Burckhardt, Schweizerische Bundesverfassung² 63f.; ferner Duguit III (1923) 582ff., weitere ausländische Literatur bei Triepel und Leibholz, zur Geschichte bei Aldag.

¹) Der Grundsatz der Gleichheit vor dem Gesetz in Abs. 1 hat nicht nur die Bedeutung, daß alles Recht gleich angewandt werden solle, sondern nach dem offenbaren Willen der Reichsverfassung, die Grundrechte zu einer „Richtschnur und Schranke für die Gesetzgebung" zu gestalten (s. Art. 107 des Entwurfes des Verfassungsausschusses bei Triepel, Quellen 43) und somit den Rechtsstaatgedanken zu verwirklichen, darüber hinaus den Sinn, daß Tatbestände vom Gesetz gleich zu behandeln sind, die ungleich zu behandeln Willkür bedeuten würde, RGZ. 111, 329 (s. auch 113, 13; 102, 145), Triepel, Leibholz, Aldag, Hatschek, Schmitt, Hofacker, Nawiasky, Behnke, vgl. auch preuß. OVG. 80, 13f.; abw. Stier-Somlo, Hippel, a. A. RWiGer. 1, 290, RG. im Recht 1926, 127f.; Anschütz 305ff.; Giese 300, Thoma. Er bedeutet also nicht nur eine Bindung der Verwaltung, sondern auch des Gesetzgebers. Denn daß die gleichlautenden Bestimmungen der Art. 6 der Belgischen Verfassung und Art. 4 der preußischen VerfUrk. von 1850 (s. hierzu Arndt, Anm. 1 zu Art. 4 pr. VU.; Anschütz, pr. VU. I 108f.; pr. OVG. 56, 235) anders auszulegen waren, besagt ebensowenig wie die Hinweise auf das nordamerikanische und schweizer Recht, zumal aus dem Wortlaut selbst nichts gefolgert werden kann; es kommt vielmehr auf den Zusammenhang der Bestimmung mit den übrigen Vorschriften der Verfassung und insbesondere auf den Geist der Reichsverfassung an. Das Gesetz verspricht jedoch keineswegs Gleichheit des Gesetzes, sondern nur Gleichartigkeit des Gesetzes, sagt also nicht, daß die gleichen Gesetze für jedermann gelten. Eine ungleiche Behandlung von Personen und Tatbeständen ist also durchaus

nicht ausgeschlossen, RGZ. 113, 13, nur muß das Unterscheidungsmerkmal nach allgemeiner Auffassung ein Wesentliches darstellen; Triepel 31, und muß sachlich gerechtfertigt sein. Ein Gesetz kann sich daher sehr wohl auch gegen eine einzelne Person richten; Leibholz 106. Ob eine Bestimmung sachlich gerechtfertigt ist, entscheidet souverän der Reichsgesetzgeber ohne richterliche Nachprüfung, s. zu Art. 102. Gesetz bedeutet auch hier Souveränitätsakt, s. Vorbem. vor dem Abschnitt „Reichsgesetzgebung", a. A. Triepel in Berliner Festschrift für Kahl (1923) II 93f. u. Verhandlungen des Juristentages 1921, 20f.; Goldschmidt, JW. 1924, 245ff. Art. 109 bezieht sich nicht nur auf Persönlichkeitsrechte, a. A. allein Daltrop.

[2]) In privatrechtlicher Hinsicht ist die Verschiedenheit der Rechte und Pflichten zwischen Männern und Frauen bestehen geblieben, z. B. BGB. § 1354, s. auch BA. 496; Anschütz 309, a. A. nur Kröger, DJZ. 1922, 661ff. Auch bezüglich der staatsbürgerlichen Rechte ist die Gleichstellung nur eine grundsätzliche; Unterschiede sind also möglich, soweit sie natürlich bedingt sind, RGZ. 102, 170; 106, 156; Giese 300. Zur Ausführung ergingen Ges. v. 12. Mai 1920 (RGBl. 958), 14. Januar 1922 (RGBl. 155), 11. Juni 1920 (RGBl. 1209), 15. April 1922 (RGBl. I 465), 11. Juli 1922 (RGBl. I 573), wodurch Frauen zu zahlreichen öffentlichen Ämtern ausdrücklich zugelassen wurden, vgl. dazu Doerr in Z. f. ges. Staatswiss. 1922, 448. S. auch Art. 17, 22 I, 41 II, 119 I, 128 II. Auch strafrechtliche Ungleichheiten (§ 175 StGB.) bestehen fort, RG. in Recht 1926, 667.

[3]) S. hierzu Stier-Somlo I 440ff. (mit Literatur); Hatschek I 195ff.; Arndt, Z. f. Bergrecht 1919, 216ff. und Art. „Fürstenrecht" im HWB. d. Rechtswiss. (1927) II 566ff. (mit Literatur); Opet, DJZ. 1920, 136ff., VerwArch. 29, 31ff., JW. 1921, 421; 1922, 29ff.; 1925, 2117; 1926, 1945, 2855ff.; 1927, 1189; Goslich, LZ. 1926, 354ff. (mit Übersicht über das Landesrecht), 420ff., JW. 1926, 1944f.; 1927, 1188;

Anschütz, Gutachten über die preuß. Kronrente (1919); Rietzsch, VerwArch. 28, 324ff.; Klaessel, Familiengüter in HWB. d. Rechtsw. I.

Art. 109 III 1 begründet nur eine Pflicht der Gesetzgebung, RGZ. 103, 192ff.; 109, 243ff., StGerH. in JW. 1924, 1885ff. Die Vorrechte der Mitglieder der vormaligen Herrscherhäuser und des hohen Adels (s. diese bei Arndt zu Art. 4 a. pr. VU.) sind in Preußen durch VO. v. 3. November 1919 (GS. S. 179), deren Gültigkeit mit RGZ. 108, 243ff. u. KG. Jobow. 53, 75f. zu bejahen ist, u. Ges. über die Aufhebung der Standesvorrechte des Adels u. der Aufhebung der Hausvermögen v. 23. Juni 1920 (GS. S. 367; 1922, 5) aufgehoben; s. auch VO. über Familiengüter v. 15. März 1919 (GS. S. 39) u. v. 22. September 1920 (GS. S. 131). Abs. 3 Satz 1 bezieht sich nicht auf privatrechtliche Vorrechte, z. B. das den früheren Standesherren zustehende Bergregal, s. hierzu Art. 155 letzter Absatz. Stiftungssatzungen, die Rechte nur Adligen einräumen, sind gültig, da auch die privatrechtliche Sonderstellung kraft Haussatzung unberührt geblieben ist, RGZ. 101, 185; 103, 194; 109, 251f., KG. in JFG. Erg. 1 (1924), 188ff., 123ff.; 2 (1925), 137ff.; Anschütz a. a. O. 19f., a. A. pr. Landesamt für Familiengüter in Recht 1926, 530f., nach dessen Ansicht Bestimmungen der Stiftungsurkunde über das Adelserfordernis der Ehegatten des Fideikommißbesitzes hinsichtlich von Ehen, die nach Erlaß der Reichsverfassung und des pr. Adelsges. geschlossen sind, unwirksam sind, da der Adel ja doch abgeschafft sei. Die rechtliche Abschaffung des Adels beseitigt aber nicht die Eigenschaft, aus einem (vormals) adligen Hause zu stammen, so daß diese Bedingung auch in Zukunft keineswegs sinnlos oder unmöglich ist.

[4]) Literatur s. Anm. 3. Die RVerf. will nicht den alten Streit, ob der Adel Namensbestandteil war, entscheiden, a. A. Goslich, sondern sie will das Vorrecht des Adels beseitigen. Der klare Sinn der Vorschrift geht dahin, daß Adelsnamen oder -prädikate in Zukunft nicht nur als Teile des Familiennamens gelten, sondern es sind, bayr. ObLG.

in JFG. 1 (1924), 123ff., a. A. OLG. Karlsruhe, das. 118ff. Da Art. 109 III 2 aktuelles Recht ist, RGZ. 103, 190, OLG. Karlsruhe in JFG. 2 (1925) 137ff., so wird auch dieser Teil des Familiennamens in Zukunft durch — auch uneheliche — Geburt, Legitimation und Adoption übertragen, OLG. München in Z. f. Rechtspfl. in Bayern 1926, 109, a. A. bayr. ObLG. in JFG. 1 (1924), 123ff. Dagegen ist auch fürderhin der persönliche Adel nicht übertragbar, § 22 pr. Adelsges. v. 23. Juni 1920, bayr. ObLG. a. a. O., v. d. Pfordten, BayrGemeindeZ. 1919, 643ff; Opet, Staudinger-Riezler[9] I 106, a. A. Goslich. Denn eine solche Vermehrung der adligen Namen widerspricht dem Sinn des Art. 109 III 2. Aus dem gleichen Grunde ist dieser Vorschrift auch keine rückwirkende Kraft beizulegen, zumal hierfür auch sonst nicht der geringste Anhalt vorliegt, RGZ. 103, 194; 108, 243ff.; 109, 252, OLG. Karlsruhe in Rspr. OLG. 43 (1924), 364f. u. JFG. 1 (1924) 118ff.; 2 (1925), 137ff., bayr. ObLG. in JW. 1926, 2855ff.; a. A. Opet. Durch Erlaß der Reichsverf. ist also an den bestehenden Namen nichts geändert worden, Ebermayer[3] StGB. 1086, da der Name einer Person durch die z. Z. ihrer Geburt gegebene Sach- und Rechtslage ausschließlich und endgültig bestimmt ist und niemand notwendig den Namen seines Vaters oder seiner Mutter trägt. Nur die persönlichen Merkmale der vormals Adligen sind seit dem 14. August 1919 lediglich rechtlich anders charakterisiert worden, nicht aber sollte eine — bei der Tendenz der Vorschrift völlig sinnwidrige — unbegrenzte Zahl von Neuverleihungen vorgenommen werden, a. A. von Blume, DJZ. 1921, 126. Für die Zukunft ist also für die Übertragung ausschließlich das BGB. maßgebend. Die Befugnis zur Führung (der Übertragenden) regelt sich jedoch nach wie vor nach Landesrecht, OLG. Dresden, JFG. 3 (1926), 136ff. Daher sind auch die Entscheidungen des pr. Heroldsamtes (aufgehoben durch VO. v. 3. November 1919) für die Gerichte weiterhin bindend, KG. in JFG. 3 (1926), 139ff. (Rspr. OLG. 44 [1925], 113f.). — Die Träger vormals adliger Namen sind gewohnheitsrechtlich, wie aus dem Sprachgebrauch folgt, befugt, ihr Geschlecht in ihren Namen zum Ausdruck zu bringen, RGZ. 113, 107ff. u. JW. 1925, 2118, von Ostwien, JW. 1926, 1952ff., bayr. ObLG. in JW. 1926, 257f.; Opet, Staudinger-Riezler[9] I 106; a. A. Adler, JW. 1926, 1953; Goslich; auch eine Deklination der Namen ist weiterhin zulässig, RGZ. 113, 107ff.

Der strafrechtliche Schutz der vormals adligen Namen ist beseitigt, da es rechtlich keinen Adel mehr gibt und dieser Schutz auch ein Vorrecht i. S. des Art. 109 Abs. 3 Satz 1 war; Ebermayer und Frank zu § 360[8] StGB.; Opet, JW. 1927, 1189; a. A. Goslich. — Durch Landesrecht dürfen (vormals) adlige Namen nunmehr weder verliehen noch aber genommen werden, RGZ. 103, 194f., bayr. ObLG. in DJZ. 1923, 376; OLG. Dresden in JW. 1922, 1223; Giese 301. — Die Adoption lediglich zum Zweck der Übertragung des Adelsnamens kann sittenwidrig sein (§ 138 BGB.), OLG. München, FJG. 1, 101 u. bayr. ZfR. 1926, 109, KG. in RJA. 16, 27, s. auch RGZ. 114, 338ff.

[5]) Als Titel dürfen nur Amtsbezeichnungen und diese allein noch dem Inhaber des Amts verliehen werden; Poetzsch 173, s. VO. v. 11. Juni 1920; die abweichende Staatspraxis in Bayern ist unzulässig. Die Polizei kann die unberechtigte Führung einer Amtsbezeichnung untersagen, pr. OVG. 78, 251ff.

[6]) Der bloße Titel Professor darf also nicht mehr verliehen werden, KG. in JW. 1923, 527, s. auch VA. 498. Über die Führung ausländischer akademischer Grade vgl. preuß. VO. v. 30. September 1924 (GS. S. 605).

[7]) Die alten Orden werden noch durch § 360[8] StGB. geschützt, da Art. 109 V — ebenso wie Abs. 3, 4, 6, s. Anm. 4 — sich keine rückwirkende Kraft beigelegt hat, nicht aber in Zukunft ausländische Orden; Ebermayer[3] Anm. 5 zu § 360 StGB., S. 1082. Die Rettungsmedaille ist in Preußen durch Erlaß des Min. d. Innern v. 23. Juli 1925 (MinBl. f. d. innere Verw. 817) wieder eingeführt. Wegen der Kriegsauszeichnungen s. Art. 175.

[8]) Nichtstaatliche Orden, also z. B. päpstliche, dürfen also angenommen werden; Anschütz 312, s. auch Anm. 2 zu Art. 6 und 78. Strafbar ist jedoch nur das Tragen, nicht das Annehmen ausländischer Orden, § 360[8] StGB. — Verleihung von Orden durch Private, z. B. des Pour le mérite, ist auch im Inland zulässig.

Artikel 110.

Die Staatsangehörigkeit im Reiche und in den Ländern wird nach den Bestimmungen eines Reichsgesetzes erworben und verloren[1]). Jeder Angehörige eines Landes ist zugleich Reichsangehöriger.

Jeder Deutsche hat in jedem Lande des Reichs die gleichen Rechte und Pflichten wie die Angehörigen des Landes selbst[2]).

StenBer. 1497, 1569ff.; BA. 373, 499.

Laband I 134ff.; Stier-Somlo I 418ff.; Hatschek I 150ff., 254ff.; Ernst Isay, Fremdenrecht (1923) 30ff.; W. Jellinek, Verfassg. u. Verwltg. 36ff.; Triepel, Virtuelle Staatsangehörigkeit (1921); Schätzel, Wechsel der Staatsangehörigkeit infolge der deutschen Gebietsabtretungen (1921); Crusen i. Festgabe für Liebmann (1919) 48ff.; Wittmayer 164ff.; von Freytagh-Loringhoven 43; Hubrich 202ff.; Finger 85ff.; Nawiasky, Bayr. VerfRecht 54ff., 254ff.; Aldag, Gleichheit vor dem Gesetz (1925) 71ff.; Hensel, A. ö. R. NF. 6, 348ff.; Bernard, Z. f. Gesetz u. Recht 1926, 161ff.; Hofacker 20f.; Kommentare zum Staatsangehörigkeitsgesetz von Keller-Trautmann und Cahn.

[1]) Es gilt Staatsangehörigkeitsgesetz v. 22. Juli 1913 (RGBl. 583; 1923 I 1077), das den Gegenstand erschöpfend regelt. Die Reichsangehörigkeit ist eine subjektive Befugnis, ein Inbegriff von Rechten und Pflichten, kein bloßer Status; siehe Gierke bei Schmoller 7, 1132; G. Meyer, Staatsr. § 217; Zorn § 371; Kormann, System 110; Hatschek I 255; anderer

Ansicht Seydel 51 u. a. m. Die Reichsangehörigkeit ist ohne weiteres Folge der Staatsangehörigkeit, doch gibt es Fälle einer Reichs- ohne Staatsangehörigkeit. Aufnahme und Einbürgerung sind Staatshoheitsakte; Arndt, Staatsr. § 13, nach Laband öffentlich-rechtliche Verträge. Verloren geht die Reichsangehörigkeit unmittelbar oder durch Verlust der Landesangehörigkeit, z. B. durch Aberkennung, Eheschließung, Erwerb einer ausländischen Staatsangehörigkeit usw. Auch juristische Personen können die Staatsangehörigkeit uneingeschränkt erwerben, RG. Z. 6, 142; Hänel I 589; Hatschek I 264, a. A. KG. in Johow 16, 72; 18, 76.

[1]) Dies war früher nicht der Fall bezüglich der Staats- und Gemeindewahlen; s. auch Art. 17 letzter Satz u. Art. 178 (Helgoland). Art. 110 II stimmt mit Art. 17 I überein; Hensel, Aldag, Anschütz 313f., a. A. nur Hatschek I 259; alle politischen Rechte stehen also nunmehr jedem Deutschen in jedem Lande zu. Auf das Privatrecht findet Art. 110 II jedoch keine Anwendung; also dürfen privatrechtliche Anstalten von Ländern deren Angehörige bevorzugen; Anschütz 314.

Artikel 111.

Alle Deutschen genießen Freizügigkeit im ganzen Reiche. Jeder hat das Recht, sich an beliebigem Orte des Reichs aufzuhalten und niederzulassen[1]), Grundstücke[2]) zu erwerben und jeden Nahrungszweig zu betreiben. Einschränkungen bedürfen eines Reichsgesetzes[3]).

Stier-Somlo I 443; Ernst Isay, Fremdenrecht (1923) 199ff.; Schur, PrVBl. 42, 167; Smoschewer, Gruchot 67, 15ff., Recht 1924, 48ff., 234ff., 286ff., JW. 1924, 784ff.; Wolffsohn, das. 1923, 258; Dochow, HB. der Politik[3] I 211ff.; Bredt 264; Thoma in Festgabe für OVG. (1926) 198; Hofacker, Grundrechte (1926) 21f; Flögel, Jur. Rundschau 1926, 459ff.

¹) Der Artikel enthält bisher schon geltendes Recht; s. Art. 3 der früheren Verfassung und Gesetz über die Freizügigkeit v. 1. November 1867 (BGBl. 55). Die in letzterem enthaltenen Beschränkungen aus dem Armenrecht bleiben bestehen (§§ 3ff. in Verbindung mit §§ 14, 30 der VO. über die Fürsorgepflicht v. 13. Februar 1924 [RGBl. I 100; 1926 I 255]). S. ferner auch §§ 23, 38f. StGB., §§ 9 III, 23 Republikschutzges. v. 21. Juli 1922 (RGBl. I 585), §§ 6, 11, 17 Wohnungsmangelges. v. 26. Juli 1223 (RGBl. I 754) und VO. des Reichspräsidenten über Unterbringung Ausgewiesener v. 14. Juni 1923 (RGBl. I 381). Die Erhebungen von Bürgerrechtsgeld, G. v. 24. Januar 1860 (GS. 237) und 2. März 1867 (GS. 36), desgleichen von Kurtaxen, Warenhaussteuern usw. ist trotz des Freizügigkeitsgesetzes zulässig, OVG. 15, 22; 21, 129; 22, 34. Meldepflicht kann polizeilich vorgeschrieben werden. Gemäß § 23 des Republikschutzges. können auch Deutsche ausgewiesen werden, s. dazu Flögel, ebenso früher § 24 des Steuerfluchtges. v. 26. Juli 1918 (RGBl. 951). — Landesrecht, das bestimmte Einzelklassen von Gewerbetreibenden in ihrer Niederlassungsfreiheit beschränkt, ist mit Art. 111 unvereinbar, pr. OVG. 80, 360, s. aber RGZ. 107, 261ff. — Die Bestimmungen des ALR. §§ 260f., 237, 111, 39 II 11 gelten fort; denn wenn der Staat neu sich ansiedelnde Bekenntnisgenossen der Landeskirche eingliedert, so bestimmt er damit nur die Wirkung des Wohnsitzes, s. auch zu Art. 135, 137, pr. OVG. 79, 105. — Die Freizügigkeit ist nur Deutschen gewährleistet, pr. OVG. 79, 113; Ausländer haben nicht einmal ein Aufenthalts- oder Niederlassungsrecht. Der § 130 III des pr. Ges. über die allg. Landesverwaltung v. 30. Juli 1883 (GS. 195), der Ausländern gegen die Landesverweisung keine Klage gibt, gilt also fort, pr. OVG. 79, 106ff.

²) Das Recht des freien Eigentumserwerbs ist ein absolutes, kein bloß „relativ-innerstaatliches"; Brie in HA. 1909, 366; Arndt, A. ö. R. 1909, 454. Dagegen kann die Eigentumsveräußerung landesgesetzlich beschränkt und an Be-

bingungen geknüpft werden; s. Art. 86 und 119 EG. z. BGB.; Planck, Komm. zu diesen Artikeln; Arndt l. c.; s. auch EG. z. BGB. Art. 57, 67, 112f., also verstößt Gesetz, betr. die Gründung neuer Ansiedlungen in den Provinzen Ostpreußen usw. v. 10. August 1904 nicht gegen das Reichsrecht, vgl. StenBerRT. 1904, 2098; 1905, 5287 und 5340 StenBerAbgH. 1907, 72. S. auch RGZ. 73, 19; and. Ans. RT. v. 30. Januar 1913. Das preuß. Ges. über den Verkehr mit Grundstücken v. 10. Februar 1923 (GS. S. 25), welches die Gültigkeit bestimmter Rechtsgeschäfte über Liegenschaften von staatlicher Genehmigung abhängig machte, ist durch Ges. v. 20. Juli 1925 (GS. S. 93) aufgehoben worden, s. dazu RGZ. 107, 261 und in JFG. 2 (1925), 1ff., KG., das. 1 (1924), 396ff. Das preuß. sowie das ähnliche sächsische Ges. waren gültig, da sie in gleichem Maße auf Ortsfremde wie Ortsansässige Anwendung fanden und eine Veräußerungsbeschränkung nur mittelbar eine Erwerbsbeschränkung enthält, s. Fuchs, JW. 1914, 621f. Die Freizügigkeit bezieht sich nicht auf die Beschränkungen aus dem Beamten-, Eltern-, Ehe- und Strafrecht; Arndt l. c. Ob mit Rücksicht auf die Lebensmittelversorgungen Beschränkungen der Freizügigkeit zulässig sind, ist fraglich und im allgemeinen nicht anzunehmen, s. V. v. 23. Juli 1919 (RGBl. 1353). Durch Gesetz ist es zweifellos zulässig, s. G. v. 11. Mai 1920 (RGBl. 949).

[3]) Dies bezieht sich nur auf physische, nicht auf juristische Personen, s. Anm. 5 zu Art. 6.

Artikel 112.

Jeder Deutsche ist berechtigt, nach außerdeutschen Ländern auszuwandern. Die Auswanderung kann nur durch Reichsgesetz beschränkt werden[1]).

Dem Ausland gegenüber haben alle Reichsangehörigen inner-[2]) und außerhalb des Reichsgebiets Anspruch auf den Schutz des Reichs[3]).

Kein Deutscher darf einer ausländischen Regierung zur Verfolgung oder Bestrafung überliefert werden[4]).

StenBer. 1497; VA. 373f.

Hatschek II 452f.; Pohl i. Schmollers Jahrb. 1919, 545ff.; Gyßling, Der Staatsschutz der Deutschen gegenüber dem Auslande (Frankf. Diss. 1919); von Martitz, HA. 1875, 1147; Bredt, Geist der RVerf. (1924) 265ff.; Stier-Somlo I 313; von Freytagh-Loringhoven 303f.; Frank i. Festgabe für Liebmann (1920) 139ff.; Jerusalem, Recht u. Wirtschaft 1919, 154ff.; Boethke, PrVBl. 39, 547; 40, 123, 525; Mettgenberg, Ein Deutscher darf nicht ausgeliefert werden (Pohl-Wenzel, Völkerrechtsfragen Nr. 5, 1925); Hofacker, Grundrechte (1926) 22.

[1]) Auswanderungsfreiheit bestand schon früher, Art. 11 a. PreußVerf., § 22 des Staatsangehörigkeitsges. v. 22. Juli 1913, s. jedoch Ges. v. 26. Juli 1918 (RGBl. 951), v. 24. Juni 1919 (RGBl. 583) und früher Kapitalfluchtges. v. 4. Juli 1921 (RGBl. 868), wodurch zur Verhütung der Steuerpflicht die Auswanderungsfreiheit tatsächlich stark beschränkt worden ist. Vgl. auch VO. v. 14. Februar 1924 (RGBl. I 107). Auswanderungsunternehmungen unterstehen nicht der Gewerbeordnung (§ 6 derselben), für sie gilt das Gesetz über das Auswanderungswesen v. 9. Juni 1897 (RGBl. 463). Das Reich bestellt Aufsichtskommissare. Über das Paßwesen s. Anm. 4 zu Art. 7 u. Stier-Somlo, HWB. d. Rechtsw. IV 396ff.

[3]) Der im Ausland verletzte oder gefährdete Deutsche hat einen staatsrechtlichen Anspruch gegen das Reich, welches ja dadurch völkerrechtlich verletzt worden ist, daß es den fremden Staat zur Verantwortung ziehe, Pohl, a. A. Hofacker. Die Betonung des Schutzes auch innerhalb des Reiches war notwendig angesichts des Versailler Vertrages.

[4]) Diese Vorschrift wiederholt § 9 StGB. England und die Vereinigten Staaten liefern evtl. ihre Bürger aus (Fall Trouville). Auch die Ausweisung Deutscher aus dem Reichs-

gebiet ist unstatthaft, § 2 des Freizügigkeitsgesetzes v. 1. November 1867 (BGBl. 55), s. aber Anm. 1 zu Art. 111. Über Auslieferung des deutschen Kaisers und anderer Personen s. Friedensvertrag Art. 227 f. und Art. 4 des Rheinland-Abkommens (RGBl. 1922 II 241). Nach Art. 228 des Versailler Diktates soll Deutschland verpflichtet sein, alle Personen an die Alliierten auszuliefern, die der deutschen Regierung auf Grund der Anklage, sich gegen das Kriegsrecht vergangen zu haben, bezeichnet werden. Zwar gilt an sich auch hier Art. 178 RVerf., aber Deutschland hat sich geweigert, einem solchen Ansinnen nachzukommen.

Artikel 113.

Die fremdsprachigen[1]) Volksteile des Reichs dürfen durch die Gesetzgebung und Verwaltung nicht in ihrer freien, volkstümlichen Entwicklung, besonders nicht im Gebrauch ihrer Muttersprache beim Unterricht, sowie bei der inneren Verwaltung und der Rechtspflege beeinträchtigt werden[2]).

StenBer. 1497, 1499, 1571 ff.; VA. 375 f., 499 f.

Stier-Somlo I, 92 f.; Hatschek I 172 ff.; Hubrich 204 f.; von Freytagh-Loringhoven 51 ff.; Gerber in Festschrift für Traeger (1926) 238 f.; Dachselt, DJZ. 1926, 1610.

[1]) Nicht die bloß fremdstämmigen, wie Masuren, Wenden und Polen (Anschütz 317). Der Art. enthält für die Verwaltung noch kein aktuelles Recht.

[2]) S. GVG. §§ 184 ff, § 259 StPO., §§ 8 f., 179 Freiw. Gerichtsbktges., preuß. Ges. v. 28. August 1876 (GS. S. 389), ferner PreußVerf. Art. 1 u. 73 und dazu Arndt, PreußVerf. 48 u. 121; ferner StenBer. PreußLandesversammlung 1920, 1484; deutsch-polnisches Abkommen über Oberschlesien v. 15. Mai 1922 (RGBl. II 299). In der Gewährung eines Minderheitenschutzes liegt keine Förderung und Betonung

des Fremdstämmischen im Gegensatze zum Staat, dem die Fremdstämmigen angehören, sondern gerade ihre Eingliederung in diesen Staat, Gerber.

Artikel 114.

Die Freiheit der Person ist unverletzlich. Eine Beeinträchtigung oder Entziehung der persönlichen Freiheit durch die öffentliche Gewalt ist nur auf Grund von Gesetzen zulässig[1]).

Personen, denen die Freiheit entzogen wird, sind spätestens am darauffolgenden Tage in Kenntnis zu setzen, von welcher Behörde und aus welchen Gründen die Entziehung der Freiheit angeordnet worden ist; unverzüglich soll ihnen Gelegenheit gegeben werden, Einwendungen gegen ihre Freiheitsentziehung vorzubringen[2])[3]).

StenBer. 1489f., 1575ff.; BA. 376, 500f.

Hubrich 206f.; Ernst Isay, Fremdenrecht (1923) 92ff.; Bredt, 267; Thoma in Festgabe für das OVG. (1926) 198; Hofacker, Grundrechte (1926) 23ff.; Arndt, JW. 1921, 1200; Richter, VerwArch. 32, 20; Duguit V (1925) 54ff.

[1]) Dieser Artikel, der das Grundrecht der persönlichen Freiheit, liberté individuelle, entspricht Art. 5 der a. PreußVerf. und Art. 7 der BelgVerf. Er gibt das oberste Grundrecht, aus dem sich alle übrigen von selbst ergeben; J. J. Thonissen, Const. belg. nr. 32; Batbie, Précis II nr. 79; Montesquieu, De l'esprit des lois XI chap. 3, abw. Duguit. Er gibt nicht bloß die Freiheit von der willkürlichen Verhaftung (ältere Ansicht), sondern von jedem nicht auf Gesetz gestützten polizeilichen Eingriff in die Person (Arndt, Selbst. Verordnungsr. 70f.; Giese, Grundrechte 98; Fleiner, Inst. 118; Friedrichs, Polizeigesetz 6; Wolzendorff, Der Polizeigedanke des modernen Staats, nunmehr auch Anschütz 318 u. a. m.). Er gewährleistet Freiheit nur (a. A. Hofacker) gegenüber der öffentlichen

Gewalt, begründet aber keine neue privatrechtliche Befugnis, OLG. Hamburg in Rspr. 43 (1924), 138f. Er bezieht sich auch nur auf die Verfügungsfreiheit über Körper und Aufenthalt, verbrieft also keine Betätigungsfreiheit, Richter, Hofacker. Mittelbare Eingriffe, z. B. betr. Teilnahme der Kinder am Unterricht fallen nicht hierunter, auch nicht durch Veränderung der Gemeindegrenzen, Auferlegung von Gebühren und Kurtaxen, s. auch zu Art. 111. Das Gesetz kann ein Reichs- oder Landesgesetz sein, auch ein vorkonstitutionelles, insbesondere ALR. Tl. II 17 § 10, Arndt a. a. O.; Giese 311, OLG. Hamburg in Rspr. 43 (1924), 138f.; KG. in JFG. Erg. 1 (1924), 167ff. Deshalb kann die Polizei Pocken-, Cholera-, Syphilisbehaftete zwangsweise untersuchen und internieren lassen, desgleichen überhaupt Prostituierte und deren Zuhälter untersuchen lassen, kann sie Bertillonsche Messungen und Photographierungen Inhaftierter vornehmen, für Bergleute die Untersuchung auf Wurmkrankheit vorschreiben, Feuerlöschordnungen geben; OVG. 1, 347; 6, 382; 16, 387; 23, 399; 32, 199; KGJ. 19, 351; 22, C 87, JFG. Erg. 1 (1924), 147ff.; s. auch Arndt und Anschütz zu Art. 5 der a. PreußVerf., OVG. 5, 278; 23, 384; Hatschek, VerwaltR. §§ 20, 21. Gemäß § 4 II und IV des Ges. zur Bekämpfung der Geschlechtskrankheiten v. 18. Februar 1927 (RGBl. I 61) können geschlechtskranke Personen zwangsweise in ein Krankenhaus verbracht werden, wenn dies zur Verhütung der Krankheit erforderlich erscheint; dagegen dürfen ärztliche Eingriffe, die mit ernster Gefahr für Leben und Gesundheit verbunden sind, auch in diesem Fall nur mit Einwilligung des Kranken vorgenommen werden; welche ärztlichen Eingriffe hierher gehören, bestimmt die Reichsregierung nach freiem Ermessen. Vgl. ferner VO. über Verhütung von Seuchen v. 20. November 1918 (RGBl. 1317). Aus dem Artikel folgt ferner, daß weder eine Polizei-, noch eine andere Verwaltungsbehörde Zwangsmaßnahmen gegen eine Person treffen kann außer auf Grund Gesetzes. Der polizeiliche Eingriff muß verhältnismäßig sein (nicht mit Kanonen nach Spatzen schießen); O. Mayer, DVR. II 232;

Fleiner, Inst. 354. Eine besondere Anstaltspolizei gibt es nicht; KGJ. 35 C 43; Wolzendorff, VerwA. 22, 517; s. auch Anschütz, pr. VerfUrk. 163; Schön bei Kohler 4, 289. Bei Einwilligung liegt kein Eingriff gegen Art. 114 vor; s. Fleiner, Inst. 152 und dagegen OVG. 10, 288 und Kormann, Rechtsgeschäftliche Staatsakte 1910, 354. Aus diesem Art. folgt ferner die Unzulässigkeit der Gutsuntertänigkeit, Leibeigenschaft und Sklaverei; Arndt zu Art. 5 PreußVerf.; Droysen und Waitz, Frankfurter Grundrechte 35f. und Friedrichs im VerwA. 21, 333. Daß sich der polizeiliche Eingriff auch auf Gewohnheitsrecht stützen kann, nehmen an Anschütz 319; Giese 272; OVG. 10, 206; Biermann, Privatr. und Polizei 14; dagegen Rosin, Polizeiverordnungsr. 90; Fleiner, Inst. 83; O. Mayer, A. d. R. 25, 300; Arndt, Recht 24, 193 und Vorbem. zu Art. 68. Es ist unerheblich, ob der Eingriff in die persönliche Freiheit speziell oder generell durch Polizeiverfügung oder Polizeiverordnung stattfindet. In beiden Fällen muß sich der Eingriff auf „Gesetz", d. h. auf einen höchsten Staats- (Souveränitäts-) Akt, zurückführen lassen. Auf Grund eines sogenannten Notrechts dürfen ohne Gesetz Eingriffe in die persönliche Freiheit nicht erfolgen; Wolzendorff, A. ö. R. 27, 220; Anschütz, a. Pr. VerfUrk. 142; Jellinek, Allg. Staatslehre 325; Hatschek, Verwaltgsrecht 317.

²) Das Nähere hierzu findet sich in der Strafprozeßordnung. Seit der Novelle vom 27. 12. 1926 kann der Angeschuldigte alsbald nach seiner Verhaftung eine mündliche Verhandlung herbeiführen (§ 114d), ferner findet periodisch ein obligatorisches Haftprüfungsverfahren statt (§ 115a). Das Gesetz zum Schutze der persönlichen Freiheit v. 12. Februar 1850 (GS. S. 45) ist, soweit Zwecke gerichtlicher Handlungen in Frage stehen, durch StPO. aufgehoben. Bestehen geblieben sind davon die §§ 6—10, RGSt. 31, 303, die sich auf Sistierungen als rein polizeiliche Zwangsmaßnahmen nicht beziehen.

Art. 114 kann gemäß Art. 48 vorübergehend außer Kraft gesetzt werden.

[3]) Art. 114 gilt, soweit gesetzlich nichts anderes vorgeschrieben ist, auch für Ausländer, Isay, 85ff., 92ff.; Thoma, s. Vorbem. zu Art. 109.

Artikel 115.

Die Wohnung[1]) jedes Deutschen ist für ihn eine Freistätte und unverletzlich. Ausnahmen sind nur auf Grund von Gesetzen zulässig[2]).

[1]) Wohnung ist jedes befriedete Besitztum, OVG. 1, 380; 6, 371; 27, 328; 49, 210; auch Anschütz 320.

[2]) Ausnahmen sind im StPO. §§ 102—110, in ZPO. § 578 (für Gerichtsvollzieher), Wohnungsmangelgesetz v. 26. Juli 1923 (RGBl. 754) §§ 3ff., Reichsabgabenordnung v. 13. Dezember 1919 (RGBl. 1993) §§ 196ff., außerdem in den Landes-, Reichs- und Vereins-Zoll- und Steuergesetzen; s. z. B. Vereinszollges. v. 1. Juli 1869 (BGBl. 317) §§ 19, 126, auch im Ges., betr. das Verwaltungszwangsverfahren bei Zuwiderhandlungen gegen die Zollgesetze usw. v. 26. Juli 1897 (GS. 237), s. auch Zwangsentwaffnungsges. v. 7. August 1920 (RGBl. 1553) § 9 Abs. 2; Friedrichs, Polizeigesetz 244. Ausnahmen auch für Gewerbeinspektoren, Gewerbeordnung § 139b, bei Untersuchung von Dampfkesseln, G. v. 3. Mai 1872 (GS. 515), endlich aus § 10 II 17 ALR. (Sicherheitspolizei) z. B. wegen Gesundheitsschädlichkeit der Wohnungen, polizeiliche Entfernung Ärgernis gebender Prostituierter OVG. 3, 333; 22, 406; s. auch Arndt und Anschütz zu Art. 6 der a. PreußVerf.; Hatschek, Verwaltgsrecht §§ 20, 21 und Hein, PrVBl. 44, 269ff., Duguit V (1925) 60ff.

Art. 115 kann gemäß Art. 48 vorübergehend außer Kraft gesetzt werden.

Artikel 116.

Eine Handlung kann nur dann mit einer Strafe belegt werden, wenn die Strafbarkeit gesetzlich bestimmt war, bevor die Handlung begangen wurde.

Frank, Olshausen und Ebermayer zu § 2 StGB.; Stier-Somlo I 310ff.; Laband, DJZ. 1907, 201; Düringer, JW. 1919, 702; Arndt, LZ. 1921, 201; ders. DJZ. 1907, 343; Käckell, Z. f. d. ges. Strafrechtsw. 41, 684ff.; Kiesow, DJZ. 1919, 870ff.; Kern, Deutsche Strafrechtszeitg. 1919, 339ff.; M. Rümelin, Rechtssicherheit (1924) 38ff.; Hofacker, Grundrechte (1926) 26.

Dieser Artikel bedeutet zweierlei, 1. daß Strafgesetze eine rückwirkende Kraft haben, s. indes Friedensvertrag Art. 227, und sodann 2., daß Strafnormen nur vom Gesetzgeber oder nur auf Grund ausdrücklicher Ermächtigung des Gesetzgebers erlassen werden dürfen unter Ausschluß der selbständigen Verordnung und des Gewohnheitsrechtes. Die Strafbarkeit ist im Sinne des Art. 116 gesetzlich bestimmt, wenn sie auch nur in einer Verordnung ausgesprochen wird, der dazu ausdrücklich gesetzliche Ermächtigung erteilt ist. Ein Gesetz, welches solche Ermächtigung erteilt, z. B. Gesetz über die Polizeiverwaltung v. 11. März 1850 (GS. S. 265), nennt man ein Blankett- oder Rahmengesetz und es enthält keine Verfassungsänderung; s. auch Thoma, Der Polizeibefehl. Bei Art. 116 hat man wohl nur an gerichtliche und disziplinarische Bestrafung gedacht, RGZ. 107, 119, ebenso wie bei Art. 8 a. PreußVerf.; doch ist zweifellos, daß auch sog. Exekutivstrafen nur auf Grund Gesetzes verhängt werden dürfen, da sie einen Eingriff in die persönliche Freiheit enthalten, desgleichen auch Disziplinarstrafen, Poetzsch 170. Ob Exekutiv- neben gerichtlichen Strafen zulässig sind, wenn die letztere möglich sind, ist streitig, dagegen in ständiger Praxis OVG., and. Ans. u. a. Neukamp. Letzterer Ansicht dürfte zuzustimmen sein, da die Exekutivstrafe andere Zwecke als die gerichtliche verfolgt. Insbesondere kann die Exekutivstrafe nicht mehr nach Erfüllung des polizeilichen Gebots verhängt werden die gerichtliche muß eventuell. Neuestens neigt das OVG. dazu, die Administrativstrafe neben der gerichtlichen für zulässig zu halten; s. auch OVG. 52, 310, 382 und 413. Als Strafe im Sinne des Art. 116 muß auch die Entziehung von

Titeln und Orden gelten, auch des Charakters als Privatdozent; s. Arndt, DJZ. 1907, 343; ebenso Laband, DJZ. 1907, 201; Die Disziplinarstrafgewalt der kirchlichen Behörden ist beschränkt durch Ges. v. 13. Mai 1873 (GS. 205) und nur zulässig für die Angehörigen der eigenen Kirche und mit ihrer Zustimmung; s. auch Eichmann, Das Strafrecht der öffentlichen Religionsgesellschaften in Bayern 1910, 20. Nach Vorstehendem war ein Gesetz nötig, um einem Privatdozenten die venia docendi zu entziehen; s. Arndt zu Art. 8 und 50 der a. PreußVerf.

Strafe und Strafbarkeit können unbestritten nicht auf Gewohnheitsrecht gegründet werden.

Ob durch die Ersetzung des Wortes Strafe in § 2 StGB. durch „Strafbarkeit" eine Änderung gemeint war, ist streitig, dafür Heinze, StenBer. 1499 und Giese 313; and. Ans. Anschütz 321, Stier-Somlo; Düringer, s. auch BA. 377. Es wird in Art. 116 sowohl Strafe wie Strafbarkeit gemeint, wie in Art. 8 const. belge, der Quelle. Durch Art. 116 ist § 2 I StGB. nicht völlig aufgehoben, Frank 21, a. A. RGSt. 56, 318; denn Art. 116 trifft nicht den Analogieschluß bezüglich einer Erhöhung der Strafe, wohl aber § 2 StGB., Rümelin.

Artikel 117.

Das Briefgeheimnis sowie das Post-, Telegraphen- und Fernsprechgeheimnis sind unverletzlich. Ausnahmen können nur durch Reichsgesetz zugelassen werden.

Köstler, Z. f. öffentl. Recht 3, 352ff.; Hammer, Gesetz u. Recht 1920, 441.

Auch dieser Artikel enthält nur schon bisher geltendes Recht, er richtet sich auch gegen die Landesgesetzgebung, § 5 des PostG. v. 28. Okt. 1871 (RGBl. 347), G. über das Telegraphenwesen v. 6. April 1892 (RGBl. 467), § 8.

Das Brief-, Telegraphen- und Fernsprechgeheimnis verbietet auch Angaben an unbefugte Personen über Adressen,

Briefumschläge, ob und zwischen welchen Personen briefliche usw. Mitteilungen stattfinden; s. Löwe-Rosenberg zu § 99 StPO.

Ausnahmen sind in den §§ 99—111 StPO., Konk.O § 121 enthalten, s. auch VO. v. 15. Nov. 1918 (RGBl. 1324; 1922 I 988) und §§ 181, 191f. RAbgO. v. 13. Dezember 1919 (RGBl. 1993).

Art. 117 kann gemäß Art 48 vorübergehend außer Kraft gesetzt werden.

Artikel 118.

Jeder Deutsche hat das Recht, innerhalb der Schranken der allgemeinen[1]) Gesetze seine Meinung durch Wort, Schrift, Druck, Bild oder in sonstiger Weise frei zu äußern[2]). An diesem Rechte darf ihn kein Arbeits- oder Anstellungsverhältnis hindern, und niemand darf ihn benachteiligen, wenn er von diesem Rechte Gebrauch macht[3]).

Eine Zensur findet nicht statt, doch können für Lichtspiele durch Gesetz abweichende Bestimmungen getroffen werden[4]). Auch sind zur Bekämpfung der Schund- und Schmutzliteratur sowie zum Schutze der Jugend bei öffentlichen Schaustellungen und Darbietungen gesetzliche Maßnahmen zulässig[5]).

StenBer. 1590; VA. 376f., 502ff.

Stier-Somlo I 448ff.; Hatschek, VerwR. § 28; Kitzinger, Reichsges. über die Presse (1920) u. JW. 1925, 2472; von Freytagh-Loringhoven 306 ff.; Hubrich 208ff.; Opet, Deutsches Theaterrecht (1897); Bervier, A. d. R. NF. 6, 1ff.; Häntzschel, das. 10, 228ff., DJZ. 1925, 1845 u. Reichspreßgesetz (Berlin 1927) 22, 37, 253, 269 u. HWB. d. Rechtsw. IV 506ff., Käckell, Z. f. ges. StrafrWiss. 41, 692ff.; Thoma in Festgabe f. pr. OVG.

(1926) 210ff.; Rothenbücher in Festgabe für Fleiner (1927) 211ff. u. Staatsrechtslehrer-Veröfftlchg. IV (1927); Hofacker, Grundrechte (1926), 27f.; Eckstein, Kinorecht (1924); Hellwig, Lichtspielgesetz (1920), JW. 1921, 1519f., DJZ. 1921, 531 u. PrVBl. 42, 281, 394; Szczesny, Lichtspielgesetz (1920); Jöhlinger, HB. d. Politik I 189ff.; Martersteig, das. 197ff.; Goldbaum, das. 199ff.; Delius, DJZ. 1926, 227f. u. PrVBl. 47, 458; von Jan, DJZ. 1926, 582 u. PrVBl. 47, 519; Parisius, PrVBl. 47, 548ff. u. Polizei 1927, 73f.; Ebner, PrVBl. 42, 394; Falk, Reichspreßgesetz in v. Brauchitsch, Verwaltungsgesetze (1925) I; Duguit V (1925) 328ff.

[1]) Allgemeine Gesetze sind nicht alle Gesetze schlechthin (so aber pr. OVG. 77, 514; Kitzinger a. a. O. 203; Anschütz 323; wie hier auch Thoma 213), da „allgemeine" nicht lediglich infolge eines Redaktionsfehlers stehen geblieben ist, auch nicht nur die für alle Deutschen geltenden Gesetze (so aber KG. in Zeitungsverlag 1925 Nr. 7, Vervier), sondern nur die Gesetze, die kein Sonderrecht gegen die Meinungsfreiheit enthalten, Häntzschel, Rothenbücher, vgl. auch Ad. Arndt, LZ. 1927, 984ff. Unzulässig sind insbesondere also auch solche Gesetze, die zum Zweck der Beschränkung der Meinungsfreiheit die Wahl der Mittel einengen, a. A. RG. St. 57, 382; 59, 158ff. u. bay. ObLG. in Z. f. Rechtspflege in Bayern 1926, 306f., da Art. 118 ausdrücklich auch Freiheit in der Wahl der Mittel gewährleistet. Hierher gehört jedoch nicht das sog. Plakatierungsverbot in §§ 9, 10 des preuß. Preßges. v. 12. Mai 1851, a. A. Thoma 214f.; Ebner, auch nicht § 41 l. c., da diese Bestimmungen nicht aus Gründen der Meinungsbeschränkung, sondern aus solchen, die auch für die Ausübung anderer Rechte gelten (Schutz des Eigentums, der allgemeinen Ordnung usw.), aufgestellt sind, Häntzschel, Falk Anm. 3 zu § 30 RPGes., im Ergebnis übereinstimmend RG., KG., bay. ObLG. a. a. O., pr. OVG. in PrVBl. 46, 511; vgl. auch Delius und dagegen von Jan. Allgemeine Gesetze sind insbesondere die allgemeinen Strafgesetze, s. bay. ObLG.

in JW. 1926, 2301 zu § 360[11] StGB., Polizeigesetze (§ 10 II 17 ALR.), pr. OVG. 76, 445; 77, 519f.; 78, 264, 274; 80, 193, vgl. KG. in DJZ. 1921, 278, vor allem auch solche Gesetze, welche aus anderen als lediglich Gründen der Meinungsbeschränkung besondere Pflichtverhältnisse auch bezüglich der Meinungsäußerung enthalten, so die Disziplinargesetze, s. Preuß, VA. 504; Häntzschel; im Ergebnis ebenso pr. OVG. 77, 517; 80, 193. Durch andere als „allgemeine" Gesetze darf also — außer auf Grund des Abs. 2 — die freie Meinungsäußerung nicht eingeschränkt werden. Alle Art. 118 widersprechenden Reichs- und (bisher durch § 30 RPreßGes. aufrechterhaltenen) Landesgesetze sind durch Art. 118 aufgehoben, bay. ObLG. in Z. f. Rechtspfl. in Bayern 18, 239; Häntzschel 253. S. auch Art. 130, 133.

²) Die in Art. 118 gewährleistete Meinungsfreiheit ist teils weiter, teils enger als die sog. Preßfreiheit. Nur das Bekennen einer (subjektiven) Meinung ist frei, nicht die Äußerung von (objektiven) Tatsachen, sofern diese keine Meinung enthält. Art. 118 gilt also z. B. nicht für diejenigen Teile der Presse, die Ankündigungen tatsächlicher Natur enthalten, z. B. Kurszettel und Inserate, Häntzschel, für diese gelten mithin die Beschränkungen fort und können neue geschaffen werden, s. Börsenges. v. 27. Mai 1908 (RGBl. 215) §§ 42, 43, 51 II, 90, Ges. über Preßberichterstattung v. 5. April 1888 (RGBl. 133) Art. 3, vgl. auch § 184 b StGB. Doch verstößt ein präventives polizeiliches Einschreiten gegen gewerbliche Ankündigungen, z. B. Zeitungsannoncen zu bringen oder nicht zu bringen, gegen die Preßfreiheit, pr. OVG. 23, 276; 28, 326; 34, 182; 35, 431; 38, 426; 55, 253, s. Anm. 4.

Äußerung „in sonstiger Weise" kann auch durch Gebärde, Abzeichen oder Farbe erfolgen, pr. OVG. 78, 261ff.

Frei ist nur die rechtmäßige Äußerung der Meinung, also auch die Äußerung selbst darf nicht rechtswidrig sein, Bervier, Stier-Somlo, Giese 316; Anschütz 324, insbesondere darf auch nicht gewerbe- und preßpolizeilichen Bestimmungen entgegengehandelt werden, pr. OVG. 78, 272ff., BayVerGerH. in JW. 1922, 1699f., BayObLG. in DJZ. 1923, 504. In der Presse darf weder eine strafbare Handlung begangen, noch dazu aufgefordert werden, RGSt. 55, 90.

[3]) Dieser Satz änderte das bisherige Recht, s. auch Art. 130.

) Jede, auch die Theater- und Lichtspielzensur war durch den Rat der Volksbeauftragten am 12. November 1918 (RGBl. 1303) aufgehoben worden. Auch Art. 118 II verbietet im allgemeinen jede Zensur absolut, nur für Lichtspiele und sog. Schund- und Schmutzliteratur wird lediglich ein grundsätzliches Verbot aufgestellt. Eingriffe dürfen aber auch in diesen Fällen nur noch auf Grund eines (formellen) Gesetzes erfolgen, welches ausdrücklich hierzu ermächtigt.

Zensur ist nicht nur Vorzensur, so aber pr. OVG. 76, 442ff., Anschütz 324; Giese 318; Häntzschel 37, d. h. die Bindung jeder Meinungsäußerung — mag sie durch Druck oder Aufführung (Theater) oder sonstwie erfolgen — an vorherige Prüfung (an deren befriedigenden Ausfall, Häntzschel 269) und Genehmigung durch eine Behörde, denn das Gesetz, das andernfalls dann auch Vorzensur hätte sagen müssen, will durch das Zensurverbot jeden Eingriff in die Meinungsfreiheit schlechthin, der nur deren Betätigung beschränken will, verbieten, mag er zeitlich erfolgen, wann er will, Rothenbücher. In erster Linie ist natürlich die Vorzensur untersagt, so daß also jede behördliche Vorprüfung — auch bezüglich nur einzelner Verbreitungsarten, Häntzschel 37, a. A. nur BayVerwGerH. 43 (1922), 21 — unzulässig ist. Doch bedeutet dieses Verbot kein Untersagen von Repressivmaßnahmen, soweit sie eben keine Zensur enthalten, z. B. also von Bestrafungen auf Grund der allgemeinen Strafgesetze. Verboten ist mithin also jede Maßnahme, die eine Einengung der Meinungsfreiheit bezweckt, sei es aus welchen Gründen auch immer (sittlichen, religiösen, ästhetischen), soweit sie kein anderes Ziel als diese Beschränkung verfolgt, nicht also andere, durch Gesetz geschützte Rechtsgüter (Eigentum) oder das allgemeine (s. Anm. 1) Gesetz (öffentliche

Sicherheit und Ordnung) selbst schützen will. Aber auch diese Maßnahmen, welche zwar durch das Mittel, aber nicht lediglich zu dem Zweck einer Beschränkung der Meinungsfreiheit diese einengen, dürfen nicht in Form einer Kritik und nur dann ergehen, wenn der von den allgemeinen Gesetzen erstrebte Erfolg sich auf keine andere Weise als durch Beschränkung der Meinungsfreiheit notwendig erzielen läßt. Eine öffentliche Aufführung darf also z. B. nur verboten werden, wenn sie entweder selbst eine Straftat darstellt, nämlich durch Inhalt oder Art der Darstellung, oder aus gewissen Gründen eine solche Gefährdung der allgemeinen Sicherheit und Ordnung herbeiführt, daß ihr auf keine andere Weise als durch Verbot wirksam begegnet werden kann, so mit Recht Rothenbücher, s. auch sächs. OVG. 29, 130ff. Denn in diesen Fällen wird zwar in die Meinungsfreiheit eingegriffen, aber nicht durch Zensur, da der Eingriff eine Beanstandung der Meinung als solcher oder ihrer Äußerung als solcher weder bezweckt noch bedeutet, sondern nur aus Gründen, die auf anderem Gebiete liegen, rechtsnotwendig die Wirkung dieser Meinungsäußerung (Verletzung der allgemeinen Gesetze) verhindert werden soll und muß. Es ist daher zulässig, daß die Polizei öffentliche Theatervorstellungen überwacht und zu diesem Zwecke Dienstplätze für sich beansprucht, pr. OVG. 76, 444ff., oder daß für Veranstaltungen eine Anzeigepflicht begründet oder daß im gegebenen Fall eine Meinungsäußerung vorläufig oder endgültig auch untersagt wird, im Ergebnis ebenso pr. OVG. 76, 435ff., 445ff.; 77, 423ff.; bad. VerGerH. in Z. f. bad. Verw. 1922, 172; Thoma 211; vgl. auch Erlaß des preuß. Innenministers v. 18. Januar 1923 in DJZ. 1923, 226f. Aufgehoben ist jedoch z. B. § 56 IV GewO., der für den Druckschriftenverkauf im Umherziehen eine polizeiliche Vorprüfung der Schriften in sittlicher und religiöser Beziehung anordnete, s. jedoch Anm. 5.

Für die Presse s. Ges. über die Presse v. 7. Mai 1874 (RGBl. 65) und dazu Ges., betr. die Stimmzettel für öffentliche Wahlen v. 12. März 1884 (RGBl. 17). Der darin aufgestellte Grundsatz der Preßfreiheit betrifft nur Erzeugnisse der Buchdruckpresse und andere durch mechanische oder chemische Mittel bewirkte Vervielfältigungen von Schriften, bildlichen Darstellungen, Photographien, pr. OVG. 40, 295, und Musikalien, nicht die öffentliche Aufführung eines Schauspiels, pr. OVG. 24, 311; 29, 429; 41, 432; s. auch Opet 130f., 150f. Die Preßfreiheit bedeutet nur das Verbot von Präventivmaßnahmen, nicht von Repressivmaßnahmen, Ahndungen der durch die Presse begangenen Handlungen. Auf diese finden die allgemeinen Gesetze Anwendung; s. auch RGSt. 55, 119. Auf jeder Druckschrift müssen Name und Wohnort des Druckers, und wenn sie zur Verbreitung bestimmt sind, Name und Wohnort des Verlegers stehen; ausgenommen Formulare, Preiszettel, Visitenkarten, Wahlzettel u. dgl. Periodische Druckschriften, insbesondere Zeitungen, müssen außerdem auf jeder Nummer, jedem Stück oder Heft Name und Wohnort des verantwortlichen Redakteurs enthalten. Dies muß eine physische Person, verfügungsfähig, im Besitz der bürgerlichen Ehrenrechte sein und im Deutschen Reich Wohnsitz oder gewöhnlichen Aufenthalt haben. Sobald die Ausgabe einer periodischen Druckschrift erfolgt, muß ein Exemplar an die Polizei des Ausgabeorts abgeliefert werden, außer wenn die Druckschrift ausschließlich der Wissenschaft, Kunst, Gewerbe oder Industrie dient. Die Strafbarkeit bestimmt sich nach den allgemeinen Strafgesetzen. Der verantwortliche Redakteur ist als Täter zu bestrafen, wenn nicht durch besondere Umstände seine Täterschaft ausgeschlossen wird. Es bedarf also nicht erst einer Feststellung seiner Kenntnis der die Strafbarkeit begründeten Umstände (RGSt. 3, 34; 5, 301). Es wird angenommen, daß er durch Aufnahme des Artikels die Äußerung zu der seinigen gemacht hat. Die Haftung des Redakteurs schließt nicht aus, daß neben ihm der Verfasser als Mittäter bestraft wird. Auch kann sich der Redakteur nicht durch Nennung des Namens exkulpieren. Nur außergewöhnliche, vom Willen des Redakteurs unabhängige Umstände, welche ihn ohne Verschulden verhinderten, die gesetzlich gebotene Tätigkeit auszuüben, nicht die bloß faktische Nichtausübung, sind strafausschließend. Ohne richterliche Anordnung können Druckschriften beschlagnahmt werden, 1. wenn sie nicht den Namen des Druckers, Verlegers oder verantwortlichen Redakteurs enthalten, oder 2. bei Krieg oder Kriegsgefahr gegen Verbot des Reichskanzlers Truppenbewegungen oder Verteidigungsmittel mitteilen, oder 3. bei Vorliegen der §§ 85, 111, 130 oder 184, in den Fällen der §§ 111 und 130 bei dringender Gefahr. Für die richterliche Beschlagnahme gelten lediglich die Vorschriften der Strafprozeßordnung. Die Polizei hat die nicht auf Anordnung der Staatsanwaltschaft vorgenommene Beschlagnahme binnen zwölf Stunden zu melden. Die Staatsanwaltschaft hat entweder die Beschlagnahme aufzuheben oder die gerichtliche Bestätigung binnen zwölf Stunden zu beantragen. Die vom Gericht bestätigte vorläufige Beschlagnahme ist durch Beschluß wieder aufzuheben, wenn nicht binnen zwei Wochen nach der Bestätigung das Strafverfahren eingeleitet ist.

Alle diese genannten Beschränkungen bestehen fort, da sie nicht dem Zwecke der Zensur dienen, ferner auch z. B. die in manchen ausführenden Landesgesetzen enthaltene Vorschrift, daß öffentlich unentgeltlich zu verteilende Bekanntmachungen vor der Verteilung in einem Exemplar an die Ortspolizeibehörde abzuliefern sind, RG. im Recht 1926, 372, s. auch Anm. 1. Denn alle diese Vorschriften wollen nur der Polizei die Möglichkeit sichern, rechtspflichtgemäß rechtzeitige Vorkehrungen gegen etwa zu befürchtende Störungen der öffentlichen Ordnung zu treffen. Großenteils bezwecken überhaupt gerade auch diese Bestimmungen einen Schutz der Meinungsfreiheit, da sie verhindern wollen, daß die Polizei nicht mehr anders als durch Verbot der Meinungsäußerung einer etwaigen Gefährdung der öffentlichen Ordnung entgegentreten kann.

Für Lichtspiele s. Ges. v. 12. Mai 1920 (RGBl. 953; 1923 I 26) und dazu VO. v. 16. Juni 1920 (RGBl. 1213). Bildstreifen (Filme) dürfen außer als öffentlich anerkannte Bildungs und Forschungsveranstaltung nur dann öffentlich oder in geschlossenen Gesellschaften vorgeführt oder im In- und Ausland in den Verkehr gebracht werden, wenn sie von den amtlichen Prüfstellen zugelassen sind. Die Prüfstellen und die auf Beschwerden endgültig entscheidende Oberprüfstelle in Berlin sind durch die gen. VO. eingerichtet worden. Sie sind besetzt mit einem beamteten Vorsitzenden und vier Beisitzern, deren je einer dem Lichtspielgewerbe und zwei den Kreisen der auf den Gebieten der Volkswohlfahrt, Volksbildung oder Jugendwohlfahrt zu entnehmen sind. Die Zulassung erfolgt auf Antrag und gilt für das ganze Reichsgebiet. Sie darf nur versagt werden aus Gründen, die im Inhalt des Bildstreifens liegen, und zwar, wenn die Vorführung zur Gefährdung der öffentlichen Sicherheit oder Ordnung oder zur Verletzung des religiösen Empfindens oder zur entsittlichenden oder verrohenden Wirkung oder zur Bedrohung des deutschen Ansehens oder der deutschen auswärtigen Beziehungen geeignet ist. Die Filmprüfung ist also echte Zensur. S. auch RTDrucks. 1920 Nr. 282, StenBer. 1907, 2112.

[5]) Art. 118 Abs. 2 Satz 2 gestattet Maßnahmen zum Schutze nicht nur der Jugend, enthält also insoweit eine weitere Einschränkung des Grundsatzes der freien Meinungsäußerung (Abs. 1) und des Zensurverbotes (Abs. 2 S. 1), das sonst ausdrücklich nur zugunsten einer Lichtspielzensur durchbrochen ist; hier aber nur hinsichtlich der Art der Verbreitung, vgl. auch VA. 502. Es darf also zum Zwecke des Jugendschutzes oder zur allgemeinen Bekämpfung von Schund und Schmutz keine allgemeine Preßzensur eingeführt, insbesondere kein Verbot einer Meinungsäußerung oder einer Art derselben ausgesprochen werden, da nur „Maßnahmen" zulässig sind, das sind z. B. — wie auch in dem bekannten Gesetz geschehen — Einschränkungen der Verbreitung usw., nicht aber Verbotsmöglichkeit und Genehmigungspflicht schlechthin (Zensur), a. A. Thoma 212. Lediglich die Art der Verbreitung von Meinungsäußerungen kann eingeengt werden: nicht also ein Verbot des Druckes, wohl aber einer bestimmten Art des Vertriebes dieser Druckschrift (z. B. im Umherziehen), nicht ein Verbot einer Aufführung überhaupt, wohl aber des Zutritts

von Jugendlichen zu dieser ist zulässig. Das Gesetz kann auch ein Landesgesetz (Art. 7 Ziffer 7) sein, außer wenn sich die Anordnung auf öffentliche Schaustellungen, die zu Erwerbszwecken veranstaltet werden, bezieht, da für diese die Reichsgewerbeordnung gilt. Stets jedoch ist ein förmliches Gesetz erforderlich; Polizeiverordnungen also, welche ohne besondere gesetzliche Ermächtigung, solche Maßnahmen aufstellen wollen, sind unzulässig, doch kann auf Grund des § 3 Lichtspielges. Jugendlichen der Besuch von Lichtspielen untersagt werden OLG. Hamburg in LZ. 1920, 261, Hellwig, Giese 318.

Zur Ausführung erging Ges. zur Bewahrung der Jugend vor Schund- und Schmutzschriften v. 18. Dezember 1926 (RGBl. 505), dazu Kommentar von Matz und Seeger (Berlin 1927), ferner Seeger in JW. 1927, 1178f.; Zeck, Staats- u. Selbstverw. 1927, 79f.; Lindenau, DJZ. 1927, 43ff. u. Lindt, Schweizer JurZtg. 1927, 245f. Zum Schutz der heranwachsenden Jugend können Schund- und Schmutzschriften auf eine Liste gesetzt werden und sind sodann bezüglich des Vertriebes im ganzen Reichsgebiet bestimmten Beschränkungen unterworfen, insbesondere dürfen sie weder feilgeboten noch angeboten noch öffentlich zur Schau gestellt noch an Jugendliche unter 18 Jahren innerhalb des Gewerbetriebes entgeltlich oder unentgeltlich überlassen werden; Behörden dürfen diese Schriften in ihren Einrichtungen Jugendlichen nicht zugänglich machen. Ausgenommen sind politische Tageszeitungen und politische Zeitschriften; andere periodische Druckschriften können dann auf die Liste kommen, wenn binnen Jahresfrist mehr als zwei ihrer Einzelstücke darin aufgenommen worden sind. Die Einreihung in die Liste darf nicht wegen einer politischen, sozialen, religiösen, ethischen oder weltanschaulichen Tendenz als solcher erfolgen. Auch gehören hierher nur Schriften, also nicht Prospekte, Plakate, Bildwerke usw., sondern nur das geschriebene und vervielfältigte Wort, Seeger.

Die Entscheidung erfolgt auf Antrag einer Landeszentralbehörde oder eines Landesjugendamtes (s. Anm. 1 zu Art. 122) durch vom Reichsinnenminister im Einvernehmen mit den Landesregierungen eingerichtete Prüfstellen und hat nach Rechtskraft Gültigkeit für das ganze Reichsgebiet. Die Prüfstellen bestehen aus einem beamteten Vorsitzenden und acht Beisitzern, deren je zwei als Sachverständige den Kreisen der Kunst u. Literatur, des Buch- u. Kunsthandels, der Jugendwohlfahrt und Jugendorganisationen, der Lehrerschaft und den Volksbildungsorganisationen unter Berücksichtigung der Vertreter der Religionsgesellschaften des Art. 137 zu entnehmen sind. Sie werden vom Reichsinnenminister auf drei Jahre ernannt.

Gegen die Aufnahme einer Schrift in die Liste oder mit dem Antrag auf Streichung können das Reich (die Reichsregierung), die Länder, Verfasser und Verleger die Oberprüfstelle in Leipzig anrufen. Diese entscheidet in der Besetzung von sieben Mitgliedern: einem Vertreter des Reichsinnenministers als Vorsitzendem und Beisitzern, die teils vom Reichsrat gewählt, teils aus den gen. Sachverständigen vom Reichsinnenminister auf drei Jahre ernannt werden. Gegen den ablehnenden Beschluß einer Prüfstelle können der Vorsitzende oder zwei beteiligte Beisitzer (von Amts wegen) bei der Oberprüfstelle Beschwerde einlegen. In den genannten Fällen ist zur Entscheidung der Oberprüfstelle eine Mehrheit von mindestens fünf Stimmen erforderlich.

Vorsätzliche Zuwiderhandlungen sind strafbar.

Das weder von der Verfassung noch vom Gesetz näher bestimmte Begriffspaar „Schund und Schmutz" ist eng auszulegen. Eine Schrift darf nur dann auf die Liste gesetzt werden, wenn sie sowohl nach Inhalt wie Art der Darstellung (nicht notwendig geschlechtlich) grob unsittlich (Schmutz) als auch literarisch (ästhetisch oder wissenschaftlich) völlig wertlos ist (Schund). Der Begriff der Schmutzschrift ist also nicht wesensgleich mit dem der Pornographie i. S. der §§ 184, 184a StGB., Seeger. Aus dem Grundsatz der Toleranz heraus dürfen ernstgemeinte Weltanschauungen im Rechtssinne niemals als unsittlich gelten, vgl. § 1 III l. c.

Zweiter Abschnitt.

Das Gemeinschaftsleben.

Artikel 119.

Die Ehe steht als Grundlage des Familienlebens und der Erhaltung und Vermehrung der Nation unter dem besonderen Schutz der Verfassung. Sie beruht auf der Gleichberechtigung der beiden Geschlechter.

Die Reinerhaltung, Gesundung und soziale Förderung der Familie ist Aufgabe des Staats und der Gemeinden. Kinderreiche Familien haben Anspruch auf ausgleichende Fürsorge.

Die Mutterschaft hat Anspruch auf den Schutz und die Fürsorge des Staats.

StenBer. 1597f., 1599ff., 2126f.; VA. 377ff., 505ff.

Stier-Somlo I 304ff., 441; Hubrich 210f.; Bredt, 298ff.; von Freytagh-Loringhoven 308ff.; Kipp, DJZ. 1922, 682f.; Fuchs, JW. 1920, 613f.; Glaser, Recht u. Wirtsch. 1920, 148; Aldag, Gleichheit 78f.; Brunet 242ff.

Art. 119 enthält mit Ausnahme der Bestimmung, daß die Ehe nur durch Verfassungsänderung abgeschafft werden kann (Giese 320; Anschütz 325), nur Grundsätze; die bisherigen Gesetze, insbesondere die §§ 1354ff. BGB. gelten also fort. S. auch Art. 109 II.

Artikel 120.

Die Erziehung des Nachwuchses zur leiblichen, seelischen und gesellschaftlichen Tüchtigkeit ist oberste Pflicht und natürliches Recht der Eltern, über deren Betätigung die staatliche Gemeinschaft wacht.

StenBer. 1599ff.; VA. 379, 506; Holstein, A. ö. R. NF. 12, 187ff.; Hickmann, Das Elternrecht in der neuen Schulverfassung (1926); Tischleder, Die Staatslehre Leos XIII.

(1925); Perels, LZ. 1921, 643; Kipp in Berliner Festschrift für Kahl (1923) I; Mausbach, Kulturfragen (1920) u. in Festschrift für Porsch (1923) 93ff.; Becker, JW. 1921, 793ff.; Kommentare zum Ges. über religiöse Kindererziehung von Engelmann² (1922), Besig, Marx (1921), von Bonin (1922), von der Pfordten (1922).

Art. 120 bedeutet, mag er sich auch seinem Wortlaut nach bewußt oder unbewußt an Formulierungen Leos XIII. angelehnt haben (Tischleder 84ff.), keine verfassungsmäßige Anerkennung des katholischen Grundsatzes „Elternrecht bricht Schulrecht", so aber Hickmann, Tischleder, s. auch Hirtenbrief des Erzbischofs Faulhaber bei Hickmann 20, gewährleistet auch kein Recht der Eltern auf die Schule, Holstein, a. A. Hickmann, sondern verbrieft lediglich ein Recht der Eltern in der Schule, Holstein. Schafft einerseits Art. 146 ein Gestaltungsrecht der Erziehungsberechtigten als nachbarschaftlich organisierten Gliedes des Volksganzen, so bestimmt Art. 120 andererseits, daß die Eltern ein vom Staate bei der Schulgestaltung zu achtendes Recht — irreführend „natürliches" Recht genannt — auf die Miterziehung ihrer Kinder haben sollen. Damit will Art. 120 die in Preußen bereits seit Erlaß des ALR. bestehende Rechtsstellung der Eltern schützen und schafft darüber hinaus eine Richtlinie zur Auslegung aller in Betracht kommenden Einzelbestimmungen, Holstein 238. Die einzelstaatlichen Schulverwaltungen haben nunmehr die Pflicht, die Rechtsstellung der Eltern nach bisherigem Recht zu wahren, und der Gesetzgeber muß sich bei Erlaß des in Aussicht gestellten Reichsschulgesetzes an dieses Programm halten, Holstein 240ff. — Gemäß VO. v. 5. November 1919 des pr. Kultusministers sind an allen Schulen Elternbeiräte zu errichten, die der wechselseitigen Beziehung zwischen Schule und Elternhaus dienen sollen, s. auch weitere Verordnungen bei Varrentrapp, Elternbeirat und Elternbeiratswahlen. — Auch sonst bleibt der Staat weiterhin überwachendes Organ über Erziehungsrecht und -pflicht der Eltern, KG. Johow. 52, 33ff.

Zur Ausführung ergingen Jugendwohlfahrtsges. v. 9. Juli 1922 (RGBl. 633; 1924 I 110), Jugendgerichtsges. v. 16. Februar 1923 (RGBl. I 135) und Ges. über religiöse Kindererziehung v. 15. Juli 1921 (RGBl. 939). Maßgebend für die Religion des Kindes ist die jederzeit frei widerrufbare und durch den Tod gelöste Einigung der Eltern, soweit ihnen die Sorge für die Person des Kindes zusteht; kein Elternteil darf also einseitig einen Religionswechsel des Kindes bestimmen. Doch sind Verträge über die religiöse Erziehung ohne Wirkung, soweit sie nicht vor dem 29. Juli 1921 geschlossen sind, vgl. BayObLG. in Rspr. 42, 125f. Nach Vollendung des 12. Lebensjahres darf das Kind in einem anderen als dem bisherigen Bekenntnis nicht erzogen werden, vgl. KG. in Rspr. 42, 123f.; Kipp 14; nach Vollendung des 14. Lebensjahres steht ihm die Entscheidung über die Wahl seiner Religion selbst zu.

Artikel 121.

Den unehelichen Kindern sind durch die Gesetzgebung die gleichen Bedingungen für ihre leibliche, seelische und gesellschaftliche Entwicklung zu schaffen wie den ehelichen Kindern.

StenBer. 1599ff., 2127ff.; BA. 544.

Stier-Somlo I, 304; von Freytagh-Loringhoven 311f.; Kemnitz, ZentralBl. f. Vormundschaftswesen 12, 115; Klumker, JW. 1925, 310ff.; Geiger, Das uneheliche Kind (1920); Bückling, Die Rechtsstellung des unehelichen Kindes (1920).

Die Gleichstellung mit den ehelichen ist von der NatV. abgelehnt, auch daß sie den Namen des Vaters führen dürfen, die §§ 1591ff., 1705ff. BGB. gelten also fort, s. auch StenBer. 1672, 2176, Giese 323. Das Ges. über den Personenstand v. 11. Juni 1920 (RGBl. 1209) berücksichtigt Art. 121 durch die Art, wie uneheliche Abkunft mitzuteilen ist.

Artikel 122.

Die Jugend ist gegen Ausbeutung sowie gegen sittliche, geistige oder körperliche Verwahrlosung zu schützen. Staat und Gemeinde haben die erforderlichen Einrichtungen zu treffen[1]).

Fürsorgemaßregeln im Wege des Zwanges[2]) können nur auf Grund des Gesetzes angeordnet werden.

StenBer. 1624ff., BA. 379f., 506.

Felisch in Festgabe für Liebmann (1920) 61ff.

[1]) Durch die Jugendschutzgesetzgebung (s. Anm. zu Art. 120) sind Jugendämter, Landesjugendämter (Landesbehörden) und ein Reichsjugendamt geschaffen worden, denen die öffentliche Jugendhilfe obliegt. Insbesondere haben sie im Vormundschaftswesen mitzuwirken bei der Anordnung der Schutzaufsicht und der Fürsorgeerziehung, ferner bei der Bestrafung von Jugendlichen oder ihrer Unterhaltspflichtigen.

[2]) Der Zwang kann sowohl durch Reichs- wie Landesgesetz ausgesprochen sein, Gesetz ist aber nötig, s. Art. 114, 120.

Artikel 123.

Alle Deutschen haben das Recht, sich ohne Anmeldung oder besondere Erlaubnis friedlich und unbewaffnet zu versammeln[1]).

Versammlungen unter freiem Himmel können durch Reichsgesetz anmeldepflichtig gemacht und bei unmittelbarer Gefahr für die öffentliche Sicherheit verboten werden[2]).

Stier-Somlo I 460ff. und Kommentar zum Reichsvereinsgesetz (1909); Hatschek, Verwaltungsrecht § 27; von Freytagh-Loringhoven 312ff.; E. Isay, Fremdenrecht (1923) 165ff.; Brecht in Brauchitsch-Drews-Lassar, Verwaltungsgesetze II 2ff.; Giese, JW. 1921, 1092ff.; Campe, DJZ. 1920, 386f.; Delius, PrVBl. 41, 381; 44, 50ff.; 47,

577ff.; Z. f. Ges. u. Recht 1920, 21; 1921, 327; Staats- u. Selbstverw. 1926, 205; Schulz-Forni, VerwArch. 30, 251ff.; Thoma in Festgabe für das pr. OVG. (1926) 199ff.; Hofacker, Grundrechte (1926) 28ff.; Parisius, PrVBl. 47, 548ff.

[1]) Art. 123 kann gemäß Art. 48 vorübergehend außer Kraft gesetzt, insbesondere öffentliche Versammlungen unter freiem Himmel verboten werden. S. auch G. v. 8. Mai 1920 (RGBl. 909) zum Schutz (Befriedung) der Reichs- und Landtagsgebäude; s. auch V. v. 17. Mai 1920 (RGBl. 973); G. zum Schutz der Republik §§ 14ff. v. 21. Juli 1922 (RGBl. I 585); G. v. 22. März 1921 (AGBl. 235) u. Wehrgesetz v. 23. März 1921 (RGBl. 329) §§ 36f.

Die in Art. 123 gegebene Freiheit enthält nur das Verbot vorbeugender Maßnahmen. Auf das, was in den Versammlungen stattfindet, finden die allgemeinen Gesetze Anwendung. Durch die verfassungsändernden §§ 14, 16 des Republikschutzges. ist jedoch die Möglichkeit geschaffen worden, Versammlungen dann (vorbeugend!) zu verbieten, wenn die Besorgnis besteht, daß in ihnen Erörterungen stattfinden, die den Tatbestand einer nach dem Republikschutzges. strafbaren Handlung erfüllen. Der Verbot vorbeugender Polizeimaßnahmen richtet sich auch hier nur gegen Befehle, die den Gehorsam aus dem allgemeinen Gewaltverhältnis in Anspruch nehmen, da dies aus dem Begriff des Polizeilichen folgt, Thoma, vgl. pr. OVG. in PrVBl. 46, 9. Wo also ein besonderes Unterwerfungsverhältnis vorliegt, das die Versammlungsfreiheit der Unterworfenen einschränkt (Anstaltsdisziplin), kommt Art. 123 insoweit nicht zur Anwendung; das gleiche gilt für Art. 124. Denn alle Grundrechtsbestimmungen regeln grundsätzlich nur das allgemeine Gewaltverhältnis zwischen Staat und Untertanen, Thoma 206f. Polizeiverordnungen also, welche aus der besonderen Pflicht der Heilighaltung der Feiertage heraus (Art. 139) die Abhaltung öffentlicher Versammlungen an diesen Tagen zeitlich beschränken, gelten fort, zumal den Versammlungen durch Art. 123 kein Privileg geschaffen werden sollte,

KG. in JFG. Erg. 3 (1925), 323ff. Die Versammlungsfreiheit ist geregelt durch das VereinsG. v. 1. April 1908 (RGBl. 151); Kommentare von Müller, Schmid, Stier-Somlo, Delius, Hieber-Bazille, Romen. Die in diesem Gesetz noch enthaltenen Beschränkungen sind durch die Volksbeauftragten am 12. November 1918 (RGBl. 1303) aufgehoben, RGSt. 53, 52ff.; 56, 183; Giese a. a. O.; a. A. KG. in Johow 53, 403. Sie betrafen Alter, Anmeldung, Sprache, landwirtschaftliche Arbeiter, Versammlungen unter freiem Himmel, nicht aber — aus in der Sache liegenden Gründen — sicherheitspolizeiliches Einschreiten, falls eine unmittelbare Gefahr für Leib oder Leben besteht.

[2]) Art. 123 Abs. 2 läßt wieder zu, daß Versammlungen unter freiem Himmel durch besonderes einfaches Gesetz der Anmeldepflicht unterworfen und bei unmittelbarer Gefahr für die öffentliche Sicherheit verboten werden. Eine Anmeldepflicht besteht bisher noch nicht, auch nicht durch § 7 I Reichsvereinsges., RGSt.56, 184f.; Stier-Somlo I 462; a. A. Campe, Giese. Aber schon jetzt kann die Polizei Versammlungen unter freiem Himmel bei unmittelbarer Gefahr für die öffentliche Ordnung verbieten, RGSt. 56, 183; Brecht, Anschütz 330; denn § 1 II Reichsvereinsges., der die allgemeinen, sicherheitspolizeilichen Vorschriften des Landesrechts zur Verhütung unmittelbarer Gefahr für Leben und Gesundheit der Versammlungsteilnehmer aufrecht erhält, gilt fort, RGSt. 55, 185f., Giese 326. Die Versammlung ist ein Augenblicksverein. Sie ist nur das Zusammenkommen zum Zweck der Erörterung und Beratung oder zur Erreichung eines gemeinsamen Zieles nicht ein bloß zufälliges, also z. B. nicht Theaterpublikum, wohl aber organisierte Umzüge auf öffentlichen Straßen, auch Leichenbegängnisse, RGSt. 42, 392; 56, 183; KG. in JW. 1921, 1092ff.; pr. OVG. 78, 281; Delius, Stier-Somlo, Kommentar S. 53.

Versammlungen „unter freiem Himmel" sind nicht notwendig nur solche ohne Überdachung, sondern solche, die nach den Seiten hin, also ihrer Ausdehnung nach, unbegrenzt sind, Thoma. Nichtverbotene Versammlungen genießen den strafrechtlichen Schutz des Ges. v. 23. Mai 1923 (RGBl. I 296). Ausländer haben kein verfassungsmäßiges Versammlungsrecht. Ihre Versammlungen können also anmeldepflichtig gemacht und polizeilich überwacht werden. Doch darf Inländern wegen ihrer Beteiligung bei Versammlungen kein Abbruch geschehen Beamte haben aus ihrer Beamteneigenschaft kein Hindernis bei Ausübung der Versammlungsfreiheit, s. Art. 130 Abs. 2. Auch kann gegen Aufzüge aus Gründen der Sicherheit des öffentlichen Verkehrs eingeschritten werden, Delius.

Artikel 124.

Alle Deutschen haben das Recht, zu Zwecken, die den Strafgesetzen nicht zuwiderlaufen, Vereine oder Gesellschaften zu bilden. Dies Recht kann nicht durch Vorbeugungsmaßregeln beschränkt werden[1]). Für religiöse Vereine und Gesellschaften gelten dieselben Bestimmungen[2]).

Der Erwerb der Rechtsfähigkeit steht jedem Verein gemäß den Vorschriften des bürgerlichen Rechts frei. Er darf einem Vereine nicht aus dem Grunde versagt werden, daß er einen politischen, sozialpolitischen oder religiösen Zweck verfolgt[3]).

Stier-Somlo I, 313f., 471f. u. Kommentar zum Reichsvereinsges. (1909); Hatschek, Verwaltungsrecht § 27; von Freytagh-Loringhoven 316ff.; Ernst Isay, Fremdenrecht (1923) 165ff.; Käckell, Ztschr. f. d. ges. Strafrechtswissenschaft 41, 694ff.; Brebeck, Reichsarbeitsblatt 1922, 374; Brecht in Brauchitsch-Drews-Lassar, Verwaltungsgesetze II, 2ff.; Smend, Festgabe für Kahl (1923) III, 13f., 18f.; von Calker, Z. f. Politik 3, 284ff.; Kiesow, DJZ. 1919, 870ff.; Thoma, in Festgabe für OVG. (1926) 199ff.;

Hofacker, Grundrechte (1926), 28ff.; Bredt, Geist der RVerf. (1924) 271f.; Duguit V (1925) 615ff.

[1]) Es gilt das in Anm. 1 zu Art. 123 angeführte VereinsG. v. 1. April 1908. Auch im übrigen gilt im wesentlichen, was dort gesagt ist. Meldepflicht kann polizeilich vorgeschrieben werden, s. Friedrichs, VerA. 28; ferner Delius, PrVBl. 40, 93. Art. 124 gilt auch für politische Parteien, die auch auf Grund des § 2 I Reichsvereinsges. gegebenenfalls aufgelöst werden können, Giese 329. Ob der Zweck eines Vereins den Strafgesetzen zuwiderläuft, entscheidet nicht seine Satzung, sondern sein tatsächliches Verhalten; nur noch für den Fall, daß dies vorliegt, gelten die §§ 128f. StGB., Käckell, a. A. Kiesow. S. auch §§ 14 II, 17ff. des Republikschutzges. v. 21. Juli 1922 (RGBl. I 585). — Gemäß Art. 48 II kann der Reichspräsident den Art. 124 zeitweilig außer Kraft setzen, also auch Eingriffe in die Versammlungsfreiheit zulassen oder selbst verfügen. Setzt er den Art. 124 außer Kraft, so bedarf es nicht erst einer Übertragung seiner außerordentlichen Diktaturbefugnisse auf die ordentlichen Landes- und Reichspolizeibehörden, um diese von allen in Art. 124 gesetzten Rechtsschranken zu befreien, RGSt. 59, 42ff. Das Gleiche gilt für Art. 123; s. auch zu Art. 159. Wegen der Wehrmacht s. zu Art. 133.

[2]) Die in bezug hierauf bestehenden Beschränkungen sind aufgehoben, z. B. §§ 43, 61 II BGB., (sächs. OVG. 27, 280), Art. 84 EGzBGB. und a. PreußVerf. Art. 13. Vereine, die sich mit militärischen Dingen befassen, sind verboten und unterliegen der Auflösung, s. Art. 177 des Friedensvertrages, G. v. 31. August 1919 (RGBl. 1530) u. G. v. 22. März 1921 (RGBl. 235, 759, 1370).

[3]) S. auch Art. 137 Abs. 4 und folgende Artikel. Ausländer haben überhaupt kein Vereinigungsrecht, Isay 167ff.

Artikel 125.

Wahlfreiheit und Wahlgeheimnis sind gewährleistet. Das Nähere bestimmen die Wahlgesetze.

Art. 125 bezieht sich auf alle gesetzlich angeordneten Wahlen, also z. B. nicht auf kirchliche Wahlen.

Das Wahlgeheimnis wird nur bei geheimer Abstimmung gewährleistet. Ob die Abstimmung geheim ist, beurteilt sich nach den jeweiligen Gesetzen; s. Art. 17, 22 RVerf.; § 1 des G. v. 4. Mai 1920 über die Wahl des Reichspräsidenten; § 15 II Reichsversicherungsordnung (RGBl. 1927 I 95); § 12 Kaufmannsgerichtsges.; § 13 Gewerbegerichtsges.; § 18 Betriebsrätegesetz. usw.; s. auch §§ 107ff., 240 StGB.

Auch verbotene Parteien dürfen Wahllisten aufstellen und einreichen. Zur Ausführung erging Reichsstimmordnung v. 14. März 1924 (RGBl. I 173).

Artikel 126.

Jeder Deutsche hat das Recht, sich schriftlich mit Bitten oder Beschwerden an die zuständige Behörde oder an die Volksvertretung zu wenden. Dieses Recht kann sowohl von einzelnen als auch von mehreren gemeinsam ausgeübt werden.

Stier-Somlo I 472ff.; Hatschek I 234ff.; Stier, Gruchot 64, 710; Loening, Verw.Arch. 13, 1ff.; Thoma in Festgabe für OVG. (1926) 198; Hofacker, Grundrechte (1926); Duguit V (1925) 440ff.

Das Petitionsrecht steht zwar Ausländern nicht zu, and. Ans. Anschütz 333; Giese 332; Hatschek 243, 248, doch ist niemand behindert, auch solche Petitionen zu berücksichtigen, StenBerHH. 1904, 494, 628f.; Löning 31; Arndt, Komm. zu Art. 32 a. Preuß.Verf.; Laband I 306, Stier-Somlo, Thoma. Das Petitionsrecht bedeutet, daß die Petenten einen verfassungsmäßigen Anspruch auf sachgemäße Prüfung ihrer Angelegenheiten und evtl. um Hilfe haben; vgl. jedoch Laband I 306. Eine Petition kann daher auch nicht Gegenstand einer Disziplinaruntersuchung sein, denn „jeder muß an die höchste Instanz, an die Vertretung des souveränen Volkes, so schreiben können, wie es ihm ums Herz ist", RDiszH. in JW. 1921, 1534f. Korporationen haben es nur innerhalb ihrer Rechts- und Handlungsfähigkeit; OVG. 13, 89; 41, 404; 59, 52; abw. Hatschek 249f.; Stier-Somlo 474. Auch Minderjährige haben das Petitionsrecht, dagegen Soldaten der Reichswehr (§ 36 Reichswehrges.) und Beamte nur nach Maßgabe des für sie bestehenden Sonderrechts, OVG. 77, 520, RGSt. 58, 274f., RDisz.Hof in JW. 1924, 1534f.; Giese 332; Anschütz 334; abw. Stier-Somlo 473; Hatschek 252, nach deren Meinung es Soldaten grundsätzlich entzogen ist. Über die Pflichten der Beamten bei Ausübung des Petitionsrechts vgl. Brandt, Beamtenrecht[3] 488ff. Unzulässig sind Petitionen, die sich gegen ein einzelnes rechtskräftiges Urteil wenden oder einen Eingriff in ein schwebendes Gerichtsverfahren fordern, sowie dann, wenn in der gleichen Frage ein Volksbegehren unstatthaft ist, s. Art. 6 IV, 73 IV, 85 IV, Hatschek 253f.

Die Petition muß unter Innehaltung des Instanzenzuges substantiiert und mit dem richtigen Namen unterschrieben eingereicht werden, doch können Petenten unter einem gemeinsamen Namen handeln, Giese 333; Anschütz 334.

Artikel 127.

Gemeinden und Gemeindeverbände haben das Recht der Selbstverwaltung innerhalb der Schranken der Gesetze.

Über „Selbstverwaltung" s. Stier-Somlo, Handbuch des kommunalen Verwaltungsrechts in Preußen (1916/21); Hatschek, Inst. des VerwR. § 43; O. Mayer, Deutsches VerwR. § 68; Preuß bei Fleischmann II 39f., III 419; HB. der Politik[3] I 266ff. und: Das städtische Amtsrecht; Meyer-Anschütz § 106; Schön bei v. Holtzendorff IV, 200f.; Wittmayer 76, 169; Tatarin-Tarnheyden, Das rechtl. Wesen der deutschen Selbstverwaltung (1925); Holstein, Selbstverwaltungsrecht der Universität Greifswald (1925) 34ff.;

Peters, Grenzen der kommunalen Selbstverwaltung in Preußen (1926). Im übrigen hat Art. 127 keine praktische Bedeutung. S. auch PreußVerf. Art. 70ff. und G. über die Bestellung von Mitgliedern des RR. v. 3. Juni 1921 (GS. 379) u. dazu Anm. 2 zu Art. 63.

Artikel 128.

Alle Staatsbürger ohne Unterschied sind nach Maßgabe der Gesetze und entsprechend ihrer Befähigung und ihren Leistungen zu den öffentlichen Ämtern zuzulassen[1]).

Alle Ausnahmebestimmungen gegen weibliche Beamte werden beseitigt[2]).

Die Grundlagen des Beamtenverhältnisses sind durch Reichsgesetz zu regeln[3]).

Finger 424ff.; Hüfner, LZ. 1922, 547ff.; Friebe, PrVBl. 45, 126ff., 182ff.; Kaisenberg A. ö. R. 41, 216ff. u. DJZ. 1921, 482; Kübel, Deutsche RichterZeitg. 1923, 17ff.; Bertram, Recht 1922, 124f.; Potthoff, JW. 1922, 1702 u. Z. f. Arbeitsrecht 9, 551, 713; 10, 90, 166; Leibholz, Gleichheit vor dem Gesetz (1925) 48 u. A. ö. R. NF. 12, 11; Aldag, Gleichheit vor dem Gesetz (1925) 73ff.; Grau, A. ö. R. NF. 10, 237ff.; Brandt, Beamtenrecht² (1926) u. Preuß. Beamtengesetze (1927).

[1]) Entspricht dem bisherigen Recht. Abs. 1 gewährt weder ein subjektives Recht auf Verleihung eines öffentlichen Amtes, noch erkennt es jedermann die Qualifikation dafür zu, RGZ. 103, 430. Die Zulassung kann durch Gesetz generell, nicht individuell beschränkt werden, doch müssen die Beschränkungen sachlich begründet sein, dürfen also Anforderungen an die Leistungen und Befähigung, den Lebenswandel, möglicherweise auch an die Konfession (s. aber Art. 136 und Giese 335) stellen soweit nämlich ein Amt vernünftigerweise nur von einem Evangelischen oder Katholiken usw. bekleidet werden kann, nicht dagegen dürfen sie insbesondere politischer Art sein.

²) Abs. 2 ist insoweit aktuelles Recht, als er die Bildung neuen Landesrechts hindert, im übrigen ist er nur eine Direktive an den Gesetzgeber und hebt daher entgegenstehendes älteres Recht, besonders auch Landesrecht, nicht auf, RGZ. 102, 146; 106, 155; 110, 189, 299; Giese 335; jetzt auch Anschütz 336; a. A. Aldag, Friebe. Verboten sind nur Ausnahme-, d. h. willkürliche, nicht Sonderbestimmungen (RGZ. 102, 145ff. und in RGBl. 1921, 735; 106, 154ff.), also nicht jede unterschiedliche Behandlung, soweit sie aus natürlichen Gründen die Frau benachteiligt; unzulässig ist also die Vorschrift, wonach weibliche Beamte bei Verheiratung ihr Amt verlieren; die Verheiratung ist auch kein „wichtiger Grund" zur Kündigung, von Karger, JW. 1926, 39; a. A. RG. in JW. 1925, 2434, dazu Fürstenau das.

³) Das Reichsbeamtenrecht ist für unmittelbare wie mittelbare Reichsbeamte geregelt durch das RBG. v. 31. März 1873, jetzt in Fassung v. 18. Mai 1907 (RGBl. 245); Kommentare von Pieper, Perels-Spilling, Brand und Arndt³ (1923). In Preußen fehlt ein allgemeines Beamtengesetz, obwohl dies durch Art. 98 der PreußVerf. in Aussicht gestellt war. Art. 126 will das Recht der Länder nur bezüglich grundsätzlicher Fragen regeln, s. auch Art. 10. Z. 3, VerwA. 507.

Die Beamtengesetze regeln nicht nur das Gewaltverhältnis des Staats gegenüber den Beamten, sondern auch und hauptsächlich, welche Rechte den Beamten gegen den Staat zustehen. Die Rechtssätze enthalten zwingendes und öffentliches Recht. Abmachungen hierüber, Verzichtleistungen und Reverse sind nichtig; RGZ. 37, 241; Pieper RBG. (2) 16; Arndt, RBG. 7. Die Beamteneigenschaft ist nicht notwendig durch den Diensteid bedingt, auch nicht abgesehen von Kommunalbeamten, durch den Empfang einer Anstellungsurkunde; s. auch oben zu Art. 46.

Artikel 129.

Die Anstellung der Beamten erfolgt auf Lebenszeit¹), soweit nicht durch Gesetz etwas anderes bestimmt ist. Ruhegehalt und Hinterbliebenenversorgung werden gesetzlich geregelt. Die wohlerworbenen Rechte der Beamten sind unverletzlich[2]). Für die vermögensrechtlichen Ansprüche der Beamten steht der Rechtsweg offen[3]).

Die Beamten können nur unter den gesetzlich bestimmten Voraussetzungen und Formen vorläufig ihres Amtes enthoben, einstweilen oder endgültig in den Ruhestand oder in ein anderes Amt mit geringerem Gehalt versetzt werden[4]).

Gegen jedes dienstliche Straferkenntnis muß ein Beschwerdeweg und die Möglichkeit eines Wiederaufnahmeverfahrens[5]) eröffnet sein. In die Nachweise über die Person des Beamten sind Eintragungen von ihm ungünstigen Tatsachen erst vorzunehmen, wenn dem Beamten Gelegenheit gegeben war, sich über sie zu äußern. Dem Beamten ist Einsicht in seine Personalnachweise zu gewähren[6]).

Die Unverletzlichkeit der wohlerworbenen Rechte und die Offenhaltung des Rechtswegs für die vermögensrechtlichen Ansprüche werden besonders auch den Berufssoldaten gewährleistet[7]). Im übrigen wird ihre Stellung durch Reichsgesetz geregelt[8]).

StenBer. 1630ff., 2135f.; BA. 381f., 507ff.

Hatschek I 190ff. und Verwaltungsrecht 308ff.; Finger 426f.; Hubrich 219ff.; Wittmayer 82ff.; Meyer, Der Staat und die erworbenen Rechte (1897); Triepel, A. ö. R. 40, 349ff. u. DJZ. 27, 333ff.; Heinze, das. 27, 274; Wach, A. ö. R. 43, 245ff.; Giese, das. NF. 6, 28ff.; Waldecker, das. 7, 129ff.; Groß, DJZ. 1922, 376f.; Graßhof, das. 1925, 332ff.; Josef, das. 337f.; Damme, PrVBl. 42, 421f.; Richter, das. 43, 41; Levin, Gruchot 65, 179ff.; Fischer, JW. 1924, 1420f.; Bergan, Deutsche RichterZtg. 1921,

26; Wolfstieg, Beamtenrecht (1921) 58ff., 95ff.; Eickel, Beamtenjahrbuch (1924) 127ff., 175ff., 223ff; Kaufmann, JW. 1924, 1036; Grau, A. d. R. NF. 10, 237ff.; Schneider, Staats- u. Selbstverw. 1926, 257; Zeck, das. 521; Stumpf, BayVBl. 1926, 129ff., 166ff.; Ullmann, Beamtenjahrbuch 1926, 223ff.; Sievers, FischersZ. 60 (1927), 217ff.; Ad. Arndt, LZ. 1927, 984ff.

[1]) Es ist in jedem Einzelfall zu prüfen, ob Art. 13 in allen Einzelheiten schon gegenwärtiges Recht darstellt, s. Düringer, JW. 1919, 703 u. Recht und Wirtschaft 1919, 108; vgl. auch RGZ. 99, 261. S. zu Satz 1 G. v. 15. Dezember 1920 (GS. S. 621). Die Einzelheiten sollen in das Reichsbeamtengesetz kommen, die Verfassung bringt nur die Grundrechte. Diese Grundrechte stehen allen Beamten aller öffentlichen Körperschaften zu, insbesondere auch den Beamten der Deutschen Reichspost (s. § 12 I des Reichspostfinanzges. v. 18. März 1924 [RGBl. I 287] und Anm. 2 zu Art. 88), der Deutschen Reichsbahn-Gesellschaft (s. § 20 Reichsbahnges. v. 30. August 1924 [RGBl. II 272] und Reichsbahnpersonalges. v. 30. August 1924 [RGBl. II 287] sowie Anm. 1 zu Art. 89), der Deutschen Reichsbank (s. Anm. 14 zu Art. 7) und der Kirchen, Ad. Arndt, a. a. O.; RG. in JW. 1927, 1253ff., Recht 1926, 130, RGZ. 114, 220ff.; a. A. Anschütz 339; Fürstenau, JW. 1927, 1253; Giese 338; denn Art. 129 ist ein „für alle" geltendes Gesetz im Sinne des Art. 137 III, s. dort Anm. 3 u. auch Anm. 1 zu Art. 118, ebenso RGZ. 114, 223ff. u. RG. in Recht 1926, 130, 589, s. auch E. des Reichsschiedsgerichts (Anm. 4 zu Art. 13) v. 9. September 1924 in RBesoldgsBl. 1924, 327. Daß die Anstellung auf Lebenszeit erfolgen soll, gilt auch als Regel für die Reichsbeamten, § 2 RGB., damit die Beamten der Willkür der vorgesetzten Behörden nicht unnötig unterliegen, StenBerRT. 1872, 133; Arndt, StR. 641. Für gewisse Beamte wird die Anstellung wenigstens zeitweise auf Probe, Widerruf oder Kündigung erfolgen dürfen, was wirksam nur ausdrücklich und nur vor oder bei der Anstellung erklärt werden kann, RGZ. 37, 325; Arndt, Staatsr. 46; Pieper und Arndt

zu § 2 RBG., andere Vorbehalte sind nichtig, Pieper 21. Der RGZ. 37, 299 statthaft erklärte Vorbehalt der Entlassung wegen Verheiratung, ist mit Art. 109 Abs. 2 und 128 unvereinbar, was in den Verhandlungen der Nationalversammlung anerkannt ist; Art 128 Anm. 2. Doch ist an sich eine kündbare Anstellung mit Art. 129 nicht unvereinbar, sächs. OVG. 29, 258.

²) Diese Bestimmung ist geltendes, zwingendes Recht, RGZ. 99, 262; 102 168; 104, 60; 106, 38. Wohlerworbene Rechte — der Ausdruck ist von Naturrechtslehrern geprägt — sind alle echten subjektiven Rechte aus dem Beamtenverhältnis, Eickel 146. Art. 129 will aber nicht den Inhalt der wohlerworbenen Rechte bestimmen, sondern nur die bestehenden schützen, RG. in Recht 1927, 303. Hierher gehört insbesondere das Recht auf das verliehene Amt, RGZ. 104, 58; 107, 6, a. A. Anschütz 339, HansOLG. in Fischers Z. 60 (1927), 290ff., jedoch nur dann, wenn das Amt für dauernd verliehen ist, also die Unentziehbarkeit aus seiner Natur folgt, und mit der in Abs. 2 gemachten Einschränkung, sächs. OVG. 28, 150ff. Das Recht auf das verliehene Amt umfaßt auch das Recht auf Beamteneigenschaft; ein (öffentliches) Beamtenverhältnis darf also nicht in ein privates Dienstverhältnis umgewandelt werden. Das Hauptamt als solches gewährt kein wohlerworbenes Recht auf die Innehabung eines Nebenamtes, sächs. OVG. 28, 150ff. Die Einziehung einer Amtsstelle bedeutet noch nicht die Aufhebung des von dem bisherigen Inhaber bekleideten Amtes, rechtfertigt also auch nicht die nur unter dieser Voraussetzung nach Landesrecht zulässige Versetzung des Beamten in den Ruhestand, HansOLG. a. a. O. Der ordentliche Richter kann aber nur auf die finanziellen Folgen dieser Rechte erkennen, vgl. Arndt, Anm. 1 zu § 155 RBG. — Hierher gehört auch das Recht auf Diensteinkommen entsprechend der zugehörigen Gehaltsklasse in dem angemessenen und bisher üblich gewesenen Maße, doch kann in diesem Rahmen das Stellendiensteinkommen zum Nachteil des Beamten durch einfaches Reichsgesetz geändert werden (vgl. RGZ.

104, 61; 114, 228). Dieses Recht auf bestimmte Bezüge darf weder durch eine spätere Organisationsänderung (RGZ. 108, 405) noch auf dem Wege der Versetzung ein in Amt mit geringem Gehalt, die — auch durch Disziplinarerkenntnis — nur auf Grund ausdrücklicher Gesetzesbestimmung zulässig ist, genommen werden (Reindl, LZ. 1926, 879ff., 1177ff., für völlige Unzulässigkeit: RGZ. 105, 27ff.). Durch gesetzwidrige Besoldungserhöhung wird jedoch kein wohlerworbenes Recht auf den rechtswidrig gewährten Mehrbetrag erworben, RG. in JurRundschau 1927 Rechtspr. Sp. 171 Nr. 297, wohl aber dann, wenn die von der allgemeinen Besoldungsregelung abweichende Erhöhungsvereinbarung zulässig war, vgl. Arndt, JW. 1926, 805. Die Aufstufung einer Beamtenklasse im Gehalt bedeutet keine Schlechterstellung vorher mit ihr im Diensteinkommen gleichgestellter Gruppen, RGZ. 108, 315f. — Wohlerworbene Rechte sind ferner die Ansprüche auf Rang (RGZ. 105, 28f.), Amtsbezeichnung, Ruhegehalt, Unfall- und Hinterbliebenenfürsorge (sächs. OVG. 28, 69). Das Recht auf Pension usw. steht auch den Hinterbliebenen als unverletzbares wohlerworbenes Recht zu; denn sie müssen insoweit als Beamte gelten, da der Anspruch auf Hinterbliebenenfürsorge ein Bestandteil der Vermögensrechte des Beamten ist, sächs. OVG. 28, 68f., Wolffstieg 66f. Bestand bei Erlaß der Reichsverfassung eine landesrechtliche Bestimmung, wonach der Beamte sich allen Änderungen zu unterwerfen habe, die in bezug auf Pensionen getroffen werden, so kann der Staat hierüber Abänderungsgesetze erlassen, RG. in Recht 1927, 303.

Es besteht kein Recht der Beamten darauf, nur unter den zur Zeit ihrer Anstellung geltenden Voraussetzungen einstweilen oder endgültig in den Ruhestand versetzt zu werden. Die für das Reich durch Personal-Abbau-VO. v. 27. Oktober (RGBl. I 999; 1925 I 181; 1926 I 185, 398, 411) Art. 1 VI, bzw. § 60a RBG., für Preußen durch Ges. v. 15. Dezember 1920 (GS. 621), für Sachsen durch Ges. v. 29. Mai 1923 (GS. 112) usw. eingeführte Altersgrenze war also auch für die bereits im Dienst befindlichen Beamten gültig, RGZ. 104, 58ff., 66ff., sächs. OVG. 28, 142; Arndt, JW. 1921, 1200f.; Levin, Anschütz 340; a. A. Triepel, Wach, Giese 340, s. auch zu Art. 104. Denn es wird durch die Anstellung auf Lebenszeit die Pensionierung nicht ausgeschlossen. — Auch auf Dienstbekleidung besteht kein wohlerworbenes Recht, RG. in JW. 1927, 437.

Reichs- oder Landesrecht, das gegen Art. 129 I 3 verstößt, ist ungültig, z. B. die VO. über die 12. Ergänzung des Besoldungsgesetzes v. 12. Dezember 1923 (RGBl. I 1181), soweit sie die Aufwertung rückständiger Gehaltsansprüche ausschließen wollte, RGZ. 112, 106; Arndt, JW. 1925, 788; 1926, 1443, 1485ff., vgl. auch Hüfner, LZ. 1924, 281ff.; Lammers, Staats- u. Selbstverw. 5 (1924), 158f., a. A. RVersorgungsger. 5, 51 und in JW. 1926, 1484ff.

[3]) Rechtsweg ist das Verfahren vor den ordentlichen (bürgerlichen) Gerichten, RGZ. 104, 139; pr. OVG. 80, 71; sächs. OVG. 27, 293ff.; bayr. VGerH. 42, 106ff. u. in Reger, Entsch. 43, 203ff., OLG. Dresden in Seuff. Arch. 76, 157; Wolffstieg 96; a. A. Hatschek I 191, RVersGer. in JW. 1926, 1361f.; Wagner, das. 1617f. Denn die NatVers. wollte durch diese Bestimmung § 9 GVG. verfassungsmäßig festlegen; auch ist der Ausdruck „Rechtsweg" schlechthin im Reichsprozeßrecht und in § 149 RVG. stets so verstanden worden und bedeutet seit alters her „Gerichtsweg", O. Stölzel, Rechtsweg u. Kompetenzkonflikt (1901) 1f.; J. Goldschmidt, Prozeß als Rechtslage (1925) 211. In Zukunft sind also für vermögensrechtliche Ansprüche der Beamten nur noch die bürgerlichen Gerichte zuständig, sächs. OVG. 27, 292ff.; 28, 68f., a. A. thüring. OVG. in JW. 1926, 2319. Doch sind Streitigkeiten, die Vermögensansprüche nur mittelbar betreffen, z. B. solche über die Kündigung, den Verwaltungsgerichten nicht entzogen, sächs. OVG. 28, 177ff.; 29, 252ff.— Diese Vorschrift hat auch nur prozeßrechtliche Bedeutung, ändert also nichts an dem Rechtscharakter des Beamtenverhältnisses, sächs. OVG. 29, 252ff.

Der Rechtsweg ist offen für vermögensrechtliche Ansprüche aus dem Beamtenverhältnisse, so wie es durch Verleihung eines konkreten Amtes besteht, also nicht wenn ein Amt überhaupt oder soweit ein (versprochenes) höheres Amt noch nicht verliehen ist, RGZ. 104, 252ff.; 107, 329ff.; 108, 117ff., aber auch für Ansprüche, die vor Erlaß der Verfassung entstanden sind, RGZ. 99, 262; 101, 287; 104, 252; 114, 223, und für Ansprüche auf Grund besonderer (erlaubter) Zusicherungen über die Besoldungshöhe, RG. in JW. 1926, 805² und dazu Arndt das. Der Rechtsweg war mit Ausnahme für die preußischen Kommunalbeamten im Reich und in Preußen schon jetzt offen, RBG. § 149f., G. über die Erweiterung des Rechtsweges v. 24. Mai 1861 (GS. S. 241); s. auch § 13 EG. z. ZPO. und Art. 32 und 80 EG. z. BGB. Diese Gesetze bestimmen, daß der Klage die Entscheidung der obersten Verwaltungsbehörde vorhergehen und die Klage innerhalb sechs Monaten nach Zustellung der Entscheidung bei Vermeidung des Klageverlusts angebracht werden muß. Diese Prozeßvoraussetzung (RG. in Gruchot 31, 104; 36, 74; Pieper 572; Brand, JMBl. 1887, 114; Stoelzel, Rechtsweg und Kompetenzkonflikt 72) gilt fort, ebenso RGZ. 99, 261; 102, 170; 103, 291; 104, 252; 107, 328. Dem Art. 129 geschieht Genüge, daß überhaupt der Rechtsweg offensteht; s. Arndt im Recht 24, 193, RGZ. 99, 261. An die innerdienstlichen Entscheidungen der Verwaltungs- und Disziplinarbehörden (z. B. über Tatsache und Zeitpunkt der Dienstentlassung, Suspension, Pensionierung, Verhängung von Ordnungsstrafen, Festsetzung des Besoldungsdienstalters, Einstufung in eine Gehaltsklasse usw.) sind die Gerichte gebunden, soweit diese Entscheidungen staatshoheitsakte darstellen, rechtsbegründende oder -vernichtende Kraft haben oder in Rechtskraft erwachsen, RGZ. 99, 261; 101, 287; 103, 292; 104, 252; 107, 329; 108, 345 u. in JW. 1927, 259f., OLG. Celle in Recht 1927, 73f.; Giese 341; Anschütz 341; abw. RGZ. 104, 58 u. Recht 1926, 130, pr. OVG. 78, 253f., vgl. auch Anm. 5 zu Art. 131. Der Grundsatz der Unnachprüfbarkeit von Staatshoheitsakten insbesondere der Unabänderbarkeit rechtskräftiger Entscheidungen ist von der Reichsverfassung als selbstverständlich vorausgesetzt worden. Bezüglich Streikverbots für Beamte und Soldaten s. V. des Reichspräs. v. 29. Januar 1920 (RGBl. 195) auf Grund Art. 48.

[4]) Auch diese Vorschrift entspricht dem geltenden Recht, s. auch Steinkopf, StenBer. 1631. Die Versetzung in den Ruhestand oder in ein Amt mit geringem Gehalt ist — auch im Wege des Disziplinarverfahrens — nur auf Grund besonderer (auch landes-)gesetzlicher Ermächtigung zulässig, abw. RGZ. 105, 27ff.; 107, 6f.; 108, 170f., s. Art. 104, §§ 24ff., 60aff. RBG., Art. III—V Ges. über Pflichten der Beamten zum Schutz der Republik v. 21. Juli 1922 (RGBl. I 590), PersonalabbauVO. v. 27. Oktober 1923 (RGBl. I 999; 1925 I 181; 1926 I 185, 398, 411), Art. 3 und Ges. v. 12. November 1919 (RGBl. 1653); s. auch RGZ. 115, 115ff. Vgl. auch oben Anm. 2 zu Art. 104.

[5]) § 117 RBG., der einem Wiederaufnahmeverfahren entgegensteht, ist damit aufgehoben; a. A. Anschütz 342.

[6]) Die schon im Jahre 1848 verbotenen geheimen Konduitenlisten sind somit endgültig verboten und die Offenlegung der Akten eingeführt. Das Recht, sich Abschriften zu nehmen, ist in Abs. III 2 enthalten, doch dürfen diese nicht unbefugt bekannt gegeben werden, s. Erlasse der Reichsregierung v. 30. Januar u. 2. Oktober 1923 in RMinBl. 272, 971.

[7]) § 32 des Wehrges. v. 23. März 1921 (RGBl. 329) gibt für vermögensrechtliche Ansprüche aus dem militärischen Dienstverhältnis den Rechtsweg (Vorbescheid des Reichswehrministers erforderlich). Berufssoldaten i. S. des Art. 129 sind auch früher aktive Mitglieder des alten Heeres und der alten Kriegsmarine, RGZ. 99, 261f.; 101, 288 und in DJZ. 1923, 500. S. auch A. 4 zu Art. 104.

[8]) §§ 18—40 Wehrgesetz v. 23. März 1921 (RGBl. 329).

Artikel 130.

Die Beamten sind Diener der Gesamtheit, nicht einer Partei[1]).

Allen Beamten wird die Freiheit ihrer politischen Gesinnung und die Vereinigungsfreiheit gewährleistet[2]).

Die Beamten erhalten nach näherer reichsgesetzlicher Bestimmung besondere Beamtenvertretungen[3]).

StenBer. 1630ff.; BA. 381f., 507ff.

Stier-Somlo I 467ff.; Finger 76ff.; Hubrich 224f.; von Freytagh-Loringhoven 324ff.; Wolfstieg, Beamtenreichsrecht (1921) 58ff. und Beamtenjahrbuch 13 Nr. 12; Bendix, Streikrecht der Beamten (1922); Groh, A. ö. R. NF. 5, 369ff.; Bervier, das. 6, 1ff.; Bilfinger, das. 8, 174ff.; Sontag, DRichterZ. 1921, 39ff.; Waldmann, Z. f. Arbeitsrecht 8, 135; Kübel, DRichterZ. 1924, 273ff.; Stock, DJZ. 1925, 1330f.; Damme, DJZ. 1919, 785; Lohmeyer, PrVBl. 41, 87; Herrnstadt, PrVBl. 47. 509f.; Völter, Z. f. Arbeitsrecht 1926, 469ff.; Roß, Jur. Rundschau 1927, 10ff.; Brandt, Beamtenrecht² (1926) 423ff., 485ff.

[1]) Schon früher war den Beamten nicht gestattet, Agitationen gegen Reich und Staat zu betreiben, OVG. 14, 404, BMBl. 1877, 92; 1899, 84; auch Art. 130 Abs. 1 bedeutet eine verfassungsmäßige Schranke der politischen Betätigungsfreiheit des Beamten, pr. OVG. 76, 476. Dem Beamten stehen die Grundrechte nur insoweit zu, als sie mit den für ihn geltenden Sonderbestimmungen, besonders der Disziplinargesetze, vereinbar sind, pr. OVG. 77, 512. Vor allem darf der Beamte nur den ihm durch Gesetz übergeordneten Behörden verantwortlich sein und sich nur diesen verantwortlich fühlen.

[2]) Freiheit der politischen Gesinnung heißt Freiheit ihrer Äußerung, pr. OVG. 77, 493ff.; 78, 445ff., sogar darf grundsätzlich auch zu verfassungswidrigen Mitteln und Zielen der Beamte sich bekennen, pr. OVG. 78, 455. Doch darf die Be-

tätigung die Beamtenpflichten, besonders die Würde des Amtes nicht verletzen oder gar einen Amtsmißbrauch darstellen, pr. OVG. 77, 509ff., 512ff.; 78, 445ff., RDiszH. 170, 191, 198, 199, 206, 209f., 216, 218f., 222, 226, 228, 229, 487, pr. DiszH. in DJZ. 1924, 832, 878, und zwar auch außerhalb des Dienstes, insbesondere auch im Auslande, RDiszH. 108, 204, 229, pr. DiszH. in DJZ. 1925, 1591, pr. Staatsministerium, das. 1926, 520. Der Beamte kann also in angemessenen Formen Kritik üben, er darf aber nicht in einer Bestand und Ansehen des Staates schädigenden Weise sich betätigen, insbesondere nicht der Regierungspolitik aktiv oder passiv entgegenarbeiten. Zur aktiven Unterstützung derselben, soweit dies nicht schon eo ipso Amtspflicht ist, sind jedoch nur politische Beamte verpflichtet, doch muß jeder Beamte in seiner amtlichen Tätigkeit für die verfassungsmäßige Staatsgewalt eintreten, § 10a RBG., eingefügt durch Ges. v. 21. Juli 1922 (RGBl. I 590), er hat insbesondere alles zu unterlassen, was mit seiner Stellung als Beamter der Republik unvereinbar ist. Jedes Streiken verletzt die Beamtenpflicht, s. VO. des Reichspräsidenten v. 1. Februar 1922 (RGBl. 187), RGSt. 56, 412ff., 419ff., KG. in DJZ. 1922, 755, pr. OVG. 78, 448ff., bayr. ObLG. in DJZ. 1923, 56, RDiszHof in RMinBl. 1923, 975, zustimmend Bendix, Groh, Stier-Somlo, Damme, Lohmeyer. In ihrer Eigenschaft als Mitglieder des Reichstages, eines Landtages oder des Reichswirtschaftsrates sind die Beamten jedoch verantwortungsfrei, aber nur bezüglich ihres Verhaltens in den Sitzungen dieser Parlamente, bayr. ObLG. in JW. 1926, 2300, RDiszH. 208. Über Vereinigungsfreiheit vgl. Art. 124, 159.

[3]) Beamte fallen nicht unter Art. 165. Im Sinne des Art. 165 gibt es keine Beamtenräte. Doch entsendet die Beamtenschaft gemäß VO. v. 4. Mai 1920 (RGBl. 858) 5 Vertreter in den Vorläufigen Reichswirtschaftsrat, s. pr. OVG. 77, 509ff. — Art. 131 gilt nur für Deutsche, RGZ. 111, 295.

Artikel 131.

Verletzt ein Beamter in Ausübung der ihm anvertrauten öffentlichen Gewalt die ihm einem Dritten gegenüber obliegende Amtspflicht[1]), so trifft die Verantwortlichkeit grundsätzlich den Staat oder die Körperschaft[2]), in deren Dienste der Beamte steht[3]). Der Rückgriff gegen den Beamten bleibt vorbehalten[4]). Der ordentliche Rechtsweg darf nicht ausgeschlossen werden[5]).

Die nähere Regelung liegt der zuständigen Gesetzgebung ob[6]).

Stier-Somlo I 475; Hatschek I 191ff. und Verwaltungsrecht 313ff.; Delius, Beamtenhaftpflichtgesetze[3] (1921), Recht 1921, 45ff, JW. 1920, 550 und PrVBl. 45, 347ff.; Arndt, Recht 1920, 193 u. JW. 1921, 567; W. Jellinek i. Veröffentlichg. der Staatsrechtslehrer (1925) II 69ff. und JW. 1926, 1442; Wolfstieg, Beamtenreichsrecht (1921) 97ff.; Reimer, Beiträge zur Lehre von der Amtshaftung (1919, 1920) und JW. 1920, 550; Josef, Zentralbl. f. d. freiw. Gerichtsbarkeit 1922, 269; Löwenthal, PrVBl. 45. 231ff.; Schumburg, das. 46, 149ff.; Fürstenau, JW. 1922, 492f.; von Schelhorn, JW. 1924, 1036ff.; Zipplies, Staats- u. Selbstverw. 1926, 559f.; Josef, D.RichterZ. 1926, 246.

[1]) Abs. 1 ist aktuelles Recht; übereinstimmende oder entgegenstehende Gesetze des Reichs und der Länder sind aufgehoben, soweit sie nicht durch Abs. 2 aufrecht erhalten werden, RGZ. 102, 168ff., 393; 103, 430; 104, 291f.; 106, 34ff.; 109, 209ff. (gemäß Art. 13 II! s. RGBl. 1923 I 292); 111, 378, ebenso Giese 348, Danziger Obergericht in JW. 1924, 709f., jetzt auch Anschütz 346, a. A. pr. Kompetenz-Konflikt-Gerichtshof i. PrVBl. 42, 525; 43, 310 (JW. 1922, 612; 1923, 329f.), bayr. VGerHof in JW. 1924, 73, bad. VGerHof in JW. 1922, 1361; Apel, JW. 1926, 2294f.

Beamter ist jeder Träger öffentlicher Gewalt ohne Rücksicht darauf, in welcher Form ihm diese anvertraut ist, also auch Arbeiter- und Soldatenräte, RGZ. 104, 260ff., 346ff., 362ff.; 105, 335, 395 und in JW. 1926, 1442f., 2294f., oder ihm das Landesrecht Beamteneigenschaft zuerkennt, RGZ. 114, 197. Art. 131 gilt auch für Soldaten. Diese handeln stets dann in Ausübung öffentlicher Gewalt, wenn sie „im Dienst" sind, nicht nur, wenn sie zu wirklichen Kampfhandlungen eingesetzt werden, RGZ. 101, 355; 107, 270; 108, 387; 109, 209, a. A. Schneider, Polizei und Reichswehr (1926) 1ff. Das gleiche gilt entsprechend für Postbeamte, a. A. RG. in JW. 1926, 2295f., s. auch Anm. 1 zu Art. 88. Die öffentliche Gewalt kann sich auch in staatlicher Fürsorge betätigen (RGZ. 68, 285; 92, 274; 102, 32; 111, 369; 114, 197). — Über Amtspflicht s. RGZ. 86, 122; 110, 350; 111, 178ff.

[2]) Dadurch sind die Grenzen, die für die Haftung des Beamten bestehen, BGB. § 839 Abs. 2, nicht erweitert; es soll nur grundsätzlich an die Stelle des Beamten die durch ihn vertretene Körperschaft treten (Organtheorie), Burlage, StenBer. 1638, Arndt l. c., RGZ. 102, 168f.

[3]) Es gilt fort über die Haftung des Staats und anderer Verbände für Amtsverletzungen von Beamten in Ausübung der obrigkeitlichen Gewalt G. v. 1. August 1909 (GS. S. 691) bzw. 22. Mai 1910 (RGBl. 798). Die Haftbarkeit ist ausgeschlossen bei Beamten, die ausschließlich auf Gebühren angewiesen sind, ferner bei solchen Amtshandlungen, für welche die Beamten eine besondere Vergütung durch Gebühren von den Beteiligten beziehen, z. B. Notare. Nach dem Muster des PreußG. v. 1. August 1909 ist das RG. v. 22. Mai 1910 (RGBl. 798) nachgebildet. Für Elementarschullehrer haftet in Preußen nicht der Schulverband, sondern der Staat, G. v. 14. Mai 1914 (GS. S. 117); für städtische Gymnasial-, Mittel-, Fortbildungsschullehrer die Gemeinde, RGZ. 97, 312. Für städtische Polizeibeamte haftet die Gemeinde.

[4]) Der Rückgriff kann nur durch Gesetz angeordnet werden; im Reich und in Preußen durch § 2 des Haftpflichtges. und § 12 Grundbuchordnung.

[5]) In Preußen ist das Konfliktsverfahren bzw. G. v. 13. Februar 1854 (GS. S. 86) beseitigt. Art. 131 Abs. 1 S. 3 hebt auch solche Vorschriften auf, welche den Rechtsweg in Beamtenhaftpflichtsachen einschränken, also § 5 des pr. G. v. 1. August 1909, RGZ. 102, 393; 104, 24, 160, 243, 291; 106, 36ff., s. RGBl. 1923 I 292, Giese 349. Rechtsweg ist hier wie stets das Verfahren vor den bürgerlichen Gerichten, pr. OVG. 80, 71, s. Anm. 3 zu Art. 129. — Er ist zuzulassen ohne Rücksicht auf die Natur des Rechtsverhältnisses, um welches es sich bei der Amtshandlung handelte, RGZ. 113, 23, insbesondere auch wenn Staatsakte, die an sich nicht der richterlichen Nachprüfung unterliegen, vorgenommen worden sind (RGZ. 106, 42; 111, 65, sächs. KompKonflGerH. in Fischers Z. 60, 265ff.), doch darf die Klage nicht auf die Vor- oder Zurücknahme eines solchen Staatsaktes gerichtet sein, RGZ. 103, 134; 106, 406; 107, 367f.; 109, 294; 110, 348; 111, 48f., 88, JW. 1926, 2083f. und pr. KompKonflGerH. in PrVBl. 44, 404. Für die Zulässigkeit des Rechtsweges genügt es, daß die — möglicherweise unzutreffende — Behauptung aufgestellt ist, eine Körperschaft hafte hier für eine Person als ihren Beamten, RG. in JW. 1926, 805f. Ludewig das. Die Klage muß sich gegen diejenige öffentlich-rechtliche Person richten, in deren Dienst der Beamte steht, einerlei, ob sie ihm Weisungen für seine Amtsführung erteilen kann, RG. in Recht 1926, 720. Sie geht nur auf Schadensersatz, RGZ. 111, 65f.

[6]) Die Staatshaftung kann grundsätzlich nicht mehr ausgeschlossen werden, wohl aber hinsichtlich einzelner Beamtenkategorien (s. Anm. 3), wenn diese Ausschließung sachlich begründet ist, RGZ. 102, 170ff. — Art. 131 gilt nicht für Ausländer, RG. in JW. 1926, 814[14] 1332f., Jellinek das., KG. in JW. 1926, 386f., zustimmend Löwenthal das., a. A. RGZ. 111, 378f. ohne jede Begründung. Denn nicht nur be-

zeichnet die Verfassung Art. 131 als Grundrecht der Deutschen, sondern es besteht auch kein Grund dazu, Ausländern ein solches Recht verfassungsmäßig zu verbriefen, zumal so lange die Gegenseitigkeit nicht verbürgt ist. Für die Ausländer gelten also die bisherigen Gesetze fort, insbesondere § 7 RHaftpflichtges. — Der § 227 RAbgO. bedeutet keine Einschränkung der Staatshaftung für Steuerbeamte, RG. in LZ. 1924, 639 u. RGZ. 111, 65. Der § 3 I RHaftpflichtges. und § 547 Nr. 2 ZPO. sind durch Art. 131 unberührt geblieben, RGZ. 111, 404.

Artikel 132.

Jeder Deutsche hat nach Maßgabe der Gesetze die Pflicht zur Übernahme ehrenamtlicher Tätigkeiten.

Solche Pflicht kann nur durch Gesetz begründet werden, wie sich aus Art. 114 ergibt.

Artikel 133.

Alle Staatsbürger sind verpflichtet, nach Maßgabe der Gesetze persönliche Dienste für den Staat und die Gemeinde zu leisten[1]).

Die Wehrpflicht richtet sich nach den Bestimmungen des Reichswehrgesetzes[2]). Dieses bestimmt auch, wieweit für Angehörige der Wehrmacht zur Erfüllung ihrer Aufgaben und zur Erhaltung der Manneszucht einzelne Grundrechte einzuschränken sind[3]).

VA. 382, 511ff. Stier-Somlo I 314; Potthoff i. Z. f. Arbeitsrecht 7, 65.

[1]) S. § 360[10] StGB., §§ 315, 354 preuß. Wassergesetz v. 7. April 1913 (GS. S. 53), wonach bei Hochwassergefahr alle Bewohner der benachbarten Gegend zur unentgeltlichen Hilfeleistung verpflichtet sind; s. auch pr. Ges. v. 21. Dezember 1904 (GS. S. 291).

²) Durch den Frieden zu Versailles v. 28. Juni 1919 Art. 173 ist die allgemeine Wehrpflicht im Deutschen Reiche verboten. Jetzt gilt Wehrges. v. 23. März 1921 (RGBl. 329). Die Wehrmacht ist die Reichswehr. Sie wird gebildet aus dem Reichsheer und der Reichsmarine, die aus freiwilligen Soldaten und nicht im Waffendienst tätigen Militärbeamten gebildet und ergänzt werden. Zu den Soldaten gehören die Offiziere aller Gattungen, die Deckoffiziere, Unteroffiziere und Mannschaften. Die allgemeine Wehrpflicht ist im Reich und in den Ländern abgeschafft. Die Zahl der Soldaten und Militärbeamten beträgt höchstens 100000 (4000 Offiziere und in Offizierrang tätige Militärbeamte eingeschlossen). Hierzu treten 300 Sanitäts- und 200 Veterinäroffiziere. Die Zahl der Soldaten und Militärbeamten der Reichsmarine beträgt höchstens 15000 (eingeschlossen 1500 Offiziere und Deckoffiziere); s. indes auch RGBl. 1921, 787. Die §§ 140, 142, 143, 360³ StGB. sind somit gegenstandslos geworden, RG.St 55 125.

³) Hier kommen die §§ 36, 37 des Wehrges. in Betracht. § 36 bestimmt: Die Soldaten dürfen sich politisch nicht betätigen. Innerhalb des Dienstbereichs ist eine solche Betätigung auch den Militärbeamten untersagt. Den Soldaten ist die Zugehörigkeit zu politischen Vereinen und die Teilnahme an politischen Versammlungen verboten. Für die Soldaten ruht das Recht zum Wählen oder zur Teilnahme an Abstimmungen im Reiche, in den Ländern oder in den Gemeinden. Der Reichswehrminister kann bestimmte Zeitungen verbieten, sofern ihr Inhalt die militärische Zucht und Ordnung oder die Aufrechterhaltung der Verfassung gefährdet. Hierdurch ist den Soldaten das Petitionsrecht nicht genommen, s. Anm. zu Art. 126. § 37: Nichtpolitischen Vereinen dürfen die Soldaten angehören, sofern nicht die Zugehörigkeit zu einem solchen Verein aus Gründen der militärischen Zucht und Ordnung verboten wird. Solche Verbote dürfen nur vom Wehrkreis- (Marinestations-) kommando erlassen werden. Das Verbot ist schriftlich zu begründen und mit der Begründung

dem Vorstand des Vereins zuzustellen. Gegen das Verbot ist Beschwerde an den Reichswehrminister zulässig. Die Soldaten eines Standorts, eines Truppenteils oder die Besatzung eines Schiffes oder Schiffsverbandes dürfen sich untereinander versammeln und vereinigen. Zeit und Ort der Versammlung und die Gründung einer Vereinigung sind dem zuständigen Vorgesetzten rechtzeitig zu melden. Dieser kann die Versammlung oder Vereinigung verbieten, sofern sie mit dem Dienstbetrieb oder der militärischen Zucht und Ordnung unvereinbar sind. Gegen Verbote der Vorgesetzten ist die Beschwerde im Dienstweg zulässig.

Nur das Reichswehrgesetz selbst kann ohne Verfassungsänderung die Grundrechte einschränken, und zwar müssen diese Bestimmungen dann nicht nur im Text des Wehrgesetzes stehen, sondern auch mit ihm sachliche Verbindung haben und in Verhältnissen der Reichswehr billigerweise begründet sein.

Artikel 134.

Alle Staatsbürger ohne Unterschied tragen im Verhältnis ihrer Mittel zu allen öffentlichen Lasten nach Maßgabe der Gesetze bei.

G. Leibholz, Die Gleichheit vor dem Gesetz (1925) 99, 110; Aldag, Gleichheit 83ff., 116ff.

Damit sind die Steuerbefreiungen, auch von Post- und Telegraphengebühren, und Steuerbevorzugungen z. B. der ehemaligen landesherrlichen Familien unvereinbar und demgemäß aufgehoben.

Der Grundsatz der gleichmäßigen Verteilung aller öffentlichen Lasten ist verfassungsmäßige Richtschnur für den Gesetzgeber geworden, pr. OVG. 78, 203ff. Durch die Aufwertungsgesetzgebung ist trotz vieler ihrer Härten hiergegen nicht verstoßen worden, da sie sachlich begründet war, RGZ. 107, 375ff.; 111, 323f., 328—330, ebenso nicht durch § 28 der DurchführungsVO. zu GoldbilanzenVO. v. 28. März 1924 RGZ. 113, 1ff., a. A. Triepel, GoldbilanzenVO. (1924).

Öffentliche Lasten können nur durch Gesetz auferlegt werden. Ausländer, die sich in Deutschland aufhalten, stehen Deutschen grundsätzlich gleich, E. Isay, Fremdenrecht (1923) 90 Anm. 1.

Vgl. auch G., betr. Naturalleistungen an die bewaffnete Macht v. 6. April 1925 (RGBl. I 44).

Dritter Abschnitt.

Religion und Religionsgesellschaften.

Artikel 135.

Alle Bewohner des Reichs genießen volle Glaubens- und Gewissensfreiheit. Die ungestörte Religionsübung wird durch die Verfassung gewährleistet und steht unter staatlichem Schutz. Die allgemeinen Staatsgesetze bleiben hiervon unberührt.

StenBer. 1644ff.; VA. 187ff.

Hatschek I 223ff; Bredt, Neues Evangelisches Kirchenrecht (1922) II 130ff.; Koeniger-Giese, Kirchenrecht (1924) 206ff.; Fürstenau, Religionsfreiheit; Karl Israel, Reich — Staat — Kirche (Berlin 1926); Mausbach, Kulturfragen in der RVerf. (1920); Hofacker, Grundrechte (1926) 30f.; Brunet 249ff.; Duguit V (1925) 451ff.

Art. 135 wiederholt im wesentlichen Art. 12 der a. Preuß. Verf. und garantiert nicht bloß Freiheit der Religion, sondern auch der Religionslosigkeit; s. auch Fürstenau 198. Der Berichterstatter zu Art. 135 (Mausbach) in den StenBer. 1644: „Der Artikel sichert allen Bewohnern des Reichs die volle Glaubens-, Gewissens- und Gedankenfreiheit; mit anderen Worten die Freiheit, ihren religiösen Glauben zu bekennen und zu betätigen, die Freiheit, ihrem sittlichen Gewissen zu folgen, und Gedankenfreiheit, d. h. die Freiheit, ihre Gedanken

— hier vor allem die philosophische Überzeugung — frei zu äußern. Im zweiten Satz wird sodann die ungestörte Religionsübung positiv durch die Verfassung gewährleistet und sie soll auch vom Staate gegen gewalttätige Eingriffe und Angriffe geschützt werden. Der letzte Satz soll einem Mißbrauch der religiösen Freiheit vorbeugen, der die Rechte oder das Interesse der öffentlichen Ordnung gefährden würde." Mit der Freiheit der Religionsübung ist auch die des Religionsunterrichts gewährleistet; OVG. 22, 396; Arndt, a. PreußVerf. 111. Nicht gewährt ist die Freiheit des Ortes der Religionsausübung, KG. in JFG. Erg. 4 (1926), 377ff. — Kirchliche Zwangsmaßregeln (s. indes A. zu Art. 116) sind nicht ausgeschlossen, s. VA. 194; StenBer. 1644. Das sogenannte Schächten ist, soweit Religionsausübung, frei, ob als Tierquälerei? OVG. 38, 58; 44, 68. Die Freiheit der Religionsübung und des Gottesdienstes schließt das Recht der Polizei nicht aus, gemäß § 10 II 17 ALR. zum Schutz von Leib und Leben, z. B. wegen Überfüllung, Feuersgefahr, Ansteckungen, das Erforderliche zu veranlassen; OVG. 6, 371; 16, 387; 23, 416; 42, 413; Arndt 112; Anschütz 353; Giese 356; s. auch OVG. im PreußVBl. 19, 46 (Verbot ruhestörenden Lärms, der Heilsarmee); s. auch KGJ. 3, 307 (öffentliche Leichenreden). Die Beschränkungen durch allgemeine (die Bedeutung ist hier dieselbe wie in Art. 118, s. dort Anm. 1) Reichs- oder Landesgesetze strafrechtlichen (RGSt. 57, 141f.), polizeilichen und gewerblichen (bayr. ObLG. in DJZ. 1923, 504) Inhalts bestehen also fort. Zwar gilt Religionsfreiheit auch für Ausländer, doch muß sich deren Betätigung innerhalb der Staatsgesetze halten; keine Vielweiberei, keine Tierquälerei; s. auch Art. 136.

Durch die Vorschriften der §§ 260, 237, 261, 111, 39 II 11 ALR. wird Art. 135 nicht verletzt; diese Bestimmungen gliedern zwar den, welcher sich zur Konfession einer Landeskirche bekennt, dieser zwangsweise ein, das Bekenntnis beruht aber auf dem freien Willen und es besteht jederzeit die Möglichkeit des Austritts, pr. OVG. 79, 104.

Artikel 136.

Die bürgerlichen und staatsbürgerlichen Rechte und Pflichten werden durch die Ausübung der Religionsfreiheit weder bedingt noch beschränkt[1]).

Der Genuß bürgerlicher und staatsbürgerlicher Rechte sowie die Zulassung zu öffentlichen Ämtern sind unabhängig von dem religiösen Bekenntnis[1]).

Niemand ist verpflichtet, seine religiöse Überzeugung zu offenbaren. Die Behörden haben nur so weit das Recht, nach der Zugehörigkeit zu einer Religionsgesellschaft zu fragen, als davon Rechte und Pflichten abhängen[2]) oder eine gesetzlich angeordnete statistische Erhebung dies erfordert.

Niemand darf zu einer kirchlichen Handlung oder Feierlichkeit oder zur Teilnahme an religiösen Übungen oder zur Benutzung einer religiösen Eidesform gezwungen werden[3])[4]).

StenBer. 1644, 1656, 1662; VA. 187ff.

Hatschek I 223ff.; Bredt, Kirchenrecht II, 132ff.; Koeniger-Giese, Kirchenrecht 206ff.; Büttner, Sächs. Arch. 1919, 290.

[1]) Wiederholt bestehendes Recht, s. Gesetz, betr. die Gleichberechtigung der Konfessionen in bürgerlicher und staatsbürgerlicher Beziehung v. 3. Juli 1869 (BGBl. 292). Dies Gesetz bezieht sich nicht auf Ausländer; § 71 des sog. Judengesetzes von 1847, da er gegen Ausländer gerichtet ist, gilt also noch, RGSt. 13, 207; Friedrichs, Verw.Arch. 21, 330; a. A. Anschütz, a. PreußVerf. 112. — Die Ausübung der Religionsfreiheit darf niemals Voraussetzung oder Bedingung sein für Rechte, die dem Staatsbürger als solchem Vorteile oder Nachteile bringen, pr. OVG. 76, 122ff. Die Religionsfreiheit entbindet aber nicht von der Pflicht der Befolgung polizeilicher und strafrechtlicher Vorschriften. So kann z. B.

die Polizei bei der An- und Abmeldung die Angabe der Religionszugehörigkeit verlangen, da hierdurch nicht die innere Überzeugung offenbart werden soll, KG. in JFG. 4 (1926), 369ff., und die Kirchengemeindezugehörigkeit davon abhängt, pr. OVG. 79, 98ff. Auch bleibt die Vorschrift unberührt, daß bei Auswahl des Vormundes auf das religiöse Bekenntnis des Mündels Rücksicht zu nehmen ist, KG. Johow 52, 37ff.

[2]) Soll im weiteren Sinne aufgefaßt werden; so VA. 203 u. Mausbach 1644; Giese 357; s. auch VA 187; s. andererseits G. über den Personenstand (Fass. RGBl. 1920, 1207) Poetzsch 123. Doch darf der Standesbeamte nicht mehr nach der Konfession fragen; Registerauszüge über Geburtsfälle jedoch müssen die Religion der Eltern enthalten, wenn diese Angabe in dem Geburtshauptregister steht, da sie nur die objektive Zugehörigkeit zu einer Religionsgesellschaft bekundet, KG. in JFG. 1 (1924), 108ff. Von der Zugehörigkeit zu einer Religionsgesellschaft hängen Rechte oder Pflichten ab, z. B. in den Fällen der Art. 140, 141 I, 146 II, ferner im Gefängniswesen, bei der Vormundschaftsbestellung, Schutzaufsicht und Fürsorgeerziehung. Auch die Religionsgesellschaften können wegen der Kirchensteuer Auskunft fordern; VA. 575, StenBer. 1656.

[3]) Hierzu war beantragt gewesen (Mausbach l. c.) „von Staatswegen" hinzuzufügen, um die Auslegung abzuwehren, als ob auch die Kirche keine Disziplinargewalt und Aufsicht üben dürfe. Dies wurde abgelehnt, nachdem der Vorsitzende des Verfassungsausschusses protokollarisch festgestellt hatte, daß auch so in das Gebiet der kirchlichen Pflichten desjenigen, der mit seinem Willen der Kirche angehört, staatlicherseits nicht eingegriffen werden soll; s. auch zu Art. 135. Auch Zwang durch elterliche oder vormundschaftliche Gewalt ist also zulässig; die landesrechtlichen Vorschriften über religiöse Erziehung der Kinder bestehen fort, KG. Johow 52, 33ff. a. A. Bonin, PrVBl. 40, 112

[4]) Der Religionsfreiheit entspricht das Recht des Austritts aus einer Religionsgesellschaft, s. Art. 76 PreußVerf., dazu Arndt 123 u. pr. Ges. v. 30. November 1920 (GS. 1921, 119). Die Fortgeltung der Vorschriften des ALR. über Kirchengemeindezugehörigkeit (s. zu Art. 135) verstößt hiergegen nicht, da sie keinen Zwang zu kirchlichen Handlungen ausüben, pr. OVG. 79, 105. Auch darf der Eigentümer eines öffentlichen Krankenhauses (s. zu Art. 141) nicht die Geistlichen einer zugelassenen Religionsgesellschaft an der Ausübung ihrer seelsorgerlichen Rechte und Pflichten, zu denen auch die Beeinflussung der Kirchenmitglieder gehört, hindern, da hierdurch grundsätzlich kein unzulässiger Zwang ihrerseits ausgeübt wird, bayr. VerwGerH. in JW. 1926, 2550f. Auch das kirchliche Disziplinarrecht bleibt bestehen; Giese 358; gleichfalls die religiöse Kindererziehung, soweit sie Teil der allgemeinen recht- und pflichtmäßigen Kindererziehung ist, KG. Johow 52, 33ff.

Artikel 137.

Es besteht keine Staatskirche[1]).

Die Freiheit der Vereinigung zu Religionsgesellschaften wird gewährleistet. Der Zusammenschluß von Religionsgesellschaften innerhalb des Reichsgebiets unterliegt keinen Beschränkungen[2]).

Jede Religionsgesellschaft ordnet und verwaltet ihre Angelegenheiten selbständig innerhalb der Schranken des für alle geltenden Gesetzes[3]). Sie verleiht ihre Ämter ohne Mitwirkung des Staates oder der bürgerlichen Gemeinde[4]).

Religionsgesellschaften erwerben die Rechtsfähigkeit nach den allgemeinen Vorschriften des bürgerlichen Rechtes[5]).

Die Religionsgesellschaften bleiben Körperschaften des öffentlichen Rechtes, soweit sie solche bisher waren[6]). Anderen Religionsgesellschaften sind auf ihren Antrag gleiche Rechte zu gewähren, wenn sie durch ihre Verfassung und die Zahl ihrer Mitglieder die Gewähr der Dauer bieten[7]). Schließen sich mehrere derartige öffentlich-rechtliche Religionsgesellschaften zu einem Verbande zusammen, so ist auch dieser Verband eine öffentlich-rechtliche Körperschaft.

Die Religionsgesellschaften, welche Körperschaften des öffentlichen Rechtes sind, sind berechtigt, auf Grund der bürgerlichen Steuerlisten nach Maßgabe der landesrechtlichen Bestimmungen Steuern zu erheben[8]).

Den Religionsgesellschaften werden die Vereinigungen gleichgestellt, die sich die gemeinschaftliche Pflege einer Weltanschauung zur Aufgabe machen[8]).

Soweit die Durchführung dieser Bestimmungen eine weitere Regelung erfordert, liegt diese der Landesgesetzgebung ob.

StenBer. 1498, 1644ff., 2159f.; VA. 187ff., 514ff.

Bredt, Die Trennung von Staat und Kirche (1919), N. Evang. Kirchenrecht (1922) II 94ff., 138ff., 177ff., Geist der RVerf. (1924) 275ff. u. A. ö. R. 42, 348ff.; Giese in Koeniger-Giese, Kirchenrecht (1924) 202ff.; Kirchensteuerrecht (1910), Jahrb. 13 (1925), 249ff. u. A. ö. R. NF. 7, 1 ff.; K. Israel, Geschichte des Reichskirchenrechts (1922) 35ff. und Reich — Staat — Kirche (1926); Hatschek I 214ff.; Stier-Somlo I 485ff.; von Freytagh-Loringhoven 330ff.; Hubrich 230ff. u. Arch. f. bürg. R. (1919) 43, 1ff.; Schoen, VerwArch. 29, 2ff.; Marsson, das. 255ff.; Schmitt, A. ö. R. 42, 1ff.; Kahl, das. 43, 115ff.; Koellreutter, das. NF. 6, 225ff.; Rothenbücher, Ann. f. Sozialpol. 6, 354ff.; von Bonin, PrVBl. 45, 337ff.; Mausbach, Kulturfragen in der RVerf. (1920); A. Lilienthal, Die Staatsaufsicht über die Religionsgesellschaften nach Art. 137 RVerf. (1925).

[1]) Dieser Satz, der keine gewaltsame Trennung, sondern eine „schiedlich-friedliche Einigung" darstellen soll, spricht das Trennungsprinzip gegenüber der engen Verbindung zwischen dem Staat und der Kirche aus, wie sie bei der evangelischen Kirche bislang vorhanden war (Territorialsystem). Kirchengesetze brauchen nicht mehr durch Staatsgesetze genehmigt zu werden: s. indes GS. 1920, 402; 1921, 385. Abs. 1 ist nur Grundsatz, kein aktuelles Recht, Bredt; er hat die gehobene Stellung der Kirche im Staate nicht beseitigt und will dies auch nicht, KG. in JFG. Erg. 1 (1924), 184ff.

[2]) Z. B. der Zusammenschluß der evangelischen Landeskirchen im Reiche zum Deutschen Evangelischen Kirchenbund (1921).

[3]) Dieser Satz ist aktuelles Recht (RGZ. 103, 94; 107, 290; 113, 402; er soll den Kirchen die Freiheit vom Staat und seiner Macht geben, wie Art. 15 der a. PreußVerf., dessen Bedeutung stark bestritten war; s. Arndt und Anschütz zu diesem Art 15, der durch G. v. 18. Juni 1875 (GS. S. 259) ohne rückwirkende Kraft aufgehoben wurde, um der Kulturkampfgesetzgebung freien Raum zu schaffen. Ob durch Art. 15 das landesherrliche Kirchenregiment und die staatliche Kirchenhoheit vollständig beseitigt war, ist streitig; s. Schön, Ev. Kirchenr. I 159, II 257; Jakobsen, Kirchenr. 115; Anschütz, PreußVerf. I 302; Moll bei Sehling 22, 76; v. Rönne-Zorn III 168; Kahl, Lehrsystem 278, die dies verneinen, so auch RGZ. 113, 349ff. Die Frage wiederholt sich gegenüber der Reichsverfassung; s. Kahl, StenBer. 1647; Naumann 1651. Kahl behauptet zutreffend das Fortbestehen des staatlichen Aufsichtsrechts, insoweit es im Statasinteresse unentbehrlich ist und aus dem Wesen des Staates folgt, so auch RGSt. 57, 25, RGZ. 103, 94; pr. OVG. 79, 104, RG. in Recht 1927, 152f.; Schoen, Lilienthal 21, 43ff.; Giese 362; Anschütz

361; a. A. Mausbach. Denn Art. 137 Abs. 3 Satz 1 bezieht sich nur auf innere Kirchenverwaltung, in die allerdings der Staat nicht eingreifen darf; die äußeren Angelegenheiten der Kirche also können Reich und Länder gemäß ihrer Zuständigkeit nach Art. 10 Nr. 1 kraft ihrer Kirchenhoheit regeln. Die Frage, was als kirchliche Angelegenheit im einzelnen anzusehen ist, bestimmt der Staat. Ist zwar jeder Eingriff in die innere Kirchenverwaltung an sich unzulässig, so gehen doch, wenn bei einer solchen Vorschrift eine der Kirche zu gewährende Unterstützung im Vordergrunde steht, die Art. 138, 173 dem Art. 137 III vor, RGZ. 113, 403. Das Patronatsrecht bleibt durch die Reichsverfassung unberührt (Mausbach l. c. 1645; PreußVerf. Art. 86; Arndt, PreußVerf. 130). Die Geistlichen sind, wie schon früher, keine unmittelbaren oder mittelbaren Staatsbeamten mehr wie nach ALR.; s. OVG. 19, 44. Die Mitglieder der Konsistorien und des evangelischen Oberkirchenrats waren und sind zwar kirchenregimentliche Beamte, besaßen aber regelwidrig die Rechte und Pflichten unmittelbarer Staatsbeamten; OVG. 32, 36; 32, 52; 35, 447; Riedner im VerwA. 12, 601. Dies muß bis zur anderweiten gesetzlichen Regelung fortgelten. Die Rechte des Landesherrn als Oberbischof der evangelischen Landeskirchen sind nach richtiger Ansicht (Bredt) auf die Kirche als solche übergegangen. Sie wurden in Preußen gemäß § 5 G. über die vorläufige Ordnung der Staatsgewalt in Preußen v. 20. März 1919 (GS. 53) in Widerspruch mit Art. 137 durch drei gewissermaßen in evangelicis deputierte Minister ausgeübt. Dies ist im staatlich bestätigten KirchenG. v. 19. Juni 1920 (GS. S. 414) für die ev. Landesmacht der älteren Provinzen dahin geordnet, daß sie gemeinschaftlich vom ev. Oberkirchenrat und vom Generalsynodalvorstand ausgeübt werden; s. auch Art. 82 PreußVerf. bei Arndt 129. „Für alle" in Satz 1 ist wie in Art. 146, 151 substantivisch gemeint, StenBer. 1652f., RSchiedsGer. in RBesoldgesBl. 1924, 327, RGZ. 114, 323f.; Anschütz 361; Giese 362; a. A. Poetzsch 190, Schmitt. Hierher gehört insbesondere Art. 129, s. dort Anm. 1.

[4]) Die Besetzung von Kirchenämtern mit Staatsbeamten, sowie die Ernennung und Bestätigung von Kirchenbeamten durch den Staat ist mit Art. 137 III 2 unvereinbar, RGSt. 56, 227, RGZ. 107, 287ff.; dagegen ist das Einspruchsrecht des Staates gegen Besetzung von Kirchenbeamten mit gewissen (nicht hinreichend vorgebildeten) Personen bestehen geblieben, Bredt II 228f.; Giese 363; Anschütz 363, a. A. Schmitt 31ff.; Lilienthal 57. Auch verstößt das Erfordernis der Mitwirkung einer weltlichen Behörde bei der Vertretung der Kirche nach außen nicht hiergegen, RG. in Recht 1927, 152f. Die Rechte und Pflichten des Staats und der Gemeinden aus dem Patronat (z. B. Präsentation) bleiben bestehen, nicht aber die Rechte aus anderen Titeln, z. B. Breve quod de fidelium oder Re sacra oder der Bulle de salute animarum v. 23. August 1821 (GS. S. 113) bezüglich der Bischofswahlen, Domkapitelstellen usw., die nach der preußischen Verfassung bestehen geblieben waren; s. v. Rönne-Zorn III 178 Anm. 4; Stutz bei Kohler 948; Arndt, a. PreußVerf. 120; Anschütz, a. V. I 354. Das G. v. 3. Juni 1876 (GS. S. 125) über die Notwendigkeit der staatlichen Zustimmung zu Kirchengesetzen ist insoweit durch Art. 137 aufgehoben; s. dazu Schoen, Ev. Kirchenr. I 176. Unter Patronat ist hier nur das rein kirchenrechtliche z. B. durch fundus, dos begründete zu verstehen. Auch dessen Vorschlagsrecht besteht fort; VA. 201; a. A. RGZ. 107, 287ff.

[5]) Es bedarf also zum Erwerb der Korporationsrechte keines Gesetzes mehr, wie nach Art. 13 a. PreußVerf.

[6]) Z. B. die Evangelischen Landeskirchen, KG. in JFG. Erg. 1 (1924), 184ff.

[7]) Religionsgesellschaften ohne Korporationsrechte; s. bei Arndt zu Art. 13 a. PreußVerf. Ohne Korporationsrechte sind namentlich die Methodisten, Adventisten, Irvingianer, Nazarener, Freie Gemeinden, Deutsch-Katholiken, Philliponen, Heilsarmee, in Bayern die Altkatholiken. Diese Gesellschaften haben dann also Anspruch auf die Eigenschaft als Korporation und das Besteuerungsrecht, aber nicht auf alle irgendeiner

konkreten Korporation zustehenden Rechte (Meistbegünstigung); Anschütz 366; a. A. Hatschek, Schoen.

[8]) Sie stehen also nicht einem bloßen „Sportklub" gleich und haben nicht bloß privatrechtliche, sondern auch öffentlichrechtliche Befugnisse, s. Kahl, Fr. Naumann, Gröber, Feidt, Mausbach u. a. m. in den StenBer. 1646, 1651, 1655, 1656, 1661, namentlich die Besteuerungsbefugnis.

Das soll heißen, wenn dies auch wenig klar ausgesprochen ist, daß die Religionsgesellschaften nach den staatlichen Steuerlisten jeden, der darin steht, auch juristische Personen, z. B. Aktiengesellschaften, besteuern dürfen, Giese 364; Anschütz 366, aber nur in diesem Rahmen, RGZ. 114, 230, s. § 18 I FinAusgl.Ges. v. 27. April 1926 (RGBl. I 203) u. § 19 II RAbgO. v. 13. Dezember 1919 (RGBl. 1998).

[9]) Also auch z. B. die Monisten, geistliche Gesellschaften.

Artikel 138.

Die auf Gesetz, Vertrag oder besonderen Rechtstiteln beruhenden Staatsleistungen an die Religionsgesellschaften werden durch die Landesgesetzgebung abgelöst. Die Grundsätze hierfür stellt das Reich auf[1]).

Das Eigentum und andere Rechte der Religionsgesellschaften und religiösen Vereine an ihren für Kultus-, Unterrichts- und Wohltätigkeitszwecke bestimmten Anstalten, Stiftungen und sonstigen Vermögen werden gewährleistet[2]).

StenBer. 1645, 1648ff., 1664, 2160; BA. 199ff., 205f., 520.

Bredt, Kirchenrecht II 119ff., 146ff.; Koeniger-Giese, Kirchenrecht 237ff.; Schmitt, Die Ablösung der Staatsleistungen an die Religionsgesellschaften (1921); Triepel, A. ö. R. NF. 5, 206ff.; Rothenbücher, das. 8, 335ff.; Giese, Jahrb. XIII (1925) 335ff.; Schoen, VerwArch. 29, 13ff.; Bachmann, N. kirchl. Z. 36, 111ff.; Fischer, Arch. f. kath. KirchenR. 103, 37ff.; RGZ. 113, 349—402.

[1]) Der Antrag, in Abs. 1 auch „Herkommen" einzuschalten, wurde abgelehnt. Ob Herkommen als besonderer Rechtstitel in diesem Sinne gilt, wird in jedem Falle zu prüfen sein. Der Staat kann neue Leistungen einführen; s. z. B. pr. G. v. 15. Dezember 1920 (GS. 1921, 106) u. G. über die Regelung der Kosten für die VerwBeh. der ev. Landeskirchen v. 15. Oktober 1924 (GS. S. 604). Die zurzeit bestehenden Staatslasten beruhen größtenteils auf dem Reichsdeputationshauptschluß v. 25. Februar 1803, dem pr. Edikt v. 30. Oktober 1810 und den Zirkumskriptionsbullen. Staatsleistungen sind nur staatliche (also nicht gemeinde-) Beihilfen, RGZ. 114, 397. Auch die Befreiung von Steuern kann eine Staatsleistung sein und ist dann nur nach Art. 76 abänderbar, RGZ. 111, 137ff. Ein vor Erlaß der RVerf. gesetzlich begründeter Vorbehalt, der den Staat ermächtigte, Leistungen an Religionsgesellschaften oder deren Diener durch abändernde Gesetze einzuschränken, wird durch Art. 138 nicht berührt und gilt fort, RG. im Recht 1927, 303.

[2]) Abs. 2 will das Kirchengut und die Rechte daran (was Kirchengut ist, bestimmt sich nach dem Zweck) vor Säkularisation schützen; er verbietet also nur Eingriffe, die sich gegen den Bestand desselben richten, steht somit einer Teilnahme des Staates an der Verwaltung und Vertretung des Kirchengutes nicht entgegen, RG. in Recht 1927, 152f. Auch eine Besteuerung desselben ist zulässig, ebenso eine Enteignung, da Art. 138 gegenüber 153 keine Sonderbestimmung ist, Anschütz 370; Wolff in Berliner Festschrift für Kahl (1923) 4. Doch kann der Reichspräsident Art. 138 nicht wie Art. 153 außer Kraft setzen.

Artikel 139.

Der Sonntag und die staatlich anerkannten Feiertage bleiben als Tage der Arbeitsruhe und der seelischen Erhebung gesetzlich geschützt.

S. hierzu StenBer. 1645 BA. 199ff., 521; ferner G. über einen allgemeinen Feiertag v. 17. April 1919 (RGBl. 393) pr. G. v. 9. 7. 1892 (GS. S. 107) u. 2 November 1899 (GS. S. 161). Polizeiverordnungen zum Schutz der äußeren Heilighaltung der Sonn- und Feiertage bleiben weiter gültig und statthaft, vgl. auch §§ 105aff., 148ff. GewO. u. § 366[1] StGB., auch Anm. 1 zu Art. 123. Feiertage sind auch nichtchristliche und nichtreligiöse. Sie sind nur gesetzlich, also nicht verfassungsmäßig geschützt.

Artikel 140.

Den Angehörigen der Wehrmacht ist die nötige freie Zeit zur Erfüllung ihrer religiösen Pflichten zu gewähren[1]).

[1]) Ohne Rücksicht auf die Konfession.

Artikel 141.

Soweit das Bedürfnis nach Gottesdienst und Seelsorge im Heer, in Krankenhäusern, Strafanstalten oder sonstigen öffentlichen Anstalten besteht, sind die Religionsgesellschaften zur Vornahme religiöser Handlungen zuzulassen, wobei jeder Zwang fernzuhalten ist.

VA. 521f., StenBer. 1645f.

Reich, Länder und Gemeinden sind verpflichtet, im Bedürfnisfalle die Religionsgesellschaften — auf deren Kosten (Giese 371) — zur Vornahme religiöser Handlungen zuzulassen. Die Würdigung der Bedürfnisfrage kommt demjenigen zu, der die Verwaltung führt und für sie verantwortlich ist, bayr.VerwGerH. in JW. 1926, 2550f.; Giese 370f.; Anschütz 372, doch ist sein Ermessen insoweit beschränkt, als die Religionsgesellschaften wegen eines tatsächlich gegebenen Bedürfnisses ein Recht auf Zulassung haben. Die tatsächlichen Verhältnisse müssen also wirklich berücksichtigt werden; ein solches Bedürfnis kann z. B. in einem Krankenhaus schon dann vorliegen, wenn keiner der Kranken sein Verlangen nach kirchlichem Beistand ausdrücklich ausgesprochen hat, bayr.VerwGerH. a.a.O. Doch hat der mit der Verwaltung Betraute darüber zu wachen, daß kein unzulässiger Zwang ausgeübt wird, s. Anm. 4 zu Art. Art. 136.

Vierter Abschnitt.

Bildung und Schule.

Während das Reich vorher Bildung und Schule im wesentlichen den Gliedstaaten überließ, weist diese Verfassung das Reich in sein Recht und seine Pflicht ein, als bestimmender Faktor mitzuwirken, daß eine einheitliche, zur Kulturgemeinschaft erziehende Ordnung des gesamten Bildungswesens entstehe (Berichterstatter Weiß, StenBer. 1673) und zwar, indem es nicht bloß für die Mittel- und Hochschulen, sondern auch für das Volksschulwesen vereinheitlichende Normen im vierten Abschnitt aufstellt. Die Reichsschulkommission beschäftigte sich nur mit der Berechtigung zum Einjährig-Freiwilligen Dienst. Die Art. 142ff. enthalten aber für das Schulwesen nur ein Programm, kein für den Einzelnen unmittelbar geltendes Recht, RG. in JW. Erg. 3 (1925), 326ff.

Artikel 142.

Die Kunst, die Wissenschaft und ihre Lehre sind frei[1]). Der Staat[2]) gewährt ihnen Schutz und nimmt an ihrer Pflege teil.

[1]) Art. 142 entspricht Art. 20 a. PreußVerf. unter Hinzufügung der Kunst. Auch diese in Art. 142 gewährleistete Freiheit schließt nicht aus, daß repressiv das StGB., wie alle Strafgesetze auf Kunst, Wissenschaft und Lehre Anwendung finden (OVG. 77, 460), ebensowenig (präventiv) daß, um Unterricht gewerbsmäßig zu erteilen oder um Unterrichtsanstalten zu errichten, staatliche Genehmigung erforderlich ist, Art. 147,

und daß das gesamte Schulwesen unter der Aufsicht des Staates steht, Art. 144, ja, daß der Staat die Schulverwaltung selbst führt; s. RGZ. 80, 346; OVG. 64, 375. Auch ist die Äußerung eines Hochschullehrers im Beruf nicht verantwortungs„frei", sondern unterliegt nach wie vor dem Landesbeamtenrecht, Vervier, A. ö. R. NF. 6, 1ff.; Thoma in Festgabe f. pr. OVG. 216f., s. auch Art. 118. Mit Art. 142 soll die Verwaltung die Direktive erhalten, Kunst und Wissenschaft nicht einseitig zu beeinflussen, nicht bestimmte Kunstrichtungen und Lehrmeinungen vorzuziehen und andere zu unterdrücken, entgegengesetzt dem Beschlusse des Deutschen Bundes v. 20. September 1819, der gemäß Bekanntmachung v. 18. Oktober 1819 (GS. S. 218) für Preußen als Gesetz verkündet und durch Bundestagsbeschluß v. 2. April 1848 aufgehoben wurde; s. auch v. Rönne-Zorn II 354. Selbstredend bezieht sich Art. 142 so wenig wie Art. 20 a. PreußVerf. auf die Kirche; s. Anschütz, a. PreußVerf. I 377. Das früher bestandene Verbot des Besuchs außerpreußischer Hochschulen ist gleichfalls längst beseitigt; s. v. Rönne-Zorn II 453. S. auch BA. 208, StenBer. 1679. S. zu Art. 142 auch Brunet 253ff. und Staatsrechtslehrer-Veröffentlichungen 1927.

²) Reich wie Länder, ohne die Gemeinden auszuschließen; s. Art. 143 Abs. 1.

Artikel 143.

Für die Bildung der Jugend ist durch öffentliche Anstalten zu sorgen. Bei ihrer Einrichtung wirken Reich, Länder und Gemeinden zusammen¹).

Die Lehrerbildung²) ist nach den Grundsätzen, die für die höhere Bildung allgemein gelten, für das Reich einheitlich zu regeln³).

Die Lehrer an öffentlichen Schulen haben die Rechte und Pflichten der Staatsbeamten⁴).

StenBer. 1675, 2162, 2167, 2172; BA. 208ff., 522.

Stier-Somlo I 505 u. HWB. d. Rechtsw. IV 104ff.; von Freytagh-Loringhoven 347ff.; Wolfsstieg, Beamtenrecht 113f.; Jaenecke, Die Stellung der Schule in der Reichsverfassung (1923); Anschütz-Giese, Der Beamtencharakter der Lehrer an öffentlichen Schulen (1925); Kühn, Die höhere Schule als Selbstverwaltungskörper (1921); Brecht Geist der RVerf. (1924) 304ff.; Lassar, A. ö. R. 40, 111;, Sachse, Pr. Volksschul-Arch. 1926, 97ff.

[1]) Abs. 1 Satz 2 erweitert die Zuständigkeit des Reiches, soweit die Regelung der Lehrerbildung durch Art. 143 Sache des Reiches wird, ist also nicht nur „reiner Programmsatz", a. A. RG. in Recht 1927, 228; für die sonstige Ordnung des Schulwesens hat das Reich, soweit es sich um reichseigene Schulen handelt, eine „natürliche" Kompetenz, für die Schulen der Länder und Gemeinden kann es jedoch — eben abgesehen von der Lehrerbildung — nur Grundsätze aufstellen (Art. 10 Nr. 2). Art. 143 bezieht sich auf die Errichtung konfessioneller und bekenntnisfreier Schulen, Lassar, StGerH. in RGZ. 114, Anh. 10.

[2]) Lehrer i. S. des Art. 143 sind, wie aus seiner Stellung und Bedeutung und auch der Überschrift des Abschnittes folgt, nur solche, welche sog. allgemeine Bildung vermitteln sollen, nicht also z. B. Personen, die an gewerblichen oder Fachschulen Unterricht erteilen, s. StenBer. 2162.

[3]) Abs. 2 ist eine Mußvorschrift für den Reichsgesetzgeber. Wenn er von der ihm durch Abs. 1 verliehenen Zuständigkeit Gebrauch macht, so darf es nur in dieser Weise geschehen. Da also durch Art. 143 die Lehrerbildung zur Aufgabe des Reiches gemacht wird, denn nur dieses kann sie „für das Reich" regeln, so wird für die Länder durch Art. 143 keine Pflicht begründet (RGZ. 114, 18 f., E. auf Grund Art. 13 RVerf.), zumal eine Durchführung des Art. 143 bei der Vieldeutigkeit der verwendeten Begriffe erst nach Erlaß eines (Reichs-)Ausführungsgesetzes möglich ist.

Höhere Bildung ist kein eindeutig bestimmter Begriff (RGZ. 114, 20), er bedeutet insbesondere nicht notwendig „akademische" Bildung, abw. Giese 373. Art. 143 läßt die Dauer der Ausbildung, das Bildungsziel, die zu stellenden Anforderungen, Zahl und Ausgestaltung der Prüfungen ganz offen, entscheidet auch nicht die Frage, inwieweit aus Rücksicht auf die verschiedenen Schulgattungen eine Sonderung der Ausbildung zulässig ist.

„Einheitlich" bedeutet nicht nur, daß die Vorschriften räumlich für das ganze Reichsgebiet gelten wollen, sondern auch sachlich Einheitlichkeit, also zwar durchaus nicht Gleichheit, wohl aber Gleichartigkeit, RGZ. 114, 18, s. auch StenBer. 2162, 2167, 2172.

[4]) Dieser Satz wiederholt Art. 23 Abs. 2 der PreußVerf. Es ist streitig, ob die Gemeindeschul- und städtischen Lehrer unmittelbare oder mittelbare Staatsbeamte sind. Sicher ist, daß sie nicht Kommunalbeamte im Sinne des Kommunalbeamtengesetzes sind. Daß sie unmittelbare Staatsbeamte sind, nehmen u. a. an: Anschütz 377; Giese 374 und Der Beamtencharakter der Direktoren, Oberlehrer usw. (2) 1912; Schücking, Höheres Schulwesen im PrVBl. 1910 Nr. 3; Wenzel, das. 1916, 389; Zorn, das. 538; daß sie schlechthin Kommunalbeamte, nimmt Preuß an, Städt. Amtsrecht 207; s. auch Laband im PrVBl. 37, 540. Daß sie nur mittelbare Staatsbeamte und im weiteren Sinne Gemeindebeamte, nimmt Arndt an, VerwA. 31, 33; 23, 421, JW. 1921, 567. Letzterer Ansicht: RGZ. 37, 298; 70, 416 und OVG. 11, 71; 14, 70; 16, 154; 19, 62; 42, 71; PrVBl. 25, 370 s. auch OVG. 72, 234ff.; a. A. RGZ. 85, 22ff.; 97, 312; 106, 154 u. Reimer, PrVBl. 41, 373. Dem entspricht, daß die Haftpflicht des Staates für Gemeinde- und städtische Lehrer durch besonderes, sonst nicht erforderliches G. v. 14. Mai 1914 (GS. S. 117) eingeführt wurde. Art. 147 hat hieran nichts geändert; sonst hätte er gesagt: „Die Lehrer an öffentlichen Schulen sind Staatsbeamte." Dies hat Art. 143 mit Absicht nicht gewollt noch getan, s. StenBer. 1675.

Artikel 144.

Das gesamte Schulwesen steht unter der Aufsicht des Staates[1]); er kann die Gemeinden daran beteiligen. Die Schulaufsicht wird durch hauptamtlich tätige, fachmännisch[2]) vorgebildete Beamte ausgeübt.

StenBer. 1164, 1674, 2162f.; VA. 208ff.; 522ff.

Stier-Somlo I 505ff.; Koch, PrVBl. 40, 169; Schütz, das. 193; Haltenhoff, das. 41, 418; Bachmann, N. kirchliche Ztschr. 36, 125ff.; Beyhl, Deutschland u. das Konkordat mit Rom² (1925); Rothenbücher, Das bayr. Konkordat u. die Schule (1925) 55ff.

[1]) Entspricht dem geltenden Recht, Art. 23 a. PreußVerf. G., betr. die Beaufsichtigung des Unterrichts- und Erziehungswesens v. 11. März 1872 (GS. S. 182). Die Aufsicht ist gegenüber den staatseigenen Schulen, deren innere Verwaltung der Staat selbst führt, Dienst-, sonst Staatsaufsicht.

[2]) Damit ist die geistliche Schulaufsicht, nicht die nebenamtlich durch einen Lehrer ausgeübte (StenBer. 1674, VA. 523), verboten und die fachmännisch-technische geboten.

Artikel 145.

Es besteht allgemeine Schulpflicht[1]). Ihrer Erfüllung dient grundsätzlich[2]) die Volksschule mit mindestens acht Schuljahren und die anschließende Fortbildungsschule bis zum vollendeten achtzehnten Lebensjahre[3]). Der Unterricht und die Lernmittel[4]) in den Volksschulen und Fortbildungsschulen sind unentgeltlich.

StenBer. 1502, 1691; VA. 208ff., 524ff.

Stier-Somlo I 508ff.; Schablow, PrVBl. 42, 313.

[1]) Sog. Schulzwang: Schulbesuchspflicht, die grundsätzlich (s. aber Art. 147 u. § 2 Grundschulges. v. 28. April 1920, RGBl. 851) nur durch Besuch öffentlicher Schulen erfüllt werden kann,

Giese 376. In Preußen noch nicht einheitlich geregelt, es gilt ALR. II 12 § 48, ausgedehnt auf die nicht landrechtlichen Provinzen durch KO. v. 24. Mai 1823 (GS. S. 149); s. auch KO. v. 20. Juni 1835 (GS. S. 131), Strafe wegen Verletzung der Schulpflicht durch Gericht auszusprechen, Exekutivstrafe ist unstatthaft; s. Arndt a. pr. V.-U. (7) 125, OVG. 7, 215; 34, 232; KGJ. 5, 390, 396. Für Hannover gilt G. v. 20 Mai 1845 (GS. f. Hann. 465), für Schleswig-Holstein, Nassau und ehemals Kurhessen s. v. Rönne-Zorn § 171; Arndt (7) 125. Der Besuch einer außerpreußischen Schule genügte nur, wenn mit Genehmigung der Schulaufsichtsbehörde KGJ. 11, 31. Der Schulzwang kann nur durch Gesetz ausgedehnt werden (Art. 5 a. PreußVerf., Art. 114 DRV.; s. KGJ. 5, 377; Arndt, a. PreußVerf. [7] 125). Der regelmäßige Schulbesuch kann durch Strafe und polizeilichen Zwang erzwungen werden, Arndt l. c. KG. in Johow 8, 229, PrVBl. 45, 72; JW. 1924, 63, 1545f.

²) Ausnahmen in G., betr. die Grundschulen v. 28. April 1920 (RGBl. 851) § 4.

³) Diese Vorschrift stellt schon jetzt aktuelles Recht dar; s. Irl, StenBer. 1691. Folglich ist der Volksschulbesuch evtl. bis zum vollendeten 14. Lebensjahr obligatorisch, vgl. auch das preuß. G. v. 31. Juli 1923 (GS. S. 367) über die Erweiterung der Berufsschulpflicht.

⁴) Auch diese Vorschrift ist im wesentlichen geltendes Recht, wonach nur für Gastschulkinder Schulgeld zu zahlen war; die Lehrmittel muß der unentgeltlich liefern, dem die Schulunterhaltungspflicht obliegt. Doch ist die Lehrmittelfreiheit nur Programm, noch nicht geltendes Recht, Preuß. StenBer. 1502. Da die Reichsverf. keine Vorschriften über die Schullast aufstellt, gilt das bestehende Recht fort; s. auch Art. 132 EG. z. BGB. In Preußen gilt im wesentlichen VolksschulunterhaltungsG. v. 28. Juli 1906 (GS. S. 335), wonach die Schullast Gemeindelast ist, doch leistet der Staat namhafte Zuschüsse; s. Näheres bei Arndt, a. PreußVerf. (7) 136f. Die Gemeinden

können in Preußen nur zur Errichtung von Elementar-, nicht von Mittel- oder höheren Schulen gezwungen werden; pr. OVG. 12, 197; PrVBl. 11, 214.

Artikel 146.

Das öffentliche Schulwesen ist organisch auszugestalten[1]). Auf einer für alle gemeinsamen Grundschule baut sich das mittlere und höhere Schulwesen auf. Für diesen Aufbau ist die Mannigfaltigkeit der Lebensberufe, für die Aufnahme eines Kindes in eine bestimmte Schule sind seine Anlage und Neigung, nicht die wirtschaftliche und gesellschaftliche Stellung oder das Religionsbekenntnis seiner Eltern maßgebend[2]).

Innerhalb der Gemeinden sind indes auf Antrag von Erziehungsberechtigten Volksschulen ihres Bekenntnisses oder ihrer Weltanschauung einzurichten, soweit hierdurch ein geordneter Schulbetrieb, auch im Sinne des Abs. 1, nicht beeinträchtigt wird. Der Wille der Erziehungsberechtigten ist möglichst zu berücksichtigen[3]). Das Nähere bestimmt die Landesgesetzgebung nach den Grundsätzen eines Reichsgesetzes[4]).

Für den Zugang minderbemittelter zu den mittleren und höheren Schulen sind durch Reich, Länder und Gemeinden öffentliche Mittel bereitzustellen, insbesondere Erziehungsbeihilfen für die Eltern von Kindern, die zur Ausbildung auf mittleren und höheren Schulen für geeignet erachtet werden, bis zur Beendigung der Ausbildung.

StenBer. 1673ff., 2161ff.; VA. 208ff., 524ff., 529f.

Stier-Somlo I 510ff. u. HWB. d. Rechtsw. IV 104ff.; Hubrich 243ff.; von Freytagh-Loringhoven 344ff.;

Mumm, Reichsschulgesetz (1922); Lahmeyer, Reichsgrundschulges. (1925); Kaestner, Recht u. Wirtsch. 1919, 81; Förster, Kirche u. Schule in der Weimarer Verfassung (1925); Schablow, PrVBl. 42, 313; Troitzsch, das. 470; Lassar, A. ö. R. 40, 98ff.; Rothenbücher, das. NF. 8, 333; Poetzsch, DJZ. 1921, 422; Abraham, das. 1925, 1089; Holstein, A. ö. R. NF. 12, 187ff.; Koehne, DJZ. 1926, 299ff.; Hickmann, Das Elternrecht in der neuen Schulverfassung (1926); Tischleder, Die Staatslehre Leos XIII. (1925).

[1]) Art. 146 enthält nur Richtlinien, insbesondere enthält auch Abs. 2 lediglich Grundsätze, StGerH. in RGZ. 114, Anh. 11.

[2]) Dies ist die sog. Einheitsschule. Zur Ausführung ergingen RGes., betr. die Grundschulen u. die Aufhebung der Vorschulen v. 28. April 1920 (RGBl. 851) u. G., betr. den Lehrgang der Grundschule v. 24. Juni 1925 (RGBl. I 49). Das Grundschulges. enthält nicht nur Richtlinien für die Länder, sondern auch unmittelbar geltende Grundsätze, KG. in JW. 1924, 63, DJZ. 1926 300f., abw. RGZ. 107, 103ff. Als Grundschule ist die Volksschule in den vier untersten Jahrgängen für alle schulpflichtigen Kinder grundsätzlich (s. nämlich Art. 147) gleichmäßig obligatorisch einzurichten.

[3]) Bis zum Erlaß dieses Reichsgesetzes verbleibt es bei dem bisherigen Recht (Art. 174), das nunmehr durch Landesgesetz nicht geändert werden kann, Beschlüsse des RG. v. 4. November 1920, RGBl. 2016, A. ö. R. 40, 100; dies gilt jedoch nur für die Gebiete, für welche durch dieses Reichsgesetz Grundsätze aufgestellt werden sollen, StGerH. in RGZ. 114, Anh. 11, ebenso Schulz und Mumm in StenBer. 2161, 2166.

[4]) Die Erziehungsberechtigten (Eltern, Vormünder u. dgl.) können hiernach von Zeit zu Zeit beantragen, konfessionelle, paritätische oder weltliche (religionslose) Schulen einzurichten und wieder zu beseitigen. Es ist also in erster Reihe die Entscheidung über den Charakter der Schule in den Willen der Eltern gestellt, nicht des Gesetzes oder der Schulaufsichts-

behörde, falls dadurch — etwa durch die zu kleine Zahl der Schüler — nicht ein geordneter Schulbetrieb verhindert wird. Dieses Recht der Erziehungsberechtigten ist kein Recht der „Eltern" als solcher (s. Art. 120 u. Anm.), sondern — zumal die Erziehungsberechtigten nicht notwendig die Eltern sind — das Recht einer Siedlungsgemeinschaft, Holstein. Diese Befugnis der Einwirkung auf die Schulgestaltung geht auch nur nach einer einzigen Richtung, der konfessionellen; im übrigen aber gibt dieses Gestaltungsrecht der Erziehungsberechtigten ihnen keine dauernde Stellung im Verwaltungssystem der Schule selbst, da die Aufzählung in Art. 143, 144 erschöpfend ist, Holstein 220. Der Abs. 2 beruht auf einem Kompromiß zwischen Zentrum und Mehrheitssozialisten, StenBer. 1677f. S. auch Art. 149 mit Anm.; ferner Art. 147.

Artikel 147.

Private Schulen als Ersatz für öffentliche Schulen bedürfen der Genehmigung des Staates und unterstehen den Landesgesetzen. Die Genehmigung ist zu erteilen, wenn die Privatschulen in ihren Lehrzielen und Einrichtungen sowie in der wissenschaftlichen Ausbildung ihrer Lehrkräfte nicht hinter den öffentlichen Schulen zurückstehen und eine Sonderung der Schüler nach den Besitzverhältnissen der Eltern nicht gefördert wird. Die Genehmigung ist zu versagen, wenn die wirtschaftliche und rechtliche Stellung der Lehrkräfte nicht genügend gesichert ist[1]).

Private Volksschulen sind nur zuzulassen, wenn für eine Minderheit von Erziehungsberechtigten, deren Wille nach Art. 146 Abs. 2 zu berücksichtigen ist, eine öffentliche Volksschule ihres Bekenntnisses oder ihrer Weltanschauung in der Gemeinde nicht besteht oder die Unterrichtsverwaltung ein besonderes pädagogisches Interesse anerkennt[2]).

Private Vorschulen sind aufzuheben[3]).

Für private Schulen, die nicht als Ersatz für öffentliche Schulen dienen, verbleibt es bei dem geltenden Recht[4]).

StenBer. 1675ff., 2161ff.; BA. 208ff., 530f.

Stier-Somlo I 517ff.; Hubrich 247ff.; Förster, Kirche und Schule (1925); Löwinsohn JW. 1923, 511f.; Wolf, FischerZ. 54, 175ff.

[1]) Privatschulen werden häufig dann erstrebt, wenn eine hinreichende Zahl Erziehungsberechtigter eine andere Art des Religionsunterrichtes oder keinen wünscht oder statt bürgerlicher sozialdemokratische Weltanschauung oder umgekehrt; s. Abs. 2. Sie soll nicht zugelassen werden, wenn die Privatschule für Kinder wohlhabender oder besserer Stände im Gegensatz zur allgemeinen Volksschule dienen soll. Falls die Bedingungen des Abs. 1 vorliegen, muß die Genehmigung erteilt werden, deren Erteilung bisher im freien und widerruflichen Ermessen der Schulaufsichtsbehörde stand; sie kann aber nach Landesrecht auch dann erteilt werden — außer für Vorschulen —, wenn die Bedingungen des Absatz 1 nicht erfüllt sind. Im Fall der Zulassung kommen Art. 145, 146 und das Reichsgrundschulges. v. 28. April 1920 (RGBl. 851; 1925 I 49) zur Anwendung. Für Preußen gilt zurzeit KO. v. 10. Juni 1834 (GS. S. 135) und dazu Staatsministerialbeschluß v. 31. Dezember 1839 (VMBl. 1840, 94), gültig gemäß Bek. v. 18. Februar 1887 für den ganzen Staat, ZBl. f. d. ges. Unterrichtsverw. 1887, 396; s. auch Kultusminister Trott zu Solz, StenBerAbgH. am 6. Mai 1914; ferner StenBerAbgH. 1909, 7573 und HerrH. 451. Die Genehmigung und den Widerruf erteilen in Preußen die Regierungen, Abt. für Kirchen- und Schulwesen.

[2]) Die private Volksschule soll nur beim Vorliegen der Erfordernisse des Abs. 2 zugelassen werden. Daß sie bei deren Vorliegen zugelassen werden muß (s. Abs. 1), ist nicht ausdrücklich vorgeschrieben; doch dürfte es der Absicht der Ver-

fassung entsprechen, oder wenigstens der des zwischen Zentrum und Sozialdemokratie geschlossenen Kompromisses, auf dem Art. 147 beruht.

³) Vorschulen sind alle Schulen, welche die Grundschule ersetzen wollen; das sind namentlich die Vorschulen für Gymnasien, sog. Nona, Oktava, Septima. Vorschulen sind aber nicht nur solche Schulen, die ausschließlich den Unterricht in den ersten Jahren der Schulpflicht erteilen, sondern auch die Gruppen der Vorschulklassen an voll ausgebauten Schulen, Hamb. OVG. in JW. 1927, 1288². Alle Kinder müssen also die Grundschule (Volksschule), s. Anm. 2 zu Art. 146, vier Jahre lang besuchen; andere Schulen dürfen den in diesen vier Jahren gebotenen Bildungsstoff nicht vermitteln. Nur in Ausnahmefällen darf Privatunterricht zugelassen werden, § 4 Grundschulges. Neue Vorschulen dürfen nicht mehr errichtet werden; doch ist den Landesregierungen die Ermächtigung erteilt, die bestehenden Vorschulen zur Vermeidung wirtschaftlicher Härten bis zu bestimmten Terminen weiterhin zu dulden.

⁴) Handels-, Haushaltungsschulen usw. Für Preußen gilt §§ 3—8 II 12 ALR., KO. v. 10. Juni 1834 (GS. S. 135), dazu Staatsministerialbeschluß v. 31. Dezember 1839 (VMinBl. 1840, 94) u. VO. v. 18. Februar 1887 (ZBl. f. Unterrichtsverw. 1887, 396), s. dazu Arndt, a. PreußVerf. Anm. zu Art. 22.

Artikel 148.

In allen Schulen ist sittliche Bildung, staatsbürgerliche Gesinnung, persönliche und berufliche Tüchtigkeit im Geiste des deutschen Volkstums¹) und der Völkerversöhnung zu erstreben.

Beim Unterricht in öffentlichen Schulen ist Bedacht zu nehmen, daß die Empfindungen Andersdenkender nicht verletzt werden.

Staatsbürgerkunde und Arbeitsunterricht sind Lehrfächer der Schulen. Jeder Schüler erhält bei

Beendigung der Schulpflicht einen Abdruck der Verfassung.

Das Volksbildungswesen, einschließlich der Volkshochschulen, soll von Reich, Ländern und Gemeinden gefördert werden.

StenBer. 1674ff.; BA. 531.

Jänecke, Die Stellung der Schule in der RVerf. (1923); Pohl, RVerf. u. Völkerversöhnung (1924); Hubrich 249f.; von Freytagh-Loringhoven 354f.; Kühn, DJZ. 1922, 410ff.; Bessel, das. 1923, 158f.

1) Dies soll nicht eine Parteibezeichnung im Sinne „Deutsch-völkisch" bedeuten, sondern, um damit zu sagen, daß wahrhafte Bildung auf deutsch-volkstümlicher Grundlage erworben werden soll und nicht erst auf dem Umwege über französische und englische und klassische Literatur, daß das deutsche Bildungsgut in erster Linie aus deutscher Kulturzeit bestritten werden muß, um ferner damit auszudrücken, daß in allen Schulen und auf allen Stufen die Deutschkunde den wesentlichsten Bestandteil des Unterrichts zu bilden hat (Berichterstatter Weiß l. c. 1675). S. hierzu noch die treffenden Ausführungen von Anschütz über nationale Ehre.

Artikel 149.

Der Religionsunterricht ist ordentliches Lehrfach der Schulen mit Ausnahme der bekenntnisfreien (weltlichen) Schulen. Seine Erteilung wird im Rahmen der Schulgesetzgebung geregelt. Der Religionsunterricht wird in Übereinstimmung mit den Grundsätzen der betreffenden Religionsgesellschaft unbeschadet des Aufsichtsrechts des Staates erteilt[1].

Die Erteilung religiösen Unterrichts und die Vornahme kirchlicher Verrichtungen bleibt der Willenserklärung der Lehrer, die Teilnahme an religiösen

Unterrichtsfächern[2]) und an kirchlichen Feiern und Handlungen der Willenserklärung desjenigen überlassen, der über die religiöse Erziehung des Kindes zu bestimmen hat.

Die theologischen Fakultäten an den Hochschulen bleiben erhalten[3]).

StenBer. 1674ff., 2165f.; VA. 208ff., 229f., 531ff.

Stier-Somlo I 500f.; Hildebrandt, Der Religionsunterricht (1922); Mausbach, Religionsunterricht u. Kirche (1922); Scharnagel i. Festschrift f. Porsch (1923) 102ff.; Foerster, Kirche u. Schule in der Weimarer Verfassung (1925) 196ff.; Hubrich 251ff.; Friebe, Staats- u. Selbstverw. 6, 337ff.; Lassar, A. ö. R. 40, 98; Piloty, das. NF. 5, 347ff.

[1]) Man unterscheidet die kirchliche, die konfessionelle, die paritätische oder Simultan- und die konfessionslose (weltliche) Schule. In der ersten ist das ganze Unterrichtswesen, bei welchem der Religionsunterricht vorherrscht, von konfessionell-kirchlichem Geist durchdrungen, die Schule ist Annex der Kirche und steht unter deren Leitung. Bei der konfessionellen Schule wird Religionsunterricht nur in einer bestimmten Konfession und als einer der Hauptgegenstände erteilt. Die Lehrer gehören regelmäßig dieser Konfession an; es steht aber die Schule unter Leitung des Staats als Staatsschule. Die Simultanschule ist für Kinder verschiedener Konfession berechnet, der Religionsunterricht wird für die verschiedenen Konfessionen besonders erteilt und die Lehrer werden ohne Rücksicht auf eine bestimmte Konfession angestellt. In der konfessionslosen (weltlichen) von der Sozialdemokratie erstrebten Schule wird Religionsunterricht nicht erteilt und auf die Konfession der Lehrer keine Rücksicht genommen. Die Schule des ALR. II 12 §§ 11f. ist die Konfessions- (konfessionelle) Schule, nicht die kirchliche oder Simultanschule. Doch hatte die Schulverwaltung freie Hand, die konfessionelle oder die Simultanschule zu gestatten (OVG. 56, 229). Letzteres sollte

nur im Bedürfnisfalle geschehen (ZBl. f. d. gesamt. Unterrichtsverw. 1876, 495). Dagegen behauptet Gneist, Die konfessionslose Schule 1869: „Die gesetzmäßige preußische Volksschule ist die, in welcher die Religion konfessionell gelehrt werden muß, die Wissenschaft nicht konfessionell gelehrt werden darf"; s. auch H. Schulze, Preuß. Staatsr. II 568. Jetzt gilt außer für Posen und Westpreußen G., betr. die Unterhaltung der öffentlichen Volksschulen v. 25. Juli 1906 (GS. S. 335). Danach — §§ 33f. — sind die öffentlichen Volksschulen in der Regel so einzurichten, daß der Unterricht ev. Kinder durch ev. Lehrkräfte, kath. Kinder durch kath. Lehrkräfte erteilt wird. Nach § 35 soll an Volksschulen, die mit einer Lehrkraft besetzt sind, stets eine ev. oder kath. Lehrkraft angestellt werden, je nachdem die angestellte Lehrkraft oder die zuletzt angestellt gewesene Lehrkraft ev. oder kath. war (Änderungen, wenn wenigstens zwei Drittel der einheimischen Schulkinder andere Konfession als die letzte Lehrkraft haben). Nach § 34 behält es an einer Volks- (Simultan-)Schule, an der nach ihrer besonderen Verfassung bisher gleichzeitig ev. und kath. Lehrkräfte angestellt waren, dabei auch in Zukunft ein Bewenden. In einem Schulverband, in dem lediglich Volksschulen der bezeichneten Art bestehen, können neue Volksschulen nur auf derselben Grundlage errichtet werden. — S. hierzu Art. 174. Im allgemeinen sind an öffentlichen Volksschulen nur ev. oder nur kath. Lehrkräfte anzustellen. Dies alles soll sich auf den lediglich technischen Unterricht (Zeichnen, Handarbeit usw.) nicht beziehen. Für jüdische Kinder bestimmt § 40. Im ehemaligen Nassau soll die Simultanschule bestehen bleiben § 42; s. auch Art. 174. Nach Art. 149 ist der Religionsunterricht obligatorisch außer an bekenntnisfreien Schulen (Art. 146 Abs. 2, s. auch Art. 174, RG. in A. ö. R. 40, 98). S. jetzt auch G. über die religiöse Kindererziehung v. 15. Juli 1921 (RGBl. 939), wonach in erster Reihe die stets widerrufliche Einigung der Eltern entscheidet, s. zu Art. 120, vgl. KG. in Johow 52, 33ff. Die Gestaltung des Religionsunterrichts bestimmt der Staat und trägt auch die Kosten, Giese 386.

[2]) Dissidentenkinder können also nicht mehr zur Teilnahme am Religionsunterricht gezwungen werden, noch Lehrer, Religionsunterricht zu erteilen oder kirchliche Handlungen z. B. als Glöckner, Messner, Vorleser vorzunehmen. Landesrechtliche Vorschriften über religiöse Erziehung der Kinder sind durch Art. 149 II nicht aufgehoben, RG. Johow 52, 33ff., a. A. Bonin, PrVBl. 40, 112.

[3]) Wo keine bestehen, in Frankfurt a. M., Köln u. Hamburg, brauchen sie nicht errichtet zu werden; doch können sie eingeführt werden, StenBer. 2166, 2169, 2171.

Artikel 150.

Die Denkmäler der Kunst, der Geschichte und der Natur sowie die Landschaft genießen den Schutz und die Pflege des Staates.

Es ist Sache des Reichs, die Abwanderung deutschen Kunstbesitzes in das Ausland zu verhüten.

Stier-Somlo I 504f.; Friedrichs in Z. f. Gesetz u. Recht 1921, 63.

Um die Abwanderung in das Ausland zu verhüten, sind Gesetze nötig, da dies sich nur durch Eingriffe in das Eigentum und die persönliche Freiheit der Besitzer erreichen läßt, Art. 153 und 114. S. indes VO. v. 11. Dezember 1919 (RGBl. 1961) und vom 8. Mai 1920 (RGBl. 913). Der Reichsinnenminister führt eine Liste über Werke, die für den deutschen Kunstbesitz besonders wertvoll sind. Diese dürfen nur mit der unter Zustimmung eines Sachverständigenausschusses erteilten Genehmigung des Reichskommissars für Ein- und Ausfuhrbewilligung ausgeführt werden.

Die Denkmalspflege darf nicht auf Kosten Dritter ausgeübt werden, RG. in JW. 1927, 1584.

Fünfter Abschnitt.

Das Wirtschaftsleben.

Da das Arbeitsrecht und die Regelung der Beziehungen zwischen Staat und Wirtschaftsleben, die Versicherung und der Schutz der Arbeiter und Angestellten, sowie der Arbeitsnachweis, da ferner die Einrichtung beruflicher Vertretungen für das Reichsgebiet, das Enteignungsrecht, die Vergesellschaftung von Naturschätzen und wirtschaftlichen Unternehmungen sowie die Erzeugung, Herstellung und Preisgestaltung wirtschaftlicher Güter für die Gemeinwirtschaft schon nach Art. 7 der Gesetzgebung und gemäß Art. 15 der Aufsicht des Reichs unterworfen sind und da nach Art. 10 das Reich im Wege der Gesetzgebung Grundsätze für das Bodenrecht, die Bodenverteilung, das Ansiedlungs- und Heimstättenwesen, die Bindung des Grundbesitzes, das Wohnungswesen und die Bevölkerungsverteilung aufstellen kann und da andererseits die im fünften Abschnitt enthaltenen Vorschriften, weil sie evtl. Eingriffe in die Freiheit der Person und des Eigentums enthalten, nur im Wege der Gesetzgebung erlassen werden können und da endlich die Gesetzgebung unbeschränkt und unbeschränkbar ist, so hätte es der besonderen Vorschriften im Allgemeinen im fünften Abschnitt nicht erst bedurft. Diese sind nur ausgesprochen, weil sie eine Art Programm für eine künftige Reichsgesetzgebung bringen sollen. Unmittelbare Rechte und Pflichten für die Einzelnen lassen sich nur aus Art. 153, 159, 160 und 165 I 2 ableiten. Der Satz, daß Eingriffe in das Eigentum durch Gesetz zulässig und nur durch Gesetz zulässig sind, steht schon im ALR.

Artikel 151.

Die Ordnung des Wirtschaftslebens muß den Grundsätzen der Gerechtigkeit mit dem Ziele der Gewährleistung eines menschenwürdigen Daseins für alle entsprechen[1]). In diesen Grenzen ist die wirtschaftliche Freiheit[2]) des Einzelnen zu sichern.

Gesetzlicher Zwang ist nur zulässig zur Verwirklichung bedrohter Rechte oder im Dienst überragender Forderungen des Gemeinwohls[3]).

Die Freiheit des Handels und Gewerbes wird nach Maßgabe der Reichsgesetze gewährleistet[4]).

StenBer. 1748, 1752ff., 2176ff.; BA. 383, 509.

Stier-Somlo I 447f.; von Freitagh-Loringhoven 362f.; E. Isay, Fremdenrecht 278ff.; Parisius, PrVBl. 47, 548ff.; Bredt, Geist der RVerf. 320ff.; Brünet 265ff.

[1]) Dies besagt (Berichterstatter Sinzheimer, StenBer. 1748), daß die wirtschaftliche Freiheit des einzelnen nicht Selbstzweck, kein wirtschaftliches Gut für sich sein soll, sondern nur insoweit im Wirtschaftsleben gelten soll, als diese Freiheit eine soziale Funktion erfüllt. Von diesem Grundgedanken ist der gesamte Rechtsstoff behandelt.

[2]) Die Anerkennung der Freiheit und dieser individuellen Rechtsbeziehungen in der Verfassung soll nach Sinzheimer l. c. an sich nicht bedeuten und nicht in dem Sinne unter den Schutz der Verfassung gestellt sein, daß nunmehr zu ihrer Beschränkung ein verfassungänderndes Gesetz nötig sei; denn in allen diesen Beziehungen sei ausdrücklich auf die bestehenden oder künftigen (einfachen) Gesetze verwiesen. Daraus ergebe sich, daß über sie die gewöhnliche Gesetzgebung verfügen soll. Man habe die Sätze in den Art. 151f. nur aufgenommen, „damit eine gewisse Einheitlichkeit in der Aufführung der wirtschaftlichen Grundrechte hergestellt wird“; s. auch Poetzsch 112, 204; BA. 509.

[3]) Vgl. pr. Ges. v. 23. 7. 1912 (GS. 195).

[4]) Beschränkungen der Handels- und Gewerbefreiheit sind also auch weiterhin durch einfache Reichsgesetze zulässig, gleichfalls kann nach wie vor die Landesgesetzgebung für die Ausübung eines Gewerbes Vorschriften aufstellen, Giese 390. Die Gewerbefreiheit gilt für jedermann, also auch Ausländer, doch dürfen diese durch Gesetz schlechter gestellt werden. Landesgesetze nicht nur über Art und Ort der Ausübung, sondern

Zulassung zu einem Gewerbebetrieb sind ungültig, pr. OVG. 80, 355f. Gesetz bedeutet hier jede Rechtsnorm, RG. in JW. 1927, 1261[18].

Artikel 152.

Im Wirtschaftsverkehr gilt Vertragsfreiheit[1]) nach Maßgabe der Gesetze[2]).

Wucher ist verboten[3]). Rechtsgeschäfte, die gegen die guten Sitten verstoßen, sind nichtig[4]).

[1]) S. Anm. 1 u. 2 zu Art. 151. Beschränkungen der Vertragsfreiheit durch einfaches Gesetz, und zwar auch mit rückwirkender Kraft, sind also zulässig, RGZ. 103, 310; 111, 330f. u. in RGBl. 1920, 949.

[2]) Gesetz bedeutet hier jede Rechtsnorm, RGSt. 56, 269f.; 58, 269, RG. in JW. 1927, 1261. Der Inhalt der Vertragsfreiheit geht nur dahin, daß der Einzelne in seiner Betätigung auf den Gebieten des Handels, Gewerbes und Verkehrs über die durch die Gesetze gezogenen Grenzen hinaus weder durch Verträge noch durch Anordnungen von Behörden, die ihn oder bestimmte Personenklassen betreffen, eingeschränkt werden darf (RGSt. 57, 384); darunter fallen nicht Verbote, die für jedermann verbindlich sind, RGSt. 58, 269.

[3]) S. auch BGB. § 138, StGB. § 302 a.

[4]) Diese Vorschriften entsprechen dem schon bestehenden Rechte. s. Anm. 3. Sie sollen die allgemeine soziale Grenze der Vertragsfreiheit festlegen. Diese Vorschrift wie die meisten in diesem Abschnitt haben keine unmittelbare rechtliche Wirkung und sollen nur als Rechtsanschauungen Wert haben, Sinzheimer 1748.

Artikel 153.

Das Eigentum wird von der Verfassung gewährleistet[1]). Sein Inhalt[2]) und seine Schranken[3]) ergeben sich aus den Gesetzen.

Eine Enteignung[4]) kann nur zum Wohle der Allgemeinheit[5]) und auf gesetzlicher Grundlage[6]) vorgenommen werden. Sie erfolgt gegen angemessene Entschädigung[7]), soweit nicht ein Reichsgesetz etwas anderes bestimmt[8]). Wegen der Höhe der Entschädigung ist im Streitfalle der Rechtsweg bei den ordentlichen Gerichten offen zu halten, soweit Reichsgesetze nichts anderes bestimmen[9]). Enteignung durch das Reich gegenüber Ländern, Gemeinden und gemeinnützigen Verbänden kann nur gegen Entschädigung erfolgen[10]).

Eigentum verpflichtet. Sein Gebrauch soll zugleich Dienst sein für das gemeine Beste[11])[12]).

StenBer. 1748, 1756ff., 2176; VA. 177, 182, 186, 383ff., 509.

Stier-Somlo I 446ff.; Hatschek I 203ff. u. VerwRecht § 35; Fleiner, Institutionen 273ff.; Triepel, Goldbilanzen-VO. u. Vorzugsaktien (1924) 15ff.; M. Wolff, Reichsverfassung u. Eigentum in Berliner Festgabe für Kahl (1923) IV; P. Krückmann, Enteignung u. Entziehung nach alter u. neuer RVerf. (1925); Zeiler, LZ. 1926, 872ff.; Kahl in Magdeburger Ztg. 1926 Nr. 307; M. Rümelin, Rechtssicherheit (1924) 54ff.; Reiß, Danziger Jurist. Monatsschrift 1926, 49ff.; Schmitt, JW. 1926, 2271f. und Unabhängigkeit der Richter usw. (1926) 17f.; Bredt, Geist der RVerf. (1924) 342ff. u. Neues Evang. Kirchenrecht I 229ff., 234ff.; Anschütz, Z. f. öffentl. Recht 5, 145ff.; Wittmayer, HWB. der Staatsw.[4] (1924) 739ff.; Noll, JW. 1924, 1900f.; Dochow, PrVBl. 44, 389f.; Schlegelberger, Ausführgsges. z. Friedensvertrag[2] (1920), 2, 21; Hofacker, Grundrechte (1926) 34ff.; Köttgen, Grundprobleme des Wasserrechts (1925) 79ff.; Marwitz, JW. 1920, 123; Waldecker, das. 797f.; Guba, FischerZ. 53, 1ff.; Schelcher, das. 60 (1927) 137ff.; Verbier, BayrGemZ. 1923, 225, 277, 302. Aus der ausländischen

Literatur s. namentlich Alph. Gourd, Les chartes coloniales et les constitutions des États-unis de l'Amérique du Nord (Paris 1903) III 535ff.; Brunet 228ff.; Duguit III (1923) 608ff.

[1]) Die Gewährleistung des Eigentums geht zurück auf kalvinistische und naturrechtliche Gedanken, findet sich wohl zuerst im Staatsvertrag der nordamerikanischen Einwanderer-kolonie Rhode Island um 1650, dann ausgesprochen in der Verfassung von Massachusetts (1780) und allen späteren nordamerikanischen Verfassungen (s. hierzu Gourd, Bredt, G. Jellinek, Die Erklärung der Menschen und Bürgerrechte), jetzt amendments art. V; sie kehrt wieder in der Erklärung der Menschen- und Bürgerrechte vom 26. August 1789, Art. 11 der belgischen Verfassung vom 7. Februar 1831 und § 32 der Frankfurter Grundrechte (s. dazu Arndt, Selbst. Verordnungsrecht 77ff.). Art. 153 I entspricht Art. 9 der a. preuß. VU. v. 1850 und bedeutet — in Übereinstimmung mit dem ursprünglichen Sinn dieser Vorschrift, die die Freiheit des einzelnen vom Staat verbriefen wollte (s. Naumann u. Sinzheimer in VA. 177, 182) —, daß das Eigentum gegen jeden nicht auf Gesetz beruhenden Eingriff des Staates (nicht Privater, RWiGer. 1, 291), aber sowohl gegenüber der Verwaltung als auch der Gesetzgebung, a. A. Giese 392, geschützt und als Institution ohne Verfassungsänderung unabschaffbar ist, Wolff 5f.; Triepel 15, a. A. Bredt 345. Über den hier nur historisch zu begreifenden Begriff des Eigentums sagt Gourd: „La propriété prise sera dans doute, d'ordinaire, le sol. Les principes posés n'en ont pas moins une portée singulièrement plus large. Ils s'appliquent à tous biens immobiliers ou mobiliers, corporels on même incorporels, non seulement au véritable droit de propriété, mais aussi à l'usage, à l'usufruit, à une faculté garantie de préemption, aux privilèges ou franchises, concédés sans retour, d'une association érigée en personne civile.“ Eigentum ist also, wie aus der Geschichte und dem Grundgedanken der Vorschrift, das Rechtsbewährungsinteresse des

einzelnen als solchen zu verbriefen (vgl. Rümelin), folgt, hier nicht nur das Eigentum im juristisch-technischen Sinne (§§ 903ff. BGB.) RGZ. 111, 123, 124, a. A. Schelcher 139ff., Hofacker und Köttgen, es umfaßt aber auch nicht nur alle privaten Vermögensrechte (so aber RGZ. 107, 375; Wolff 3, Anschütz 396, Giese 392), da es sich auch auf Privatrechte ohne Vermögenswert (Persönlichkeitsrechte) wie auf subjektive öffentliche Rechte (vgl. RG. in JW. 1926, 1444ff. und Giese, das.) erstreckt, andererseits aber auch nicht alle Privatrechte schlechthin (so aber RGZ. 103, 200ff.; 105, 251ff.; 109, 319; 111, 123f., 224ff.; Krückmann 7) da es sich nicht auf solche, deren Bestand generell aus der Zugehörigkeit zu einer Gemeinschaft folgt, also etwa nicht auf subjektive Familienrechte bezieht. Eigentum ist mithin jedes individuell bestimmte, einem einzelnen als solchem einmalig zustehende Sonderrecht, mag es bürgerlich-rechtlicher Natur sein wie etwa die ausnahmslos hierher gehörenden privaten Vermögensrechte oder öffentlich-rechtlichen Charakters wie die einer Einzelperson als solcher kraft besonderen Titels zustehenden Privilegien. Alle übrigen Rechte also, die nicht einer Einzelperson als solcher, sondern ihr nur als Glied des Ganzen zustehen, deren Trägerschaft mithin generell bestimmt ist: alle staatsbürgerlichen Rechte, Familienrechte, die Vermögensansprüche der Beamten usw., gehören nicht hierher.

[2]) (Entstehung, Untergang und Tragweite (Ausschließungs- und Einwirkungsrecht) der i. S. des Art. 153 I Eigentum enthaltenden Rechte kann durch Gesetz, d. i. hier jede materielle Rechtsnorm RGZ. 102, 165; 107, 375, 381; RGSt. 55, 91, geregelt werden, aber, wie aus Satz 1 und Abs. 2 folgt, grundsätzlich nur abstrakt, generell und ohne den Bestand der schon entstandenen Rechte anzutasten. Der Abs. 1 hat also nicht nur die positive Bedeutung, daß das Eigentum im technischen Sinne als Institution nicht abgeschafft werden darf, sondern darüber hinaus ist er auch insoweit eine Schranke für den Gesetzgeber, als jede — nicht nur die privatrechtliche (so Zeiler) — Gesetzgebung den Bestand der verfassungsmäßig gewähr-

leisteten Eigentumsrechte — vorbehaltlich der Möglichkeiten des Abs. 2 — unangetastet lassen muß, a. A. bayr. ObLG. in Z. f. Rechtspflege in Bayern 1926, 162.

³) Das Eigentum, insbesondere auch im technischen Sinne, ist also kein unbeschränktes, vollkommenes Recht, sondern unterliegt Eingriffen, dessen schwerwiegendster, die Enteignung, in Abs. 2 besonders geregelt ist. Das Gesetz kann ein Reichs- oder Landesgesetz, auch vorkonstitutionelles sein, ebenso Anschütz, aber es muß ein Gesetz im formellen Sinne sein, nicht Gewohnheitsrecht; s. Fleiner, Inst. §§ 5. u. 8 und Literatur dort (and. Ans. Anschütz, Giese). Für Preußen kommt hauptsächlich in Betracht § 10 Tl. II 17. Der Eingriff kann generell durch Verordnung, speziell durch Polizeiverfügung ergehen. § 10, Tl. II 17 bezieht sich nur auf die Sicherheitspolizei. Für Wohlfahrts- oder Schönheitszwecke ist Sondergesetz nötig, z. B. G. v. 2. Juni 1900, GS. 159 und 15. Juli 1907, GS. 260; s. pr. OVG. 39, 278, 416; Schultzenstein, DJZ. 1902 Nr. 2. Die Polizei kann Notausgänge bei Theatern, massive Treppen bei feuergefährlichen Fabriken, Funkenfänger bei Schornsteinen, Beleuchtung der Treppen, Klärbassins für Ausflüsse von Fabriken und Bergwerken, Niederreißung baufälliger Gebäude, Beseitigung von Strohdächern und Ofenklappen anordnen usw.; RGSt. 4, 106; pr. OVG. 8, 327; 11, 367; 21, 411; 13, 72; 24, 399. Auch in anderen Gesetzen sind polizeiliche Eingriffe zugelassen bzw. vorgeschrieben, z. B. Allgemeines Berggesetz v. 24. Juni 1865, GS. 705 §§ 198/199, G. v. 12. August 1905 und 16. August 1905 (GS. S. 335 und 342) zur Verhütung von Hochwassergefahren. Der Eingriff muß sich gegen den wenden, dessen Eigentum oder Handlung ihn nötig macht, gegen einen anderen nur, wenn die Gefahr auf andere Weise nicht abwendbar ist und der zugefügte Schade zurücktritt gegen den dadurch dem gemeinen Wohl gebotenen Vorteil; Rosin, Polizeiverordnungsr. 143; Friedrichs, Polizeigesetz 245; pr. OVG. 8, 329; 11, 367; 12, 397; 19, 372; 21, 413; 24, 406; KGJ. 3, 341; 6, 319; 16, 481;

20, C 53; 29, C 56; RGZ. 9, 205; 90, 354; 26, 340; 68, 163; s. auch ALR. I 8 §§ 29—32. Aus vorstehendem ist der Satz abgeleitet, daß jeder sein Eigentum in polizeigemäßem Zustande halten muß; Friedrichs, Polizeigesetz 247: Stier-Somlo, Verwaltungsarchiv 18, 140; 19 128; Giese. An diesen Rechtssätzen ist durch die Reichsverfassung nichts geändert. Gesetze, welche Schranken des Eigentums bestimmen, also Eingriffe zulassen, brauchen nicht als verfassungsändernde zu ergehen; auch derartige Landesgesetze werden weiter zulässig sein. Auf ein sog. Notstandsrecht des Staates wird man sich ohne Gesetz nicht berufen können; Wolzendorff, A. ö. R. 27, 220; Fleiner 191; Triepel, Festgabe für Laband II 309; Hatschek, Jahrb. d. ö. R. III. — Der Begriff der „Schranke" bezieht sich also nicht wie der des „Inhalts" auf das Einwirkungs- und Ausschließungsrecht des Eigentümers, so aber Wolff 7, da dies gar nicht beschränkt wird, vielmehr niemals einen weitergehenden Inhalt gehabt hat, andernfalls die Bestimmung dann ja auch eine Tautologie wäre und Entziehungen von Gegenständen, die nicht Enteignungen sind, z. B. zu polizeilichen oder strafrechtlichen Zwecken (Beschlagnahmen), dann ausgeschlossen sein würden, Triepel 25.

[4]) Art. 153 Abs. 2 ist aktuelles, zwingendes Recht, RGZ. 103, 201; 104, 137f.; 112, 67ff. Enteignung bezieht sich auf alle Eigentumsrechte des Abs. 1. Dies ergibt sich einmal aus dem Zusammenhange, der unmittelbaren Verbindung beider Vorschriften, als auch daraus, daß kein innerer Grund dafür erkennbar ist, die Gesetzgebung der Gegenwart habe einen verfassungsmäßigen Schutz gegen Eingriffe in subjektive Rechte nur in dem beschränkten Umfang der älteren Landesgesetzgebung, die ein positives Enteignungsrecht nur für Grundstücke ausgestaltete, gewähren wollen, zumal auch Abs. 2 einen allgemeinen Rechtsgedanken enthält und die beweglichen und körperlichen Güter gewiß ebenso schutzwürdig sind als das Eigentum an Grundstücken, RGZ. 109, 319. Durch Art. 153 II wird also nicht nur das Grundeigentum geschützt, RGZ. 107, 375; 109, 310ff.; Wolff 3, 23; Triepel 16; Anschütz 396;

Giese 392; der Begriff der Enteignung, den das Gesetz selbst nicht näher bestimmt hat, ist daher im weitesten Sinne auszulegen und umfaßt jeden (endgültigen) Eingriff der Staatsgewalt in ein durch Art. 153 I geschütztes Recht, RGZ. 111, 327f., a. A. hamb. VG. in JW. 1927, 1290[4]. Er bestimmt sich in Zukunft ausschließlich nach Reichsrecht, RGZ. 112, 67ff., auch wenn das Reich bisher noch kein allgemeines Enteignungsgesetz erlassen hat (als Sondergesetz erging bisher das RGes. v. 31. August 1919 [RGBl. 1527]), das auch die Enteignung beweglicher Gegenstände und körperloser Rechtsgüter anordnete, s. Schlegelberger und Dochow, weitere solche Reichsgesetze s. in Anm. 12 zu Art. 7 u. W. Jellinek, Jahrb. IX, 115f. Das ältere Landesrecht, z. B. pr. Enteignungsges. v. 11. Juni 1874 (GS. 221). Ges. über vereinfachtes Enteignungsverfahren v. 26. Juli 1922 (GS. 211). Allg. Berggeſ. v. 24. Juni 1865 (GS. 705) bleibt, soweit es sich mit Art. 153 II in Einklang hält, vorerst bestehen.

Notwendig zur Erfüllung des Tatbestandes einer Enteignung ist nur die (endgültige) Verringerung eines Eigentumsrechtes des Enteigneten, RG. in JW. 1927, 1582[19]; eine (zeitweise) Hemmung seiner Verfügungs- oder Nutzungsgewalt, z. B. durch polizeiliche oder strafrechtliche (vorübergehende) Entziehung eines Gegenstandes genügt also nicht; wohl aber umfaßt der Begriff der Enteignung auch den der Einziehung, a. A. hamb. VG. in JW. 1927, 1290[4]. Nicht erforderlich ist mithin eine Übereignung, die Übertragung des Rechtes auf einen Dritten, RGZ. 109, 317; Anschütz 400, Schelcher 170ff., Heinze in StenBer. 1765, 2176, s. auch VA. 509, ebenso bayKompKonfGerH. in Fischers Z. 53, 274, vgl. auch RGZ. 111, 328, a. A. Wolff 24ff., Krückmann 2, 4, 8ff., nicht einmal, daß der durch die Enteignung Begünstigte einen entsprechenden Vermögenszuwachs erhält, vgl. RGZ. 111, 318, a. A. Triepel 17, wenn dies wohl auch meist der Fall und grundsätzlich „zum Wohle der Allgemeinheit" erforderlich sein wird. Enteignung ist jedoch stets nur die Beschädigung eines bestehenden, konkreten Rechtes, sie muß sich also, was auch generell möglich ist, RGZ. 103, 200; 112, 67ff., gegen bestimmte Sachen oder Rechte richten im Gegensatz zur Besteuerung, die sich gegen bestimmte Personen oder Personenklassen richtet, aber nur abstrakt eine Leistungspflicht begründet, die nicht mit der Aufopferung eines konkreten Rechtes erfüllt werden muß, vgl. Kahl, Zeiler, Krückmann 1, 9 u. LZ. 1922, 394f., vgl. auch RGZ. 109, 318. Auch die vom Staat zwangsweise auferlegte Haftung mit einem bestimmten Recht oder einer konkreten Sache ist im Falle ihrer Verwirklichung durch Pfändung und Versteigerung eine Enteignung, da sich diese Haftung nicht aus dem Inhalt des Eigentums ergibt, nicht aber dann, wenn diese Haftung zwar sachlich begrenzt, aber die Haftungsstücke generell und abstrakt bestimmt sind (z. B. bei der sachlich begrenzten Steuerpflicht), da die einschränkende Regelung des Enteignungsrechtes nicht etwa jede Zwangsvollstreckung unmöglich machen soll, es hier dem Berechtigten auch frei steht, wie er seine Schuld erfüllen will, und er daher im Falle seiner Leistungsverweigerung auch Zwang, der begriffsnotwendig bei seiner Anwendung (nicht Anordnung!) gegen ein konkretes Gut geht, sich gefallen lassen muß, OLG. Stuttgart in JW. 1926, 1677ff., zustimmend Heß das. Nicht jede zwangsweise Verringerung des Eigentumsrechtes durch den Staat ist also eine Enteignung, sondern nur jede von vornherein gegen konkrete Rechte angeordnete: also insbesondere der Befehl zur unabwendbaren zwangsweisen Wegnahme nur ganz gewisser (konkreter) bürgerlichrechtlicher Eigentumsstücke oder sonstiger Forderungen (RGZ. 103, 200; 109, 310ff.; 112, 67ff.) oder einer gleichen Zwangsbelastung solcher Rechte, Triepel 17 usw. Keine Enteignung ist somit die Einführung eines gesetzlichen Vorkaufsrechtes, da sie weder den Inhalt des Eigentumsrechtes beschädigt noch die Ausübung des Vorkaufsrechtes unabwendbar ist, RGZ. 107, 269, a. A. Noll.

Die Form der Enteignung unterliegt keiner gesetzlichen Beschränkung, RGZ. 109, 318; sie muß also nicht durch Verwaltungsakt geschehen, a. A. bayr. ObLG. in Z. f. Rechtspfl. in Bayern 1926, 162; Schmitt, früher Giese 393, sondern kann auch unmittelbar durch Gesetz erfolgen, RGZ. 102, 161ff.; 103, 200ff.; 107, 269, 375, 381; 109, 310ff.; 111, 130 u. in JW. 1926, 1444f.; Wolff, 21f.; Triepel 15ff.; Anschütz 400; Schelcher 149; Leibholz, Gleichheit vor dem Gesetz 34; jetzt auch Giese, JW. 1926, 1444. Aus den Worten „auf gesetzlicher Grundlage" kann nicht auf das Gegenteil geschlossen werden, so aber Schmitt JW. 1926, 2271f., s. Anm. 6. Gerade um auch die Möglichkeit enteignender Gesetze zu beschränken, erhielt Art. 153 seine jetzige Fassung, s. VA. 509 und Heinze, StenBer. 1756, 2176.

[5]) s. F. J. Neumann in Hirths Ann. 1886, 400, 406. Der Enteignungsberechtigte darf nicht willkürlich, sondern nur aus sachlichen Gründen seine Befugnis ausüben und zwar nur zugunsten eines öffentlichen Unternehmens, Triepel 23f. Dieses muß zwar bestimmt, aber weder seinem Charakter nach ein öffentlich-rechtliches (OLG. Jena in JW. 1926, 1476; Wolff 14; Eger, Z. f. Gesetz u. Recht 9, 238; a. A. O. Mayer, VerwR. II 7ff.), noch ein solches im technischen Sinne (Eisenbahn) sein, also z. B. auch Krieg, Wolff 14ff., Schelcher 168; sein Zweck muß aber ein anderer sein als der einer bloßen Vermögensverschiebung: der Nutzen für die Allgemeinheit muß also über den durch die vorgenommene Rechtsentziehung an sich schon ohne weiteres erreichten Vorteil hinausgehen und außerhalb dieses Vorteiles bestehen, RGZ. 103, 202; 111, 327; vgl. auch O. v. Gierke, DPrivatR. II 473f. Gesetze, die das Ziel einer Gesundung der Volkswirtschaft verfolgen — z. B. die Aufwertungsgesetze (RGZ. 107, 375; 111, 325ff., bayr. ObLG. in Z. f. Rechtspfl. in B. 1926, 153), GoldbilanzenVO. (RGZ. 113, 11f.), das Bankgesetz (RGZ. 114, 27ff, KG. in JW. 1926, 192), das Privatnotenbankgesetz (bayr. ObLG. a. a. O. 144ff.) — dienen dem Allgemeinwohl, nicht aber solche, die nur private Interessen der Begünstigten fördern, OLG. Jena in JW. 1926, 1476, solche sind daher verfassungswidrig, RGZ.

103, 202; 107, 269, 375, 381; 109, 317f., RWiGer. in JW. 1920, 797ff.

[6]) D. h. es muß dem Eingriff ein förmliches Gesetz unmittelbar oder mittelbar zugrunde liegen; es genügt also auch eine Verordnung, wenn diese auf einem entsprechenden Ermächtigungs- oder Rahmengesetz beruht, RGZ. 102, 165; 113, 12, RGSt. 55, 91.

[7]) Angemessene Entschädigung (just compensation, juste indemnité) bedeutet Schadensersatz, Schelcher 189ff., a. A. RGZ. 107, 229; 109, 322f.; 112, 189ff.; JW. 1927, 1584, der dem Opfer des Betroffenen, aber auch den Vorteilen der Begünstigten (so auch Wolff 28, a. A. Schelcher 191) angemessen sein muß, also nicht vollständig zu sein braucht (so auch RG.). Grundsätzlich wird die Entschädigungsbemessung im pr. Enteignungsges. v. 11. Juni 1874 (GS. 221), s. dazu RGZ. 44, 333; 67, 202; 71, 204, als angemessen gelten können, RG. in JW. 1924, 800[7] u. Z. 112, 189ff. Landesgesetze, welche die Entschädigung in angemessener Weise regeln, gelten also fort, Anschütz 403; Giese 394; a. A. Wolff 18, RWiGer. 1, 59, früher RGZ. 109, 322. Entschädigungsfestsetzungen durch Verwaltungsbehörden, z. B. Landeskulturämter bei Siedlungsenteignungen, sind für die Gerichte bindend, RGZ. 112, 50ff. Landesgesetze, welche keine angemessene Entschädigung gewähren, sind ungültig, RGZ. 104, 138; 109, 323; 112, 67ff., bayr. ObLG. in Z. f. Rechtspfl. i. B. 1926, 355ff. Als Versagen der Entschädigung gilt auch Schweigen, RGZ. 111, 132.

[8]) Dies kann nur ein förmliches (auch einfaches) Reichsgesetz, a. A. RGZ. 102, 165; 107, 381f.; 113, 12, RWiGer. 1, 43; 2, 9f., Schelcher 188, also auch kein (älteres) Landesgesetz, bayr. KompKonflGerH. in LZ. 1921, 422. Die Bestimmung kann implizite erfolgen, indem das Gesetz selbst den Eingriff vornimmt oder vorsieht, ohne von der Entschädigung zu sprechen, RG. in JW. 1924, 788, OLG. Breslau, JW. 1926, 1020f.

[9]) Nur ein förmliches (auch einfaches) Reichsgesetz kann den Rechtsweg über die Höhe der Entschädigung ausschließen, a. A. RGZ. 102, 165; der Ausschluß kann auch stillschweigend geschehen und erfordert kein Spezialgesetz, bad. VerwGerH. in PrVBl. 48, 162f. Landesgesetze über das Verfahren gelten gemäß § 15 Nr. 2 ZPO. fort. Die Beteiligten können die Feststellungen von Verwaltungsbehörden — soweit sie nicht bindend sind (s. Anm. 7) — nicht nur dem Betrage, sondern auch dem Grunde nach anfechten, Schelcher 195.

[10]) In diesem Falle kann nur ein verfassungsänderndes Reichsgesetz eine angemessene Entschädigung oder den Rechtsweg darüber ausschließen, s. StenBer. 1757ff. Verbände sind auch Anstalten und Stiftungen, Anschütz 404.

[11]) Der letzte Absatz ist ein sozialpolitisches Gebot, aber nur als Programm, RG. in JW. 1926, 980f., dazu Molitor das., Wolff 10ff.

[12]) Die Frage ob und für welche administrative Eingriffe in das Eigentum, die nicht Enteignungen sind, Entschädigung zu leisten ist, ist überaus schwierig und streitig. Man hat nach dem Vorgang von Rosin, Polizeiverordnungsr. den Unterschied gemacht, Anschütz, VerwA. 5, 1f., ob der Eingriff unmittelbar auf Rechtsnorm, also Polizeiverordnung beruht, oder ob er erst eine Rechtsnorm konkretisiert, also eine Einzelverfügung trifft. Die Judikatur neigte dem zu, RGZ. 19, 353; 26, 338; 35, 150; 45, 251; 60, 326; 64, 294. Im ersteren Falle wird jeder Entschädigungsanspruch bestritten, in letzterem Falle gegen den gegeben, in dessen Interesse der Eingriff erfolgt. Dies wird auf § 75 Einleitung zum ALR. gestützt. Da aber alles, was Gegenstand einer polizeilichen Verfügung ist, auch Gegenstand einer Polizeiverordnung sein kann und umgekehrt, so ist eine solche Unterscheidung willkürlich und unhaltbar, so schon OTr. bei Striethorst 49, 49; ferner Arndt, Festgabe für Güterbock 151. In der bergrechtlichen Literatur und Praxis wird diese Unterscheidung aufgegeben. Richtig dürfte sein, daß für polizeiliche Eingriffe, gleichviel, ob durch Ver-

ordnung oder durch Verfügung, nur ausnahmsweise (eine Ausnahme in GewO. § 51) eine Entschädigung zu leisten ist nämlich nur dann, wenn der Eingriff durch die Handlung oder das Eigentum eines Dritten und in dessen Interesse erfolgt; z. B. jemand hat eine Sand-, Tongrube oder ein Haus, und es wird nunmehr in unmittelbarer Nähe z. B. eine Eisenbahn angelegt und zu deren Schutze die Besitzer der Gruben oder des Hauses polizeilich belastet. In solchen Fällen haben sowohl Obertribunal wie Reichsgericht einen Entschädigungsanspruch gegen die Eisenbahn zugebilligt, wobei es keinen Unterschied machen konnte, ob der Eingriff durch Verfügung oder Verordnung geschieht; s. OTr. bei Striethorst 86, 272; RG. bei Daubenspeck II 267; Arndt in Gruchot 52, 63.

Artikel 154.

Das Erbrecht wird nach Maßgabe des bürgerlichen Rechtes gewährleistet[1]).

Der Anteil des Staates am Erbgut bestimmt sich nach den Gesetzen[2]).

[1]) S. Anm. 1 und 2 zu Art. 151. Es ist als Institution ohne Verfassungsänderung nicht abschaffbar.

[2]) Damit ist ausgesprochen, Sinzheimer StenBer. 1748, daß „die Erbschaft nicht nur grundsätzlich dem einzelnen gehören soll, sondern grundsätzlich auch der Staat nach Maßgabe der Gesetze einen Anteil am Erbgute haben soll"; vgl. auch StenBer. 1752f., 1778f., VA. 384, 509f. S. Erbschaftssteuerges. v. 22. August 1925 (RGBl. I 320), dazu Kommentar von Kipp (1927).

Artikel 155.

Die Verteilung und Nutzung des Bodens wird von Staats wegen in einer Weise überwacht, die Mißbrauch verhütet und dem Ziele zustrebt, jedem Deutschen eine gesunde Wohnung und allen deutschen Familien, besonders den kinderreichen, eine ihren Bedürfnissen entsprechende Wohn- und Wirtschaftsheimstätte zu sichern. Kriegsteilnehmer sind bei dem zu schaffenden Heimstättenrecht besonders zu berücksichtigen.

Grundbesitz, dessen Erwerb zur Befriedigung des Wohnungsbedürfnisses, zur Förderung der Siedlung und Urbarmachung oder zur Hebung der Landwirtschaft nötig ist, kann enteignet werden. Die Fideikommisse sind aufzulösen.

Die Bearbeitung und Ausnutzung des Bodens ist eine Pflicht des Grundbesitzers gegenüber der Gemeinschaft. Die Wertsteigerung des Bodens, die ohne eine Arbeits- oder Kapitalaufwendung auf das Grundstück entsteht, ist für die Gesamtheit nutzbar zu machen.

Alle Bodenschätze und alle wirtschaftlich nutzbaren Naturkräfte stehen unter Aufsicht des Staates. Private Regale sind im Wege der Gesetzgebung auf den Staat zu überführen.

StenBer. 1748ff., 1760ff., 2176ff.; BA. 384f., 510. Stier-Somlo I 309, 338f.; von Freytagh-Loringhoven 366ff.; Hedemann, Sachenrecht (1924) 235ff., 252, 308, 328ff., 338ff.; Arndt, Z. f. Bergrecht 60 (1919), 216ff.; Merk, A. ö. R. NF. 9, 129ff.; Goldschmidt, Reichswirtschaftsrecht (1923) 164ff.; Hubrich 258; Mack, Grundrechte (1924) u. JW. 1924, 753ff.; Dronke, Schmollers Jahrb. 44, 681ff.; Ruth, Arch. f. Ziv. Praxis NF. 1, 310ff.; Wolff in Berliner Festschrift für Kahl (1923) IV 26; Smoschewer in Gruchot 67, 51f.; Klässel im HWB. d. Rechtswiss. I 396ff.; Holzapfel, Siedlungsgesetzgebung (1920); Krause, Pr. Siedlungsges. (1920); Ponfick-Wenzel, Reichssiedlungsgesetz[2] (1922). Weitere Literatur über die Auflösung der Familiengüter s. bei Stier-Somlo und Klässel.

Auch dieser Artikel enthält eine Art Programm für eine zukünftige Gesetzgebung, RG. in JW. 1926, 980f., dazu Molitor, das. u. RG. in JW. 1927, 1584. Abs. 2 und 4 enthalten die Statuierung eines künftigen Rechts des Reichs auf Überführung des Privateigentums an den Produktionsmitteln in das Gemeineigentum (Sinzheimer 1749). Der letzte Satz in Abs. 3 rechtfertigt Abgaben von der unverdienten Wertsteigerung. Private Regale meinen Privatbergregale, die teils infolge Rechtssatzes den vormals Reichsunmittelbaren gemäß Art. XIV der deutschen Bundesakte v. 8. Juni 1815 (GS. 1818 Anh.), V. v. 21. Juni 1815 (GS. 109) und Instruktion v. 30. Mai 1820 (GS. 81) § 45, teils infolge besonderer Distrikts- oder Spezialverleihungen zukamen und in unangefochtener Geltung standen; s. § 250 des AllgBergges. v. 24. Juni 1865 und die Kommentare dazu von Arndt (7); Brassert-Gottschalk (2); s. auch Arndt a. a. O. Dies hindert das Reich nicht, sie durch Reichsgesetz aufzuheben oder sie in Gemeinbesitz zu überführen. Ein Antrag, die Privatbergregale für aufgehoben zu erklären, wurde jedoch von der NatVers. abgelehnt, StenBer. 1764f. Die Regale bleiben also solange der Landesgesetzgebung unterworfen, bis das Reich von seiner Kompetenz (Art. 12) Gebrauch macht. Durch das pr. Adelsgesetz v. 23. Juni 1920 (GS 367) sind sie nicht beseitigt (s. auch Anm. 3 und 4 zu Art. 109); denn die Privatbergregale gehören zu den privatrechtlichen Verhältnissen, Arndt a. a. O, Voelkel, Glückauf 1917, 360, pr. KompKonflGerH. v. 13. 2. 1864 in Z. f. Bergrecht 5, 253, RGZ. 116, 44ff.

Überführung ist kein neuer Rechtsbegriff, sondern soll nur den wirtschaftlichen Vorgang der Vermögensverschiebung im Gegensatz zur Aufhebung bezeichnen, Wolff 26. Sie ist nicht nur als Ganzes möglich, sondern auch eine Teilabtretung der aus dem Regal entspringenden Einzelrechte (Ausbeutung, Verleihung des Eigentums, Abgabenerhebung) ist zulässig; denn diese Betriebe sollen für die Allgemeinheit nutzbar gemacht, nicht die einzelnen sich aus dem Regal ergebenden nutzbaren Rechte stillgelegt werden, RGZ. 116, 57.

Die in Art. 156 vorgesehenen Enteignungen fallen unter Art. 153; Art. 155 bedeutet keine Ausdehnung. Er spricht nur schon aus, daß solche Enteignungen dem Wohle der Allgemeinheit entsprechen. Von Mutungen und Bergwerkseigentum handelt Art. 155 nicht. Sie fallen evtl. unter Art. 156; s. Anm. zu Art. 156. Zur Ausführung erging PreußAusfges. v. 15. Dezember 1919 (GS. 101). Zur Ausführung von Abs. 2 und 4 erging PrG. v. 19. Oktober 1920 (GS. 441) u. VO. v. 30. Dezember 1920 (GS. 1921, 77; 1922, 549). Dadurch sind die Bergregale und Bergregalitätsrechte der früher reichsunmittelbaren Standesherren und ihrer Rechtsnachfolger aufgehoben, soweit sie nicht durch die sieben dem Gesetz beigefügten Verträge auf den Staat überführt oder den bisher Berechtigten ausdrücklich belassen worden sind, vgl. RGZ. 116, 34ff.

S. Reichssiedlungsges. v. 11. August 1919 (RGBl. 1429) mit Novellen v. 7. Juni 1923 u. 18. August 1923 (RGBl. 364, 805), Grunderwerbsteuerges. v. 12. September 1919 (RGBl. 1617), Reichsheimstättenges. v. 10. Mai 1920 (RGBl. 962), Wohnungsmangelges. v. 26. Juli 1923 (RGBl. I 754), Mietengesetz v. 10. Juli 1926 (RGBl. I 403); Ges. über Mieterschutz u. Mieteinigungsämter v. 1. Juni 1923 (RGBl. 353) u. VO. v. 14. II 1924 (RGBl. 111); ferner Pachtschutzordnung v. 29. Juni 1922 (RGBl. I 529); Kleingartenpachtordnung v. 31. Juli 1919 (RGBl. 1371) mit zahlreichen Novellen.

Die Vorschriften über Anerben- und Höferollenrechte sind durch die vorbezeichneten Vorschriften nicht berührt (StenBer. 1769; Anschütz 406).

Artikel 156.

Das Reich kann durch Gesetz, unbeschadet der Entschädigung, in sinngemäßer Anwendung der für Enteignung geltenden Bestimmungen, für die Vergesellschaftung geeignete private wirtschaftliche Unternehmungen in Gemeineigentum überführen. Es kann sich selbst, die Länder oder die Gemeinden an der Verwaltung wirtschaftlicher Unternehmungen und Verbände beteiligen oder sich daran in anderer Weise einen bestimmenden Einfluß sichern.

Das Reich kann ferner im Falle dringenden Bedürfnisses zum Zwecke der Gemeinwirtschaft durch Gesetz wirtschaftlicher Unternehmungen und Verbände auf der Grundlage der Selbstverwaltung zusammenschließen mit dem Ziele, die Mitwirkung aller schaffenden Volksteile zu sichern, Arbeitgeber und Arbeitnehmer an der Verwaltung zu beteiligen und Erzeugung, Herstellung, Verteilung, Verwendung, Preisgestaltung sowie Ein- und Ausfuhr der Wirtschaftsgüter nach gemeinwirtschaftlichen Grundsätzen zu regeln.

Die Erwerbs- und Wirtschaftsgenossenschaften und deren Vereinigungen sind auf ihr Verlangen unter Berücksichtigung ihrer Verfassung und Eigenart in die Gemeinwirtschaft einzugliedern.

StenBer. 1749; VA. 383ff., 511.

Stier-Somlo I 476ff. u. Monopolisierung des Versicherungswesens (1920); Hatschek I 203ff.; Wittmayer 78f.; von Freytagh-Loringhoven 369ff.; Hedemann, Sachenrecht (1924) 22ff.; Goldschmidt, Reichswirtschaftsrecht (1923) 35ff., 59ff., 145ff.; M. Wolff, RVerf. u. Eigentum in Berliner Festgabe f. Kahl (1923) 3, 9, 17, 26; Sinzheimer, Das Rätesystem (1919); Tatarin-Tarnheyden, Die Berufsstände (1922) 75ff.; Herrfahrdt in Jahrb. 11 (1923), 1ff.; Gieseke, Rechtsverhältnisse der gemeinwirtschaftl. Organisationen (1922) u. Recht u. Wirtschaft 1921, 245ff.; Schmidt, PrVBl. 41, 225; Göppert, Schmollers Jahrb. 45, 313ff.; Jacobi, Fischers Z. 50, 181f.; Schelcher, das.

60 (1927) 176; Verhandlungen der Sozialisierungskommission 1919/20; Ad. Arndt, Volkswirtschaftl. Bl. 1927, 139ff.; Brunet 273ff., 298ff.

Auch dieser Artikel enthält nur eine Art gesetzgeberisches Programm, vgl. indes VA. 383. Gegenwärtiges bzw. aktuelles Recht ist nur die aus Abs. 1 zu entnehmende Bestimmung, daß die Überführung in das Gemeineigentum (die Vergesellschaftlichung) von Bergwerken, Mutungen u. dgl. nur „unbeschadet der Entschädigung in sinngemäßer Anwendung der für Enteignung geltenden Bestimmung" erfolgen darf. Einigkeit besteht darüber, daß evtl. die ordentlichen Gerichte über die Höhe der Entschädigung zu entscheiden haben (s. Art. 153 und StenBerNatVers. 1756f.). Es liegt ein anscheinender Widerspruch vor zwischen Art. 153 und Art. 156. Ersterer läßt, abgesehen von dem Falle in Abs. 2 letzter Satz eine Enteignung durch Reichsgesetz ohne Entschädigung zu, Art. 156 fordert für alle Enteignungen Entschädigung, die also nur durch ein verfassungänderndes Reichsgesetz ausgeschlossen werden kann. Der Zwiespalt dürfte in der Weise gelöst werden können, daß Art. 156 einen Sonderfall von der allgemeinen Enteignungsbefugnis darstellt, ebenso Schelcher, a. A. Giese.

Zur Ausführung des Abs. 1 Satz 2 erging die VO. gegen Mißbrauch wirtschaftlicher Machtstellung (KartellVO.) v. 2. November 1923 (RGBl. I 1067), s. dazu Ad. Arndt, A. ö. R. NF. 11, 192ff., Kommentare von Friedländer (1924), Isay-Tschierschky (1925), Haußmann-Holländer (1925), Lehnich-Fischer (1925), Goldbaum[2] (1927) und Staffel (1927). — Zur Ausführung des Abs. 2 ergingen Sozialisierungsges. v. 23. März 1919 (RGBl. 341); Kohlenwirtschaftsges. v. 23. März 1919 (RGBl. 342, 1447; 1923 I 945, 979), s. dazu Isay, pr. Allg. Berggeſ. (1920) II 435ff.; Brunet 310ff., Kommentare von R. Isay (1920); Reier (1920); Lüttig (1920); Moses (1920); Kaliwirtschaftsges. v. 24. April 1919 (RGBl. 413, 662; 1920, 1435), dazu Kommentar von Friedländer (1920); Elektrizitätswirtschaftsges. v. 31. Dezember

1919 (RGBl. 1920, 19); EisenwirtschaftsVO. v. 1. April 1920 (RGBl. 435; 1921, 1588; 1922 II 104), dazu Kommentar von Dochow-Gieseke (1920). — Zu Abs. 3 s. Ges., betr. Erwerbs- u. Wirtschaftsgenossenschaften v. 19. Januar 1926 (RGBl. I 91).

Artikel 157.

Die Arbeitskraft steht unter dem besonderen Schutz des Reichs.

Das Reich schafft ein einheitliches Arbeitsrecht.

StenBer. 1749; VA. 387f., 511.

Kaskel, Arbeitsrecht (1925), DJZ. 1919, 620; Lukas 13; Stier-Somlo I 458f.; H. Potthoff, Einwirkung der RVerf. auf das Arbeitsrecht (1925); Richter, Arbeitsrecht als Rechtsbegriff (1925); weiteres Schrifttum bei Art. 159.

Einheitlich bedeutet nicht, daß das Arbeitsrecht für alle Arbeiter gleich, sondern nur, daß es kodifiziert werden soll. Katzenstein VA. 388.

Artikel 158.

Die geistige Arbeit, das Recht der Urheber, der Erfinder und der Künstler, genießt den Schutz und die Fürsorge des Reichs.

Den Schöpfungen deutscher Wissenschaft, Kunst und Technik ist durch zwischenstaatliche Vereinbarung auch im Ausland Geltung und Schutz zu verschaffen.

StenBer. 1749; VA. 388f.; Cohen, Z. Sozialwiss. 12, 179.

S. Art. 306f. des Versailler Vertrages (RGBl. 1919, 1185); Ges. zur Sicherung von gewerbl. Schutzrechten deutscher Reichsangehöriger im Ausland v. 6. Juli 1921 (RGBl. 825) und Bek. v. 2. Februar 1920 (RGBl. 132) betr. Berner Übereinkunft zum Schutz von Werken der Literatur und Kunst.

Artikel 159.

Die Vereinigungsfreiheit zur Wahrung und Förderung der Arbeits- und Wirtschaftsbedingungen ist für jedermann und für alle Berufe gewährleistet[1]). Alle Abreden und Maßnahmen, welche diese Freiheit einzuschränken oder zu behindern suchen, sind rechtswidrig[2]).

StenBer. 1749; VA. 389f.

Stier-Somlo I 464ff.; Hatschek I 192ff., II 174f.; Kaskel, Arbeitsrecht (1925) 222ff., 232ff., 315ff.; Groh, Koalitionsrecht (1923) 30ff. u. A. ö. R. NF. 5, 369ff.; Nipperdey, Tarifrecht 137 u. N. Z. f. Arbeitsrecht 4 (1924), 36f.; Erdel, Arbeitsrecht (1923) u. Volkswirtschaftl. Bl. 1927, 147ff.; Oertmann, Arbeitsvertragsrecht 269f.; Gäde, Vereinigungsrecht (1922) 22ff.; Potthoff, Einwirkung der RVerf. auf das Arbeitsrecht (1925) 27ff., 62ff. u. N. Z. f. ArbR. 1924, 233; Kallée, das. 205ff.; Sinzheimer, Arbeitsrecht 46 u. JW. 1921, 306; Wolfstieg, Reichsbeamtenrecht 83ff.; Erdmann, Arbeitgeber 13 (1923), 148ff.; Landmann, Gewerbeordnung[7] II 771 (Anm. 4 zu § 152); Bendix, Streikrecht der Beamten (1922); Holbeck, DJZ. 1919, 396ff.; Kulemann, das. 1922, 138ff.; Mehliß, das. 408ff.; Hüfner, LZ. 1922, 207ff.; Gauß, JW. 1921, 521; Aßmann, das. 1922, 997f.; von Karger das. 1924, 1032f.; Bühler, Z. f. ArbR. 1923, 561ff.; Lohmeyer, PrVBl. 41, 87ff.; Scheibig, das. 168; Moritz, das. 44, 160ff.; Richter, Verw. Arch. 32, 1ff.; E. Isay, Fremdenrecht 181f.; Marcuse in Kaskel, Koalitionen und Kampfmittel (1925).

[1]) Dadurch soll das Hauptmittel für die wirtschaftliche Besserung, die Koalitionsfreiheit, nicht bloß den unter die GewO. fallenden Personen gewährleistet werden und zwar auch den sozialen Gewalten, nicht nur dem Staat gegenüber; s. auch VA. 390. Dabei macht Sinzheimer als Berichterstatter 1749 die Anmerkung, daß durch die verfassungsmäßige Anerkennung der wirtschaftlichen und sozialen Vereinigungsfreiheit

nicht auch verfassungsmäßig die Streikfreiheit konstituiert sei, bezüglich dieser bleibe es, wie allgemein im Verfassungsausschuß angenommen, bei der bekannten Verordnung, wonach allgemein Streikrecht für alle Berufe gegeben sei, die Verfassung ihrerseits habe dieses besondere Streikrecht nicht anerkannt, anerkannt sei von ihr nur die wirtschaftliche Vereinigungsfreiheit; s. auch Katzenstein, VA. 390. Art. 159 gewährt also kein Streikrecht, RGSt. 56, 412ff. 414f., 419ff., 423ff.; pr. OVG. 78, 452f.; bayr. VerwGerH. in JW. 1923, 254; bayr. ObLG.in LZ. 1923, 723f., Kaskel, Groh. Für Beamte besteht gar kein Streikrecht, RDiszH. in RMinBl. 1923, 975; Anschütz 413, s. Anm. 2 zu Art. 130; a. A. Scheibig. Arbeitseinstellungen können also durch einfaches Reichs- oder Landesgesetz, auch durch VO. auf Grund des Art. 48 (RGSt. 56, 420ff.) verboten werden, vgl. VO. v. 1. Februar 1922 (RGBl. 187), VO. v. 29. Januar u. 10. November 1920 (RGBl. 195, 1865); Damme DJZ. 1919, 785.

Die Vereinigungen des Art. 159 sind nicht notwendig Versammlungen oder Vereine i. S. der Art. 123, 124, auch ist die Vereinigungsfreiheit nicht mit der dort geregelten Vereinsfreiheit identisch; daher kann Art. 159 der in Art. 48 nicht mitgenannt ist, nicht auf dem Umwege über Art. 123, 124 uspendiert werden; Richter 4f.; a. A. Kaskel 231.

Durch Art. 159 ist nur die Vereinigungsfreiheit (das „Koalitionsrecht") einzelner geschützt, nicht die Vereinigungen, da diese nicht Träger des Rechtes sind, RGZ. 113, 33ff.; Richter 7f.; a. A. LG. Berlin II in N. Z. f. ArbR. 1924, 246, 374f., RGZ. 111, 199ff.; Potthoff, Einwirkung 11, 69; Sinzheimer, JW. 1927, 33ff.; Marcuse. Die Vereinigungsfreiheit bedeutet nicht nur das Recht zum Zusammenschluß, sondern auch die Befugnis der Vereinigten, ihren Verband wirksam auszugestalten und zur Geltung zu bringen, also alle zulässigen Maßnahmen zur wirksamen Durchführung der Vereinigung zu treffen, VA. 389. Der entgegenstehende § 152 GewO. ist dadurch aufgehoben, LG. II Berlin a. a. O.,

RGZ. 111, 137ff., 199ff.; 113, 33ff., 173; Kaskel, Oertmann, Nipperdey, Groh, Erdmann, a. A. RG. in Seuff. Arch. 78, Nr. 45 u. Z. 104, 327; Landmann, Sinzheimer, Erdel, Gätcke, Potthoff, Kallée, KG. in N. Z. f. ArbR. 1923, 638, Richter. Art. 159 gibt jedoch den Verbänden keine besondere Rechtsbefugnis zur Zwangsausübung außerhalb des allgemeinen Rechtes, OLG. Stuttgart in Rspr. OLG. 43 (1924), 101f. Die Vereinigungsfreiheit unterliegt ferner auch den Einschränkungen der allgemeinen (s. Anm. 1 zu Art. 118) Gesetze; das Verbot zum Beitritt in Ausübung gesetzlich anerkannter Zuchtgewalt, z. B. des Lehrherrn, ist also zulässig, unwirksam dagegen sind Beschränkungen im Lehrvertrag, OLG. Hamm in JW. 1923, 240, LG. Bautzen, N. Z. f. ArbR. 1924, 304. Auch ist eine vorübergehende Beschränkung der Vereinigungsfreiheit gemäß Art. 165 nicht ausgeschlossen, RGZ. 113, 169ff., die Anordnung einer öffentlich-rechtlichen Beitrittspflicht zu einer Zwangsinnung nicht unzulässig, Richter, doch darf weder die Satzung noch das Gesetz (vgl. §§ 100, 100f., 100t GewO.) über das Bestehen der Zwangsinnung hinaus eine dauernde Austrittssperre verhängen, RGZ. 113, 169ff. Denn weder richtet sich der Innungszwang gegen die Vereinigungsfreiheit, da er den Eintritt auch in einen anderen Verband weder verbieten will noch darf, RGZ. 111, 199ff., RG. in JW. 1927, 243ff., noch ist durch Art. 159 die sog. negative Koalitionsfreiheit, d. h. die Freiheit einem Verbande fernzubleiben, gewährleistet, Biensfeld, N. Z. f. ArbR. 1923, 533ff.; Richter, vgl. auch RGZ. 111, 199ff., a. A. KG. in N. Z. f. ArbR. 1922, 505f., OLG. Jena das. 1924, 501; Kaskel 233; Groh 39f. — Art. 159 gilt auch für Ausländer, Isay.

²) Maßnahmen sind nicht nur solche des Gesetzgebers oder der Verwaltung, sondern auch die Privater („soziale Gewalten", s. Anm. 1), Landmann, Anschütz 412. Zuwiderhandlung kann Schadensersatzpflicht begründen, BA. 389; entgegenstehende Abreden sind nichtig. Da Art. 159 nur das

Koalitionsrecht Einzelner, nicht aber die Koalition gegen Dritte schützt, RGZ. 113, 33ff. u. in Recht 1926, 311; a. A. Marcuse, Sinzheimer a. a. O., so gründet sich die Schadensersatzpflicht, wird ein Einzelner verletzt, auf § 823 II BGB., wird der Verband verletzt, nur auf § 826 BGB., RG. a. a. O. u. Z. 104, 327; Oertmann 272; Groh 36ff.; abw. Kaskel 234; a. A. Sinzheimer; auch Art. 165 kann nicht als Schutzgesetz i. S. des § 823 II BGB. gelten. Auf die Zuwiderhandlungen ist eine besondere Strafe nicht gesetzt; es gelten die allgemeinen Gesetze.

Artikel 160.

Wer in einem Dienst- oder Arbeitsverhältnis als Angestellter oder Arbeiter steht, hat das Recht auf die zur Wahrnehmung staatsbürgerlicher Rechte und, soweit dadurch der Betrieb nicht erheblich geschädigt wird, zur Ausübung ihm übertragener öffentlicher Ehrenämter nötige freie Zeit. Wieweit ihm der Anspruch auf Vergütung erhalten bleibt, bestimmt das Gesetz.

Kaskel, Arbeitsrecht (1925) 31ff.; Hubrich 264f.; Finger 230f.; Landsberger, PrVBl. 41, 383; Kühn, das. 43, 224ff.

Der Berichterstatter Sinzheimer 1749 bezeichnet das Recht als eine gewisse Freiheit des Arbeiters vom Arbeitsvertrage. S. hierzu BGB. § 616, Betriebsräteges. v. 4. Februar 1920 (RGBl. 147) §§ 24, 35; PreußVerf. v. 30. November 1920 Art. 75 Abs. 2.

Artikel 161.

Zur Erhaltung der Gesundheit und Arbeitsfähigkeit, zum Schutz der Mutterschaft und zur Vorsorge gegen die wirtschaftlichen Folgen von Alter, Schwäche und Wechselfällen des Lebens schafft das Reich ein umfassendes Versicherungswesen[1]) unter maßgebender Mitwirkung der Versicherten[2]).

Kaskel, Arbeitsrecht (1925) 150ff. u. Jahrb. X (1922) 55ff.; Lüders, RArbeitsBl. 1922, 167; Cahn, Sozialversicherung (1923); Kommentare zur Reichsversicherungsordnung von Stier-Somlo² (1922/23) und Dersch (1926), zum Knappschaftsgesetz von Reuß (1925).

[1]) Wochenhilfeges. v. 9. Juni 1922 (RGBl. I 499; 1923 I 817); VO. über die Fürsorgepflicht v. 13. Februar 1924 (RGBl. I 100; 1926, 255); Reichsknappschaftsges. v. 23. Juni 1923 (RGBl. I 431; 1926, 291, 369); Reichsversicherungsordnung v. 15. Dezember 1924 (RGBl. I 779) u. v. 9. Januar 1926 (RGBl. I 9, 179, 243, 311, 407), dazu Ges. v. 14. Juli 1925 (RGBl. I 97) u. Ges. über Reichsschiedsamt v. 22 Januar 1925 (RGBl. I 3).

[2]) Die Versicherten wirken auch bei Erlaß der Unfallverhütungsvorschriften mit (§§ 848ff. RVO.); unzutreffend Anschütz.

Artikel 162.

Das Reich tritt für eine zwischenstaatliche Regelung der Rechtsverhältnisse der Arbeiter ein, die für die gesamte arbeitende Klasse der Menschheit ein allgemeines Mindestmaß der sozialen Rechte erstrebt.

Kaskel, Arbeitsrecht (1925) 331ff.; Umbreit, Völkerbund u. internat. Arbeitsrecht (1919); Manes, Sozialpolitik in den Friedensverträgen² (1919); Heyde, Sozialpolitik im Völkerbund (1919); Zimmermann, DJZ. 1919, 155ff.; Kunz, Z. f. öffentl. Recht 2, 39ff.; Kuttig, JW. 1922, 562f.; Francke, Recht u. Wirtsch. 1919, 16ff.

Siehe hierzu Versailler Vertrag von 1919 Art. 387ff., 427ff. (RGBl. 1270, 1303; 1925 II 161, 737).

Artikel 163.

Jeder Deutsche hat unbeschadet seiner persönlichen Freiheit die sittliche Pflicht, seine geistigen und körperlichen Kräfte so zu betätigen, wie es das Wohl der Gesamtheit erfordert.

Jedem Deutschen soll die Möglichkeit gegeben werden, durch wirtschaftliche Arbeit seinen Unterhalt zu erwerben. Soweit ihm angemessene Arbeitsgelegenheit nicht nachgewiesen werden kann, wird für seinen notwendigen Unterhalt gesorgt. Das Nähere wird durch besondere Reichsgesetze bestimmt.

Kaskel, Arbeitsrecht (1925) 53ff.; Schneider, Jahrb. X (1922) 37ff.; Morgenstern, Erwerbslosenversicherung (1920); Krause, Erwerbslosenversicherung (1921); Lehfeld (1920); Streißgeier (1920); Lippert (1920), desgl.; Stier-Somlo, Z. f. ges. VersicherungsWiss. 1922, 10ff.; Malachoski, Recht auf Arbeit (1922).

Die Pflicht zur Arbeit wird hier nicht als eine Rechtspflicht, sondern als eine sittliche Pflicht hingestellt; s. aber §§ 19 der FürsorgepflichtVO. v. 13. Februar 1924 (RGBl. I 100). Auch das Recht auf Arbeit ist nicht im strengen Sinne als Recht formuliert. Es wird nur als Staatsaufgabe angesehen, daß der Staat im Falle der Arbeitslosigkeit (und der Bedürftigkeit, BA. 392) Mittel ausreichender Art zur Verfügung stellt, damit der Erwerbslose für seinen Unterhalt sorgen kann. Mit Recht bemerkt Sinzheimer l. c. dazu, daß in dieser Weise eine „ideale und juristisch einwandfreie Lösung" nicht gefunden sei. S. VO. über Erwerbslosenfürsorge v. 16. Februar 1924 (RGBl. I 127; 1926 I 89, 493, 531), Arbeitsnachweisges. v. 22. Juli 1922 (RGBl. I 657); Ges. über Beschäftigung Schwerbeschädigter v. 12. Januar 1923 (RGBl. I 58; 1924 I 105); Ges. über Krisenfürsorge für Erwerbslose v. 19. November 1926 (RGBl. I 489), jetzt sämtlich ersetzt durch RGes. über Arbeitsvermittlung u. Arbeitslosenversicherung v. 16. Juli 1927 (RGBl. I 187).

Artikel 164.

Der selbständige Mittelstand in Landwirtschaft, Gewerbe und Handel ist in Gesetzgebung und Verwaltung zu fördern und gegen Überlastung und Aufsaugung zu schützen.

Leschke, PrVBl. 43, 312; Karstedt-Wölz, ReichsarbeitsBl. 1922, 98.

Die Sozialdemokratie geht von der Auffassung aus, daß der Mittelstand dem Untergang geweiht ist, da die Entwicklung des Wirtschaftslebens zum Großkapitalismus führen müsse. Art. 164 will den Mittelstand erhalten wissen. Er enthält nur ein legislatorisches Programm (VA. 531); s. auch V. v. 10. April 1919 (RGBl. 382) u. sächs. OVG. 27, 44f.

Artikel 165.

Die Arbeiter und Angestellten sind dazu berufen, gleichberechtigt in Gemeinschaft mit den Unternehmern an der Regelung der Lohn- und Arbeitsbedingungen sowie an der gesamten wirtschaftlichen Entwicklung der produktiven Kräfte mitzuwirken. Die beiderseitigen Organisationen und ihre Vereinbarungen werden anerkannt.

Die Arbeiter und Angestellten erhalten zur Wahrnehmung ihrer sozialen und wirtschaftlichen Interessen gesetzliche Vertretungen in Betriebsarbeiterräten sowie in nach Wirtschaftsgebieten gegliederten Bezirksarbeiterräten und in einem Reichsarbeiterrat.

Die Bezirksarbeiterräte und der Reichsarbeiterrat treten zur Erfüllung der gesamten wirtschaftlichen Aufgaben und zur Mitwirkung bei der Ausführung der Sozialisierungsgesetze mit den Vertretungen der Unternehmer und sonst beteiligter Volkskreise zu Bezirkswirtschaftsräten und zu einem Reichswirtschaftsrat zusammen. Die Bezirkswirtschaftsräte und der Reichswirtschaftsrat sind so zu gestalten, daß alle wichtigen Berufsgruppen entsprechend ihrer wirtschaftlichen und sozialen Bedeutung darin vertreten sind.

Sozialpolitische und wirtschaftspolitische Gesetzentwürfe von grundlegender Bedeutung sollen von der Reichsregierung vor ihrer Einbringung dem Reichswirtschaftsrat zur Begutachtung vorgelegt werden. Der Reichswirtschaftsrat hat das Recht, selbst solche Gesetzesvorlagen zu beantragen. Stimmt ihnen die Reichsregierung nicht zu, so hat sie trotzdem die Vorlage unter Darlegung ihres Standpunkts beim Reichstag einzubringen. Der Reichswirtschaftsrat kann die Vorlage durch eines seiner Mitglieder vor dem Reichstag vertreten lassen.

Den Arbeiter- und Wirtschaftsräten können auf den ihnen überwiesenen Gebieten Kontroll- und Verwaltungsbefugnisse übertragen werden.

Aufbau und Aufgabe der Arbeiter- und Wirtschaftsräte sowie ihr Verhältnis zu anderen sozialen Selbstverwaltungskörpern zu regeln, ist ausschließlich Sache des Reichs.

StenBer. 1749ff. 1772ff., 2182ff.; BA. 393ff., 537ff.

Stier-Somlo I 223ff., 651ff.; Hatschek I 125ff.; Finger 334ff.; von Freytagh-Loringhoven 188ff.; Wittmayer 405ff., A. ö. R. 39, 425 u. Z. f. Volkswirtsch. u. SozPol. 1924, 75ff.; Kaskel, Arbeitsrecht (1925) 240ff., 258ff., 261ff.; Hubrich 267ff.; Bredt, Geist der RVerf. (1924) 376ff. u. DJZ. 1919, 263ff.; Sinzheimer, Rätesystem (1919); Tatarin-Tarnheyden, Berufsstände im Staatsrecht (1922); Goldschmidt, Reichswirtschaftsrecht

(1923) 45ff.; Herrfahrdt, Problem der berufsständischen Vertretung (1921) u. Jahrb. XI, 1ff.; Glum, Wirtschaftl. Selbstverwaltung (1925); Schmettow, Demokratie u. Verfassgsreform (1925) 43ff.; Stegemann, Wirtschaftsverfassung (1922); Schaeffer, Reichswirtschaftsrat (1920); Dochow, Reichswirtschaftsrat u. Reichswirtschaftsgericht (1920); Potthoff, Einwirkung der RVerf. auf das Arbeitsrecht (1925); Brunet 291ff.

Dieser Artikel enthält die sogenannte Verankerung der Räte in der Verfassung. Die bisherigen Organisationen der Arbeiter und Angestellten einer- und der Unternehmer andererseits haben namentlich die Aufgabe, die Arbeits- und Lohnbedingungen durch Tarifverträge und evtl. durch Arbeitsgemeinschaften zu regeln. Sie sind Kampforganisationen mit Kampffonds, um einen wirklichen Kampf zu führen. Diese freien Berufsverbände haben auch die Anpassungsfähigkeit, um die Arbeits- und Lohnbedingungen entsprechend den besonderen wirtschaftlichen Bedürfnissen in den einzelnen Fällen zu regeln. Die in Art. 165 vorgesehenen Arbeiterräte haben politische Aufgaben. Sie sind selbständige öffentlich-rechtliche Vertretungsorgane der Arbeiterschaft, sächs. OVG. 25, 195ff. Sie sollen zur Erfüllung der gesamten wirtschaftlichen Aufgaben und zur Mitwirkung (d. h. nur zur gleichberechtigten mit den Unternehmern, nicht zur diktatorischen, vgl. dazu StenBer. 1781f., 1792) bei der Ausführung der Sozialisierungsgesetze mit den Vertretungen der Unternehmer zusammentreten. Es ist ihnen wohl Einfluß auf die Politik, aber keine Entscheidungsmacht in Art. 165 zugesichert. Es soll eine berufsständische Kammer neben dem politischen Parlament nicht geduldet werden, jedoch soll den Räten das Recht zustehen, vor der Einbringung aller sozial- und wirtschaftspolitischen Gesetzentwürfe gehört zu werden und es soll ihnen ferner das Recht zur Initiative mit allen Konsequenzen zustehen. Deshalb hat der Reichswirtschaftsrat nicht bloß das Recht, derartige Gesetzentwürfe selbst zu beantragen, sondern auch durch seine Angehörigen im Reichstage vertreten zu lassen, so daß tatsächlich in diesem Falle die Stellung des Reichswirtschaftsrats dieselbe sein soll, wie die Stellung des Reichsrats, Sinzheimer 1751; s. auch VA. 394. Die Begutachtung „vor der Einbringung" (aber „beim Reichstag" zu sagen ist ausdrücklich vermieden worden, s. VA. 540) soll nur erfolgen, der Reichswirtschaftsrat braucht also erst mit oder auch nach dem Reichstag gehört zu werden, Hatschek II 25, so auch die Praxis; a. A. Triepel, A. ö. R. 39, 456; vgl. Art. 11 I VO. über RWi. Rat. Über die Mitwirkung des Wirtschaftsrats bei der Gesetzgebung (VA. 396) s. auch zu Art. 68.

Im allgemeinen enthält Art. 165 nur die Grundlinien der neuen Wirtschaftsverfassung, die Grundrechte der Deutschen in ihrer Eigenschaft als Arbeitnehmer und Arbeitgeber, RGZ. 107, 245; 111, 199; Landmann, GewerbeO.[7] II 772; — doch ist Abs. 1 Satz 2 insoweit aktuelles Recht, als er die „Anerkennung" der arbeitsrechtlichen Koalitionen enthält (Sinzheimer, JW. 1927, 256ff., s. auch Richter, VerwArch. 32, 17), er gibt den wirtschaftlichen Vereinigungen von Arbeitern und Arbeitsgebern eine „Befugnis, die Interessen ihrer Mitglieder zu vertreten" i. S. des § 8 Betriebsrätegesf., verleiht ihnen also insoweit Rechts-und kollektive Handlungsfähigkeit, a. A. RGZ. 113, 33ff., das auch in dieser Anerkennung nur ein Programm sieht. Jedenfalls ist auch Art. 165 kein Schutzges. i. S. des § 823 II BGB., RGZ. 113, 33ff. u. in Recht 1926, 311; s. auch Anm. 2 zu Art. 159; vgl. ferner Reichsanzeiger 1918 Nr. 273. Auch der letzte Absatz ist insoweit aktuelles Recht, als er eine ausschließliche Zuständigkeit des Reiches zur Gesetzgebung begründet. „Andere soziale Selbstverwaltungskörper" sind nicht nur die verschiedenen öffentlichen Versicherungsanstalten, sondern auch die wirtschaftlichen Selbstverwaltungskörper des Art. 156, RGZ. 106, 244.

Zur Ausführung ergingen Betriebsrätegesetz v. 4. Februar 1920 (RGBl. 147, 691; 1921; 81; 1923 I 258) — dazu Kommentare von Dersch, Stier-Somlo, Feig-Sitzler, Flatow — nebst Wahlordnung v. 5. Februar 1920 (RGBl. 175); VO. über

Betriebsvertretungen im Bereiche der Reichspostverwaltung v. 18. I. 1923 (RGBl. I 68) u. VO. über den Vorläufigen Reichswirtschaftsrat v. 4. Mai 1920 (RGBl. 858).

Der Vorläufige Reichswirtschaftsrat besteht aus 326 Mitgliedern, und zwar 68 Vertretern der Industrie, 68 der Land- u. Forstwirtschaft, 6 der Gärtnerei u. Fischerei, 44 des Handels, der Banken u. des Versicherungswesens, 34 des Verkehrs u. der öffentlichen Unternehmungen, 36 des Handwerks, 30 der Verbraucherschaft, 16 der Beamtenschaft u. der freien Berufe. Diese Mitglieder sind von den beteiligten Organisationen nach einem genauen Verteilungsplan zu benennen, weitere 12 wirtschaftskunde Mitglieder ernennt der Reichsrat, weitere 12 die Reichsregierung nach freiem Ermessen. Der Reichswirtschaftsrat ist autonom. Seine Mitglieder sind an Instruktionen nicht gebunden und können wegen der Ausübung ihrer Mitgliedschaft nicht zur Verantwortung gezogen werden. Die Sitzungen sind öffentlich.

Übergangs- und Schlußbestimmungen.

Artikel 166.

Bis zur Errichtung des Reichsverwaltungsgerichts tritt an seine Stelle für die Bildung des Wahlprüfungsgerichts das Reichsgericht.

Das Gericht besteht noch nicht, s. im übrigen Art. 107 und 31.

Artikel 167.

Die Bestimmungen des Art. 18 Abs. 3 bis 6 treten erst zwei Jahre nach Verkündung der Reichsverfassung in Kraft.

In der preußischen Provinz Oberschlesien findet innerhalb zweier Monate, nachdem die deutschen Behörden die Verwaltung des zurzeit besetzten Gebietes wieder übernommen haben, eine Abstimmung nach Art. 18 Abs. 4 Satz 1 und Abs. 5 darüber statt, ob ein Land Oberschlesien gebildet werden soll.

Wird die Frage bejaht, so ist das Land unverzüglich einzurichten, ohne daß es eines weiteren Reichsgesetzes bedarf. Dabei gelten folgende Bestimmungen:

1. Es ist eine Landesversammlung zu wählen, die binnen drei Monaten nach der amtlichen Feststellung des Abstimmungsergebnisses zur Einsetzung der Landesregierung und zur Beschlußfassung über die Landesverfassung einzuberufen ist. Der Reichspräsident erläßt die Wahlordnung nach den Grundsätzen des Reichswahlgesetzes und bestimmt den Wahltag.
2. Der Reichspräsident bestimmt im Benehmen mit der oberschlesischen Landesversammlung, wann das Land als eingerichtet gilt.
3. Die oberschlesische Staatsangehörigkeit erwerben:
   a) die volljährigen Reichsangehörigen, die am Tage der Einrichtung des Landes Oberschlesien (Nr. 2) in seinem Gebiete Wohnsitz oder ständigen Aufenthalt haben, mit diesem Tage;
   b) sonstige volljährige preußische Staatsangehörige, die im Gebiete der Provinz Oberschlesien geboren sind und innerhalb eines Jahres nach Einrichtung des Landes (Nr. 2) der Landesregierung erklären, daß sie die oberschlesische Staatsangehörigkeit erwerben wollen, am Tage des Einganges dieser Erklärung;

c) alle Reichsangehörigen, die durch Geburt, Legitimation oder Eheschließung der Staatsangehörigkeit einer der unter a und b bezeichneten Personen folgen.

S. Finger 186f.; Wittmayer 270f., 280f., 296ff.; Görres, JW. 1923, 639; Preuß, Art. 18 der Reichsverfassung S. 37ff.; Bornhak u. Poetzsch in DJZ. 1921, 51ff.; Helfritz, Autonomiegesetz für Oberschlesien (1921) u. Jahrb. XIV (1926), 241ff.; R. Schmidt, Z. f. Politik 1926, 201ff.

Abs. 2 u. 3 beruhen auf G., betr. Oberschlesien v. 20. Nov. 1920 (RGBl. 1987). S. hierzu Friedensvertrag v. 28. Juni 1919 (RGBl. 687) und PreußG. v. 14. Oktober 1919 (GS. 169). Insoweit hierin Bestimmungen getroffen sind, kommt Art. 18 nicht zur Anwendung; s. auch Poetzsch 214. Durch Volksabstimmung wurde am 3. September 1922 die Bildung eines Landes Oberschlesien abgelehnt. Somit sind Abs. 2 und 3 nunmehr bedeutungslos. — S. preuß. G., betr. Selbständigkeitsrechte der Provinz Oberschlesien v. 25. 7. 1922 (GS. 205).

Artikel 168.

Bis zum Erlaß des im Art. 63 vorgesehenen Landesgesetzes, aber höchstens bis zum 1. Juli 1921, können die sämtlichen preußischen Stimmen im Reichsrat von Mitgliedern der Regierung abgegeben werden.

Das Gesetz erging am 3. Juni 1921 (GS. 379), s. Art. 63.

Artikel 169.

Der Zeitpunkt des Inkrafttretens der Bestimmung im Art. 83 Abs. 1 wird durch die Reichsregierung festgesetzt.

Für eine angemessene Übergangszeit kann die Erhebung und Verwaltung der Zölle und Verbrauchssteuern den Ländern auf ihren Wunsch belassen werden.

S. oben zu Art. 83. Der Zeitpunkt des Inkrafttretens wurde durch § 8 der Reichsabgabenordnung vom 13. Dezember 1919 (RGBl. 1993) festgesetzt.

Artikel 170.

Die Post- und Telegraphenverwaltungen Bayerns und Württembergs gehen spätestens am 1. April 1921 auf das Reich über[1]).

Soweit bis zum 1. Oktober 1920 noch keine Verständigung über die Bedingungen der Übernahme erzielt ist, entscheidet der Staatsgerichtshof[2]).

Bis zur Übernahme bleiben die bisherigen Rechte und Pflichten Bayerns und Württembergs in Kraft. Der Post- und Telegraphenverkehr mit den Nachbarstaaten des Auslandes wird jedoch ausschließlich vom Reiche geregelt[3]).

[1]) Der Übergang ist bereits zum 1. April 1920 erfolgt unter den beigegebenen Verträgen und Beschlußprotokollen, G. v. 27. April 1920 (RGBl. 643).

[2]) Diese Entscheidungen sind keine richterlichen Urteile, sondern Verwaltungsakte (vgl. Ad. Arndt, A. ö. R. NF. 11, 211ff.), sie geben keine „Rechtsentscheidung", sondern einen „Zwangsausgleich", Triepel in Berliner Festschrift für Kahl (1923) 19ff.; Lammers, JW. 1926, 2298f., s. daselbst auch eine solche Entscheidung des Staatsgerichtshofes.

[3]) S. auch Art. 88.

Artikel 171.

Die Staatseisenbahnen[1]), Wasserstraßen[2]) und Seezeichen[3]) gehen spätestens am 1. April 1921 auf das Reich über[4]).

Soweit bis zum 1. Oktober 1920 noch keine Verständigung über die Bedingungen der Übernahme erzielt ist, entscheidet der Staatsgerichtshof[5]).

[1]) S. Art. 97f. u. G. v. 30. April 1920 (RGBl. 773) und vom 29. Juli 1922 (RGBl. II 693).

[2]) S. Art. 101 und RGes. vom 29. Juli 1921 (RGBl. 961; 1922 I 222).

[3]) S. Art. 108.

[4]) Übergang der Eisenbahnen erfolgte schon zum 1. April 1920, die der Wasserstraßen rückwirkend vom 1. April 1921, s. oben S. 254, 268. G. v. 29. Juli 1921 (RGBl. 961).

[5]) S. Anm. 2 zu Art. 170.

Artikel 172.

Bis zum Inkrafttreten des Reichsgesetzes über den Staatsgerichtshof übt seine Befugnisse ein Senat von sieben Mitgliedern aus, wovon der Reichstag vier und das Reichsgericht aus seiner Mitte drei wählt. Sein Verfahren regelt er selbst.

Am 2. August 1921 ist das Gesetz über den Staatsgerichtshof. v. 9. Juli 1921 (RGBl. 905) in Kraft getreten, s. Art. 108. Gemäß § 35 dieses G. bleibt der nach Art. 172 RV. gebildete Senat zuständig für die zur Zeit des Inkrafttretens dieses G. bei ihm anhängigen Sachen.

Ein bei dem vorläufigen StGH. eingereichter Antrag kann jedoch zurückgenommen und bei dem endgültigen StGH. neu eingereicht werden, Entsch. des StGH. v. 12. Dezember 1925 in JW. 1926 S. 1454ff. und Lammers das.

Artikel 173.

Bis zum Erlaß eines Reichsgesetzes gemäß Art. 138 bleiben die bisherigen auf Gesetz, Vertrag oder besonderen Rechtstiteln beruhenden Staatsleistungen an die Religionsgesellschaften bestehen.

S. hierzu Art. 138. An der Erhöhung der Leistungen hindert Art. 173 nicht, Anschütz 429; s. auch Conrad DJZ. 1923, 217ff.; Meß DJZ. 1923, 337ff.; Kahl DJZ. 1923, 340.

Über die Frage der Zulässigkeit des Rechtsweges für kirchliche Dotationsansprüche aus der Säkularisation s. Fischer, Arch. f. kath. Kirchenrecht 103, 37ff. Soweit eine bestehende Steuerfreiheit der Kirche als Staatsleistung (vgl. RGZ. 113, 349ff.) anzusehen ist, kann sie vor der Ablösung nicht durch Landesgesetz beseitigt werden, RGZ. 111, 139. Ein vor Erlaß der RVerf. begründeter gesetzlicher Vorbehalt, der den Staat ermächtigt, derartige Leistungen durch Gesetz einzuschränken, gilt fort, RG. in Recht 1927, 303.

Artikel 174.

Bis zum Erlaß des in Art. 146 Abs. 2 vorgesehenen Reichsgesetzes bleibt es bei der bestehenden Rechtslage[1]). Das Gesetz hat Gebiete des Reichs, in denen eine nach Bekenntnissen nicht getrennte Schule gesetzlich besteht, besonders zu berücksichtigen[2]).

[1]) Die bestehende Rechtslage siehe zu Art. 146. Selbstredend kann das vorgesehene Reichsgesetz diese beliebig ändern, aber nur dieses, nicht kann inzwischen ein Landesgesetz das Reichsgesetz ändern (Anschütz 429, StenBer. 1682, 1692, 1715, 2169). Die bestehende Rechtslage ist hier aber nur die, für welche gemäß Art. 146 II in einem Reichsgesetz Grundsätze aufgestellt werden sollen, RG. in A. ö. R. 40, 100, StGerH. in RGZ. 114, Anh. 7ff. Art. 174 bezieht sich also z. B. nicht auf die Lehrerbildung.

[2]) Art. 149 wird durch Art. 174 nicht betroffen. Daher konnte sich das sächsische Landesgesetz (SchulG. v. 22. Juli 1919), das die bekenntnisfreie Schule einführte und gegen Art. 149 verstößt, s. Anm. zu Art. 13, Poetzsch 202, StenBer. 2166, nicht auf Art. 174 beziehen, RGer.Beschluß v. 4. November 1920 (RGBl. 2016) und dazu Lassar, A. ö. R. 40, 110ff.

Artikel 175.

Die Bestimmung des Art. 109 findet keine Anwendung auf Orden und Ehrenzeichen, die für Verdienste in den Kriegsjahren 1914—1919 verliehen werden sollen.

Die Bestimmung ist Ausnahme von der Vorschrift in Art. 109 Abs. 4 und kann auch noch nach dem Kriege zur Anwendung kommen.

Artikel 176.

Alle öffentlichen Beamten und Angehörigen der Wehrmacht sind auf diese Verfassung zu vereidigen[1]). Das Nähere wird durch Verordnung des Reichspräsidenten bestimmt[2]).

S. Wolfstieg, Reichsbeamtenrecht (1921) 53ff.; ders. DJZ. 1919, 927, 1006 und JW. 1920, 36f., 280; 1922, 610f.; Schoen, A. ö. R. NF. 6, 143; Bovensiepen in Polizei 1922, 200; O. Mayer JW. 1922, 610f.; Stroetzel, DJZ. 24, 927; Lotz, das. 1006ff.; Wetzel JW. 1920, 31.

[1]) Dieser Artikel gilt auch für Landes- und Selbstverwaltungsbeamte, s. auch Art. 129 u. 133, Giese 428.

[2]) Siehe V. v. 14. August 1919 (RGBl. 1419). Der Reichskommissar Preuß bemerkte, StenBer. 2192, daß durch den Verfassungseid die staatsbürgerliche Freiheit, namentlich Art. 128, nicht berührt würde. Er bedingt nicht Beamteneigenschaft, RGSt. 29, 233; RGZ. 6, 105; Arndt, RStG. 634; Pieper, Brandt, Arndt zu § 1 RBG.; die Leistung des Eides ist jedoch für den Beamten Dienstpflicht, RGStr. 55, 56. Eidesverweigerung ist also Dienstvergehen, s. RGSt. 55, 56; pr. OVG. 77, 500, 502ff.; 78, 444f.; E. des Hamburger Disziplinarhofes in DJZ. 26, 568; s. auch RGZ. 108, 346f. Die Folgen der Verweigerung des Eides für die am 23. Juli 1922 schon im Dienst befindlichen Beamten bestimmen sich nach dem bisherigen Recht, pr. OVG. 77, 495ff., 501ff.; 78, 439ff.; RDisH. in LZ. 1922, 201ff.

Artikel 177.

Wo in den bestehenden Gesetzen die Eidesleistung unter Benutzung einer religiösen Eidesform vorgesehen ist, kann die Eidesleistung rechtswirksam auch in der Weise erfolgen, daß der Schwörende unter Weglassung der religiösen Eidesform erklärt: „ich schwöre". Im übrigen bleibt der in den Gesetzen vorgesehene Inhalt des Eides unberührt.

Dieser Artikel enthält gegenwärtiges zwingendes Recht; auch Düringer, StenBerRatVerf. 1662, 1830; s. auch Leonhard, DJZ. 1919, 828, Friedrichs DJZ. 1924, 981ff.; Giese, Jahrb. 1925, 259 u. Staatskirchenrecht 244ff.; Käckell, Ztschr. f. Strafr.Wiss. 41, 715f.; Strauß, D. RichterZtg. 1920, 25 u. Recht 1920, 27; Bendix, JW. 1923, 359. s. auch Art. 136 Abs. 4.

Artikel 178.

Die Verfassung des Deutschen Reichs vom 16. April 1871 und das Gesetz über die vorläufige Reichsgewalt vom 10. Februar 1919 sind aufgehoben[1]).

Die übrigen Gesetze und Verordnungen des Reichs bleiben in Kraft, soweit ihnen diese Verfassung nicht entgegensteht[2]). Die Bestimmungen des am 28. Juni 1919 in Versailles unterzeichneten Friedensvertrags werden durch die Verfassung nicht berührt[3])[4]).

Anordnungen der Behörden, die auf Grund bisheriger Gesetze in rechtsgültiger Weise getroffen waren, behalten ihre Gültigkeit bis zur Aufhebung im Wege anderweiter Anordnung oder Gesetzgebung[5]).

Stier-Somlo I 30ff., 156ff., 300, 658; Wittmayer 1, 19ff.; Kraus, Jahrb. d. ö. R. IX (1920) 291ff.; Held, das. XII (1924) 313ff.; Rothenbücher, JW. 1921, 248; von Freytagh-Loringhoven 28ff.; Perels, Der Friede von Versailles (1920); Fleischmann, Die Einwirkung auswärtiger Gewalten auf die deutsche Reichsverfassung (1925);

Karstadt, DJZ. 1919, 588; Schätzel, DJZ. 1920, 196; Hubrich 176f.

[1]) Aber nicht mit rückwirkender Kraft. Jedenfalls gelten sie, soweit die Verf. auf sie verweist, s. auch Art. 169 Abs. 2, 170 Abs. 3.

[2]) Auch die der Volksbeauftragten, s. oben S. 43. Vgl. auch RGSt. 55, 247f. Hierdurch ist in Verbindung mit Art. 6 Z. 6 auch das Recht Helgolands, eigene Zölle zu erheben, aufgehoben worden, RFinH. in JW. 1927, 1775[1].

[3]) Soweit der Friedensvertrag bestimmt und solange er bestimmt, ist die Reichsverf. nicht anwendbar, Haußmann, StenBer. 1830; Anschütz 434; Lenel, Reichsverf. 4.

Aber weder werden die Vorschriften des Versailler Vertrages hierdurch Verfassungsrecht, noch sind die betreffenden Bestimmungen der Reichsverfassung dadurch aufgehoben. Sie sind vielmehr nur in ihrer Wirksamkeit gehemmt. Vgl. Perels und Fleischmann a. a. O.

[4]) Hinzugefügt durch G. v. 6. August 1920 (RGBl. 1560): „Mit Rücksicht auf die Verhandlungen bei dem Erwerbe der Insel Helgoland kann zugunsten der einheimischen Bevölkerung eine vom Art. 17 Abs. 2 abweichende Regelung getroffen werden." D. h. die Wahlberechtigung kann an eine längere Aufenthaltsdauer geknüpft werden.

[5]) Die Verfassung legt sich nicht rückwirkende Kraft zu; siehe auch oben S. 48ff. Auch die auf Grund älteren Landesrechts gültig ergangenen Gesetze, An- und Verordnungen, z. B. Polizeiverordnungen, Schulregulative bleiben in Gültigkeit, soweit sie der Reichsverfassung nicht widersprechen noch im Wege anderweiter Anordnungen oder Gesetzgebung aufgehoben sind, auch wenn die ihnen zugrunde liegenden Gesetze aufgehoben sind. Nicht bloß die Gesetze, Reichs- oder Landesgesetze, sondern auch die darin erteilten Ermächtigungen, z. B. zum Erlaß von Schulregulativen, Polizeiverordnungen, sind mit der gleichen Maßgabe in Wirksamkeit geblieben; s. Arndt zu Art. 109 a. PreußVerf.; Triepel, A. ö. R. 39, 466; Jellinek, Gesetz und Verordnung 373; v. Martitz, Festgabe für Gierke 192.

Artikel 179.

Soweit in Gesetzen oder Verordnungen auf Vorschriften und Einrichtungen verwiesen ist, die durch diese Verfassung aufgehoben sind, treten an ihre Stelle die entsprechenden Vorschriften und Einrichtungen dieser Verfassung. Insbesondere treten an die Stelle der Nationalversammlung der Reichstag, an die Stelle des Staatenausschusses der Reichsrat, an die Stelle des auf Grund des Gesetzes über die vorläufige Reichsgewalt gewählten Reichspräsidenten der auf Grund dieser Verfassung gewählte Reichspräsident.

Die nach den bisherigen Vorschriften dem Staatenausschuß zustehende Befugnis zum Erlaß von Verordnungen geht auf die Reichsregierung über; sie bedarf zum Erlaß der Verordnungen der Zustimmung des Reichsrats nach Maßgabe dieser Verfassung.

Die Befugnis zum Erlaß von Ausführungsverordnungen stand im Deutschen Reich, falls nichts Abweichendes bestimmt war, gemäß Art. 7² der Verfassung v. 16. April 1871 dem Bundesrat zu, jetzt gemäß Art. 77 der Reichsregierung, ebenso Jakobi, A. ö. R. 39, 331; Bühler, PrVBl. 41, 557; Hatschek, II, 122f.; Jacobi, A. ö. R. 39, 330ff.; Schoen, das. NF. 6, 143ff.; Bernstein, JW. 1923, 71; 1924, 35; Bühler, PrVBl. 41, 557, in der Zwischenzeit dem Staatenausschuß. Die Reichsregierung bedarf zum Erlaß von Ausführungsverordnungen — sog. selbständige darf sie nicht erlassen — der Zustimmung des Reichsrates, wenn die Ausführung der Reichsgesetze den Landesbehörden zusteht. Dies trifft jedenfalls überall zu, wo nicht die Verwaltung dem Reich übertragen ist.

Artikel 180.

Bis zum Zusammentritt des ersten Reichstags gilt die Nationalversammlung als Reichstag. Der von der Nationalversammlung gewählte Reichspräsident führt sein Amt bis zum 30. Juni 1925.

Die Nationalversammlung behielt also ihre Benennung; sie wurde nicht der Reichstag und hieß nicht Reichstag, sie hatte nur die Befugnisse, welche die Verfassung dem Reichstag gibt. Der erste RT. ist am 6. Juni 1920 gewählt. Satz 2 beruht auf dem G. vom 27. Oktober 1922 (RGBl. I 801).

Artikel 181.

Das Deutsche Volk[1]) hat durch seine Nationalversammlung diese Verfassung beschlossen und verabschiedet. Sie tritt mit dem Tage ihrer Verkündung in Kraft[2]).

BA. 490ff.; Schmitt, Die Diktatur 130ff.; von Freytagh-Loringhoven 18ff.

[1]) Also nur dieses; die Länder waren an der Schaffung der Reichsverfassung rechtlich ganz unbeteiligt, Giese 434.

[2]) Die Verfassung tritt nicht, wie in der Regel die Reichsgesetze gemäß Art. 71, mit dem vierzehnten Tage nach Ablauf des Tages in Kraft, an dem das Reichs-Gesetzblatt in der Reichshauptstadt ausgegeben worden ist, auch nicht, wie behauptet ist, mit dem Tage, an welchem sie tatsächlich verkündet ist. Sie gilt rechtlich erst mit dem Tage verkündet, an dem das betr. Stück des Gesetzblattes als ausgegeben bezeichnet ist: d. i. der 14. Aug. 1919.

Schwarzburg, den 11. August 1919.

Der Reichspräsident.
Ebert.

Das Reichsministerium.
Bauer.

Erzberger Hermann Müller Dr. David Noske
Schmidt Schlicke Giesberts Dr. Mayer Dr. Bell.

Die Reichsverfassung ist in dritter Lesung am 31. Juli 1919 in namentlicher Abstimmung mit 262 gegen 75 mit einer Stimmenthaltung angenommen. Der Reichskanzler bezeichnete sie (StenBer. 2193) als einen neuen unlösbaren Vertrag, den das Volk mit sich selbst durch die Nationalversammlung geschlossen hat. Aus den Händen des Volkes, fügte er gewissermaßen als Auslegung des Schlußartikels hinzu, habe die Nationalversammlung ihr Mandat empfangen und in die Hände des Volks lege die Nationalversammlung nun das politische Gesetzbuch der Republik.

Sachregister.

(Die Zahlen bedeuten die Artikel.)

A.

C.

(Siehe unter K.)

D.

E.

F.

G.

R.

Z.

Gesetzesregister.

(Die Zahlen bedeuten die Verfassungsartikel, die kleinen Ziffern die Anmerkungen dazu.)

(Novellen und Ausführungsverordnungen sind nicht berücksichtigt.)

1918	20. November	Seuchen-VO. 114[1].
1918	30 November	VO. der Volksbeauftragten, betr. Wahlen. Einleitung.
1918	23. Dezember	VO. über Tarifverträge 7[9].
1919	8. Februar	VO., betr. Kriegsteilnehmer 7[11].
1919	10. Februar	RGes. über vorl. Reichsgewalt. Einleitung 178.
1919	4. März	Reichs-Übergangsges. Einleitung 3.
1919	12. März	RGes., betr. vorl. Reichswehr 6[7].
1919	23. März	Sozialisierungsges. 7[12], [13], 156.
1919	23. März	Kohlenwirtschaftsges. 7[13], 156.
1919	16. April	RGes., betr. vorl. Reichsmarine 6
1919	24. April	Kaliwirtschaftsges. 7[13], 156.
1919	28. Juni	Versailler Vertrag, passim.
1919	21. Juli	Goldzollges. 6[9].
1919	18. August	Reichssiedlungsges. 7[12], 155.
1919	20. August	VO., betr. die Übertragung des Oberbefehls der RWehr an den Reichswehrminister 47.
1919	31. August	RGes., betr. Enteignung 7[12], 153.
1919	10. September	RGes. über Finanzverwaltung 76[6], 83[1].
1919	13. Dezember	ReichsabgabenO. 8[2], 60, 83[1], 131[6], 137[8] 169.
1919	31. Dezember	Elektrizitätssozialisierungsges. 7[13], Vorb. zu 60, 156.
1920	13. Januar	VO. d. ReichsPräs. zur Wiederherstellung der öffentl. Sicherheit und Ordnung 48[4].
1920	4. Februar	Betriebsrätegeset. 7[9], 125, 160, 165.
1920	19. März	VO. des ReichsPräs., betr. die Einsetzung außerordentl. Kriegsgerichte 48[4].
1920	24. März	RGes., betr. die Verfolgung von Kriegsverbrechen 49.

1923	31. Dezember	RGes. zur Abänderung des RWahlGes. 22, 41.
1924	13. Februar	ReichsschuldenO. 32[3], Vorbem. zu 60, 87.
1924	13. Februar	VO. über Fürsorgepflicht 7[5], 9[3], 19[2], 161, 163.
1924	14. Februar	III. Steuer-Not-VO. 9[3], 19[2], 134, 153.
1924	14. Februar	Jugendwohlfahrtsges. 7[7], 9[3], 120
1924	14. Februar	VO. über Volksentscheid 18[5], 73.
1924	16. Februar	VO. über Erwerbslosenfürsorge 7[5], 163.
1924	6./13. März	RWahlGes. 20, 22, 41.
1924	8. März	VO. zum Schutze des Funkverkehrs 48[4].
1924	14. März	ReichsstimmO. 18[5], 41, 73[6], 125.
1924	15. März	RGes. über die Pfändung von Lohn- und Gehaltsforder. 40[2].
1924	18. März	Reichspostfinanzges. 46, 76[6], 85[1], 87[2], 88, 129[1].
1924	19. März	RGes. über Golddiskontbank 7[14].
1924	21. März	RGes., betr. Kolonien 80.
1924	3. Mai	Gesch.Ordn. der RRegierung 52[2], 55[2], 57[2], 58[2].
1924	24. Mai	EichungsgebührenO. 7[14].
1924	7. August	Ges., betr. Temperaturskala 7[14].
1924	16. August	Londoner Abkommen 8[2], 89.
1924	30. August	RGes. z. Ausf. des Londoner Abkommens 83[1].
1924	30. August	Reichsbahnges. 16[4], 46, 76[6], 78[3], 85[1], 87[2], 89—96, 129[1].
1924	30. August	Personalordn. d. Reichsbahn 46, 89[1], 129[1].
1924	30. August	Reichsbankges. 7[14], 46, 129[1], 153[5].
1924	30. August	Münzges. 6[8].
1924	30. August	Privatnotenbankges. 7[14], 153[5].
1924	30. August	RGes. über Amnestierung 49.
1924	15. Oktober	pr. Ges. betr. Kosten der ev. Kirchenbehörden 138[1].

Band

14. **Gerichtsverfassungsgesetz.** Von R. Sydow. Fortgeführt von L. Busch. 10. Auflage. 1925. *Rm* 6,—
15. **Das deutsche Gerichtskostengesetz.** Von R. Sydow. Fortgeführt von L. Busch und F. Koehler. 11. Auflage. In Bearbeitung.
16. **Rechtsanwaltsordnung.** Von R. Sydow. 5. Auflage von M. Jacobsohn. — 1907. Mit Nachtrag von 1910. Vergriffen.
17. **Gebührenordnung für Rechtsanwälte usw.** Von R. Sydow. Fortgeführt von L. Busch und O. Krieg. 13. Auflage. In Bearbeitung.
18. **Reichsstempelgesetz.** Von P. Loeck. Vergriffen. Wird durch Kapitalverkehrssteuergesetz ersetzt. Erläuterte Ausgabe in Bearbeitung.
19. **Die Seegesetzgebung.** Von W. E. Knitschky. 5. Auflage von O. Rudorff. — 1913. *Rm* 8,—
20. **Krankenversicherungsgesetz** siehe Bd. 107, 161.
21. **Die Konsulargesetzgebung.** Von Ph. Zorn. 8. Auflage von K. Zorn. — 1911. *Rm* 4,50
22. **Patentgesetz.** Von R. Lutter. 8. Auflage. — 1920. Mit Nachtrag 1927. Nachtrag apart *Rm* 0,80. *Rm* 4,—
23. **Gewerbe-Unfallversicherungsgesetz** siehe Bd. 107, 161 und 161a/b.
24. **Aktiengesellschaft und Kommanditgesellschaften auf Aktien.** Von H. Keyßner und H. Veit Simon. 7. Auflage. In Bearbeitung.
25. **Brausteuergesetz.** Siehe Reichsgesetz Bd. 54 II.
26. **Münz- und Notenbankwesen.** Von R. Koch. 7. Auflage von Reichsbankpräsident Schacht. — 1925. *Rm* 14,—
27. **Gesundheitswesen im Deutschen Reich.** Von E. Goesch und J. Karsten. — 1888. Vergriffen.
28. **Bau-Unfallversicherungsgesetz** siehe Bd. 108.
29. **Erwerbs- und Wirtschaftsgenossenschaften.** Von L. Parisius und H. Crüger. 18. Auflage. — 1925. *Rm* 4,—
30. **Invalidenversicherungsgesetz** siehe Bd. 109, 161 und 161 a.
31. **Gewerbegerichtsgesetz.** Von W. Cuno. Vergriffen. Siehe auch Bd. 112, 112 a und Arbeitsgerichte Bd. 168.
32. **Gesellschaften mit beschränkter Haftung.** Von L. Parisius und H. Crüger. 17. Auflage. — 1926. *Rm* 3,50
33. **Vereins- und Versammlungsrecht.** Von E. Ball. 2. Auflage von F. Friedenthal. — 1907. *Rm* 2,—
    Reichsvereinsgesetz vom 19. April 1908 siehe Bd. 88.
34. **Die Abzahlungsgeschäfte.** 3. Aufl. von E. Wilke. — 1910. *Rm* 1,20
35. **Die Reichs-Eisenbahngesetzgebung.** Von W. Coermann. — 1895. (Siehe auch Bd. 66.) *Rm* 2,—
36. **Privatrechtliche Verhältnisse der Binnenschiffahrt und Flößerei.** Von E. Löwe. 6. Auflage. — 1923. *Rm* 4,—

Band

37. **Unlauterer Wettbewerb.** Von A. Pinner. 7. Auflage von A. Elster. — 1921. *Rm* 1,40

38/39. **Bürgerliches Gesetzbuch nebst Einführungsgesetz.** Von A. Achilles. In Verbindung mit F. André, O. Meyer, O. Strecker, K. v. Unzner herausgegeben von M. Greiff. 12. Auflage. — 1926. *Rm* 24,—

40. Gesetz, betr. die **Pflichten der Kaufleute bei Aufbewahrung fremder Wertpapiere [Depotgesetz].** Von F. Lusensky. 3. Auflage. — 1916. Mit Nachtrag 1924. *Rm* 1,—

41. **Börsengesetz.** Von Th. Hemptenmacher. 3. Auflage von O. Meyer. — 1915. *Rm* 3,50

42. **Grundbuchordnung.** Von O. Fischer. 8. Auflage. — 1924. *Rm* 3,—

43. **Zwangsvollstreckung.** Von J. Krech und O. Fischer. 9. Auflage von O. Fischer. — 1922. *Rm* 3,50

44. **Auswanderungswesen.** Von F. Stoerk. — 1899. *Rm* 2,—

45. **Entmündigungsrecht.** Von P. Koll. — 1900. *Rm* 1,20

46. **Freiwillige Gerichtsbarkeit.** Von H. Jastrow. 6. Auflage von Herm. Günther. — 1921. *Rm* 4,50

47. **Deutsches Vormundschaftsrecht.** Von M. Schultzenstein und P. Köhne. 2. Auflage. — 1901. *Rm* 2,50

48. Gesetze, betr. den **Drogen-, Gift- und Farbenhandel** außerhalb der Apotheken. Von J. Broh. — 1899. *Rm* 1,20

49. **Deutsche Kolonialgesetzgebung.** Von Ph. Zorn. 2. Auflage von Sassen. — 1913. *Rm* 5,—

50. **Der Viehkauf [Viehgewährschaft].** Von H. Stölzle und H. Weiskopf. 6. Auflage. — 1926. *Rm* 15,—

51. **Hypothekenbankgesetz.** Von H. Göppert. 2. Auflage von Seidel. — 1911. Mit Nachtrag 1926. *Rm* 2,20

52. **Rechte der Besitzer von Schuldverschreibungen.** Von H. Göppert. 2. Auflage von E. Trendelenburg. — 1915. *Rm* 1,50

53. **Reichspreßgesetz.** Von A. Born. 3. Auflage. — 1924. *Rm* 4,—

54. Verkehr mit **Nahrungsmitteln, Genußmitteln und Gebrauchsgegenständen.** Von G. Lebbin. — 2. Auflage in 2 Bänden. II.: **Getränkegesetze und Getränkesteuergesetze** (Wein, Bier, Branntwein, Mineralwasser). Unter Mitwirkung von Dr. Kniebe. *Rm* 10,—

55. **Beschlagnahme von Lohn- und Gehaltsforderungen.** Von G. Meyer. 5. Auflage. — 1914. Durch Nachträge ergänzt 1925. Nachträge allein *Rm* 0,70. *Rm* 2,30

56. **Bekämpfung gemeingefährlicher Krankheiten.** Von B. Burkhardt. — 1900. *Rm* 1,20

57. **See-Unfallversicherungsgesetz** siehe Bd. 108 und 161 a.

58. **Recht der unehelichen Kinder.** Von H. Jastrow. — 1901. Mit Nachtrag 1925. *Rm* 1,60

Band

80. **Gerichtliche Registerführung.** Von O. Lindemann. — 1906. *Rm* 2,40
81. **Urheberrecht an Werken der bildenden Künste und der Photographie.** Von L. Fuld. 2. Auflage. — 1926. *Rm* 6,—
82. **Reichsbeamtengesetz.** Von A. Arndt. 3. Auflage. — 1923. Mit Nachtrag, enthaltend die Änderungen bis 1924. *Rm* 3,50
83. **Versicherungsvertrag.** Von P. Hager und E. Bruck. 5. Auflage. — 1926. *Rm* 14,—
84. **Sammlung kleinerer privatrechtlicher Reichsgesetze.** Von G. Müller. — 1903. *Rm* 5,50
85. **Scheckgesetz.** Neue Auflage in Bearbeitung. (Siehe auch Reichsgesetze Bd. 5 und 162.) Kommentar von Michaelis. *Rm* 16,—, geb. *Rm* 18,—
86. **Die Auslieferungsverträge des Deutschen Reiches.** Von A. Cohn. — 1908. *Rm* 4,—

87 a. **Das deutsche Warenzeichenrecht.** Von Freund und Magnus. 6., neubearbeitete Auflage von Jüngel und Magnus. Teil I: **Die internationalen Verträge.** — 1924. *Rm* 9,—

88. **Vereinsgesetz.** Von A. Romen. 5. Auflage. In Bearbeitung.
89. **Vogelschutzgesetz.** Von L. v. Boxberger. — 1909. *Rm* 1,—
90. Die Haager Abkommen über das **Internationale Privatrecht.** Von G. Bogeng. — 1908. *Rm* 2,—
91. **Eisenbahn-Verkehrsordnung.** Von E. Blume. 3. Auflage von Weirauch. — 1926. *Rm* 12,—
92. **Verkehr mit Kraftfahrzeugen.** Von R. Kirchner. 3. Auflage. — 1915. Mit Nachtrag, enthaltend alle Neuerungen bis Ende 1925. Nachtrag einzeln *Rm* 1,50. *Rm* 5,—
93. **Sicherung der Bauforderungen.** Von E. Harnier. 3. Auflage. — 1912. *Rm* 1,50
94. **Die Beamtenhaftpflichtgesetze des Reiches und der Länder.** Von H. Delius. 3. Auflage. — 1921. *Rm* 3,20
95. Die Berner Übereinkunft über **Internationales Urheberrecht.** Von H. Dungs. — 1910. *Rm* 1,—
96. **Branntweinsteuergesetz** — **Branntweinmonopolgesetz** siehe Bd. 54 II.
97. **Schutzgebietsgesetz.** Von J. Gerstmeyer. — 1910. *Rm* 2,50
98. **Sechs Haager Abkommen über Internationales Privatrecht.** Von H. Dungs. — 1910. *Rm* 1,50
99. **Die Abkommen der Haager Friedenskonferenz.** Vergriffen. Jetzt: Wehberg, **Völkerbundakte.** *Rm* 4,—. (Außerhalb der Sammlung.)
100. **Kaligesetz.** Von B. Voelkel. — 1910. *Rm* 2,40
101. **Zuwachssteuergesetz.** Von W. Cuno. Vergriffen.

Band
126. **Besitzsteuergesetz.** Von A. Mrozek. Vergriffen.
127. **Geschäftsaufsicht zur Abwendung des Konkurses.** Von G. Klien und Ernst Jaeger. — 1917. Durch Nachträge ergänzt. *Rm* 3,—
128. **Verhaftung und Aufenthaltsbeschränkung.** Von A. Romen. — 1917. *Rm* 1,20
129. **Zivilrechtkriegsgesetze.** Von Fischer. — 1918. *Rm* 1,50
130. **Ersatzlebensmittelverordnung.** — 1918. *Rm* 1,50
131 a. **Reichsfinanzgesetzgebung 1918.** Bd. I: **Getränkesteuern.** Von G. Mayer. — 1918. *Rm* 2,50
131 b. **Reichsfinanzgesetzgebung 1918.** Bd. II: **Einkommen, Umsatz** usw. Von G. Mayer. — 1919. *Rm* 1,50
132. **Umsatzsteuergesetz.** Von Otto Lindemann. 4. Auflage. — 1926. *Rm* 10,—
133. **Reichswuchergesetzgebung.** Von Ad. Lobe. — 1918. *Rm* 2,80
134. **Der Ostfrieden.** Von Karl Strupp. — 1918. *Rm* 3,—
135. **Erbbaurecht.** Von H. Günther. — 1919. *Rm* 2,—
136. **Militärversorgungsgesetz.** Von H. Günther. — 1919. *Rm* 2,30
137. **Reichsverfassung.** Von Arndt. 2. Auflage. — 1921. *Rm* 2,50
138 a. **Arbeiterschutz und Arbeitsrecht.** Von A. Günther. 2. Aufl. Teil I: **Arbeitszeitnotverordnung.** Von Günther und Schneider. Im Druck.
138 b. **Betriebsrätegesetz.** Von A. Günther. — 1920. Vergriffen.
139. **Grunderwerbsteuergesetz.** Von Otto Lindemann. 2. Auflage. — 1926. *Rm* 4,—
140. **Die Siedelungsgesetzgebung im Reich und in Preußen.** Von W. Holzapfel. — 1920. *Rm* 3,—
141. **Sozialisierungsgesetze.** Von Reier. — 1920. *Rm* 2,20
142. **Wirtschaftliche Demobilmachung.** Von Gg. Fischbach. — 1920. *Rm* 1,—
143. **Reichsabgabenordnung.** Von Nieberl. 2. Auflage. — 1927. *Rm* 12,—
144. **Versicherungsgesetz für Angestellte.** Siehe S. 12.
145. **Steuer- und Kapitalflucht.** Von E. H. Meyer. 2. Auflage. — 1921. *Rm* 1,60
146. **Tabaksteuergesetz.** Von Wündisch. — 1920. Mit Nachtrag 1925. *Rm* 4,—
147. **Filmzensur.** Von Szczesny. — 1920. *Rm* 1,50
148. **Reichsausgleichsgesetz.** Von Decke. — 1920. *Rm* 1,50
149. **Reichsnotopfergesetz.** Von Friedmann und Wrzeszinsky. — 1921. *Rm* 4,—
150. **Reichsschädengesetze.** Von Adolf Hohenstein und Wenzel Goldbaum. — 1922. *Rm* 4,—
151. **Einkommensteuer und Körperschaftsteuer.** Von Hollaender. — 1926. *Rm* 24,—

Band
152. **Wohlfahrtsgesetze.** Von Behrend und Stranz-Hurwitz. Teil I. — 1923. *Rm* 5,—
152 a. Desgl. Teil II. — 1925. *Rm* 9,—
Bd. 152 und 152 a zusammen bezogen *Rm* 12,—
153. **Zwangsanleihegesetz.** Von Simon und Beutner. — 1923. *Rm* 8,—
154. **Jugendwohlfahrtsgesetz und Jugendgerichtsgesetz.** Von Drewes und Sandré. — 1923. Mit Nachtrag, enthaltend die Ergänzungen bis April 1924. *Rm* 6,—
155. **Reichsknappschaftsgesetz.** Von Max Reuß und Fritz Hense. 2. Auflage. — 1926. Mit Nachtrag 1927. *Rm* 12,—
156. **Mietrecht und Wohnungsmangelgesetz.** Von Krieg. 3. Auflage. — 1925. Mit Nachtrag 1927. *Rm* 7,—
Nachtrag apart *Rm* 0,60
157. **Dritte Steuernotverordnung vom 14. Februar 1924** mit den Vorschriften über **Aufwertung.** 2. Auflage unter dem Titel: **Aufwertungsgesetze.** Von Michaelis. — 1925. *Rm* 16,—
158. **Strafprozeßordnung.** Alte u. neue Fass. synoptisch gegenübergestellt. Von Feisenberger. — 1925. Mit Nachtrag 1927. *Rm* 4,50
159. **Industriebelastungsgesetz.** Von Höpker. *Rm* 4,—
160. **Fürsorgepflicht.** Von Sandré. — 1925. *Rm* 6,—
161. **Reichsversicherungsordnung.** Von Lippmann. *Rm* 11,—
161 a. Desgl. **Ergänzungsband,** enthaltend die neue Fassung des **Unfallversicherungsgesetzes** sowie die Änderungen der übrigen Bücher der RVO. Von Lippmann. *Rm* 4,—
161 b. Desgl. **Zweiter Ergänzungsband,** enthaltend die im ersten Halbjahr 1926 ergangenen Änderungen der RVO. — 1926. *Rm* 0,80
162. **Handelsrechtl. Nebengesetze.** Von Schreiber. — 1926. *Rm* 14,—
163. **Notariatsrecht.** Von Szkolny. — 1925. *Rm* 8,50
164. **Aufwertung von Versicherungsansprüchen.** Teil I: **Lebensversicherungen.** Von Berliner und Pfaffenberger. — 1926. *Rm* 6,50
164 a. Desgl. Teil II: **Sach-** (Feuer-, Glas-, Wasser- usw.) **und Transportversicherung, Unfall- und Haftpflichtversicherung.** — 1926. *Rm* 3,50
165. **Handbuch der Erwerbslosenfürsorge.** Von Schmeißer. 2. Auflage. — 1926. Mit Nachtrag 1927. *Rm* 13,—
Nachtrag apart *Rm* 2,50
166. **Das deutsche Ausländerrecht.** Von Fraustädter und Kreutzberger. — 1927. *Rm* 9,—
167. **Verordnung gegen Mißbrauch wirtschaftlicher Machtstellungen** (Kartellgesetz). Von Staffel. — 1927. *Rm* 3,—
168. **Arbeitsgerichtsgesetz.** Von Depène. — 1927. *Rm* 3,60

B. Preußische Gesetze.

Band

1. **Die Verfassung des Freistaats Preußen.** Von A. Arndt. — 1921. *Rm* 2,—
   Ausführlicher Kommentar von Stier-Somlo. — 1921. *Rm* 5,—
2. **Preußische Beamtengesetzgebung.** Von K. Pfafferoth. 5. Auflage. — 1916. *Rm* 2,40
3. **Notteſtamente.** Von E. Kurtz. — 1904. *Rm* 1,50
4. **Gebührenordnung für Notare.** Vom 28. Oktober 1922. Von Rausnitz. 6. Auflage. — 1925. *Rm* 7,—

5—9 vergriffen.

10. **Einkommensteuergesetz** siehe Reichsgesetze Bd. 151.
11. **Gewerbesteuergesetz.** Von A. Fernow. Vergriffen.
12. **Allgemeines Berggesetz.** Von Schlüter und Hense. 4. Auflage. In Vorbereitung.
13. **Ergänzungssteuergesetz.** Von A. Fernow. 5. Auflage. *Rm* 3,—
14. **Kommunalabgabengesetz.** Von F. Adickes. 6. Auflage von Falk. — 1922. *Rm* 3,50
15. **Die Kreisordnungen.** Von O. Kolisch. — 1894. Vergriffen.
16. **Konzessionierung gewerblicher Anlagen.** Von W. v. Rüdiger. 2. Auflage. — 1901. Vergriffen.
17. **Preußisches Gerichtskostengesetz.** Von P. Siméon. 8. Auflage. In Vorbereitung.
18. **Preußisches Stempelsteuergesetz.** Von P. Loeck und W. Seyffarth. 10. Auflage von Eiffler. In Bearbeitung.
19. **Jagdscheingesetz.** Von F. Kunze. 2. Auflage. — 1899. *Rm* 2,—
20. **Die preußischen Erbschaftssteuergesetze.** Von U. Hoffmann. — 1905. *Rm* 3,—
    (**Reichs**-Erbschaftssteuergesetz siehe S. 12.)
21. **Handelskammern.** Von F. Lusensky. 2. Auflage. — 1909. *Rm* 3,—
22. **Anstellung und Versorgung der Kommunalbeamten.** Von W. Ledermann. 2. Auflage von L. Brühl. — 1914. *Rm* 2,—
23. **Ausführungsgesetze zum Bürgerlichen Gesetzbuche.** Von P. Siméon. 3. Auflage. — 1914. *Rm* 2,20
24. **Die Hinterlegungsordnung [1879].** Von G. Bartels. 2. Auflage. — 1908. *Rm* 2,—
    Abänderungsgesetz vom 21. April 1913 siehe Bd. 53.

Band

25. **Preußische Kommunalbeamtengesetzgebung.** Von F. Kremski. — 1901. *Rm* 3,—
26. **Diensteinkommen der Lehrer und Lehrerinnen.** Von E. Cremer. — 1900. *Rm* 2,20
27. **Warenhaussteuer.** Von G. Strutz. — 1900. *Rm* 1,20
28. **Die Fürsorgeerziehung Minderjähriger.** Von P. F. Aschrott. 3. Auflage. — 1917. *Rm* 2,80
29. **Ärztliche Ehrengerichte, das Umlagerecht und die Kassen der Ärztekammern.** Von F. Fidler. — 1901. *Rm* 1,50
30. **Preußisches Staatsschuldbuch** und **Reichsschuldbuch.** Von J. Mücke. — 1902. *Rm* 2,—
31. **Die preußischen Gesindeordnungen.** Zwei Bände. Von St. Gerhard.
    31 a. Altpreußische Provinzen und Rheinland. 2. Auflage. — 1914. *Rm* 3,—
    31 b. Hannover, Schleswig-Holstein, Hessen-Nassau und Hohenzollern. — 1902. *Rm* 2,50
32. **Städteordnung.** Von W. Ledermann und L. Brühl. 2. Auflage. — 1913. *Rm* 6,—
33. **Rentenguts- und Anerbenrechtsgesetzgebung.** Von M. Peltasohn und B. Peltasohn. — 1903. Vergriffen.
34. Sammlung der wichtigsten **preußischen Strafgesetze.** Von Lindemann. 2. Auflage. — 1912. *Rm* 3,50
35. **Geschäftsordnung für Gerichtsvollzieher.** Von E. Exner. — 1904. *Rm* 3,—
36. **Polizeiverordnungen in Preußen.** Von O. Lindemann. 2. Auflage. — 1912. *Rm* 2,50
37. **Enteignung von Grundeigentum.** Von O. Meyer. 3. Auflage. — 1927. *Rm* 5,50
38. **Kreis- und Provinzialabgabengesetz.** Von F. Schmidt. — 1906. *Rm* 1,20
39. **Unterhaltung der öffentlichen Volksschulen.** Von A. Marcks. — 1906. *Rm* 1,80
40. **Verwaltungsstrafverfahren.** Von R. Katzenstein. — 1907. *Rm* 3,50
41. **Die preußischen Jagdpolizeigesetze.** Von F. Kunze und R. Kühnemann. 2. Auflage. — 1907. Vergriffen.
42. **Allgemeine Landesverwaltung** und **Zuständigkeit der Verwaltungs- und Verwaltungsgerichtsbehörden.** Von K. Friedrichs. 3. Auflage. — 1927. *Rm* 5,—

Band

43. **Verschuldungsgrenze** für land- und forstwirtschaftlich benutzte Grundstücke. Von R. Leweck. — 1908. *Rm* 2,40
44. **Quellenschutzgesetz.** Von L. Voelkel. — 1909. *Rm* 1,—
45. **Rechtsverhältnisse der Juden in Preußen.** Von M. Kollenscher. — 1910. *Rm* 2,40
46. **Austritt aus der Landeskirche.** Von H. Caro. — 1911. *Rm* 2,40
47. **Feuerbestattung.** Von W. Lohmann. — 1912. *Rm* 1,50
48. **Zweckverbandsgesetz für Groß-Berlin.** Von L. Brühl, K. Gordan und W. Ledermann. — 1912. *Rm* 4,—
49. **Gesetze gegen die Verunstaltung landschaftlich hervorragender Gegenden.** Von O. Goldschmidt. — 1912. *Rm* 2,40
50. **Gesetz, betr. die Anlegung und Veränderung von Straßen und Plätzen in Städten und ländlichen Ortschaften.** Von O. Meyer. — 1913. *Rm* 3,—
51. **Das preußische Disziplinargesetz für die nichtrichterlichen Beamten.** Von E. v. Dultzig. — 1914. *Rm* 4,20
52. **Preußisches Wassergesetz.** Von G. Wulff und F. Herold. — 1913. *Rm* 4,50
53. **Hinterlegungsordnung** von 1913. Von Hagemann. — 1914. *Rm* 2,20
54. **Anlegung von Sparkassenbeständen in Inhaberpapieren.** Von H. Döhring. — 1914. *Rm* 2,80
55. **Preußisches Wohnungsgesetz.** Von B. Schmittmann. — 1918. *Rm* 2,60
56. **Das preußische Tumultschadengesetz.** Von Bruno Friedländer. — 1919. *Rm* 0,80
57. Gesetz über **Landeskulturbehörden.** Von W. Holzapfel. — 1919. *Rm* 2,—
58. **Arbeitsnachweis.** Von P. Wölbling. — 1920. *Rm* 1,—
59. **Bildung der neuen Stadtgemeinde Berlin.** Von P. Wölbling 2. Auflage. — 1920. *Rm* 1,40
60. **Umlegungsordnung.** Von W. Holzapfel. — 1921. *Rm* 1,80
61. **Preußische Verwaltungsgebührenordnung.** Von K. Eiffler. Mit Nachtrag. — 1925. *Rm* 6,—

C. Textausgaben

ohne Anmerkungen mit Sachregister.

Aufwertungsgesetze mit Einleitung. Von Michaelis. *Rm* 1,50

Bürgerliches Gesetzbuch. 14. Auflage. *Rm* 5,—

Erbschaftsteuergesetz. Neue Fassung von H. Schachian. 3. Auflage. *Rm* 2,50

Freiwillige Gerichtsbarkeit. — 1920. *Rm* 1,—

Handelsgesetzbuch mit **Seerecht.** 11. Auflage. — 1924. *Rm* 2,60

Konkursordnung. 2. Auflage. — 1915. Mit Nachtrag 1925. *Rm* 1,—

Reichsmietengesetz. — 1922. *Rm* 0,50

Reichssteuergesetze 1925 (Steuerüberleitungsgesetz mit Durchführungsbestimmungen — Einkommensteuer, Körperschaftsteuer, Reichsbewertungsgesetz, Vermögensteuer, Erbschaftsteuer). *Rm* 4,—

Strafgesetzbuch. — 1925. *Rm* 3,—

Strafprozeßordnung. 5. Auflage. — 1924. *Rm* 2,50

Verfassung des Freistaates Preußen. *Rm* 0,60

Versicherungsgesetz für Angestellte. — 1927. *Rm* 2,50

Wechselordnung. — 1908. *Rm* 0,50

Wehrbeitrag und **Besitzsteuer.** — 1913. *Rm* 1,50

Zivilprozeßordnung mit **Gerichtsverfassungsgesetz** und **Einführungsgesetzen.** — 1924. *Rm* 3,50

Zuwachssteuergesetz. — 1911. *Rm* 0,50

— **Ausführungsbestimmungen.** — 1911. *Rm* 0,40

Preuß. Ausführungsanweisung zur **Gewerbeordnung.** — 1904. *Rm* 1,—

---

de Gruytersche Sammlung Deutscher Gesetze.

Handkommentare.

Zivilprozeßordnung von Sydow-Busch-Krantz. 19. Auflage. — 1926. *Rm* 25,—

Strafprozeßordnung von Feisenberger. — 1926. Mit Nachtrag 1927. *Rm* 17,—

Aufwertungsrecht von Michaelis. — 1926. *Rm* 16,—

Schlagwort-Register.

R = Nummer der Sammlung Deutscher Reichsgesetze, P = Nummer der Sammlung Preußischer Gesetze, S. = Seite.

Otto Walter, Buchdruckerei, Berlin S 14

FSC
www.fsc.org
MIX
Papier | Fördert
gute Waldnutzung
FSC® C083411

Kolibri 360 GmbH
Ferdinand-Jühlke-Straße 7
99095 Erfurt, Deutschland
produktsicherheit@kolibri360.de